"十二五"普通高等教育本科国

学校教育学

(第二版)

粟洪武　肖世民
陈晓端　康　伟　主编

陕西师范大学出版总社有限公司

图书代号　JC7N0653

图书在版编目(CIP)数据

学校教育学／栗洪武等主编．—西安：陕西师范大学出版总社有限公司，2007.8（2013.3 重印）
　ISBN 978-7-5613-4048-6

　Ⅰ.①学…　Ⅱ.①栗…　Ⅲ.①学校教育—教育学　Ⅳ.①G40

中国版本图书馆 CIP 数据核字（2013）第 016892 号

学校教育学

主　　　编	栗洪武　肖世民　陈晓端　康　伟
策划编辑	侯海英
责任编辑	钱　栩
封面设计	鼎新设计
出版发行	陕西师范大学出版总社有限公司 （西安市长安南路199号　邮编710062）
网　　址	http://www.snupg.com
经　　销	新华书店
印　　刷	陕西金德佳印务有限公司
开　　本	787mm×1092mm　1/16
印　　张	23
字　　数	383 千
版　　次	2013 年 3 月第 2 版
印　　次	2013 年 3 月第 4 次印刷
书　　号	ISBN 978-7-5613-4048-6
定　　价	39.00 元

读者购书、书店添货或发现印刷装订问题，请与本社高教出版分社联系、调换。
电　　话：(029)85303622（传真）　85307864

前面的话

　　我们参编本书的十几个人，都毕业于师范院校，学了几年教育学，又多年从事于教师教育工作，大部分人教了几十年教育学，看了不少教育学书，也编了几本教育学教材，总感到不很满意，这不能不说是一件憾事。

　　从清末创办南洋公学师范院与京师大学堂设师范馆开始，新式师范教育在我们这个"尊师重教"的文明古国正式诞生，教育学就作为师范院校的必修课而开设。民国时期，尤其是新文化运动前后，民主与科学思想深入人心，教育界学术争鸣也十分活跃，国外的许多教育理论和观点几乎都在国内得到传播，教育学科在中国进入了一个蔚然壮观的发展时期。不仅国外的教育学名著陆续被翻译介绍进来，如夸美纽斯的《大教学论》、洛克的《教育漫话》、卢梭的《爱弥儿》、斯宾塞的《教育论》等，而且国人也编纂出版了许多内容广泛的教育学著作，如舒新城的《教育通论》、王炽昌的《教育学》、孟宪承的《教育概论》、杨贤江的《新教育大纲》等。20世纪50年代以后，苏联凯洛夫的《教育学》风靡中国，中小学教师几乎人手一册，师范院校的学生当然也必学凯洛夫的《教育学》。改革开放之后，据不完全统计，从1979年到2002年约十余年时间，我国已公开出版的各种类别、不同层次的教育学教材大约有140本。从此，在我们的教育传统里，师范院校与其他学校的根本区别，除了培养任务不同之外，再就是教育学和心理学课程的设置。师范院校必设教育学课程，师范生必修教育学内容，这是天经地义的"规程"。

　　但是，谁曾想过我们的师范院校到底如何设置教育学课程？我们的师范生到底想学什么样的教育学内容？我们的中小学老师到底需要怎样的教育学教材？实际上，很多人在思考、探索、研究着这些问题。有学者认为，教育学一直面临着理论功能、学科独立性、知识话语等一系列危机，应该从不同的角度反思、探讨其走出危机的路径；师范生抱怨，教育学空洞乏味、无实无用，有机会就逃课；一线教师反映，教育学理论性太强，欠缺实践的经验和智慧，他们需要向自己生活与经验世界中植入和扎根的教育学。面对这些困境，我们也在反思：到底是我们这些吃教育学饭的人生病了？还是我们的师范生得病了？抑或教育学本身有病了？"究之外人指摘之当否，姑不具论，然弭谤莫如自修"（蔡元培语），如果我们几位从事教育学教学和研究的人，能从学校教育教学实际出发，为我们的师范生和一线教师着想，拿出一本像点样的教育学书，也算是一种自我安慰吧！于是，我们反复研讨内容，拟定编写提纲，伏案疾书半年之久，有的学有专攻，一人一章，有的精通一二，几人一章，终于写出了这本《学校教育学》。她像我们自己的"孩子"，淘气、调皮、蔫捣……毛病不少，虽然我们对她宠爱有加，但绝不会有半分溺爱。我们真诚地希望同行、同学和一线的老师们关照、爱护，甚至鞭挞我们这个不成熟的"孩子"。

　　这本《学校教育学》尽管毛病不少，但还是有一些特点的：一是注重实用，使学者学了感觉有用，确实在教育教学实践中用得上；二是针对性较强，主要面向师范生和一线中小学老师；三是与实际结合紧密，尤其与"新课改"联系密切；四是削减了理论部分的内容,突出教育教学实践与学校管理的基本方法;五是采用双重视角的编写方式,既注意到如何有利于学生学,又关注到有利于教师教;六是体现了国内外关于学校教学及其管理的最新研究成果。特别是受教师教育新理念的影响,我们认为教育学课程和教材都需要分解,这不仅是教育学科自身发展的要求,而且是教师教育新本质生成的客观要求。据了解,在国外培训教师的教育学院根本看不到教育学这门课程,也找不到这样的教材,他们都把教育教学中的理论、政策、技术、技能和方法等,分解成不同的具体课程,针对不同的对象开展教学活动。这是当代教师教育发展的一种必然趋势。因为教师教育不只是一种教育、流程、指导、洗脑和专业建构活动,更应是一种学习、过程、服务、嫁接和文化创新活动。这一新本质的形成,客观上要求改革者应以教师培训变革为其生长点,积极奉行"低起点,高落点"的教师教育改革思路,力促建成新的教师学习体系。在这种新本质支撑下的教师学习体系中,教师培养更加重视培训场所现场化、培训内容问题化、培训方式生态化,这就要求培训课程和教材具体、实用,贴近教师的学校生活实际与教育教学实践。我们这本书用力做到这一点,以求"抛砖引玉"。

  本书自2007年8月第一次正式出版发行之后,已被十多所师范院校选用为公共教育学课程的教材,先后印刷多次,印数达到6万多册。其间,我们采用开座谈会和回答问卷的方式对一部分学校的教师和学生进行了调研,根据反馈意见与建议对书中内容进行了修订。尤为可喜的是,2012年8月一百多名专家学者聚集北京评选"'十二五'普通高等教育本科国家级规划教材",本书在第一批入选规划教材名单中榜上有名。为此,我们又根据学校教育实践的新发展,在吸纳教育理论研究新成果的基础上,进一步征求使用本教材院校教师和学生的意见,从去年后半年开始对本书进行了第二次大的修订,不仅对字句做了修改,还删减了个别节,增加了新内容(第九章),力求使本书的质量有更进一步的提高和完善,以满足广大师生的教学需要。

  本书是集体智慧的结晶,更是个人钻研的成果。参加撰稿的有:霍涌泉(第一章),秦立霞(第二章),张立昌(第三章),陈晓端(第四章),王丽华、钱栩、栗洪武(第五章),朱智斌(第六章),康伟(第七章),肖世民、国晓华(第八章),龙宝新(第九章),杨建华(第十章),祁占勇(第十一章)。由栗洪武拟订提纲,并承担全书的统稿工作。

  "他山之石,可以攻玉"。在撰写本书的过程中,各章节都不同程度地借鉴、吸收了同行的一些思想、观点及其研究成果,有的已在书中注明,书后还列出参考书目。衷心地感谢这些"他山之人",虽然我们攻得这块"玉"还不尽如人意,但没有你们这座"大山"铺垫,我们无论如何也是无法攻取的!同时,还要感谢陕西师范大学出版社的雷永利副社长、侯晋公主任,他们从本书孕育之时,就一直在关注着、呵护着……特别是策划编辑侯海英和钱栩女士,更像慈祥的"母亲",打扮即将出嫁的闺女,细心入微,修"眉"画"脸",使本书达到陕西师范大学出版社的付梓水平与国家规划教材的要求。

主编
2013年2月1日于陕西师范大学

目 录

第一章　学校教育与学生发展 ………………………………………（1）
　　第一节　现代学校及其教育功能 ……………………………（1）
　　第二节　学生身心发展的规律 ………………………………（11）
　　第三节　影响学生身心发展的因素 …………………………（14）
　　第四节　学校教育与学生身心发展 …………………………（18）
　　第五节　学校教育与学生品德修养 …………………………（24）

第二章　学校教师与教师发展 ………………………………………（30）
　　第一节　教师职业概述 ………………………………………（30）
　　第二节　教师专业发展 ………………………………………（42）
　　第三节　教师反思及其方法 …………………………………（49）

第三章　课程理论与课程设计 ………………………………………（58）
　　第一节　课程和课程理论 ……………………………………（58）
　　第二节　课程设计与课程实施和评价 ………………………（66）
　　第三节　从教师课程向学生课程的转化 ……………………（82）
　　第四节　我国新一轮基础教育课程改革 ……………………（88）

第四章　学校教学与教学理论 ………………………………………（94）
　　第一节　学校教学的特点和任务 ……………………………（94）
　　第二节　学校教学过程及其规律 ……………………………（99）
　　第三节　学校教学理论 ………………………………………（110）

第五章　课堂教学与教学技能 ………………………………………（126）
　　第一节　课堂教学的意义和原则 ……………………………（126）
　　第二节　课堂教学设计与教学技能的运用 …………………（131）
　　第三节　课堂教学组织形式与教学模式 ……………………（140）
　　第四节　怎样上好一堂课 ……………………………………（146）

I

第五节　说课、听课与评课……………………………………（148）
　第六节　学生教学………………………………………………（156）
第六章　学习原理与学习技能………………………………………（159）
　第一节　学生学习的一般原理…………………………………（159）
　第二节　知识和技能的学习过程………………………………（166）
　第三节　学习的基本技能………………………………………（174）
　第四节　学习差异与因材施教…………………………………（182）
第七章　教学质量与教学评价………………………………………（191）
　第一节　教学质量界说…………………………………………（191）
　第二节　教学评价………………………………………………（202）
　第三节　教学测验………………………………………………（216）
第八章　教育研究与校本教研………………………………………（224）
　第一节　教育研究概述…………………………………………（224）
　第二节　以校为本的教学研究…………………………………（231）
　第三节　教学课题研究…………………………………………（239）
第九章　学校德育与班级管理………………………………………（248）
　第一节　学生品德和学校德育…………………………………（248）
　第二节　学校德育的目标、原则和内容………………………（257）
　第三节　学校德育的模式和方法………………………………（265）
　第四节　学校班级管理和德育工作……………………………（280）
第十章　学校组织与学校管理………………………………………（299）
　第一节　高效能学校组织的特征和发展框架…………………（299）
　第二节　学校组织改进…………………………………………（304）
　第三节　学校管理中的领导与团队……………………………（308）
　第四节　学校策略、质量和资源管理…………………………（315）
第十一章　依法治校与教育法律救济………………………………（328）
　第一节　教育法律原理…………………………………………（328）
　第二节　学校、教师、学生的权利与义务……………………（337）
　第三节　依法治校与教育法律救济……………………………（346）
参考文献………………………………………………………………（358）

> 请你回想一下,从幼儿园到大学,哪一阶段的学校教育对你影响最大?有哪些教育活动使你难忘?如果你想当一名好教师,你就应该了解学校教育和你的学生。

第一章 学校教育与学生发展

教育是培养人的一种经常而广泛的社会实践活动,是人类目前最庞大的事业之一,世界各国都投入大量的人力、物力和财力大力发展教育事业。学校教育是现代教育活动和教育制度中的核心部分,已成为社会各界广泛关注的焦点。所以,从科学的角度研究和总结学校教育活动,提倡教育家办学,日益成为学校教育改革的主旋律。学校教育学则是在教育学基础之上新近出现的一个学科分支,加强对这门学科的研究与学习,有助于更好地认识和把握现代学校教育的发展规律,并根据学生的身心发展特点而因材施教。

第一节 现代学校及其教育功能

每一位准备到学校从事教师职业的人,既需要认识教育工作的重要性与特殊性,也需要了解学校教育和学生的基本情况,更需要深入理解学校教育的目的、制度、规则和课程设置等,以便于自觉地遵循一定的教育规律或模式去教育学生。而有些教师不了解学校的教育模式,不一定能够自觉意识到应当认真去执行和改进自己的教育教学工作,这样很可能在实际工作中走许多弯路。而且,现代学校教育运行机制越来越复杂,只有认真不断地学习并继承学校教育模式中已有的良好传统,才能在实践反思的基础上进一步搞好自己的教育教学工作。

一、教育的本质规定性

正确认识教育的本质规定性,有助于自觉地遵循教育规律和规则做好教育教学工作;而要理解教育的本质规定性,首先需要对教育的定义做一个基本的了解。

(一)教育的概念

从字面上来理解,"教育"一词与儿童的培养关系十分密切。在我国最古老的文字——甲骨文中,便出现了"教"和"育"这两个字。其中,"教"的形状意指儿童在成人执鞭监督下习文之事,而"育"表示妇女养育小孩之事。在古希腊语中,"教育"一词为"educare",其与"教仆"一词相关。《说文解字》中对"教"和"育"的解释是:"教,上所施,下所效也;育,养子使作善也。"

从教育学的角度来讲,教育作为特定的科学概念,有广义和狭义之分:

广义的教育是指增进人的知识技能、影响人们思想品德的活动,包括家庭教育、学校教育和社会教育三种形式。

狭义的教育是指学校教育,主要有这样几个基本特点:一是学校教育具有制度化和专门化的特点;二是学校教育具有组织性、计划性和系统性;三是学校教育是以教学为主的教育活动;四是学校教育是促进学生身心全面发展的教育实践活动。

(二)教育的本质

教育的本质问题是教育科学研究首先要解决的一个核心问题。本质是指事物的根本性质,即事物自身组成要素之间相对稳定的内在联系,是由事物本身所具有的特殊矛盾构成的。教育的本质规定性是指教育本身固有的特性或特殊本质,是教育现象之间必然的、普遍的、内在的和稳定的联系。

世界上任何事物都是本质和现象的统一,透过现象把握事物的本质是科学研究的基本任务,而教育学就是要透过纷繁复杂的教育现象把握教育的本质。但是,对于教育的本质问题教育学界长期以来争论很多,至今还没有公认的结论,基本上处于"无定论"状态。这是因为教育现象的高度复杂性决定了人类对教育本质的认识和理解也就存在着许多分歧,一时难以取得一致的意见。然而,从另一方面来讲,教育学对教育本质活动的认识还是"有定论"的,即教育是培养人的一种社会活动,教育学的研究对象是教育现象和教育规律。所以,培养人的这种社会活动是教育学这门科学不得不研究的对象性问题。

目前教育学界在教育本质问题上比较一致的看法是:教育是人类特有的一种有意识的社会实践活动;教育是人类有意识地传递社会经验的过程;教育是以人的培养为直接目标的社会活动。概括而言,教育是人类社会在形成和发展过程中,由人类自己创造出来的一种社会现象,以区别于自然界的自然现象。教育的本质规定性主要表现在教育实践活动中,教育不是抽象的、理想的,而是具体的、操作的、现实的;不仅是说的问题,更重要的是实践的问题。也就是说,教育活动具有内隐性、实践性和操作性的本质性特点。

(三)教育与科学

康德曾说,教育是"人最应尽力的最大而最难的问题。"教育一定要成为一种学业,教育方法必须成为一种科学。所以,教育活动的科学化成为学校教育研究的一个基本追求。

科学是指有组织、有系统的知识和学问,即发现事物真相、探求原理和规律的知识学问体系。以前主要是指西方文艺复兴以来出现的探索知识、学问的一种新方式,也就是由伽利略开创的、牛顿奠基的近代自然科学原理和方法体系,强调以实验和数学的方法观察总结客观事物发展过程中具有普遍性的本质及联系;而现代科学的观点已经有了显明的调整和改变,即不再仅仅局限于单纯的自然科学研究活动。

在现代社会中,科学总是由丰富多彩的学科来组成的。正像完形主义的代表考夫卡所讲,没有学科也就没有科学,科学就会失去价值意义。例如,数学和物理学可以说是世界上最美的两门科学。但如果只有这两门科学,其他的均算不上是科学,或者说全世界的大多数人都去从事数学、物理学事业,那么,也就不会有近现代人类社会日新月异的繁荣进步。目前全世界共有1300多门公认的学科,其中人文科学、社会科学、教育科学也是十分重要的科学组成部分。人既是自然的生物,也是社会的动物,更是教育的产物。为了人类的幸福生活、保证社会公平正义,离不开包括教育学在内的人文社会科学和教育科学研究成果的支撑及推动。只要按照科学的观点和范式探索总结知识学问及技术,以实事求是的态度和方法开展研究活动,均属于科学的门类范畴。教育学正是这样一门用科学的观点和方法即范式,研究教育活动中相关的教育现象、教育事实及其规律的知识学问体系。

现代科学研究是一种范式研究,也就是以一定的框架、范式结构开展学术研究活动。科学家与教育家有许多共同的地方,在于这两种类型的学者都强调以实事求是的态度和方法,总结规律、探求真理;同时,也有许多不同之处:教育家在重视科学精神的前提下,提倡科学与民主精神的统一,以民主宽容的作风,将精心培育与自由成长紧密结合起来;"提倡教育家办学",强调尊重教育规律,促进学生的身心健康和全面发展。

(四)教育与教育学、学校教育学

教育作为人类社会普遍的活动现象,其伴随着人类产生而产生,随着社会的发展而发展。于是,对教育活动的研究、探讨的专门学科——教育学便随之诞生了。

1. 教育学

教育学是研究教育事实和教育问题、揭示教育规律的科学。它既吸收自然科学的定量方法,探索总结揭示教育规律;同时又具有非实证性的科学特点,揭示教育现象、教育事实中的定性规律。

教育学是近现代产生的一门新兴学科,有时称为一门单独的学科名称,有时称为教育科学的总称。捷克大教育家夸美纽斯《大教学论》(1632)一书的出版,标志着教育学成为初步独立的学科;德国教育家赫尔巴特在1806年出版的《普通教育学》奠定了近代教育学的科学体系。进入20世纪初期,欧美的许多教育学者运用实验、测量和统计的方法研究教育问题,如拉伊提出了"实验教育学"(1903)新的教育学科。在三四十年代,一批教育家走出实验室,投身于教育实践,将教育原理运用推广到教育实际部门。例如,美国教育家杜威的"芝加哥实验"、美国教育心理学会组织的"八年计划"(1938)等项目,在教育工作中产生了很大影响,也取得了许多重要的学术成果。在50年代后期,国际教育学的发展非常快,已形成了许多新的学科分支。我国教育部目前将教育学划分为一级学科,下设10个二级学科。

2. **学校教育学**

在20世纪90年代以前,教育学一直是师范院校的必修课程。近年来在欧美一些国家的师范院校中,已不开设以"教育学"命名的课程,而是分设教育学科的若干主要分支课程。这并不等于说取消了教育学这门课程,而是一种变化了形式且得到强化的"教育学"。学校教育学就是这种得到强化的一门教育学分支。

学校教育学是一门研究现代学校教育活动及其变化规律的新学科。通过这门新的教育学分支学科,可以帮助人们熟悉许多重要的教育问题。例如,学校教育是怎样运作的,学校教学有哪些规律和方法,教师要处理哪些重要问题,要追求怎样的教育教学效果,等等。所以,学校教育学对提高教师从事教育实践活动的自觉性程度、科学化水准和工作效率,具有积极的、不可替代的作用。

二、现代学校的产生

学校教育是社会与教育发展到一定水平的产物。尤其是近现代以来,学校教育无论是内容还是功能上,均发生了翻天覆地的变化。教育从边缘性活动进入到现代社会的核心活动组织系统,其所承载的社会功能越来越多,责任也越来越重大。

(一)古代的学校

学校作为正式的机构出现于原始社会后期。在我国古代很早就有了类似教育的机构——庠。"庠"的最初含义是饲养牛羊的地方,饲养牛羊一般由老年人担任;老年人一方面管理牛羊,另一方面照看小孩,久而久之,"庠"就变成敬养老人和教育儿童的场所。中国的学校正式产生于夏商周时期,夏代的专门学校机构除了"庠"之外还有"序","序"是具有军事性的教育机构;商代出现了"学"这样的传授礼乐、造就士子的学校;西周以后有了"国学"和"乡学"之分,形成了比较完善的学校教育系统和以礼乐为中心的"六艺教育"。汉代以后的封建社会更是建立了十分完备的学校教育官学和私学体系,以及与其相联系的选士制度和科举考试制度。欧洲中世纪以前的教育主要是政教合一的宫廷教育、教会学校和骑士学校。在长达几千年的奴隶社会和封建社会中,古代东西方学校教育一直是为统治阶级服务的中心,下层劳动人民基本上被剥夺了受教育的权利,阶级性、等级性、伦理性、专制性和保守性是古代学校教育的主要特征。

(二)近代的学校教育

近代资本主义社会形成了不同于古代的学校教育制度。近代资产阶级工业技术革命、商业革命的洪流极大地冲破了封建社会传统的知识型、学问型的教育体系。于是,社会的发展要求新的学校教育,不仅要满足政治的需要,而且还要满足发展经济生产的需要;不但要培养出能为科学技术的发展做出贡献的高级专门人才,还要培养能熟练使用机器、具有操作技能的技术工人,这样就为教育又新开辟了广阔的应用天地。因此,在19世纪中后期,欧美许多国家的教育进入了一个急剧而快速的"普及发展时期",传统贵族式的知识主义教育远远不能适应工业化市场经济社会对培养和训练大批技能型劳动者的现实迫切需要,从而便形成了近代学校教育。

近代学校教育所具有的新特点主要表现在以下几个方面:

(1)以法治教,普及义务教育。西方近代教育发展的一个显著特点是"重视教育立法,以法治教"。许多发达国家普遍以法律的形式加强了对教育的重视和干预,并建立了比较完整的义务教育和公共教育系统。例如,德国颁布了世界上最早的义务教育法;之后,英国(1870)、法国(1833)、日本(1872)等国家先后推行了普及义务教育的国家制度;我国政府于1986年颁布了普及九年义务教育法。

(2)建立了完善的学校教育系统——学制。近代意义的学校教育制度与古代的相比,一个明显不同是有了完整的学制。所谓"学制",是指制度化了的公共教育系统和体制,对各级各类教育机构的总体制度、性质、任务和正常运行机制等进行了明确的各种规范和规定。

(3)创立了新的教学组织形式——班级授课制度。班级授课制首行于16世纪的欧洲,夸美纽斯的《大教学论》一书奠定了班级授课制的理论基础。我国最早在1862年的京师同文馆实行了这种制度。班级授课制有力地提高了学校教育的办学效益。

(4)教育内容结构日益丰富,大量增加了自然科学和工业技术方面的课程内容。

(5)教育的阶级性依然存在。在近代西方国家,教育的世俗化虽然有了一定的进展,但宗教教育和阶级教育仍然居于主导地位。

(三)现代的学校教育

现代的学校教育主要是指20世纪以来特别是第二次世界大战以后的教育。现代的学校教育"一般具有制度化、系统化、多元性和强制性这样四个特征"[①],并

---

① 张春兴:《教育心理学》,浙江教育出版社2004年版,第1页。

在近代教育体制的基础上又发生了许多重大的变化,其突出的特点是:

(1) 重视早期教育与小学教育的衔接。目前世界许多发达国家十分注重发展学前教育,实施早期教育、超常教育和英才教育,并在入学年龄、学前教育内容上与小学教育衔接。

(2) 普及义务教育和延长教育年限。通过普及义务教育和延长教育年限来提高国民教育素质水平,已成为近40年来的教育改革发展趋势。目前,加拿大是世界上最早的普及13年义务教育制度的国家。

(3) 普通教育与职业教育双轨并行,且相互渗透。普通教育单轨制远远不适应近现代市场经济社会发展的迫切需要,职业教育也是现代教育的重要结构组成部分。例如,长期盛行英才教育的英国,二战以来也在推行多轨制的学校教育,其改革采取"加法"模式,扩充公立学校和增加现代学校类型,即一方面在中等学校有多种选择和分化,另一方面又大力发展成人教育、继续教育和开放大学,以缓和因为实行英才教育制度引起的社会矛盾;在中等教育中分为三种类型的公立学校——文法中学、技术中学和现代中学,还有独立于国民教育之外的学校——公学,属于私立的全日制普通学校。美国的学制在形式上虽然是单轨制,可在综合中学中却分设有学术科、普通科和职业科,实质还是多轨制度。我国是人口众多的大国,更不可能走单一的普通教育体制。

(4) 高等教育大众化和多元化。随着现代社会生产力的发展,人们对接受高等教育的需求日益强烈。高等教育大众化的主要标准是指学龄青年毛入学率达到17%—30%。我国从1997年以来高等教育普及率已接近20%。高等教育大众化发展趋势,加快了办学形式、教育内容和考核方法上的转型,大学教育呈现出多元化发展的新格局。

(5) 学历教育与非学历教育的界限日益淡化,教育向终身化发展。无论是发达国家还是发展中国家,正规教育与非正规教育的区别明显缩小。

(6) 教育技术手段的现代化。在20世纪60年代,随着现代科学技术的发展,学校教育教学技术有了长足的进展,教育设备、教育手段和教育方法日益现代化。进入80年代后期以来,随着知识信息技术的迅猛发展,基于新技术的远程教育与教学活动技术的变化在不同程度上影响了所有学科的发展,迫切要求教师应时刻关注教学方法与研究手段的最新动态,并由此促进了教育思想观念的现代化。

三、现代学校教育的功能

"功能"(function)也就是日常生活中所讲的"作用"。功能研究是现代科学探讨事物本质的一个重要方法,也是探讨事物本质属性的重要途径。教育功能即大家所期望的社会和个体的良好发展。有学者曾说:"教师作为普通的教育工作者,尽管不是学校教育功能选择的决策者,甚至还不是参与者,但他所从事的工作必然受制于确定了的学校教育功能,他是学校教育功能的重要实现者。"[1]因此,要成为一名清醒的、自觉的教育工作者,就不能不认识当代学校教育所应具备的功能,树立正确的教育功能观。所谓学校教育的功能,也就是指学校教育工作的作用和重要性问题。对学校教育功能的深入研究和认识,具有十分重要的理论意义和实践价值。

美国教育学家阿瑞奇认为,自20世纪以来学校教育有五项主要功能:社会化、社会整合(分配人的未来职业角色)、促进改变者、知识与技术训练以及个人属性的发展。国内学者则普遍以为,学校教育的功能集中表现在以下几个方面:

(一)学校教育的文化功能

学校教育的文化功能最为突出。文化是人类社会在一定的物质资料生产方式基础上所创造的精神文明成果。学校教育与文化的关系极为密切:学校的产生本身便是文化积累发展到一定阶段的产物;学校教育活动是传播文化的重要场所,其承担着传递人类物质文明和精神文明的主渠道的任务;现代学校教育一方面担负着普及文化文明的重任,另一方面则扮演着更新创造文化的角色。同时,现代文化特别是科学知识方面的迅速变化,对学校教育构成了巨大影响。与近代以前的社会相比,现代学校教育中的社会文化内容与形态更加丰富多彩,其中自然科学技术文化和人文社会科学文化汇成了当前学校教育的重心内容。

学校教育活动通过无形的和有形的文化内涵来实现对学生发展的影响。学校教育的文化功能不同于政治、经济功能。由于文化是社会构成中不同于政治、经济的特殊综合体,因此对学校教育的作用在性质上区别于政治、经济对教育的硬约束作用。文化一般不对教育产生某种决定性的影响,而是与教育处于相互包含、相互作用的关系状态,其属于软约束的力量。政治、经济对学校教育的直接制约作用如同计算机上的硬件,而文化对教育的作用功能类似于计算机的软件,计算机性能的发挥往往取决于软件的功能。从这个意义上讲,学校教育的文化功能在根本上决定着办学质量的高低。

(二)学校教育的经济功能和现代化功能

在现代社会中,经济与学校教育的关系日益全面化和直接化。这种关系不仅表现在经济为学校教育提供人力、物力和财力方面的条件上,而且教育本身也具有突出的经济价值功能。诺贝尔经济学奖获得者舒尔兹曾说,教育投资必然带来经济的增长,人力资本对经济增长所做的贡献十分引人注目。世界银行1995年度的报告指出,对于社会而言,与其他投资相比,教育投资的回报率最高,且效益日

---

[1] 叶澜:《新编教育学教程》,华东师范大学出版社2001年版,第86页。

益广泛,如美国教育对经济的贡献率已达到30%。教育的经济功能的另一个重要作用反映在促进科技的进步和发展上。教育是科学知识再生产的工具,学校教育也担负着生产新的科学技术的任务,这在高等教育中表现得最为明显,当代科技发展的重要策源地是高等院校。所以,教育在促进经济、科技和现代化过程中的作用,将会随着现代社会的日新月异向前发展而更加增强。

同时,许多经济学家还指出,教育不仅是现代社会实现劳动力再生产与提高社会劳动力素质的重要手段,而且也是实现从传统农业社会向现代企业社会转型的中介机制。近现代资本主义社会经济蓬勃发展的历史经验证明:从农业社会转变到工业社会用了100多年的时间,而从工业社会转变到信息社会只花了20多年的时间,这其中现代学校教育在实现由传统社会向现代社会转变的过程中扮演了核心的角色。而且,现代化社会发展要求人们的价值观念与行为方式相匹配,没有教育的现代化也就根本不可能有人的现代化。现代教育对个人的教育提出了新的更高的要求。现代社会是一个知识信息爆炸时代,每过5—10年,人们的工作环境则又会发生戏剧性的变化;典型企业的平均寿命只有3—5年;社会上80%的人在一生中,需要转换7—18种工作岗位。在21世纪,面对这种新的社会经济形势,我们除了依靠教育和终身学习、不断努力创新之外,再也没别的捷径可走。因此,国内一些学者提出,我国的经济建设要上一个新台阶,关键是科技要上一个新台阶,教育要上一个新台阶,而最终则是人的素质要上一个新台阶。

(三)学校教育的政治功能

现代学校教育的政治功能也是一个不能回避的重要问题。通过国家制定的学校教育制度实现对受教育者的选择,对人的社会政治意识形态、公民道德意识和职业道德不遗余力地加以培养,乃是实现学校教育政治功能的另一种方式。传统学校的政治功能在全体教育功能中处于中心地位,学校教育历来掌握在统治阶级的手里,成为统治阶级的得力工具。"学在官府"是我国古代学校教育的生动体现,欧洲中世纪以前则实施"政教合一"的管理制度。现代学校教育虽然在政治功能上有所弱化,但这并不等于说学校教育完全可以摆脱政治的制约。现代学校教育以直接或间接的方式介入了社会政治活动。当前西方许多国家在中小学教师的管理体制上实行教育公务员制度,新教师均要举行向国家法律宣誓的程序。我国的学校教育工作必须更加坚定不移地贯彻党的教育方针,全体教职员工必须忠诚国家的教育事业,各级各类学校教育都肩负着培养社会主义建设事业接班人的神圣使命。

(四)学校教育的个体发展功能

学校教育是培养人的社会实践活动,而现代学校教育的所有职能归根结底都是要依靠人来实现的,因此,学校教育的个体发展作用是最为直接和内在的功能。

在整个教育系统中,学校教育对人的发展起主导作用。这是因为学校教育具有较强的目的性,能够长期地按照一定的规范标准和工作程序来培养人,如每一阶段的培养目标、每一门课程的教学任务都有很强的计划性和针对性;同时,学校教育活动中相应的教学安排、教学方法、考核评价体系以及专业教师等制度化管理模式,能够比较全面而有效地发挥培养人的教育效能。具体地来讲,学校教育的个体发展功能可以概括为以下几个方面:

1. 促进人的身心发展进程

人的身心发展是遗传素质、环境、学校教育、个人主观努力以及社会实践活动综合影响作用的产物。在现代社会生活中,学校教育对个体发展的主导作用突出地表现为促进个体的身心发展。个体的身心发展主要包括身体发展、心理发展、认知发展和社会性发展等这样几个方面的内容。社会对个体发展的基本要求也无非是体现在身体、道德、知识、能力、技术和规范等方面,于是,学校教育就按照社会的基本要求,以其明确的德、智、体、美、劳培养目标,进而对学生的发展进行比较全面而深刻的影响。相对于遗传、环境和家庭等因素而言,学校教育是一种特定的利用和控制社会环境的活动,它利用社会环境的综合性因素,控制与排除不利因素。不仅如此,学校教育还通过有目的地培养人去作用与改变个体身心发展的外部环境,从而达到育人的目的。这既是教育的重要功能,也是教育主导作用的重要表现。

2. 加速个体发展的社会化进程

教育对个体发展的主导作用还突出地表现在促进并加速其社会化进程上。所谓"社会化",是指个体接受社会文化的过程,也就是指个体实现由"自然人"或"生物人"成长发展为"社会人"及"知识人"的过程。学校教育的社会化加速作用,一方面表现在促进人的观念社会化上,即通过教育来促进学生掌握先进的知识、科技文化,抵制落后、保守的思想观念;另一方面学校教育因其传授人类科学文化具有简约化、高速化的特点,指导或规范人的智力和能力的社会化目标水平,进而对人的智力、特殊才能的发展起着催化剂与加速器的作用。

3. 发展人的主体性、个性化功能

人的本质既具有社会性,又具有个体性。个体性也就是人的主体性或个性化,是指个体在社会活动过程中形成的独特性、自主性和创造性的过程,它使人由一个"依赖别人的人"成为"自己对自己负责的人"。人的个性化与人的社会化具有相互对立而又相互统一的辩证关系。人的个性化的形成与发展依赖于教育的作用。教育具有促进人的个性化功能,这种功能主要体现在它能增强人的主体性的发展,促进人的个体特征以及个人价值的实现。心理学的研究表明,人的个性有两个方面的内容:一是人的个性倾向性,如需要、兴趣、动机、信念和价值观等;

二是人的个体特征，多表现为能力、气质和性格的差异等。人在受教育的过程中会自然地产生不同的兴趣、爱好和能力气质倾向，所以学校教育应该尊重学生的个体差异，因势利导地帮助他们充分发挥自己的内在潜力和特长。而且，人的内在潜力和特长，必须依靠教育的力量才能得到应有的发展。

四、学校教育的构成要素

学校教育的要素是决定教育发展的内在条件。就学校教育的实践活动而言，其构成要素固然很多，但基本的要素主要有以下四个方面：

第一个要素是教育者。教育者主要指教师，承担着教育学生的责任，在教育活动中发挥着主体地位作用。教育者是教育过程中"教"的主体，教育活动过程中必然涉及"教什么"和"怎样教"的核心问题；而在这一过程中离开了教育者，整个教育活动也就无法进行。可以毫不夸张地说，一所学校的办学质量取决于教师的质量。作为教育主体的教师本身的素质水平，如专业知识、教学经验、能力技巧、职业道德和敬业精神等，直接影响着教育活动的效果。

第二个要素是受教育者。受教育者是教育实践活动的对象，是学习的主体。教育活动也是受教育者将一定的外在的教育内容转化为自己的能力智慧和个性品德的过程。受教育者的主动积极活动，是实现良好教育效果的必要条件，因而近年来国内教育学界普遍强调教育活动过程的"双主体"作用，主张教师是教育活动中的主体，学生也是受教育活动的主体。从某种意义上讲，没有好教师就没有好学生，同样，没有好学生也就没有好教师。教师和学生都是学校教育的最重要的人力资源。

第三个要素是教育内容。教育内容是教育者和受教育者共同的活动任务。教育内容主要是指学校传授给学生的课程文化知识、技术技能、思想观念和行为习惯的总和。不同时期的教育内容有着很大的差别，不同受教育对象也有着不同的教育内容。学校教育内容的最典型表现形式是课程或学科。按照教育界的习惯，一般把课程分为学科课程、活动课程和潜在课程等。

第四个要素是教育途径。教育途径是指在进行教育活动时，教育者根据教育目标、任务所开展的各项活动措施。中小学教育途径，一般包括教学、课外活动和社会实践三个方面。其中，教学是中小学教育活动的主要途径，课外活动和社会实践是学校教学途径主渠道的重要补充。

上述要素的相互影响和作用方式的有机结合，汇成了丰富多彩的学校教育生活世界。

五、学校教育的基本任务

教育是目前全世界最庞大的事业之一，是国家社会制度中的基础性结构要素。学校教育的根本任务是培养国家最重要的社会资源——年青一代人的知识、技能和品德。

学校教育的主要任务是教学。这是学校教育的智育发展任务。学校教育中最大和繁重的任务是对学生的智力和认识能力的培育及提高问题。德育也是学校教育的一项主要任务。我国现阶段学校德育的任务是培养学生的社会主义道德品质,教育引导学生形成社会主义公民的政治态度,树立远大的理想和世界观,培养自我提高道德和政治修养的能力。另外,美育、体育和劳动教育也是我国社会主义学校教育中不可缺少的重要任务。

杜威曾说过,在工业文明时代里,我们再也无法预言20年以后我们的年青一代人依靠什么生活。为了年青一代人今后的发展,学校教育工作既要针对现实需要加强实用性技能培训活动,又要有一定的超前性和长远发展战略。因此,学校教育的基本任务,必须坚持全面发展的教育方针,以适应学生当前及未来发展的日益迫切需要。

第二节 学生身心发展的规律

学校教育社会功能的发挥,最为根本的一条是需要体现并落实在个体发展的功能上;而要实现个体发展功能,则首先必须了解受教育对象的身心发展规律。学校教育如果忽视或违背了人的身心发展规律,就谈不上实现教育的社会功能问题。教育虽然无时无刻不影响着人的发展,但教育促进人的心理发展是有条件的,其中重要的一个条件是要尊重学生的身心发展规律。

人的身心发展是指个体在广泛背景下发生的社会和心理过程,其含义主要有这样几个方面的内容:(1)个体身心的发展是持续一生的,是指整个生命发展的过程;(2)发展是多维度的,包括生物、认知和社会三个维度;(3)发展是多方面、多层次的,心理各个层次和方面的发展速率和进程是不同的;(4)个体的发展是由多种因素共同作用决定的,而年龄仅是其中的一种影响因素。个体身心发展的规律主要表现在身心发展的连续性、阶段性、顺序性、不平衡性以及差异性上。由此而言,学生身心发展的一般规律"是指不同个体在身心发展过程所表现出的共同方面及其不同个体身心发展的特殊性。"[1]既有量的变化发展,也有质的变化发展。

一、小学生身心发展的特征

小学生是指六七岁至十二三岁年龄阶段上小学的少年儿童,其身心发展特点主要表现在以下几个方面:

---

[1] 叶澜:《新编教育学教程》,华东师范大学出版社2001年版,第86页。

(一)身体生理发育提前变化的特点

小学儿童的身体生理发育比较快,而且随着社会的进步和生活水平的提高,当前儿童青少年的各项生理指标又表现出了超前的趋势。例如,对20世纪90年代和60年代这两个时期儿童身体生理指标的研究发现,我国青少年的身高普遍提高了2.1cm,男女青少年性成熟的平均年龄提前了近两岁;脑电波α波的发展也明显超过了60年代的水平,在90年代,6岁小学生被试α波的平均频率就达到了60年代10岁被试的水平,现在9—10岁儿童的被试则达到了过去12—13岁被试的发展水平[①];另外,在性器官和性功能方面的成熟时间也有所提前。

(二)认知发展的特点

人的认知发展主要包括观察力、记忆力、想象力和思维能力等方面的发展,其中思维能力是认知能力的核心。在观察力方面,小学生能够从缺乏系统性的、模糊笼统的知觉观察,向有目的的、精确的观察转变;从注意力来看,小学生注意的集中性和稳定性比较差,注意的范围小,注意的分配和转移能力不强;在记忆力方面,小学生的机械记忆仍占主要地位,意义记忆开始发展;在想象和思维的品质发展上,小学生的想象力富于现实性,年级越高有意想象及想象创造的成分越多。对于小学生思维发展的特点问题,学术界一般认为,在小学四年级之前,儿童的思维以具体形象思维为主;四年级之后,逐步过渡到以抽象逻辑思维为主。但在这个发展的过程中,仍存在着不平衡性,并且缺乏批判性,因此,小学儿童的思维结构还有待于进一步的发展和完善。在小学高年级阶段,儿童的抽象逻辑思维逐渐占到了优势地位。

(三)个性发展的特点

个性是指一个人的整体心理面貌,是个人心理活动稳定的心理倾向和心理特征的总和。小学儿童的性格发展水平随着年龄的增长而逐渐增强,表现为自我为中心的性格倾向逐步减弱,社会因素的比重和性格中的独立成分越来越多,但仍然缺乏适当的自控能力。他们的自我意识的发展从具体的、片面的,向抽象的、较为全面的认识过渡;随着小学儿童心理的发展,与父母、教师的关系从依赖走向自主,从信任权威到开始表现出具有批判性的思考。在社会性发展方面,小学生又大多能够建立更加平等的同伴关系。

二、中学生的心理发展特征

中学生是指十二三岁至十七八岁年龄阶段上初中、高中和中等职业学校的青少年,其身心发展特点主要表现在以下几个方面:

[①] 林崇德等:《青少年期身心发展的特点》,载《新华文摘》2005年第11期。

（一）身体生理发展的特点

根据发展心理学的观点，初中阶段相当于少年期，高中阶段相当于青年初期，两者合在一起就成为青少年期。在身体成长方面，人从出生到成熟，生理发育时快时慢，但有两个阶段处于增长速度的高峰时期，一个是出生后的第一年，另一个是青少年时期。中学生时期正处于人生发展的两次高峰变化时期。青春发育期这个阶段，既不同于儿童，又不同于成人，其最大特点是生理上蓬勃的成长和急剧的变化。中学生青春发育期生理上的变化总体上来讲，可以概括为"身体外形、内脏机能和性发育的成熟"三大变化。这些变化会给他们的心理发展和学习行为带来一定的影响。

（二）认知发展的特点

中学阶段是人生认知发展的关键时期，又是转折时期和成熟时期。在这一阶段，中学生的认知发展潜力很大：他们观察能力进一步提高，尤其是在观察的目的性、持久性、精确性和概括性上都有了明显的发展；记忆力以有意记忆占主要地位，识记内容以理解记忆为主要的方法，并且抽象记忆也发展起来并逐步占主要地位；认知结构体系基本形成，认知活动的自觉性明显增强，知、情、意得到协调发展。研究结果表明，中学生思维发展的关键时期是初中二年级（十三四岁），他们的抽象逻辑思维水平需要由经验型向理论型（科学型）转变，这种转化大多数人在高中二年级阶段得到初步完成。最主要的特点是思维的抽象逻辑性，能够运用假设、逻辑推理和逻辑法则来思考、解决问题，思维的创造性和批判性明显增强；但他们也表现出了一定的矛盾性、片面性和自我中心性，容易偏激和表面化。这种现象均是正常的，是人的思维品质发展中矛盾交错呈现出的正常问题，或者说这是小鸟长大到一定阶段准备"振翅待飞"的前奏。

（三）个性发展的特点

与初中生相比，高中生的自我评价和自我意识都有了稳定的发展，初步形成了自己的个性倾向和价值观，开始尝试、探索走向独立的生活道路。进入青春期后，高中学生的情感世界常常变化很大，他们情感丰富、充满活力，社会性需求增多和社会性动机增强。此外，逆反心理的出现是中学生常见的一个问题。在中学生的个性发展中，往往会表现出容易"顶撞"老师或家长的现象。对此，一方面要大力发展他们的独立思考能力，随时加以引导、启发、教育活动；另一方面，还要对他们的缺点给予宽容、说服和积极的引导。采取斥责或放任不管，认为年龄大一点就会好起来的想法和做法也是不正确的。

三、大学生身心发展的特征

大学生一般是指十七八岁至二十二三岁年龄阶段上大学的青年，其身心发展特点主要表现在以下几个方面：

（一）身体生理发展的特点

大学生阶段，人的生理各项指标基本上达到成熟，个体开始进入成年期。但又明显地表现出许多青春期的特征，如体魄强健、性特征明显、欲望强烈、情感丰富、思想活跃等。

（二）认知发展的特点

大学生的认知发展不同于青少年。大学生的观察力增强，有意记忆、理解记忆占主要的地位，记忆容量大，逻辑记忆能力迅速发展；自我意识转移到个体内部，自我统一性进一步完善；辩证的、实用性的和相对性的思维形式逐渐成为大学生主要的思维方式，并且大学阶段是学生创造性思维发展的最佳时期。

（三）学习的特点

大学生学习的一般特点表现在四个方面：一是具有较高层次的职业定向；二是具有更大的主观能动性，包括更多的自由支配时间，对学习内容具有较大的选择性；三是学习途径的多样性，课余学习的精力和时间加大；四是已具有一定的研究和探索性质。同时，大学生在学习动机、学习方法策略等方面也存在着一定的年级差异、性别差异和学校专业类型差异。

（四）身心发展的时代差异

不同时期的大学生群体在身心发展过程中也有一定的差异。有学者总结认为，改革开放以来，我国大学生的基本心态大致经历了三个时期：20世纪80年代初期为"震动反思与自我追求"时期；80年代中后期到90年代初期是"价值多元与自我徘徊"时期；90年代末以来则是"实用倾向与自我凸现"阶段，甚至在大学校园中盛行着"讲实际，求实惠，不听虚，不玩空"的风气，这种价值取向的自我化和价值标准的实用化，似乎成了新生代大学生心态的某种真实写照。[①] 这无疑对当前大学教育工作提出了新的要求。

第三节　影响学生身心发展的因素

要认识学校教育在学生发展中的特殊功能，还应该了解在学生身心发展的整个过程中究竟有哪些因素在起重要作用，以及影响学生身心发展的各种要素及其相互关系，以便通过进一步做好学校教育工作促进学生身心的健康发展。一般来讲，影响学生身心发展的因素很多，在教育学史上曾经流行过单因素决定论（遗传

[①] 黄希庭：《当代中国大学生心理特点与教育》，上海教育出版社2001年版，第26—27页。

决定论或环境决定论)、二因素相互作用论和多因素相互作用论等观点。下面重点从家庭、文化和个性差异三个方面阐述影响学生身心发展的主要因素：

一、家庭因素

家庭是组成社会的细胞,对学生身心发展的影响历来受到人们的重视。家庭通常有狭义和广义两种含义:狭义的家庭是指家庭的核心成员或直系亲属,即双亲及其子女;广义的家庭是指家庭的延伸,即不仅指双亲及其子女,还包括其他亲属,如祖父母、叔伯、堂(表)兄弟姊妹等,他们同家庭核心成员的关系是近亲或者姻亲。人们普遍认为,家庭对儿童的发展影响最大,因为儿童最早最深刻的经历往往发生在家庭中。随着儿童年龄的增长,他们进入学校或工作单位和社会机构之后,受到家庭影响的因素越来越少。

影响学生身心发展的家庭因素在一定程度上可以分为家庭物质因素、家庭教养行为因素和家庭精神因素等方面的内容。

(一)家庭物质因素

家庭物质因素主要指家庭经济生活条件、收入、住房以及家庭生活方式等,是家庭成员赖以生存的物质基础。家庭的物质因素对学生的身心发展有重要的影响,如工人、农民、干部、军人、商人等不同类型的家庭收入和物质文化上的差异,有可能造成学生身心发展方面的差异。下面这段材料可以说明一些问题：

> **试管婴儿长大后是否正常?**
>
> 1978年英国诞生了世界上第一位试管婴儿布朗,如今全世界已有上百万个试管儿。人工授精是否违反了人类自然生殖,而且生育出来的孩子与正常生产的孩子是否一样？法国对400名居住不同地区的6—13岁试管孩子的智力测试,发现他们的智商高出普通孩子1倍多,有一半的试管孩子在班上成绩排名前20%。专家的解释,这并不能说明试管孩子真的就比普通孩子聪明。试管孩子大多生活在高收入家庭,双亲受教育程度也比普通家庭高,从小父母就对他们无微不至地关爱,这些条件创造了他们智商高。一般孩子在这样的条件下长大也会智商高的。所以,专家提出,要以平常心对待试管生孩子和普通孩子。
>
> (资料来源:古力《话说试管婴儿》,《百科知识》2006年第22期)

(二)家庭教养行为方式

家庭成员间的人际关系,父母在家庭中的威信及其对子女的教育态度和方式,以及家庭成员间待人接物的方式,都是影响儿童青少年身心发展的重要因素。有学者将家庭教养方式分为专制型、放任型、民主型三种类型,认为专制型和放任型的家庭教育方式不利于孩子的健康成长,而民主型的教养方式有助于形成孩子情绪稳定、积极主动、态度友好等个性特征。儿童对父母的行为,首先是模仿,其次是内化,最终形成自己的一种自觉行为。所以,"父母的一举一动都会成为儿童模仿的对象,在儿童的人格发展中留下不可磨灭的烙印。"[①]

(三)家庭的精神文化因素

家庭的精神文化因素主要指家庭成员的思想文化素质和修养,包括家庭成员的思想境界、观点、信仰、价值观和文化修养。家庭精神文化因素具有不随意性和潜移默化的作用,也具有全方位性、稳定性和长期性,一直伴随着儿童的成长,影响持久。近年来,国内外教育科学"追踪研究"证明,从出生到7岁,是儿童一生身心发展,尤其是大脑发展最旺盛的时期。这一时期,儿童主要生活在家庭及周围环境中,外界的刺激会在他们大脑里留下痕迹。刺激反复呈现,就会转化为内在信息,促进儿童大脑潜力的发展,促进儿童感觉、知觉、记忆、思维、想象等心理过程和情感意志过程的发展;而且,这时儿童大脑潜力的发展又对未来学业、理想和人格的形成,都具有深远的影响。有研究者认为,父母亲在儿童的发展中所起的作用也有显明的差异:在传统家庭中父亲的身份和权威比较高,对子女的照顾比母亲少,母亲是孩子最初的依恋者;在儿童成年的早期阶段,母亲的影响一般超过了父亲。所以,在每一个人的童年时代,家庭中一定的养育态度、教育方式对形成个性差异有重要的影响。

但是,每个家庭间的类型差异也很大,世界上没有任何两个家庭是完全一样的。随着社会时代的变迁,家庭的责任已经从传统形式变为现代形式,家庭的职能和权威也经常在发生变化。因此,如果把注意力仅仅局限在家庭因素之上,也很容易混淆儿童成长的复杂性。例如,对于学生的学习问题,不少教师以为是遗传或家庭需要承担主要的责任。实际上,这是一种简单化的观点。不管是遗传因素还是环境因素,在人的心理发展中所起的作用都是十分复杂的。

二、文化因素

文化因素对学生身心发展的影响也十分显著。人之所以区别于其他动物,关键在于人类创造了一种独特的社会文化。文化因素具有多元性与多形态性,主要

[①] 郭祖仪:《小学教育心理学》,高等教育出版社2000年版,第42页。

包括物质文化、精神文化和行为文化,这三者密切联系,形成了一个有机整体,从而构成了一个社会文化环境。其中,文化的基本核心是传统精神文化。文化是人们在社会实践生活中创造出来的,可以传给下一代。对个体而言,社会文化是一种既成的东西,每个人身处某一社会之中,必然会受到社会文化的包围、熏陶和感染,并在已有文化的基础上创造新的文化。学生身心的形成和发展,从某种意义上讲,也是一定社会文化塑造的结果。

(一)文化因素对身体发展的影响

在影响人身心发展的非遗传的文化因素中,社会经济条件、环境压力和营养状况明显地影响着年青一代人的身体发育水平。美国学者门罗于1972年研究发现,城市、乡村的贫穷人家的孩子与同一民族比较富裕家庭的儿童相比,在身高、体重、骨骼硬化程度方面均不如后者;出生后不久便与母亲分离的孩子,身体发育也有一定程度的影响。此外,文化传统中形成的性别文化对男女学生的制约作用,也是需要学校教育关注的一个问题。

(二)文化因素对心理发展的影响

社会物质文化生产和精神文化生产状态制约着人类心理发展的总体水平,自然也制约着个体的心理发展水平。文化环境因素能够促进人的心理的成熟发展进程,其中语言这一文化要素对人的认知心理发展的影响作用更为突出。美国学者帕伦特对文盲和受过教育的人这两种被试的脑组织进行了神经影像学研究,发现这两组人之间并没有任何差别,但是在智力测验成绩方面差异十分显著。他的研究结论认为,"受过教育的人在智力测验方面之所以优于文盲被试,是由于受过教育的人在于语言组织能力和口语论证能力较强,这基本上属于元语言的能力"[1]。一般来说,生动的和社会性的刺激有益于儿童感知能力的发展,与成人的频繁交往有利于儿童言语能力的发展;如果早期失去丰富的社会生活,则会造成严重的智力障碍,"狼孩""猪孩"就是典型的事例。

(三)文化因素对社会性发展的影响

社会文化环境是个体社会性发展的重要背景。所谓"人的社会性发展",主要是指那些由于成功地通过各个发展阶段而取得的发展,"通过符号取得和传达的外露和内涵的行为方式,构成了人类集团各不相同的成就"[2]。由于各种社会关系的客观存在,便产生了不同的社会心理或者群体行为差异。学生身心差异所具有的重要性,在很大程度上受文化背景或社会生态学因素的影响。各种文化中受重

---

[1] 帕伦特:《文化因素在神经心理学和神经语言学中的影响》,载《国际社会科学杂志》1989年第2期。
[2] 中央教育科学研究所:《人的发展》,教育科学出版社1998年版,第383页。

视的倾向是有差异的,如一名积极进取、具有冒险精神的孩子在一种文化中可能会受到赞扬和鼓励,而在另一种文化中可能受到责备和处罚。在一种文化环境中十分重要的特征,往往在另一种文化环境中则可能是无足轻重的。在依靠外语和计算机的社会里,外语和计算机受到了普遍的重视;而在依靠狩猎来生存的社会里,对动物的观察、判断能力却是培养训练的主要任务。不同文化阶层中成长方面的差异,有可能造成人们在个性特点、积极主动性、利他主义、承担权利和责任等方面的不同;在不同的文化中,一些父母可能重视主动性和积极性,而另一些父母则可能看重顺从和听话。因此,年青一代人在性格特征方面的差异,在各个文化中具有的意义是不同的。

三、个性差异因素

人不同于物质和机器,物质和机器具有统一的标准却没有个性,而人的本体性独特之处在于人有个性。个性是指人在遗传与后天环境影响的基础上形成的一种比较稳定的心理特性,集中表现在能力、气质、性格和人格倾向性等方面的差异。"人心不同,各如其面。"世界上没绝对相同的两片树叶,更没有绝对相同的两个人。心理学的研究证明,人的独特个性差异是遗传与环境相互作用的综合产物。假如A、B两种基因在X、Y两种环境中生活,就有六种不同发展的可能性;而如果有A、B、C三种基因型在X、Y、Z三种环境中生活,便有40320种发展的可能性。何况世界上有多少种人,就有多少种不同的基因素质,而且环境因素(家庭、社会环境和学校教育等)之复杂更是千差万别,因而只要有人存在就有差异。

个性差异是影响学生身心发展的另一个重要因素。教师在教育工作中会遇到一个基本事实——没有两个学习者是完全相似的。在每个班级里,学生在许多方面各不相同,这些差异或不同有可能影响到其学习的好坏。在个性差异问题上,最为重要的是确定哪些个性差异容易影响学生的身心发展与估计差异程度,以及对个性差异的优缺点如何进行干预。

教师认识和理解学生的个性是开展因材施教的前提条件。在学校教育中,以前的教师只要了解学生的整体水平就足够了,而现在则远远不够。作为一名具有现代教育观念的教师,不仅要关心班集体的整体水平,而且要关心每一个学生,促进每一个学生的健康成长。

第四节 学校教育与学生身心发展

"学校为学生而设,教师为学生而教。"学校教育对于个体的发展而言,是一种包含着特殊个体与特殊环境的特殊活动因素。这种环境的特殊性在于,学校教育是经过精心组织和特殊加工的,在学生的身心发展中起着主导的作用,主要体现在三个方面:第一,教育使学生身心发展的可能性变为现实性,如入学时很有潜力的孩子必须教育得法才能很好地发挥这种潜能;第二,教育可以加速或延缓身心发展特别是心理发展与社会发展的进程;第三,学校教育使心理发展显示出特定的、具体的形式和个别差异。所以,科学的、积极的教育能够促进学生心理的发展,相反则会限制他们的发展。

苏联著名教育家维果茨基提出的"教育要走在发展的前面"和"最近发展区"思想,对于进一步理解学校教育与学生身心发展之间的内在依存关系,具有特别重要的理论意义和实践价值。维果茨基认为,学生的心理发展有两种水平:一种是现有发展水平(能够独立解决问题的能力),另一种是可能发展水平(未来的发展水平)。在"现有发展水平"与"可能发展水平"之间的差距区域即是"最近发展区"。所谓"最近发展区",是指儿童现有的发展水平与经过他人的帮助可以达到的较高水平之间的差距。这一概念充分说明了儿童发展的可能性,其意义在于教师不只要看到学生现有的发展水平,还应该看到仍处于形成中的、正在发展的水平。所以,教师在教学过程中,应该考虑到现有的发展水平基础,着眼于学生的潜在发展水平,把潜在的发展水平变成当前的发展水平,并创造新的最近发展区。在维果茨基看来,教学创造着最近发展区,第一个发展水平与第二个发展水平之间的动力状态是由教学决定的。因此,他提倡"教育应当走在发展的前面,学生的发展离开了教学就无法发展";只有走在发展前面的教学,才是好的教学。也就是说,教育教学工作应该适应最近发展区,走在身心发展现有水平的前面,从而能够最终跨越最近发展区而达到新的发展水平。同时,维果茨基还强调要在"学习的最佳时间"内,发挥教学的最大作用。从教育发展的角度来看,学生学习某一技能,如果脱离了最佳学习时间,则会造成日后发展的障碍。

近年来,世界各发达国家普遍重视基础教育的奠基作用。例如,美国前总统布什提出,"不让一个孩子掉队"的教育改革口号;英国政府也强调"关注每一个儿童,关注每一所学校";我国从 2001 年开始颁布了新的《基础教育课程改革纲要(试行)》,明确提出:"为了中华民族的复兴,为了每一个孩子的发展。"这标志着我国基础教育改革对时代精神的积极回应。

一、小学教育与学生身心发展的关系

小学教育是对学龄儿童实施初等教育,需要重点做好以下几个方面的工作:

(一)帮助小学生做好学习的心理准备

小学是学习的入门阶段,小学教育面临的第一任务是帮助儿童做好学习的准备。对于新入学的儿童,重点要做好"入学"的心理准备,帮助他们尽快适应学校新的环境和生活,从以游戏为主导的活动转移到以学习为主导的活动上来;对于中低年级的小学生,要着重做好学习态度、学习习惯和学习方法方面的培养与训练工作;对于高年级小学生的教育活动则要积极寻找他们的"最近发展区",走在他们身心发展的前面,组织各种有效的教学工作。

(二)针对小学生的过渡性思维特点及时促成其思维能力的飞跃

小学儿童思维的主要特点,是由以具体形象思维为主逐步过渡到以抽象逻辑思维为主阶段。由于学习活动的日趋复杂向小学生提出了新的更高的要求,因而小学教育工作的关键是及时促进儿童思维能力发展的尽快过渡。这种过渡是思维发展过程中的质变或飞跃。

(三)通过道德教育培养意志品质和良好的个性

道德教育是小学教育的一项重要任务。对小学生的道德教育和良好个性品质的培养,主要是通过行为规范的养成而实现的。这项养成教育成效的关键在于遵循儿童品德形成的规律,在此基础上进行有效的、具体的培养训练。尤其充分利用班集体的激励作用,是小学德育工作的一个重要途径。小学儿童主要进行的是集体学习,有意识地组织他们积极参加班集体、少先队和学校的集体生活主题活动,可以培养学生热爱集体的高尚品德情操。小学道德教育的另一个途径是要发挥教师的示范作用,即平常所说的"身教重于言教"。在小学生心目中,老师的形象是美好的、崇高的,特别是低年级的学生对教师绝对信任,也十分依恋。因此,每一位老师都应该清醒地认识到自己的责任和言行对儿童影响的重要性。同时,小学阶段也要通过开展一些有意义的活动,加强对学生意志品质和个性的培养。

二、中等学校教育与学生身心发展的关系

我国的中等学校教育包括普通中学、中等专业学校和中等职业技术学校等。其中,普通中学教育包括初中和高中两个阶段既相联系又有区别的内容。中等学校教育是介于初等教育和高等教育之间的教育中介环节,是一项"枢纽工程",在促进学生身心发展方面的任务可以概括为"帮助少年起飞"。

(一)在身体发展方面要加强身体保健和青春期教育

中等学校阶段是人一生中身体发育的第二个快速变化阶段,特别是身体成熟和性生理成熟都在这一阶段进行。从生理上看,中学生的身体发育已经逐渐接近成人的水平,他们的身高和成人差不多,骨骼已全部骨化,肌肉力量不断增强,从而体力增加,大脑神经系统机能已发育完成,并达到成人的水平。因此,这一时期要特别关注学生的身体健康发育:在身体发展方面,要对初中生进行保健和青春期教育,让青少年懂得青春期生理变化的必然性和意义,对高中生要加强身体锻炼。西方国家的中小学课程任务不是很重,但是他们却十分注重学生身体锻炼,如美国多年来推行中小学教师每天要陪自己的学生慢跑5里路程的措施。这是很有远见的做法。

（二）在认知和学习方面要加强抽象思维和概括能力的培养

中等教育阶段是学习任务最为繁重的时期，学生要在有限的五六年时间内几乎掌握人类数千年积累下来的科学文化知识和能力，学习内容难、课程门类多、考试竞争激烈，是人生最为辛苦的阶段之一。即使初中阶段的课程学习任务也非常重、难度大，不仅要求学生掌握基本的科学文化知识，而且要求学生形成对自然和社会细致、灵活并具有结构性、科学性的认知方法。根据瑞士心理学家皮亚杰的观点，中学阶段是认知发展和成型的阶段，形式运算这种抽象思维能力在初中阶段的学生身上便已开始出现，高中学生形式运算的思维品质的独立性和批判性又有了很大的发展。在整个中学阶段，学生的学习特别需要在教师指导下通过有目的、有计划、有组织的认知或认识活动进行，而且制订适宜的学习策略和学习方法异常重要。因此，教师应该加强对学生解决具体问题的能力、自我监控能力、思维能力和学习方法的训练。特别是在课堂教学中，需要教师把学习方法和学习策略的传授贯穿其中，这往往能够起到事半功倍的效果。

（三）在思想品德方面要加强对学生的自我教育

在情感和品德培养方面，现在的中学生面临着多重适应的发展性任务：初中学生开始自己独立思考问题和解决问题，表现出了各自不同的个性特点，兴趣也开始广泛起来；高中和中专阶段，大多数学生都能进行不同程度的自学活动，表现出了各自的特长。他们渴望能独立思考，表现出自己的个性，提出自己的新设想和见解，一般不轻易接受别人的观点。因此，学校教育工作需要支持、引导和尊重青少年，丰富他们的内心世界。

另外，中等教育阶段是学生的分化时期，更是选拔各类专业领域有培养前途人才的重要时期。因为初中毕业后，一部分学生要升入普通中学或中等专业学校和职业技术学校，一部分学生（主要是农村的学生）就直接参加生产劳动。所以，学校要根据不同的学生情况制订一系列积极的应对制度和措施，帮助他们做出今后的发展规划。

三、大学教育与学生身心发展的关系

大学教育是培养各种高级专门人才的机构。早在奴隶社会，在一些文明古国里就存在有某种形式的"大学"教育。欧洲最古老的大学诞生于12世纪的意大利，我国近代大学是1898年创办的京师大学堂。现代大学教育一般设有专科、本科和研究生三个层次的教育。

大学教育也是一个发展性的概念。从大学教育的职能来讲，大学从诞生之日起就承担着重要的社会职能。随着社会的发展,大学教育的重心也经常在调整,近现代国际高等教育经历了三个阶段的变革和演进:第一个时期为培养人才的一元职能,主要表现为传播思想和文化知识的作用。这时的大学是探求高深学问、追求真理、关注人类命运的场所,是人类文明进步的精神殿堂。所以,大学校园也曾被誉为"象牙塔"。第二个时期为二元职能阶段。1809年柏林大学的成立被公认为是现代意义大学产生的标志。强调"大学应当同时进行科学研究和教学两项工作",促进科学技术的发展和国家经济的发展。第三个时期为三元职能阶段。从1848年威斯康星模式出现之后,大学教育被赋予了"培养人才、科学研究与社会服务"三元职能。倡导大学要主动为社会服务的办学思想,也是现代高等教育的核心职能之一,即服务应当成为大学的唯一理想,大学应当成为服务于本州全体人民的机构。目前,我国高等教育也特别强调为地方社会和经济发展服务这一职能。

伴随着现代高等教育大众化时代的到来,大学教育的责任越来越重,对学生的身心发展也经常在调整和变化之中。如在现阶段,我国高等教育中就面临着专业教育与通才教育之间的矛盾、就业问题与创新教育的矛盾、理想与现实的矛盾等。但是,不论大学教育改革形势如何变化,下面一些基本的内容始终是不会有什么变化的:

(一)在身体发展方面,保证学生的身心健康是大学教育的重要责任

大学教育在保证学生身心健康方面,一直具有重要的意义。众所周知,目前我国在校大学生多数属于独生子女。面对紧张的学习或择业、就业压力,可能带来身体方面的疾病,尤其是神经系统、心血管系统和心理系统的疾病。这些身心疾病问题,对在校大学生当前的学习和今后的发展会产生一些不良的影响。因此,高校领导和教师要针对大学生身体素质和心理素质的实际情况,采取积极有效的应对措施。

(二)在学习和认知发展方面,通过综合训练提高大学生的知识、智力和思维水平

高等教育承担着传播科学文化知识、培养社会高级人才的重任。大学生的学习和认知特点表现为:学习目的比较明确,学习动机强,专业意识和专业技能水平有一定的基础。与中小学生的知识教育和学习相比,大学生对知识学习的内容、知识结构问题类型有了实质性的变化。建构主义教育学家斯皮罗曾指出,小学阶段的知识学习重点是对于那些具有"结构良好或完整的知识技能"的学习,他们的学习多以语词、概念、动作等为基础,需要通过学生大量的记忆、练习反馈来实现,这多属于初级阶段的知识技能形成;中学阶段的学习属于对高级知识技能掌握和形成阶段,侧重学习那些"结构不良或不完整的知识技能",这类知识结构类型必须通过对知识意义的理解、相互联系、认知灵活性和活动经验为基础才能逐渐掌握;而大学阶段的教育和学习是一种"专家型知识技能结构",即具有精细化、模式化的思维特点,要高效率地解决专业领域内的问题,只能通过长期师徒式学习、随机通达和创造性等途径才能加以实现。因此,大学教育的发展任务,是通过严格、正规而系统的专业教育、学历教育,提升学生的专业能力素质水平,为培养专家型人才采用更加灵活多样的教育教学手段和方法。这就要求在对大学生的教育过程中,着重培养大学生具有自我导向的学习能力。

(三)在情感和个性方面,思想品德教育也是大学教育的一项重要任务

培养大学生对科学文化知识和真理的热烈追求精神,使他们形成乐观进取、积极向上的人生信念、态度和价值观,是高等教育办学的一个根本宗旨。研究表明,大学阶段的青年多处于一个自我意识和自我危机的时期,他们在思想认识方面可能出现两种极端的问题:一种是过分自我欣赏,另一种是过分苛求社会。过分的自我欣赏是自我认识上主客观矛盾、理想自我与现实自我部分的混淆;大学生自我评价过高,容易争强好胜,看到自己的长处而忽视或原谅自己的短处,看不到别人和社会的长处。所以,帮助大学生正确认识和处理个体与社会的关系,建立人生观、价值观和乐观积极向上的学习生活、工作态度,是帮助大学生健康成才与立业的重要条件。大学阶段的思想品德教育的一个特殊任务,是促进学生认识能力的发展,为学生终身学习和从事创造性活动创造必要的条件。

(四)在专业教育、就业教育与创业教育方面,现代大学教育面临着新的时代使命

高等教育一般具有一定的专业分工,帮助大学生寻求实用的和令人满意的专业及职业是十分必要的,也是大学教育无法回避的一个根本性问题。传统上,国内对大学的认识就是能解决就业问题,大学生的学习也具有明确的就业动机和目的,追求学习的直接实效性,注重学习的专业性与实用性,以便能够学以致用。但是,随着我国高等教育事业跨越式发展,大学教育在专业教育与就业教育之间面临着前所未有的机遇及挑战。尤其是我国大学所置身的国际和国内社会环境已经发生了根本性的变化,21世纪的人类知识社会已进入了一个以高新技术、信息传媒为主体的新时代,它引发了诸如大学的学术目标和社会目标、教育理念与市场理念、精英化与大众化等一系列矛盾和问题;而且,新的时代又赋予了大学"改造社会,培养创新型人才"的新职能。我国高等教育要摆脱专业教育、就业教育方面的长期困境,必须以新的办学理念和模式寻求出路,即从"家养的教育文化培养模式"向"野生的教育文化培养模式"转变,也就是必须实现由大学专业教育"自身的就业率"向提高"社会的就业率"转型,而创业教育是高等教育改革的唯一出路。联合国教科文组织的报告显示,美国麻省理工学院(MIT)在培养大批创业者的过程中,给全世界大学教育的转型提供了一个十分成功的实践发展案例。麻省理工

学院创办于1865年,建校时仅有15名大学生,在140年的发展历程中,学校确立和坚守"为社会的利益而发现和应用知识"的办学宗旨。目前麻省理工学院的毕业生和教师在全球已创办了4000多家企业,就业人数110万,年销售额2320亿美元。仅在美国就设有8500多个工厂和办事处。[①] 我国大学就业教育的根本出路也在于培养一大批具有创造力、动手能力强的应用型专家人才队伍,通过他们创业,吸收社会其他劳动者就业。

第五节　学校教育与学生品德修养

学校教育工作不仅是社会的要求,同时也是个体发展的需要;而且,学校教育的根本任务是育人,所有人才要在德、智、体、美、劳等方面都得到发展。其中,人的品德发展既是全面发展教育的重要组成部分,也是人的社会性发展的核心内容之一。青少年思想品德修养与学习一样具有同等的重要性。我国教育界人士说得好:"智育不好是次品,德育不好是危险品,身体不好是废品,心理不健康是易碎品。"

一、学校教育与学生的身心发展

当代学校教育一定是一种综合素质的、全面发展的教育,任何一种片面的、不符合学生身心发展的教育都是背离新时期学校教育的本质与社会发展的要求的。所以,当前乃至未来,学校教育的发展不仅要适应时代与社会发展的需要,而且要适应不同年龄段和个体差异学生身心发展的要求。

(一)思品教育与思想品德

学校教育具有多种内容和形式,思品教育是其中一种重要的内容和形式。思品教育也称思想品德教育,一般简称为德育。实际上,思想与品德是两个不同的概念:思想是指思想认识,包括世界观和人生观等,但在我国教育界习惯将它与品德连用;而品德是指品质和道德,人的品德与道德的发展是互动的过程,品德的形成、发展以一定的社会道德为基础,没有道德基础的品德是虚假的品德,而没有品德基础的道德是空洞的道德。在现实中,人的思想与品德又是很难分开的,所以这两种教育是紧密地联系在一起的。我国当前德育的基本目标,是促进学生形成社会主义的公民意识、道德观念以及与此相适应的社会行为。

(二)品德的心理结构与身心发展的关系

品德的心理结构有多种不同的见解。一般认为,品德是由道德认识、道德感情、道德意志和道德行为四种因素构成的。在传统的道德教育中,人们提出了"晓之以理,动之以情,导之以行,持之以恒"的原则,其中便涵盖了知、情、意、行等四

[①] 席升阳:《批判与期盼——社会转型中的中国大学》,载《自然辩证法研究》2007年第5期。

个方面的因素。皮亚杰认为,一个人道德上的成熟主要表现为道德认识,特别是反映为尊重规则和社会公正感这样两个方面。

品德对人的身心发展具有十分重要的社会意义和个体发展意义。品德是个性的重要组成部分,品德的结构也存在于个性结构之中,是个性心理结构整体中的一部分。在社会生活中,当评价一个人时经常强调能力和品德这两个因素。二者的关系正如史学家司马光所说:"才者,德之资也;德者,才之帅也。"不论什么时代,培养德才兼备的人才均是教育和社会的基本选择,即使资产阶级办教育亦不例外。资本主义社会市场经济的发展,固然要求劳动者必须具备有充分的能力和知识技术水平,以更好地为其牟取利益服务,但市场经济更需要劳动者具有忠诚勤勉的奉献意识和道德品质。与能力品质相比,个人的人格德行更为企业雇主所看重。资本主义社会的能力本位价值观,实际上并非完全实行"唯才是举",以绩效取人;而能力与德行并重,功德至上,才是发达国家选择人才的社会组织与控制原则。因此,近年来在西方出现了一种声势浩大的"价值澄清"的新教育改革运动,这种教育"指立足于完整的社会的人的基础上全面发展的道德文化教育",提倡化智慧为德性,重视发展个体的智慧与创造性,其核心则是提高年青一代人的道德质量。

二、学生品德心理发展的特点

品德发展和修养是学生身心发展的重要组成部分。不同年龄阶段学生的品德发展既具有连贯性,又具有阶段性。

(一)小学生的品德发展

小学阶段是品德发展的一个关键时期。所谓"品德发展的关键时期",是指学生的某种品德心理品质、品德结构功能、品德行为习惯出现转折或飞跃的时期,或者说是良好的品德特质最容易形成和培养的时期,容易收到最好的效果。国内学者认为,小学生道德认知发展的关键年龄阶段介于7—9岁之间。"这一结论为更好地把握德育教材的编制、设置及相关知识传授的时机方面提供了心理学上的依据。"[1]

小学生品德发展在道德认知上具有形象性特点,在道德情感体验方面则以直觉的道德情感体验为主要形式。尽管小学生的道德信念有了一定的发展,但小学生道德情感体验的发生,仍然离不开具体的情境和具有道德意义的人或事物形象的支持,具有较大的情境性、主观性和任意性,不完全按照道德原则、道德信念的支持。

---

[1] 邵景进等:《我国小学生品德发展的关键期研究的述评与展望》,载《新华文摘》2005年第11期。

在道德意志和行为发展方面,小学儿童品德发展的最为突出的特征在于协调性有了很大的发展,表现在知与行、知与情、言与行等方面的协调,同时也反映出主观愿望与外部要求的一致性,呈现出由具体形象向抽象过渡、由他律向自律过渡的发展趋势。由于他们的行为习惯有了一定的自觉性,所以学校德育的主要职能是指导学生养成种种必须的社会习惯。尤其是良好行为习惯的养成在小学生品德发展中占有显著的地位,如社会生活的规则、合作和负责的精神、待人接物的礼貌、处理人际关系的能力等,只有在比较长时间的涵化积累的基础上,才能逐步形成良好的品德行为。学校德育的另一职能是要帮助学生改正不良的行为习惯,以简单的说教或惩罚是很难奏效的;只能遵循学生品德发展的规律,并采取相应的措施,才能比较有效地矫正不良行为习惯。

(二)中学生的品德发展

在整个中等教育阶段,中学生的品德发展日益迅速,他们正处于伦理性品德形成的重要时期,是社会公民品德的初步成熟期。其中,独立性是整个中学阶段学生品德发展的最显著特征。中学生的品德发展虽然具有矛盾性和冲突性的一面,但是他们的品德结构的心理成分也表现出逐步完善和初步稳定的特点。有关研究表明,在初中三年级前后形成良好道德习惯的学生占到了60%,高中阶段则达到了80%,并且中学生行为习惯养成的人数随年龄的增加而上升。[①] 由此可见,同思维品质的发展相似,在整个中学阶段青少年的道德品质也处于一个迅速发展的时期。

中学生品德发展的另一个特点是自主性和自律性比较强。高中(中专)阶段是学生准备走向独立生活的时期,许多学生开始逐渐独立决定自己的生活道路,自觉运用道德目标、理想、信念和价值观来调节自己的行为方式,有了比较明显的道德动机,道德的整体性有了一定程度的提高。当然,他们在面临社会道德问题时的道德判断推理和道德决策能力还不够成熟,自觉性和幼稚性并存,这是中学生品德心理过渡期发展的集中反映。

(三)大学生品德的发展特点

大学生处于人生的青年中期,身体和心理发展基本成熟和稳定,具有不同于中小学生的明显的年龄阶段特点。就品德发展而言,在道德认识上,大学生的道德思维水平和社会化水平比较高,普遍形成了比较自律的道德标准、道德观念和信念,具有更为突出的独立性和现实性,不容易受他人或社会因素的影响;道德认识也比较全面,越来越向现实方面发展。在道德情感方面,大学生的道德情感表现出了理智性特点,社会交往情感体验比较深刻而复杂。在道德行为方面,大学

---

① 张大均:《教育心理学》,人民教育出版社2005年版,第303页。

生也具有较强的自觉性和稳定性。应该说，在大学生群体中，积极的、健康而正确的道德行为还是占主流地位的。

目前社会上有一种相当流行的观点，认为现在的大学生一代不如一代，整体道德水平出现"滑坡"，如大学校园里盛行着"恋爱风""跳舞风""作弊风"，以及严重的"厌学风"等；有的甚至认为整个年青一代的道德已经堕落，需要进行"道德重建"。实际上，这种观点是片面和不正确的。近年来，有学者通过对大学生品德心理特点进行了追踪研究，发现大学生群体的品德心理发展的主流是健康的。例如，对西南地区918名在校大学生问卷的统计结果显示（见表1-1），大学生们对自己品德的整体评价状况，认为比较好的占55.5%，加上认为相当好和很好的，共占67.3%；认为表现一般的占19.1%；认为差和相当差的仅占12.3%。这说明，当前大学生对自身品德发展整体水平的评价是比较客观的。当然研究也发现，大学生在个人品德发展水平的自我评价上则有偏高的倾向，他们普遍认为自己的品德是比较好的或相当好，只有6.8%的学生认为自己的品德比较差或相当差。应该说，这个比例也是正常的，并没有达到偏激的程度。

表1-1 大学生对品德状况的自我评价（N=918）

品德状况评价内容	评价等级及百分数						
	很差	相当差	较差	不太好	较好	相当好	很好
总体情况	1.4	3.4	8.9	19.1	55.5	11.1	0.7
个人自己的品德水平	0.6	5.3	1.5	5.5	40.7	42.0	4.4
对教师的师德水平	0.7	2.0	2.1	15.9	39.8	36.0	3.6
德育课和德育活动	7.2	19.0	20.5	20.6	25.2	6.8	0.5

（资料来源：黄希庭等《当代中国大学生心理特点与教育》，上海教育出版社，2003年，第151—156页）

大学生是国家宝贵的人力资源。在当今我国经济体制转轨、社会结构转型、文化氛围更新、价值观念多元化的时期，作为体现时代精神的大学生群体的品德面貌必然会发生深刻的变化。这种变化是发展中面临的新问题。当代建构主义教育家提出一个著名的观点："每一个孩子一片天。每个孩子都是科学家，每个儿童都是理论家。要相信每一个儿童、每一个学生自己能够解放自己。"对于作为青年中杰出代表的大学生群体而言，我们更没有理由不相信他们。一代人有一代人的生活方式，一代人有一代人的追求。在对大学生的道德教育问题上，只有做一名教育工作的促进者，才能逐渐提高学校德育的效能。

通过阅读下面这段材料,可以借鉴国外学校德育的一些经验:

日本为解决中小学德育问题所采取的对策

由于青少年道德问题增加而出现的所谓"教育荒废",已引起日本社会对教育的强烈不满,人们纷纷抨击教育的软弱无力和教师的无能,文部省也自感有不可推卸的责任。因此,文部省的历次教育改革中对道德教育问题给予了特别关注,并采取了一系列措施。

1. 突出德育的主导地位。1984年日本临时教育审议会(简称临教审)在教育改革报告中指出:"能否培养出在道德情操和创造力方面都足以承担起21世纪的日本的年青一代,将决定国家未来的命运;当务之急是要加强学校的道德教育,道德教育要居主导地位。"强调"培养心灵丰富、能适应未来社会的发展变化的人才,是现在一大课题",提出"培养儿童的社会性,促进自立,培养人性丰富的日本人"的主张。

2. 构建学校、家庭、社会一体化的德育网络。1996年,日本开始实施"学社融合推进计划"。按照该计划,将以学校为核心,与家庭和社区合作构筑"教育网络",以抵制新的有害环境对青少年的影响,并开展"环境净化活动推进事业"。文部省拟向国会提交《社会教育法》的修正案,以改善和提高家庭教育能力和社会教育的行政体系,同时将分别投入4亿日元,用于编制《家庭教育手册》和开展全国性的育子学习活动等,以便恢复和提高家庭教育能力。中小学与家庭的联结方式有举办家庭教育讲座和父母讲座、增设家庭课堂、成立家长委员会等;同时,配备专门的社会教育师资,从事学生校外教育指导。

3. 在各科教学中渗透德育。日本现行中小学《学习指导要领》的总则中明确规定:"学校的道德教育以通过学校全部教育活动为基本,不仅道德课要进行德育,而且各学科及课外活动教师都必须按照各自的特点进行恰当的指导。"为此,日本设立了公民课、道德课、特别活动课、安全课、友爱课、垃圾课、环保课等。除了设置专门的德育课程之外,中小学各科教学也承担着道德教育的任务,在各年级的《学习指导要领》中,根据不同学科的知识结构、内容特点,明确规定了培养学生所应该具有的思想品质。

4. 推行"体验学习"活动。"体验学习"活动不仅要在学校,而且要在家庭、社区、乡村、大自然中广泛推行。它要求学生承担一定的家务劳动,定期参加社会公益劳动和简单的生产劳动,每年都有7—10天的耐苦性生活体验,让学生体验生活,品味人生。

5. 建立德育工作指导机构。为了加强对中小学德育工作的指导,日本总理府设有青少年问题审议会和"青少年对策本部"机构。"青少年对策本部"是负责青少年工作的最高政府机构,其任务是制定有关青少年指导、培养、保护及矫正的基本政策和措施;综合、调查与青少年相关的各个行政机构的工作,制定有关青少年工作的计划、立法和实施。

(资料来源:易红郡《日本中小学德育:问题、对策及启示》,《课程·教材·教法》2003年第2期)

> 当你选择了教师教育专业后,你是否思考过自己为什么要当一名老师?你了解教师这个职业吗?何为教师的专业发展?将来自己如何适应教师职业并在其中顺利成长?怎样才能当一名好老师?

第二章 学校教师与教师发展

没有教师生命质量的提升,很难有高的教育质量;没有教师精神的解放,很难有学生的自主发展;没有教师的教育创新,很难培养出学生的创新精神。教师持续有效的发展,对学生和学校的健康发展都非常重要。

第一节 教师职业概述

作为一种特殊的社会职业,教师扮演着多种角色:社会的代表者、道德的实践者、人类文明的建设者、父母的代理人、知识的传授者、课堂纪律的管理者、班级的领导者、人际关系的协调者和学生心理健康的维护者等。这是一种多么重要的社会职业啊!

一、教师职业的诠释

"你的学生或许需要基本知识,如数学和阅读,但他们也需要培养。如果你的目标是使学生的生活丰富多彩,那么你适合教学;但如果你只考虑节日和假期,你就没有充分的理由成为教师。"[①]

(一)为什么要成为一名教师

成为一名教师的动机是什么?对成为教师的动机进行深入的思考,就能更全面地了解你自己;同时,对教师职业的深入了解,也是更好地帮助你成为一名优秀的教师。为了追求优秀的教学,你必须接受新的挑战和观念,不断地寻求自我完善的方法。

作为一名教师,你的职业不仅对学生承担义务,而且还要为你自己和他人承

---

① 费奥斯坦、费尔普斯著,王建平等译:《教师新概念教师教育理论与实践》,中国轻工业出版社2002年版,第10页。

担义务。在你考虑选择教师这个职业时,你可能需要思考以下问题来衡量自己的意愿:

(1)我能尝试使用任何有教育意义的教学方法;

(2)我会经常和同事交换意见;

(3)我会以积极的方式与学校其他人交流经验;

(4)我会努力成为更好的老师;

(5)当我成功的时候,我会向我的学生、领导、父母和同伴表达我的感激之情。①

(二)初步了解教师职业

任何事物都有其自身的特征,教师职业也是如此。认识教师职业特征,能够帮助我们更好地理解教师这个职业。

1. 知识基础

一种职业要有大量的知识作为基础,而这些知识必须是经过相当长的教育时间才能获得的。教师的知识对学生的学习有很重要的影响。这些知识基础表现为:教师对学生及学生的学习负有责任;教师对所教学科非常了解,而且知道如何把学科知识传授给学生;教师负责监控和管理学生的学习;教师能够对自己的教学实践做出反思,并能够从经验中学习。

2. 定位

教师职业与其他职业如医生、律师等一样,都具有很强的服务性——为社会和个人提供最基本的服务。所以,教师职业的定位就是为学生更好的发展提供优质的服务。

3. 自主性

教师在学校教育和课堂教学中有很大的自主性。总的来说,教师是在没有太多的监督下进行工作的。然而,教师在做出决策前,必须考虑整体的价值取向,教师的自主性是建立在对别人负责的基础之上的。

4. 责任性

教师为学生的学习与成长负有重要的责任。所以,教师不仅要对自己的行为和决策负有责任,而且要对学生、家长或监护人、学校和一般公众都负有责任。

(三)教师的职业回报是什么

每一种职业都有所回报,其中有外在和内在两种回报。教师这个职业面对的外在回报,是指一些外在的、可见的、直观的、可计量的,诸如薪水、权利、地位和日

---

① 费奥斯坦、费尔普斯著,王建平等译:《教师新概念教师教育理论与实践》,中国轻工业出版社 2002 年版,第 10 页。

程计划(如节日休息、寒暑假)等方面;而相比之下,教师职业的内在回报是更富有深远意义的,它是那些不可见的、内在的、不可计量的,且大多数成分是主观的方面。例如,因帮助学生而得到的满足感,教学中的乐趣,因为教学中的创新而得到的成就感,与学生进行交流而得到的愉悦感等。①

如果你要成为一名好教师就会面对许多的挑战,当然也会有丰厚的回报;因为教学能持续不断地滋养教师的灵魂,满足教师智力的发展。正如一名有19年教龄的教师所说:"无形的回报可能比有形的利益更能使自己得到满足。每天有意识地把我最美好的祝愿送给我的学生是我最大的报酬。对我来说能够在不剥夺他们个性的基础上,塑造未来的灵魂是一个很大的挑战。"②总之,在现代教学过程中,教学对于教师而言,不只是为学生成长所做的付出,也不只是完成别人交付的任务,同时也是教师自己生命价值和自身发展的体现。中国古代的《学记》很早就指出,教可因学而得益,学也因教而日进,"故曰:教学相长也。"所以,教师的职业价值特性决定了教师职业是一种需要全身心投入的事业,而绝不能简单地视为一种谋生的手段。这样,教师所得到的回报,在很大的程度上是精神的大于物质的。

通过阅读下面这段资料,可以进一步理解教师职业的意义与价值。

彼得·基·贝得勒,45岁,美国肃哈尔大学英语教授,荣获1983年度美国教育进步和援助基金会授予的全美教授的荣誉称号。他在讲述自己为什么要当一名教师的时候这样说:

> **我为什么要当老师**
>
> 我要当教师因为我喜欢学校工作日历所提供的生活节奏。六月、七月和八月的假期,给了我一个机会去思索、研究和写作——为今后的教学总结我的心得。
>
> 我要当教师因为教学永远是一个变化无穷的工作。甚至当我的教材是同样的,我总是改变着教学方法,然而更重要的是,我的学生总是在变化。
>
> 我要当教师因为我喜欢有出错的自由,有吸取教训的自由,有激励我自己和我的学生的自由。作为一个教师,我就是我自己的老板。

---

① 费奥斯坦、费尔普斯著,王建平等译:《教师新概念教师教育理论与实践》,中国轻工业出版社2002年版,第10页。
② 费奥斯坦、费尔普斯著,王建平等译:《教师新概念教师教育理论与实践》,中国轻工业出版社2002年版,第324页。

> 即使我要求我的一年级新生去编一本如何写作文的教科书,谁又敢说不呢?这样的课程可能会完全失败,但我们都能从失败中学到些什么。
>
> 我要当教师因为我喜欢提出那些学生必须尽力思索才能回答的问题。这世界充满着对蹩脚古怪问题的正确答案。在教学中,我有时有意回避那些正统的提问。
>
> 我要当教师因为我喜欢学习。确实,我之所以感到我的教师生涯还颇有活力,是因为我总是不断地学习。我人生事业中最重要的发现之一,就是我之所以是最好的教师,不是因为我懂得多少,正相反是我酷爱学习。
>
> 我要当教师因为我以为我能设法将我自己和我的学生从象牙塔式的传统封闭式的学习中解脱出来而进入外面的真实世界。我曾经教过一门称之为"在高科技社会中自我生存"的课程。我的十五位学生读过爱默生、梭罗和豪士利的作品。他们坚持记笔记。他们写出了学期论文。
>
> 这些就是我为什么要当教师的理由。这些学生在我眼前成长、变化着。当一名教师就好比在创造生命,我可以看到我所孕育的泥人开始呼吸。没有什么能比能那么近地亲眼看到生命的呼吸更令人激动的了。我当教师是因为我生活在那些开始呼吸的人们中间,我有时甚至能感受到他们的气息中也有我自己的气息。

结合学习感受和自己的亲身经历反思下列问题:

你选择教师这一职业的动机是什么?与你的亲密朋友、辅导教师、家人、退休教师或同学分析你的想法,征求他们的意见。

二、教师的角色定位

"教师是克服人类无知和恶习的大机构中一个活跃而积极的成员,是过去历史所有高尚而伟大的人物跟新一代人之间的中介人,是那些争取真理和幸福的人的神圣遗训的保存者,是过去和未来之间的一个活的环节。"[1]

教师作为精神文明的开拓者,在传递科学文化知识、促进整个人类生存与延续方面始终起着十分重要的作用。中国古代曾将"天、地、君、亲、师"供奉一堂,使为师者成为人的"无所不知"之楷模,备受尊崇。随着科技的进步,知识的不断更新,社会对教师角色的要求不再是单纯的"传道、授业、解惑",正如《学会生存》中

---

[1] 乌申斯基著、郑文樾译:《人是教育的对象》(下卷),人民教育出版社1989年版,第201页。

所阐述的那样:"教师的职责现在已经越来越少地传递知识,而越来越多地激励思考;除了他的正式职能以外,他将越来越成为一位顾问,一位交换意见的参加者,一位帮助发现矛盾论点而不是拿出真理的人。"教师作为角色身份的出现,缘于美国社会心理学家乔治·米德首先将其引入社会心理学,并创立了角色理论。所谓"教师角色",是指处在教育系统中的教师所表现出来的由其特殊地位决定的符合社会对教师期望的行为模式。分析教师的角色,教师自己明确自身的角色身份,对于即将扮演教师角色或充分扮演好教师角色都具有积极的意义。在过去,人们从不同的角度已经给教师冠以诸多美名,如蜡烛、园丁、人类灵魂的工程师等。然而,随着时代的发展,社会的进步,特别在当今的信息时代,人们教育观念的提升,这些美名将逐渐退色。所以,重新反思教师的角色,将成为转变教师的教学观念、当好新时期教师的首要任务。[①]

(一)传统的教师角色定位

在农业和工业社会里,教师基本的职责和任务是"传道、授业、解惑",所以传统教师角色定位是:强调教师的社会责任,忽视教师的个体发展;强调教师的权威性,忽视师生互动合作关系;强调教师的传承功能,忽视教师的生成功能。

(二)现代的教师角色定位

在新的时期和新的社会里,培养教师的教育正开始由师范教育型向教师教育型转化,教师的职责和任务也发生着根本性变化,所以教师角色应定位于:

1. 教师应是一个引导者和设计者

教师是学生成长的引导者、学生发展的领路人。教师不仅应有引领学生成长的热情,而且应具备指导学生发展的能力。教师应该认识到,必须遵循学生主体、学生本位的原则,去积极引导学生主动参与教学的全过程。在教学中,应坚持"以人为本"的教育理念,培养学生发现问题的眼光、主动学习的意识和积极进取的态度,善于引导学生动口、动手和动脑。学生是学习的主人,学习质量的高低、学习效果的好坏最终要取决于学习者自身的表现,但教师的正确引领和科学指导却起着举足轻重的作用。所以,教师要努力创造条件,积极引领,科学指导,让学习者充分发挥主观能动性,发展自我创新能力,在学习过程中不断实现自我超越。

2. 教师应视自己为一个诚恳的合作者和学习者

在现代教学过程中,"教学相长,和谐发展"应作为重要的教学理念进一步强化和贯彻,其中师生合作是核心。所以,"合作"是一个愉快的话题,师生合作、生生合作,是教育新形势的要求与学校进步的标志。在合作中竞争、在竞争中合作是当今学习时代的主题,竞争应被注入学习合作的主题之中,只有合作才能出力

[①] 林靖:《新课程目标下教师角色的反思》,载《中国电子教育》2004年第9期。

量,才能出智慧。教师和学生这两种生命个体是平等的,二者彼此都很重要,决不能厚此薄彼;而且,教师的生命和社会价值更多的是在学生的成长与发展中得到体现的。因此,构建师生平等对话平台,势必要求教师应作为一个朋友式的合作者出现在学生面前。教师以合作者、学习者的身份出现,是教学民主的体现,其实质是强调师生人格平等;在平等的基础上,师生联手合作,其乐融融。

3. 教师应是一名优秀的管理者

课堂的高效率固然离不开先进科学的教学模式,但如果失去了严格而有效的管理机制,很难想象会取得令人满意的教学效果。所以,在具体的教学中,教学管理工作也不容忽视。教师对教学的组织与管理,不仅限于维持课堂秩序以保证正常教学活动的顺利进行,而且也应当对教育教学进行科学的全面规划、设计和实施。教师要制订一系列的计划、规矩和制度,建立严格而有效的科学管理机制,积极利用激励手段,刺激学生,赶超先进。但严格绝不等于野蛮,管理既要有力度又要讲分寸、讲方式。在管理过程中,必须尊重学生的主人身份,要有"学生本位"的思想。教师要有课堂公仆的意识,要留足学生的尊严,力避从肉体和精神上给学生造成不应有的伤害。

总之,教师是学生发展的直接引领者和指导者,能够帮助学生认识自己的潜力和发展的可能,并激励其积极发展。在每一天的工作结束时,作为一名教师能意识到自己在某些微小的方面帮助了他人,使学生有成就感,就是一种值得称赞的成功。很多人认为,这种"帮助因素"对维持教师这一职业来说是至关重要的,很少有职业能像教师一样使人得到积极的发展,而且这种发展能极大地改善人的基本素养。可见,教师处于一个非常重要的社会地位,扮演着其他职业无法替代的社会角色,不仅指导学生在思想品德、知识技能等方面成长和发展,而且能对学生的日常生活给予极大的影响与帮助。如果你将成为一名教师,那你就选择了一种(事实上)能给予他人以指导和帮助的职业。

通过阅读下面这段资料,可以进一步理解教师的职业角色。

关于教师角色的传统隐喻思考

在对教师角色的这些传统隐喻中,除赞扬教师的优秀品质和崇高的地位之外,也隐含了很多传统教育观念对于教师职业的一些误解:

1. 教师是蜡烛

教师的影响在于他的发展水平。

肯定:奉献与给予。

> 不足:忽视教师的持续学习与成长;淡漠教师内在的尊严与劳动的欢乐。
>
> 2.教师是园丁
>
> 教师对学生不能过分的强制和灌输。
>
> 肯定:田园式的宽松环境;重视学生的成长历程;注意了学生发展的个性差异;强调教师作用的发挥。
>
> 不足:存在着淘汰制(间苗);有人为的强制性(修剪)。
>
> 3.教师是人类灵魂的工程师
>
> 教师的教育不能过于整齐划一。
>
> 肯定:工程师——重要的职业;灵魂——关注人心灵的发展。
>
> 不足:暗示一种固定、统一的标准,忽视了学生的差异性;整齐划一,批量生产,易形成新的机械化运动。

三、教师素养的内涵

美国的一个教育理论研究学者卡尔·明格认为,教师是什么样的人要比他教授什么更为重要。所谓"教师素养",是指教师为了履行职责、完成教学任务所必备的素质修养。这些素养主要包括以下几个方面:

(一)完善的情感智力和品质

教师作为教育活动中的要素之一,身负较高的社会责任和道德期望,也想获得事业上的成功。同时,教师自身又是一个个独立存在的个体,有其自身的情绪体验、情绪反应和对情绪刺激的复杂认知等情感智力。古莱曼在他的《心理智力》(1995)一书中论述道:"那些能进行心理调节,即能控制自己的感情并能理解和有效地对待他人的感情的人,往往在生活中的各个方面占据优势。"情感智力是现代教师的必备素质之一。在教师情感智力的养成中,那些与教育教学工作有密切联系的情感特性,如良好的自我意识、乐观、宽容和表达情感的技能技巧等,都是需要特别重视的。

1.赋予职业神圣的意义

教师首先必须在理念上对自身职业的深层内涵有充分的认识。教师传播人类文明,开发人类智慧,塑造人类灵魂,影响人类未来,"是过去和未来之间的一个活的环节"[①]。可以说,教师的教育活动不仅是一种职业,更是一门艺术。所以,教

---

① 郑文樾、冯天向:《乌申斯基教育文选》,人民教育出版社1989年版,第201页。

师要以积极的态度从事教育教学工作,首先必须对教育教学活动本身的任务、意义以及它与祖国、人类当前和未来的关系问题有正确清醒的认识;同时,还应该把自己所从事的职业看作是发挥个人才能、参与历史创造,以至个人达到自我完善的境界的一种重要形式。只有这样,教师才可能对自身职业的价值有清醒的定位,对教师职业本身才有可能产生积极的心理准备。

2. 心中要有爱

教育实践证明:教师热爱学生可以促进学生对学习产生热忱、兴趣和积极性,而教师对学生冷漠,就会降低甚至摧残学生学习的热忱、兴趣和积极性。这一点,"课堂中的皮格马列翁效应"便是例证。反过来,学生努力学习,进步显著,教师也会主动地接近和了解学生;而学生成绩下降,教师也很容易产生着急、烦躁的情绪。显然,教师在教育教学中是起主导和调控作用的。"尊师爱生"历来是我国处理师生关系的优良传统,热爱学生作为教师的一种主观情绪体验,决定着教师的行为选择和趋向。只有热爱学生才能无微不至地关心学生,竭尽全力地教育学生;同时,教师对学生的爱,也能转化为学生积极向上的行动动力。所以,教师应当理解、爱护学生,善于鼓励和帮助学生,只有心中有爱,才有可能以积极的情绪状态投身到教育教学活动中去。

3. 做自律的榜样

自律是教师非常重要的一种能力。如果教师想要帮助学生养成自律的习惯,他们必须首先成为自律的榜样。自律包括自我评价、自我规划、自我指导、自我监督和自我反省等。为人师表的教师要真正成为未成年人的第一人生榜样、第一道德榜样,就要学会自爱与自重,学会自律和心理减压,也要不断提升自己的道德境界,培养自身的人文素质,完善自己的健康人格,还要吸收一切有价值的知识充实自己的心灵,勇于承认和改正自己的过错。总之,教师对学生的影响无处不在、无时不有,所以应时刻警惕自己的一言一行。

4. 有热心和幽默感

和谐、愉快的学习环境能间接促进学生的学习。为给学生建立一个轻松的、满意的、持久性的学习环境,教师的热心和幽默是一个很重要的因素。有热心的教师,会经常面带微笑,为学生的点滴进步由衷地高兴;对学生感兴趣的问题也感兴趣,向学生敞开心扉,表现出自己的个性、喜好和意见;鼓励学生接近自己,将学生的意见、感觉、想法主动纳入自己的教育教学中,愿与学生一起解决问题,并帮助学生取得成功。这样的师生关系是积极向上的,是有利于学生积极有效的学习的。同时,教师的幽默不仅能抵消紧张气氛,而且能让学生感受到教师的自信与安全感,促进互相信任,减少学生不良行为的发生。在课堂上,当教师不自觉地出了错误时,不要紧张和掩饰,而应轻松自然地承认自己的错误,并诚心向学生学习,会更加融洽师生关系;对突发事件,教师有时机智地幽默一下,会活跃课堂气氛,更吸引学生学习的注意力。

5. 有可信任感

教师的知识、经验、教学水平等能保证学生对教师有可信感,而更重要的是教师的品行。所以,教师要品行端正,为人正直,办事公道,能诚实公正地对待每一个学生,公开征求或接受学生的评价和批评,对学生的成功表示感兴趣和关心,能真正保守学生的小秘密,这样才会争得学生的信任。

(二)全面完整的知识结构

教师是人类灵魂的工程师,是全方位影响学生成长的人,因此要具备比较完整、优化的知识结构。作为一名合格的教师,其知识结构可分为三个方面,即教师的本体性知识、条件性知识和实践性知识。

所谓"教师的本体性知识",是指教师所具有的特定的专业知识。只有具备一定专业知识水准,教师才有可能进行有效的教学;要培养学生对所学内容的分析能力,教师必须理解学科知识是如何创立、构建并与其他学科相联系的;而且,教师的专业知识应具有一定的广度和深度。随着科学文化的迅速发展和知识的不断更新,教师就更有必要了解自己专业的最新成就和发展趋势,并且涉猎一些相邻学科的知识,优化知识结构,满足学生广泛的求知欲。但是,教师的本体性知识并不是越多越好,一位知识渊博的人,并不一定就是一位好教师,因而教师职业的特性决定了教师又必须有一定的条件性知识。

所谓"教师的条件性知识",主要是指教育学和心理学知识。要成为一名好教师,不但要有扎实的专业知识结构,还要了解和遵循教育工作的规律与学生身心发展规律,掌握教育学、心理学、生理学等基本教育理论和知识。所以,条件性知识是教师成功教学的重要条件,当代教学工作的特殊性要求教师跟上教育理论研究的步伐,把教育理论的最新研究成果引入教学过程。

所谓"教师的实践性知识",是指教师在面临实现有目的的教学行为中所具有的课堂情境知识以及与之相关的知识,也就是教师教学经验的积累。例如,在教学过程中,教师积累了一些有关学生的知识,就能了解、分析学生的心理活动和思想状态,在特定的教学情境中做出相应的反应。另外,优秀教师的教学实践性知识还包括不断学习和掌握现代技术手段,如使用计算机辅助教学等,运用到自己的教学工作中。

一般来说,职初教师的知识结构以原理知识为主,包括学科的原理、规则等,还有一般教学法的知识,均属于明确的知识;有经验的教师在教学实践中逐步积累了案例知识,是指学科教学的特殊案例、个别经验等;专家型教师则不同,他们还具备丰富的策略知识,即将教育学、心理学、教学论等原理运用于特殊案例中的教学策略,其核心是教学实践反思。所以,教学的案例知识和策略知识,很大部分是教师的亲身经验,以默会知识居多。基于对教师知识这样的分析,顾泠沅认为:"现代教师培训应当继续开发在行动中学习的思路,采用'基本课程+案例比较+实践反思'的模式,这才是造就有经验教师和专家教师的必由之路。已往的教师培训,以原理知识为主要内容,忽视了案例与策略的知识,难以达到预期效果。偏重教学原理(原则、观念)难免空泛,强调教学经验(技能、技巧)易致盲目,而专业引领下的教学案例探讨恰好可以弥补这两者的缺失。"[①]

一个教师只有建构起上述知识结构,逐步成长为一位专家型教师,才称得上是一位好教师。

(三)灵活实际的教学能力

教师的知识结构是否合理、优化,固然对教学水平及效果产生较大影响,但教师的教学能力,同样是一种不可忽视的力量。教师基本的教学能力包括课堂教学的思维能力、表达能力、组织管理能力和教学的研究能力等。

1. 教师课堂教学的思维能力

一是思维的准确性。在课堂教学上对知识表述科学、准确,教学过程思维敏捷、精细。二是思维的条理性。在课堂上思路清晰,有条理。三是思维的概括性。在课堂教学上对教材内容处理恰当,既能反映全貌,又能突出重点。四是思维的发散性。在教学中思路开阔,能多方向、多层次、多侧面地思索问题,能提出多种假设和解决问题的方式。五是思维的变通性。能变通思路,产生超常的教学设想,提出教学的新思路、新办法、新举措。六是思维的独创性。能产生新颖的、别人未能想到的好的教学思路、教学方法与教学措施等。

2. 教师课堂教学的表达能力

一是有较强的口语表达能力。口语表达科学准确、简洁易懂、逻辑严密、生动有趣,能吸引学生。二是有较强的文字表达和板书能力。文字功底好,能写一手好字;板书结构好,既能反映教学全貌,又能突出重点。三是有丰富、大方的体态语言。能充分恰当运用身体的位置、姿势、动作与表情来表达自己的思想感情。四是善于运用传统教学媒体与现代信息技术媒体的能力。能运用实验设备、录音机、电视机、幻灯机、投影仪、多媒体技术、网络技术等进行教学。

3. 教师课堂教学的组织管理能力

包括:善于与学生交往的能力,善于发动学生积极参与学习活动、激发学生学习动机的能力,善于营造课堂教学气氛的能力,善于组织形式多样的教学活动的能力,善于管理课堂教学中学生学习行为与纪律的能力,善于反馈、调控课堂教学效果的能力,善于评价课堂教学、激励学生学习的能力,善于处理突发事件的应变

---

① 佐藤学:《教育方法学》,岩波书店1996年版,第136—739页。

能力,等等。

4. 教师课堂教学的研究能力

具有先进的教育理念和现代教育思想、扎实的学科专业知识和相关学科知识以及丰富的教学经验,掌握一定的教育科学理论知识,有较强的教育科研能力和科研意识,有认识、发现、形成课堂教学问题的能力,有确立、设计课堂教学课题的能力,有总结课堂教学课题研究的能力,有解决课堂教学问题的能力等。[①]

(四)教育机智

教学智慧的一个突出表现是教学机智,它是教师在教学实践活动中的一种随机应变的能力。俄国教育家乌申斯基曾说:"不论教育者怎样地研究了教育学理论,如果他缺乏教学机智,他就不可能成为一个优秀的教育实践者。"这是因为,课堂教学是一个复杂的系统,其中充满变化和问题,有位教育工作者对此有过生动的文学描述:

课堂教学不是一潭死水,它应当像大海,永远变幻,就是在宁谧的时候,也孕育着丰富多姿的波澜。当你直面大海,有时你会感到它奔腾似虎,有时你会感到它平静如练,有时狂涛跌落,若幽深峡谷,有时怒涛突起,似高高峰峦。

是的,大海是富于变化的,课堂教学也莫不如此。任凭事先如何周密设计,教师总会碰到许多新的"非预期性"的教学问题。教师若是对这些问题束手无策或处理不当,课堂教学就会陷入困境或僵局,甚至还会导致师生产生对抗;而富有教学智慧和机智的教师面对偶然性问题和意外的情况,总能灵感闪现,奇思妙策在瞬间激活,机动灵活地实施临场应变。教学机智就其实质而言,乃是一种转化师生矛盾的艺术,是一种正确处理教与学矛盾的技巧,其妙诀是避其锋芒,欲扬先抑,欲进先退,变换角度,以智取胜;表现在语言艺术上,则是直话曲说,急话缓说,硬话软说,正话反说,严话宽说。

结合学习体会和亲身感受,与你的朋友或同学一起讨论"你眼中的好教师",并且做好记录,相互比较补充,共同分享结论。

通过阅读下面这段资料,可以进一步理解教师素质的内涵。

> **我们作为教师,能否送给学生一轮明月,来照亮他们前行的路?**
>
> 禅师散步归来,看到自己的茅屋遭小偷光顾,可小偷找不到任何财物,正欲离开,看见了站在门口静静地等待的禅师。他脱下外衣并

[①] 项志康:《论中小学教师课堂教学能力及其提高》,载《上海师范大学学报(哲社·教育版)》2003年10月增刊。

对小偷说:"你从老远的山路来看我,总不能让你空手而归啊!夜深了,带上这衣服走吧。"说着就把衣服脱到小偷身上,小偷不知所措,低着头溜走了,禅师看着小偷的背影消失在山林之中,自言自语道:"可怜的人啊!但愿我送他一轮明月,照亮他下山的路。"第二天,禅师看到自己的外衣整齐地叠好放在门口,他高兴地说:"我终于送给他一轮明月了。"

一项研究:教师的影响力

让教师不再表扬学生,结果在几周内一个好班变成差班;当教师只批评学习不认真的行为,而不表扬学习认真的行为时,学习不认真的行为由8.7%上升到25.5%;当要求教师在每20分钟内把批评由5次增加到16次时,学生表现出更多的学习不认真的行为,平均达到31.2%,有时超过50%。只注意学习不认真的行为,而又没有相应的表扬,却助长了学习不认真的行为;当教师重新开始表扬学生时,课堂上又出现了良好的学习行为。

教师的童心

以往,许多人总是认为教师是默默无闻的,是平凡的,可突如其来的"5·12"大地震让我们每一个人都感受到了教师职业的伟大、崇高、光荣。地震的那一刻:很多老师放弃了转瞬即逝的逃生机会,用他们的沉着、冷静、机智,甚至鲜血和生命,维护师德,铸就师魂,为不少孩子赢得了生存的希望和机会,奏响了一曲曲荡气回肠的生命颂歌,让我们再一次读懂了"师德"二字的博大和崇高!

在什邡龙居小学的废墟中,一位年轻女教师的身体断成两截,脸部血肉模糊,可她的双手仍紧紧拥着两个学生!人们怎么办,也无法掰开她紧紧搂住学生的双手。这位老师名叫向倩,2007年大学毕业,到什邡龙居小学当英语老师。地震发生时,她正在疏散学生离开教室。看到有两个学生手足无措,她大步跑过去,一手搂住一个,朝门外冲。教学楼突然垮塌,她和几名学生被埋在废墟中……

在汶川县映秀镇垮塌的镇小学教学楼的一角,救援的群众被眼前的一幕惊呆了:一名男子跪仆在废墟上,双臂紧紧搂着两个孩子,像一只展翅欲飞的雄鹰。两个孩子还活着,而"雄鹰"已经气绝!由于紧抱孩子的手臂已经僵硬,救援人员只得含泪将之锯掉才把孩子救出——29 岁的老师张米亚,在关键时刻用自己的血肉之躯为学生牢牢把守住了生命之门。

绵竹市遵道镇欢欢幼儿园的瞿万容老师"用后背牢牢地挡住了垮塌的水泥板,怀里还紧紧抱着一名小孩";德阳市东汽中学遇难教师谭千秋"双臂张开着趴在课桌上,身下死死地护着四个学生",四个学生都获救了,他却不幸遇难;什邡市师古镇民主中心小学一年级女教师袁文婷,为了拯救学生,青春定格在了 26 岁……

向倩、张米亚、杜正香、瞿万容、谭千秋……这些可亲可敬的师者虽然离我们远去了,但他们在生死攸关用鲜血和生命保护学生的壮举,有如最后一堂无声之课,展示了人民教师的职业操守,诠释了爱和责任的师德灵魂,体现了教师的良知和勇敢,以及生命的尊严和伟大,点亮了学生通往未来的希望之路。他们无愧于人民教师的光荣称号,是这个时代最可爱的人。

第二节　教师专业发展

教育工作应被视为一种专业,这种专业要求教师经过严格且持续不断的研究,才能获得并维持专业知识和专门技能,从而提供公共服务。教育工作还要求教师对教导之学生的教育和福祉具有个人的和共同的责任感。[①]

一、教师专业发展的含义

20 世纪 80 年代以来,教师专业化形成了世界性的潮流,极大地推动了许多国家教师教育新理念和新制度的建立。1986 年,美国的卡内基工作小组、霍姆斯小组相继发表《国家为培养 21 世纪的教师做准备》《明天的教师》两个重要报告,同时提出以教师的专业性作为教师教育改革和教师职业发展的目标。80 年代末,英国开始实施教师聘任制和教师证书制度,教师专业化进程进一步加快。1989—1992 年,经济合作与发展组织(OECD)相继发表了一系列有关教师及教师专业化改革的研究报告,如《教师培训》《教师质量》《学校质量》《今日之教师》等。1996 年,联合国教科文组织召开的第 45 届国际教育大会上对教师专业化达成了一致

[①] 联合国教科文组织:《关于教师地位的建议》,1996 年。

认识,提出"在提高教师地位的整体政策中,专业化是最有前途的中长期策略。"因此,80年代以来,在教师专业化运动的影响下,社会要求高质量的教师不仅是有知识、有学问的人,而且是有道德、有理想、有专业追求的人;不仅是高起点的人,而且是终身学习、不断自我更新的人;不仅是学科的专家,而且是教育的专家,具有像医生、律师一样的专业不可替代性。现在,教师专业化已经成为促进教师教育发展和提高教师社会地位的成功策略。

教师专业化之所以成为可能,并在逐步实现中,是因为教师职业具有专业化的一切特征。国际上职业的专业化有六大标准:(1)专门知识;(2)有较长时期的专业训练;(3)专门的职业道德;(4)有自主权,能根据自己专业进行判断和决策;(5)有组织,如行会组织、学会组织等,有行业自身实行监督控制的约束;(6)要终身学习。对照上述标准,教师专业有以下特征:(1)有较高水平的专门知识和技能,掌握学科领域发展的前沿;(2)经过较长的专业训练,包括所教学科的课堂实习;(3)有较高的职业道德,敬业爱生;(4)有较高自主权,组织教学,创设学习环境,有较强的判断力以评价学生和自身;(5)实行教师资格证书制度管理;(6)终身学习,不断更新专业知识和技能。

可见,教师是一种专业职业,因为它具有专业化的一切特征,体现在有国家的学历标准、必备的教育知识和教育能力、职业道德的要求、严格的教师资格管理和制度等。所以,这个职业具有不可替代性:一是,教师不仅是一种行业,更是一种专业,具有像医生、律师一样的专业不可替代性。二是教师专业化发展的重点不在于学习专业知识,而在于提高专业能力和专业品质。三是大学文化与中小学文化的融合是教师专业化发展的必要条件。四是教师专业化发展的首要条件是对教育、学校乃至自身的存在与发展的深入理解。五是高质量的教师不仅是有知识、有学问的人,而且是有道德、有理想、有专业追求的人;不仅是高起点的人,而且是终身学习、不断自我更新的人。六是教师专业化发展的过程是教师认识自我价值的过程,也是不断履行现实要求的过程。七是教师专业化发展的主要途径是对教学进行持续不断的实验和批判性反思。八是在师生共同的生活世界中教学相长:学生在教师的发展中成长,教师在学生的成长中发展。

二、教师专业成长

美国教师教育专家赫伯特认为,教学的魅力之一是教师的发展是无限的,就像教师在教之前无法提前知道学生能学多少。

教师专业成长是教师的职业理想、职业道德、职业技能不断成熟、提升和创新的过程。它是个体在其整个职业生涯中依托专业组织,通过终身专业训练,习得教育专业知识技能、实施专业自主、表现专业道德、不断增长专业能力的过程与实

践,主要包括教师的专业成长过程和促进教师专业成长的教师教育。教师专业的成长可以分为以下几个阶段:

第一阶段:"非关注"阶段。这是指进入正式教师教育之前的阶段,可从一个人进入接受正式教师教育前,甚至追溯到他的孩提时代。这时虽谈不上教师专业能力的发展,但在与教师专业能力密切相关的一般性能力,尤其是在语言表达能力、交往能力和组织管理能力方面,为正式执教的"虚拟关注"阶段打下了基础。

第二阶段:"虚拟关注"阶段。这一阶段专业发展的主体师范生的身份是学生,至多只是"准教师"。尽管在经过师范学习的实习期后,师范生有了自我专业发展反思的萌芽,但仍有"虚拟性",是对虚拟教学环境中个人专业结构欠缺的反思。

第三阶段:"生存关注"阶段。这是指入职初期,是教师专业发展的一个关键时期。这一阶段的突出特点是"骤变与适应"。这种环境的骤变从反面激起了初任教师强烈的自我专业发展的忧患意识,迫使他们特别关注专业发展结构中的最低要求和专业活动中的"生存"技能。所以,指向的内容主要是"生存"技能。

第四阶段:"任务关注"阶段。随着教学基本"生存"知识、技能的掌握,教师的自信心也日渐增强,由关注自我的生存,转到更多地关注教学上来;由关注"我能行吗",转到关注"我怎样能行"上来。但这一转向,在很大限度上受到职业阶梯、他人评价等某些外在因素的制约,这也同时反映了自我专业发展意识还较弱,发展尚不成熟。

第五阶段:"自我更新关注"阶段。教师的专业发展动力不再受到外部评价或职业升迁的牵制,直接以专业发展为指向。教师已经可以自觉地依照教师专业发展的一般路线和自己目前的发展状况,有意识地自我规划,谋求最大限度的自我发展,成为教师日常专业生活的一部分,成为一种专业生活方式,经常保持专业发展的"自我更新"取向。这一时期,教师的自我专业发展意识是一种自觉的意识,而且单纯地指向专业结构的改进和提高。教师的特征是自信和从容。

同时,"自我更新关注"的教师,在学生观上的一个重要转变是认识到学生是学习的主人,教师除了让学生理解所教的内容之外,还意识到要鼓励学生自己去发现、构建"意义"。在教学观上,教师不再把教学看作是"教给"学生如何去理解的过程,而是帮助学生去理解、构建"意义"的过程;教学不再仅限于帮助学生学习知识,而且还要在师生互动过程中使得学生获得多方面发展。教师知识结构发展的重点转到了学科教学法知识及其在教学实践中的应用上来,不再把专业知识作为重点。个人实践知识是这一阶段教师知识拓展的又一重要方面。[①]

[①] 叶澜等:《教师角色与教师发展新探》,教育科学出版社2001年版,第267页。

三、教师专业发展的意义和策略

美国社会学家托马斯·伽斯克认为,专业发展的明确特征有三个:一个是有意识的过程,一个是持续的过程,还有一个是系统的过程。

(一)教师专业发展的意义

教师专业发展通常被定义为教育者专业知识、技能和态度的过程与活动,所以教师专业发展的意义表现为:

1. 教师专业发展能帮助教师认识教师专业自我

教师专业自我主要包括以下几个方面:(1)自我形象,即对"我是一个怎样的教师"的回答,属于一般的自我描述;(2)自尊,一种评价性的自我体验,对教师自身专业行为或素质进行个体评价;(3)职业动机,即促发教师选择教师职业、留任或离任的动力;(4)工作满意度,即教师对其职业情况的满意程度;(5)对教师任务的认识,对工作内容的了解,不仅需要回答"作为教师必须做什么",而且要回答"作为一个优秀教师必须做些什么";(6)未来前景,指教师对其职业生涯和工作情境未来发展的期望;(7)个体的教育理论,即个体对具体的教育情境所做出的不同的反应,它表现出专业知识场景中个人实践的差异。教师专业自我的形成,意味着教师对自己的职业在以上几个方面获得独到的悟解,为教师职业形象确立了令自己和社会信服的内在根源,并不断把对教师职业形象的自我认识付诸职业生活实践,从而使自己成为其专业生活的享有者和创造者。可以说,教师专业自我的形成,是教师个体专业化和教师职业形象建构达到较高水平的标志。

2. 教师的专业发展促进学生的学业进步

如图2-1所示,通过保证教师专业发展的质量,最终影响学生学习的进步。

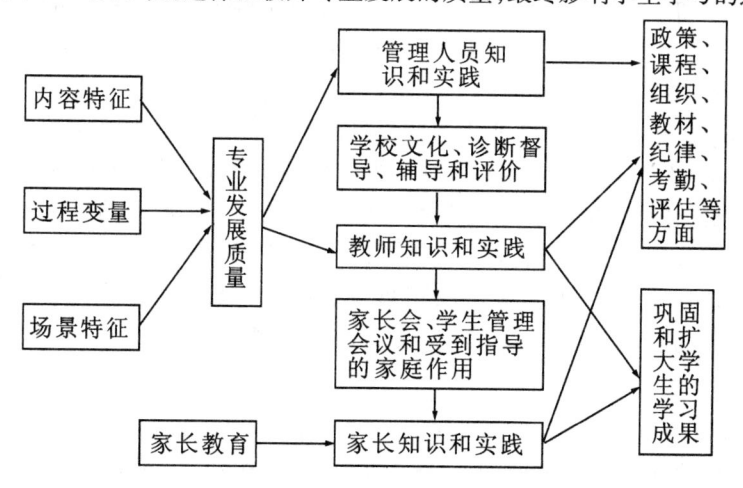

图2-1 教师的专业发展与学生的学业进步

上图中的"内容特征",指的是专业发展中的"是什么"问题,所考虑的是构成任何专业发展努力基础的新知识、新技能和新理解。其内容可能包括:对于特定学术学科的更深层次理解,具体的教学过程或新的角色期待和责任等。随着教育中知识基础的扩展,各个层次实践者都需要新的专长形式和不同于以往的责任。专业发展努力有助于教育者与这些新出现的知识基础保持同行,以使他们能够不断地更新自己的观念和操作技能。[1]

"过程变量",指的是专业发展中的"如何"问题,不仅仅考虑专业发展活动类型和形式,而且考虑这些活动规划、组织、实施和后继方式。

"场景特征",指的是专业发展中"什么人""什么时间""什么地点""为什么"的问题,涉及专业发展所发生的组织、系统、文化和对问题的新理解将要实施的场所。

所以,在保证教师专业发展质量的前提下,进一步提高教师和管理人员的知识与实践水平,从而在各个教育因素的相互作用下,最终影响学生学习的进步。

总之,教师要成为他自己,教师职业要成为独特的富有魅力的职业,有赖于教师自身不断体味和反思自己的职业行为与生存状态,逐渐形成明晰而合理的专业自我。只有这样,教师职业才能真正称得上一门专业,才能凭借职业自身的美为从业者和社会公众所认同并受到由衷的赞誉,才能在现代社会树立起融教师职业的社会价值与个体价值于一体的独具职业魅力的教师职业形象。

(二)教师专业发展的策略

1. 学习:实现自我超越

未来的教师应当成为学习型的人,具有现代教育理念,精通教学内容,掌握现代教育技术和方法,并以积极健康的人格魅力和高超的教学技艺指导学生学习。具体来说,一要确立现代化学习观;二要采用多元化的学习方式;三要博学多才。

2. 实践:改善心智模式

心智模式是根深蒂固于心中的假设、成见,甚至是图像、印象。在教育工作中,它影响着个人如何对待外在客观世界,如何采取行动;决定自己什么可以做,或不可以做,什么时候做,到底怎样做。教师要适应新课程改革的需要,就必须在新课程教学实践中自觉审视自己的内心世界,在反思、研究、创新中不断修正、完善自己的心智模式。具体来说,一要开展行动研究,反思教学实践;二要改革课堂教学,提高实践技能;三要追求实践智慧,富有教学机智。

---

[1] Guskey T. R., "Professional development in education: In search of the optimal mix," in Guskey T. R. and M. Huberman, eds. *Professional development education: New oaradigms and practices*, New York, 1995, Vol. 53, pp. 33 – 34.

3. 培训:建立共同愿景

教师的共同愿景是实现专业发展。为此,中小学教师应积极参与新课程培训,真正认识到自己的切身利益与培训目标的达成休戚相关,自觉地把专业发展的共同愿景与培训目标紧密联系起来,加快角色转变,改进工作方式,尽快实现专业提升。具体来说,一要加快角色转变;二要放快转型步伐;三要加快专业发展。

4. 合作:整合团体智慧

团体智慧高于个人智慧。教师要实现共同愿景,就必须通过合作来发挥团体智慧。在合作中,每一个教师可以自由交谈,并且在思想碰撞中发现别人的远见,找到有碍团体发展的消极因素,进而通过发挥集体的智慧优势加以解决。那么,教师之间如何通过合作与交流来整合团体智慧呢? 一要加强集体备课;二要加强互动研讨;三要加强课题合作。

5. 研究:学会系统思考

系统思考是以系统动力学为理论基础的一种思维方式,它要求掌握对问题整体运作的本质,以提升组织整体运作的群体智力。在新课程改革中,教师要学会系统思考、科学研究,从宏观的视角动态把握课堂教学的进程,及时吸收学生的反馈信息,密切关注、深刻洞察学生德、智、体、美等各方面的渐变,用系统的、发展的、鼓励的眼光支持和促进学生健康成长。具体来说,一要学会系统思考;二要学会教学研究;三要学会教育科研。[①]

结合学习体会反思下列问题:

就"教师不仅是知识的传递者,还是心灵火花的点燃者。退一步说,即使教师仅仅是知识的传递者,也要有本事让学生学到手。即使任何人都能做到,也不等于任何人都能做好;从'做到'到'做好'的漫长距离就是专业化的过程"这段话,谈谈你的理解和感受。

通过阅读下面这段资料,可以从另一个角度认识教师专业发展:

> **教师专业化发展的首要条件之一:对教育的深入理解**
>
> 教育就是自己学过的一切东西。诺贝尔奖得主、德国物理学家劳厄说:"重要的不是获得知识,而是发展思维能力。教育无非是一切已学过的东西都忘掉后所剩下的东西。"既然如此,我该教什么,使忘却的最少?

[①] 彼得·圣吉:《第五项修炼——学习型组织的艺术与实务》,上海三联书店1998年版。

我该教什么？知识易忘，能力永存，所以发展能力比获得知识更为重要。

自主学习的东西最难忘，所以要设法让被动学习更多地转化为主动学习。

单靠十几年学校教育学的东西，学学忘忘，剩下的毕竟有限，如果终身学习的话，我受到的教育岂不比只依靠学校教育的人多出许多倍？

教师专业化发展的首要条件之二：对学校发展的深入理解

一所学校教育质量的高低首先决定于生源，其次是师资，教学条件设备放在末位。以校长为首的教学管理人员和全体教师的专业化发展立即就凸现出来。

"人才强国"，"人才资源是第一资源"。对学校发展的理解包括对高质量教师标准的理解。按国际公认的标准，高质量的教师不仅是有知识、有学问的人，而且是有道德、有理想、有专业追求的人；不仅是高起点的人，而且是终身学习、不断自我更新的人。在提升学校品位的同时，教师及教学管理人员也获得了长足的专业发展。

教师专业化发展的首要条件之三：对自身存在与发展的深入理解

周昌忠教授在《生活圈伦理学》一书的自序中说：现代人的"生存方式是'做事'。这'做事'主要包括三个环节：从至善的价值出发；全身心地投入；企求做出成绩。"

希腊阿波罗神庙的神殿里镌刻着一条"神谕"："认识你自己"。你的职责就是当前的现实要求。认识自己的过程原来就是不断履行时代赋予你的现实要求的过程，职业和职责、从业和敬业是有区别的，我们要用自己的行动来写好自己的动人故事。[1]

---

[1]李源：《谈谈教师专业化发展》，2005年北京五中青年教师工作会。

第三节 教师反思及其方法

教育教学是一项育人的重要事业和工作,而人又是有生命、有思想、可塑性极大的活动体,与物品生产相比其工作更为繁杂与细致。因此,为了做好教育教学工作,要求教师能够掌握反思的方法,不断提高自己的育人智慧和能力。

一、教师反思的含义

(一)反思是什么

反思(reflective practice 或 reflection),是教师以自己的教学活动过程为思考对象,对自己所做出的行为、决策以及由此所产生的结果进行审视和分析的过程,是一种通过提高参与者的自我觉察水平来促进能力发展的途径。这里所说的反思与通常所说的静坐冥想式的反思不同,它不是一个人独处放松,而是一种需要认真思索乃至极大努力的过程,并且常常需要教师合作进行。另外,反思不是简单的教学经验总结,而是伴随着整个教学过程的监视、分析和解决问题的活动。20世纪80年代,反思型教师、教师成为研究者的运动在欧美广泛兴起。这个运动来自专业人员即研究者的倡导:强调教师不再是局外人,不是别人研究成果的消费者,而是"局内"的一个不断反思的研究者或参与观察者。特别是反思不仅表现为一种能力,而且是一个检验教学目的、手段和内容之间关系的过程。美国教育家舒尔曼就认为,反思就是一种教育推理的过程,在这一过程中教师要回顾他们的教学。这种"回顾",如果只是描述教学中发生了什么,那么这种思维只是一种"一般感受性思维";如果在回顾教学过程中,对教学进行加工而使之系统化,即"重新构建他们的实践世界",那么这种思维则是批判性反思思维,其结果就像舒尔曼描述的那样,将产生复杂而动态的教学世界中的"实践的智慧"。起初,教师可能不习惯对他们自己或他们的实践进行认真的、有目的的反思。因为这一反思过程需要付出努力,并要求在反思实践中得到锻炼,从而实现由"一般感受性思维者"向"反思型思维者"的转变。(见表2-1)

表2-1 一般感受性思维者与反思型思维者

一般感受性思维者	反思型思维者
自我倾向性	学生倾向性
短期的观点	长期的观点
依靠个人的经验	以自我、学生、学科内容等方面的知识为理论基础
意识不到学生学习的需求和感受	开放式学习、发展性倾向
教师作为知识传递者	教师作为学生发展的促进者

(二)反思什么

反思是教师成长和自我发展的基础;教师从经验中学习,在反思中成长,这正是反思的理论支点。那么,教师具体应该反思什么呢?

1. 对自己行为的反思

(1)用批判者的眼光审视自己的教育教学行为,把思考的注意力由外显的教育教学行为转到教育教学行为背后隐含的教育教学目的和理念上;(2)比较分析各种教育理论的特点,善于对各种观念提出质疑,并在权衡各种对立或非对立的主张的基础上,选择正确的观念来指导教育教学行为;(3)教育教学中出现的问题能从多重角度出发进行清晰而透彻的分析,并提出具有独创性的、恰当的解决方案;(4)决策时不把自己的思想拘泥于某一点上,而应想到还有哪些可供选择的行为和方法,并在情境变化时及时调整与改进原有的决策和行为;(5)要思考教育教学行为本身和行为可能带来的社会与个人后果,以及教育教学行为的伦理价值。

2. 对行为过程的反思

(1)分析自己在教育教学生涯中表现出来的思想特征与个人风格,以及习惯使用的教育教学方法和手段;(2)揭示偏好这些方法背后的教育理念与使用这些方法的条件;(3)记述教育教学生涯中成功、不足和困惑的地方,分析它们对当前教育、教学工作的启示和影响;(4)对未来生活的渴望。

3. 为活动反思

这种反思是上述两种反思的结果,是以上述反思为基础来指导以后的活动。

为此,反思型教师教育主张,在教师的培养过程中培植教师"反思"的意识,使其不断地反思自己教育教学理念行为,不断自我调整,自我建构,从而获得持续的专业成长。传统的技术型教师观把教师视为技术人员,是用别人设计好的课程达到别人设计好的目标的知识传授者;而通过反思型教师教育模式培养出的教师则是研究者,不仅具有课堂教学所要求的知识、技能与技巧,而且还具有对自己的教学方法、教育内容进行反思、研究、改进的能力,以及对教育的理论基础、教育的社会价值和个人价值等问题进行探究与处理的能力。

二、教师反思的意义

自20世纪80年代以来,各国都在改革和寻求新的教师"学习"与成长模式。其间,注重教师自身的反思性发展是其鲜明的特色,并因其独特的优势而受到推崇。这种模式至少有两个方面的功能优于传统的教师发展模式:

一是通过强调教师对自己的教学实践的考察,立足于对自己的行为表现及其行为之依据的回顾、诊断、自我监控和自我调适,达到对不良的行为、方法、策略的优化与改善,提高教学能力和水平,并加深对教学活动规律的认识和理解,从而适应不断发展变化着的教育要求。

二是赋予教师新的角色定位,即教师成为研究者(teacher as reseacher)。通过教师成为研究者,使教师工作获得尊严和生命力,表现出与其他专业如律师、医师相当的学术地位;使教师群体从以往无专业特征的"知识传授者"的角色定位,提高到具有一定专业性质的学术层级上来,进而改善自己的社会形象与地位。

所以,教学反思对于教师专业成长有重要的作用。首先,教师计划自己的活动,通过"活动中的反思"观察所发生的行为,以此来理解自己的行为与学生的反应之间动态的因果联系;而后,教师又进行"对于活动的反思"和"为活动反思",分析所发生的事件,并得出用以指导以后决策的结论。如此循环形成连续的反思过程,从而促进教师的专业发展。其次,教师在反思过程中具有双重角色,既是演员,又是戏剧批评家;而且,反思成为理论与实践之间的对话,是两者之间相互沟通的桥梁。第三,教师成长的公式是:经验+反思=成长。教师反思的自我学习过程:(1)问题,即理论与实践中的问题;(2)经验,即了解自己的思想与行为(包括潜意识);(3)学习,包括实践与理论的学习;(4)反思,即获得新认识。教师通过教学反思,形成习惯,并将反思的结果自觉地运用于教学之中,从而不断提升自己职业的成熟度。第四,帮助完善教师的知识结构。教师反思的作用,还在于着眼于教师知识结构中的实践性知识的获得、拥有和改善。传统的教师培训模式中只注重对教师的一般性知识的传授,如公共知识、专业知识、教育学、心理学知识的占有和相应学历的提高。但在实际工作中,教师的教育教学效能的提高,更为重要的是实践性知识,即教师在面临实现有目的行为中所具有的课堂情境知识及与之相关的知识;而这类知识的获得,因为其特有的个体性、情境性、开放性和探索性等特征,要求教师通过自我实践的反思与训练才能得到和确认,靠他人的给予似乎是不可能的。

三、教师反思的方法

洛克指出:"反思是人对获得观念的心灵反观自照。"①教师的反思也是如此。下面介绍教师反思的几种主要的方法。

(一)教学日志

教学日志记录了教师自己每天都进行了哪些教学活动,这些活动实施的效果、影响课堂教学的关键细节等情况,它有意识地生动地表达了教师自己的活动。教学日志的内容是记录下教师自己教学生活中的一些重要事件,自己的反思和阐释,这是帮助教师很好地认识自己的一种方法。在教学日志中可以询问自己一些这样的问题:

(1)作为一名教师,在这周里感到与学生联系最密切、最投入或者最能确认自

---

①洛克:《教育漫话》,人民教育出版社1985年版,第116页。

己的时刻；

(2)让我感到最焦虑或沮丧的情形——那种当我入睡时还仍旧萦绕于脑海中的教学情形；

(3)最让我惊奇的事情。

(4)在这周里,我感到最自豪的教学活动是什么?为什么?

下面这段文字是一位教师的教学日志,可以帮助大家进一步了解怎样记教学日志:

> 今天师傅随堂来听了我的课,正好要上朱自清的《背影》。其实,讲散文《背影》之前我会觉得底气不足,因为自我感觉擅长文言文。《背影》里,望父买橘是最经典的片段,光是那个部分,我大概就带着学生,讨论分析了大半节课。讨论的时候,还结合前面所提到的作者家境等情况,这样就把整个文章串起来了,学生们也能体会得深刻。
>
> 课上完后,师傅说我的课又进步了。第一,问问题的技巧比从前好了,学生答不出来,我也能巧妙地把一个大问题分成若干个小问题,一步步引导。第二,就是解读文本很到位。我听了很高兴,因为"解读文本"是我最近一直在意的教学研究。以前上课很重视课件的制作,是否优美,是否精致,是否高人一等;而现在呢,渐渐发现那些只是形式上的东西,语文课真正需要的,是内涵,是对课文的解读和理解。细致解读文本,我仍然会在这方面狠下功夫。
>
> (资料来源:http://www.wanglaoshi.com/blog/index.php?go=category_1,2007/05/02)

(二)教师学习审计

学习审计一般以一个学期或一个学年为单位来完成,通过对过去一学期(年)的总结,帮助教师识别近来获得的知识、技能和洞察力。学习审计可以帮助教师了解自己已有的学习与尚缺乏的知识技能,以及发现自己是如何学习和改变自己的,帮助教师养成反思的思维习惯,提供一个生存忠告备忘录与角色模型简介。其中,生存忠告备忘录要求教师想象自己将要离开当前的职位,把自己在工作中最好的教学经验作为生存忠告写下来。这种备忘录能呈现教师认为是职业活动中决胜关键的因素,为教师提供启示。与此同时,角色模型简介以角色行为的社会对比、社会参照理论为依据,要求教师回想自己的同事或所知道的其他人,选出自己认为最能代表真正老师的人,提出敬佩他的原因所在,说明哪些特征和行为是自己最想借用与整合于自己的教学活动之中的。

回顾过去一学期(年)里你的教师生活,认真地完成下列句子:

参照过去一学期(年)的教学情况,现在我知道……

参照过去一学期(年)的教学情况,现在我能够……

在过去一学期(年)里,我从学生那里学到的最重要的事情是……

(三)教育案例

教育案例是一个教育教学情境的故事。好的案例＝一个生动的故事＋精彩的点评。一个好老师就是很多生动的教育教学故事的综合体。

1. 什么是教育案例

教育案例就是一个实际教育情境的描述,其中有人物、事件、情节等,并含有一个或多个疑难问题,以及解决这些问题的方法和结果。

有的教育案例就是一个包含有疑难问题的教育实际情境的描述,是一个教育实践过程中的故事,描述的是教学过程中"意料之外,情理之中的事"。

有的教育案例是一个实际情境的描述,在这个情境中包含有一个或多个疑难问题,同时也可能包含有解决这些问题的方法。

还有的教育案例是指教师在教育实践中收集的典型人物、事件或人物和事件的有机的结合体。

2. 教育案例的基本特征

概括而言,教育案例应具备这样几个特征:一是讲述的是一个关于教育的故事或事例;二是有一个完整的故事和一些戏剧性的冲突;三是叙述具体、典型、特殊,而不是对事件的笼统描述和抽象化、概括化的说明;四是对时间、地点和必要的背景及因果关系有所交代;五是对教育行为的描述能够反映出事件人物的情感、态度、动机和需要等;六是要反映事件发生的特定教育背景。

3. 教育案例的写作格式

教育案例的写作格式包括:一是背景;二是过程;三是讨论的问题;四是分析和讨论;五是注释和附录。

下面这段文字记述了一个很好的教育案例,请认真阅读和鉴赏:

不可忽视的座位问题

刚接手任教两个初中平行班,我就感到很幸运,因为这两个班总体情况都不错。没想到,仅仅时过两年,两班之间就出现了较大的差异:1班学生仍像以往一样学习勤奋,团结协作,遵章守纪;2班学生两极分化明显,少数学生博学强识,大多数却无心学习,特别是坐在右边的同学更为突出,常常是三五成群,惹是生非,上课呵欠连天,课后情书频传。

怎么会产生如此大的差别？我百思不得其解，几经比较后才发现，根源均出在小小的座位安排上：1班每隔两周就轮流交换小组位置，2班连续两年都雷打不动。1班同学淡化性别差异，男女生同座；2班同学性别泾渭分明，左右男生，中间女生。1班学生好差混坐，2班学生则"优劣得所"。那么，小小的座位问题为什么带来两个班级如此大的差距呢？

[原因分析]

我们老师板书一般都采用右侧站位，坐在右边的同学常常视线被阻，长此以往就能影响到这部分学生的学习效果，挫伤他们的学习积极性。2班右排同学学习积极性普遍不高，原因就在于此。

青少年学生到了这个年龄，心理上一般都处于"向往异性期"这一特殊阶段，头脑中产生出仰慕异性的一些想法也属正常。教师在安排座位的时候，适当提供给学生异性间一些正常接触的机会，对学生身心健康的发展有百益而无一害。我们不否认少数学生因此过早进入"恋爱期"的可能，不能放弃对青春期学生的性心理与性道德的正确指导；但教师更应该相信学生的自制力，如果我们此时过多的抑制学生，人为地设计"男女大防"，不仅会使师生关系变得特别紧张，而且也有悖教育的科学性原则，使学生不稳定的情绪更加浮躁，给教师做学生思想工作造成更大的困难。

最后讲讲好差搭配。一个良好的班级，首先表现在同学间的相互理解与相互帮助。由几个好同学带动一两个差同学一同学习，对班级良好学风的形成以及班级凝聚力的增强等大有裨益。

总之，座位安排事情虽小，但意义巨大。教师对此应该认真对待，千万不可掉以轻心。

（四）教育叙事

所谓"教育叙事"，是指教师"叙说"自己在教育活动中个人化的教育"问题解决"和"经验事实"，或者是"记叙"教育问题的提出过程以及在解决问题过程中发生的一系列教育事件。具体来说，就是通过教育记叙文本，"讲述"教师自己是怎样遇到这个教育问题的；这个教育问题发生之后，教师是怎样想办法解决的；在解决这个问题的过程中，是否发生了另外的教育事件，是否有值得叙说的细节。

教育叙事作为一种教育研究方式，其基本理念是：(1)教师做研究就是"讲教育故事"，而不是引经据典地"写教育论文"。但是，在积累了大量的教育故事、掌握了丰富的教育素材之后,教师再来讲教育道理或写教育论文就有了现实基础。

(2)教师以叙事的方式反思并改变自己的日常生活。"写"教育故事不是为了炫耀某种研究成果,其根本目的是通过教师"写"自己的教育故事来反思自己的教学思想和教学行为。教师内隐的个人化的教学理论与教学行为,将经由这种反思而发生变化。于是,教师"写"教育事件实际上就成为转变教学观念与变革教学行为的一种行动方式。

写教育叙事应注意下列问题:

(1)教育叙事必须基于真实的教育实践。对真实的教育实践,可以做某种技术性调整或修补,但不能虚构。

(2)每个教育叙事必须蕴含一个或几个教育事件,即教育过程中出现了某个有意义的"教育问题"或发生了某种意外的"教学冲突"。由于它是对具体教育事件的叙述,所以叙述必须相应的显示出一定的情节性和可读性,既不同于教学之前的"教学设计",也不同于教学之后的"教学实录"。

(3)每个教育叙事所叙述的教育事件必须具有典型性,体现"有效教学"的相关教育理念,有较强的说服力。教育叙事可以反映教师以自己的方式化解教学事件之后获得的某种教学效果,也可以反映教师忽视了教学事件之后导致的教学遗憾。

(4)"叙事"应以叙述为主。这种叙述可以是教师本人在反思课堂教学的基础上,以第一人称撰写的教育事件。

(5)进行叙事时,尽可能地描写教师自己在教育事件发生时的心理状态。因此,教育事件的叙述常常用"我想……""我当时想……""事后想起来……""我估计……"等句子。这种心理描写,实际上是将教师的个人教育理论、个人教育信仰"附着"在某个教学事件上,促使教师在反思某教学事件时,显露自己的个人教育理论以及个人教育信仰。

(6)一个完整的教育叙事,必须有一个照亮整个文章的主题。这个主题是从某个或某几个教学事件中产生的,是从"实事"中"求是"的。

当年,叶圣陶以中学教师的心态写《倪焕之》,叙述自己追求教育理想的坎坷历程,其深度、内涵及"精神震撼力"曾和同时期的经典小说一样,在当时的文教界及社会上得到广泛认同。社会学家林耀华在《金翼》中,以小说的方式来写动荡社会变迁背景下两个普通家庭的命运沉浮,不仅学术价值高,能引起社会学界的强烈反响,而且文学色彩同样浓厚,即使是普通读者也可以从这部叙事作品中感受到对"人性与文化的深刻理解"和一种"永恒的美感"。不妨说,像叶圣陶、林耀华这样的叙事者,乃是今天有志于叙事研究的教师以及教育学者共同的学习榜样。

(五) 网络教研

简言之,网络教研是指依托现代信息技术手段,开发和利用网上教育资源,建立开放、交互动态的网络教研平台,实现资源的交流与共享,以教育信息化推动教育现代化的教研活动。

1. 网络教研的特征

一般而言,网络教研具有如下突出的特征:

(1) 全员参与,人人平等。网络有跨时空交流的特性,突破了专家、教研员与一线教师只能小范围、短时间互动的局限,改变了传统教研活动少数人表演,多数人充当看客听众的状况,使教研的全员参与、大范围、经常性交流具有现实可能性。

(2) 资源集中,优势共享。共享集体智慧是网络教研的精神和优势。那么,如何更好地实现优质资源共享,关键不在于实施的方法或途径,而在于参与者及实施者的观念转变。倘若各地各校资源相互封锁,一个教案,一份试卷,总以为奇货可居,不拆除区域、校际壁垒,网络教研难以顺利开展。

(3) 专业引领,同伴互助。网络教研为一线教师构架了一个民主、平等、尊重、和谐的展示自我和交流学习的平台,许多平凡的教师可以通过这个舞台将自己的教学理念、内心思想、隐性知识转化为网络语言展示出来,有效地增强普通教师参与研究、自觉研究的信心,有效地消除一线教师长期以来形成的孤独、麻木、灰色职业倦怠感,教师的教学研究兴趣和习惯逐渐养成。

2. 网络教研的主要形式

(1) 基于网络教育论坛的教育反思。网络教育论坛让教师的所思所想和全球化的数字化交流融为一体,为每一位教师的发展创造了一个崭新的世界。目前,众多在教学上取得成功的教师都有在网络教育论坛上写教学反思的习惯。这些教育反思为教师日后教学提供了最基本的原始资料,是教师教学、教研资源的一笔巨大财富。

(2) 基于网络平台的备课、听课、评课。网络使学校不再设有围墙,专家和外校的教师可以在网上给本校教师一个客观公正的评价。

备课——网上新课大家上:与教学同步的教研,是教师最需要的。怎样让教研与教学同步呢?可以利用网络平台开展网上备课。

听课——网络多媒体教研:综合运用文本、声音、视频、协作程序等进行基于网络的教研活动。

评课——网上大家齐评议:所谓"网上评课",即要求开课教师把教学设计及教学现场视频上传至网络,根据课堂实际,同行教师进行课后跟帖评课;最后,由开课教师根据评课反馈的情况和自我感悟进行"二度加工"。

(3)基于教育叙事博客的网络教研。对于一位追求成功、善于反思的教师来说,每堂课都是一次全新的体验。要设置不同的情境,面对学生的不同反应,教学中的每次师生互动、教学冲突都会激发新的思考和创造。教育叙事就是对教师的日常行为背后所内隐的思想、教师的生活故事中所蕴含的理念进行研究。对于教育科研来说,这些从教师自身时间衍发的案例、思考和体验具有专业理论研究无法比拟的针对性、真实性和情境性;而博客的出现,正好为教师真实地反思自己的教学行为和展示自我搭建了一个极佳的舞台。

以下列举了几个教育类的博客网站,以供参考:

中国教师博客网:http://www.jiaoshi.org/index.html

成长博客:教师博客,学生博客:http://blog.cersp.com/default.htm

新浪教育博客:http://blog.sina.com.cn/lm/edu/index.html

中国教育人博客:http://blog.edu.cn/index.html

最后给未来的教师和已是人师的教师一些建议:①

(1)让自己的心灵变得丰富与深刻。教师专业成长的三个层面:文化底蕴(学识修养)+理想与信念+教育的智慧和技艺(学会上网)。

(2)捕捉自己身边的每次感动,成熟的教师要学会热爱每一个学生。

(3)给自己积极的心灵暗示:"我是重要的!我是能干的!我是快乐的!我是美好的!"

(4)给别人欣赏是高贵、优越的表现,给予学生更多的真诚和鼓励。

(5)有意味的言说,"规范、幽雅、完整、诗意"的表达。

---

① 肖川:《教师的幸福人生与专业成长》,http://blog.mdsyzx.com/user1/247/archives/2007/200722495441.html。

> 当你在学校作为学生时,你知道是通过什么样的形式学到有关知识、技能、能力、态度或情感、价值观等方面的内容的吗?当你作为教师时,你知道给学生教什么,并且怎样把你所教的转化为学生所学的吗?

第三章　课程理论与课程设计

任何教育都涉及知识、技能、能力、态度或情感、价值观等方面的因素,即涉及"教什么"与"学什么",这就是课程问题。因此,课程是教育过程中一个不可或缺的环节,是实现教育目的和目标的手段或工具,也是决定教育质量的重要环节和内容;由于它在学校教育中始终居于核心地位,课程改革也就被教育工作者公认为教育改革的最关键部分。所以,无论是教师还是学生,学习与掌握课程的定义和理论流派、课程设计及其模式、课程的主要类型、课程实施与评价的有关内容以及校本课程的开发问题,探索如何挖掘课程内容和教师课程转向学生课程的方法,了解我国新一轮基础教育课程改革与发展趋势,都是十分必要和有实际意义的。

第一节　课程和课程理论

课程是学校教育的重要环节和内容,它回答"教什么"与"学什么"的问题。所以,要使学校工作顺利开展,首先应对课程的基本问题进行全面的了解。尤其要走进课程中,正确地理解和认识课程,诸如什么是课程,课程在学校教育中有什么作用,课程理论有哪些,如何评价这些理论,等等。

一、课程的概念

定义是揭示概念内涵的逻辑形式。尽管"课程"是人们经常使用的概念,但到目前为止,对于课程是什么却仍然没有一个统一公认的界定。有广义理解为学生在学校所经历的所有影响的总和,有狭义理解为某一学科内容甚至某一类型的课或某一节课,有理解为功课的进程、顺序和过程,也有理解为学生实际达到的学习结果等。

我国学者施良方归纳出了六种典型的课程定义①:

(1)课程即教学科目,即把课程等同于所教的科目。这种理解强调向学生传授学科的知识体系,但容易忽视学生的情感陶冶、个性培养和师生的相互作用。

(2)课程即有计划的教学活动,即把教学的范围、序列和进程,甚至教学方法和教学设计等作为课程。这种理解会把课程的重点放在有计划的教学活动安排上,易忽视教学活动对学生学习过程和个性品质的影响。

(3)课程是预期的学习结果,即强调课程不是指向活动,而应该是直接关注预期的学习结果或目标。这种理解把课程的重点放在预期的学习结果上,往往会忽略非预期的学习结果和学生之间所存在的不同差异。

(4)课程是学习经验,即强调课程应关注学生实际学到什么,而不是教师教了什么。这种理解把课程的重点由教材转向个人,但因为现实中存在的学生独特性和统一要求的矛盾,难以真正实施。

(5)课程是社会文化的再生产,即强调课程应反映社会需要,使学生顺应现实的社会。这种理解把课程的重点从教材、学生转向社会,而社会文化本身并非是完善的,也需要不断地变化。

(6)课程是社会改造,即强调课程不是要使学生适应社会文化,而是要帮助学生摆脱现存社会制度的束缚。这种理解过于激进,存在着片面夸大教育在社会变革中的作用的倾向。

我们认为,出现对课程概念的多种诠释现象是正常的。由于所处的特定的历史时期和社会条件不同,每个人所从事的课程理论与实践研究的经验、着眼点和层次不同,因而对课程的理解也不相同,所以给课程下一个统一的定义是比较困难的。但是,概括国内外对课程概念的不同界说,大致可从广义和狭义两个方面来理解课程的概念。

从广义来说,课程是指学生在学校获得的全部经验。其中包括:有目的、有计划的学科设置,教学活动,教学进程,课外活动,以及学校环境和氛围的影响。也就是说,广义的课程除了学校的课程表所示的正式课程之外,还包括学生的课程活动及对学生整个学校生活中潜移默化的校园文化的非制度层面;不仅包含有书本的知识内容,还应该对学生各种课内外的活动做出明确的安排,不断地促进学生知识与经验的结合。

从狭义来说,课程是指各级各类学校为了实现培养目标而开设的学科及其目的、内容、范围、活动、进程等的总和,它主要体现在课程计划、课程标准和教材之中。

---

①施良方:《课程理论——课程的基础、原理与问题》,教育科学出版社1996年版,第3—7页。

二、课程在学校教育中的作用

课程在整个教育体系中居于中心的地位,因而在学校教育教学过程中具有重要的作用,大致可以概括为以下几个方面:

(一)课程是学校培养人才蓝图的具体表现

学校是培养人才的摇篮,办一所学校首先要设计人才培养的蓝图,制订相应的教育目标和培养目标,规定相应的教学任务;而课程是人才培养蓝图的具体体现,是实现教育目的与培养目标的基础,它规定了学校教什么和学什么这样的基本问题。课程及其顺序构成了学生达到教育目标与培养目标所应学习的基本内容体系。一个社会或国家需要什么样的人才,就要给予学生必备的知识、相应的技能技巧、思想态度和情感价值观等。也就是说,课程具体表现了培养人才的蓝图,离开了一定课程,对人才的培养只能是一句空话。

(二)课程是教师从事教育活动的基本依据

课程主要体现在课程计划、课程标准和教材上,它们是课程的具体化。教师借助一定的教材,引导学生按照明确的目的,循序渐进地掌握一定的知识、技能、技巧,形成一定的道德品质和价值观,促进身心发展。在教学过程中,教师的教学活动必须以课程标准和教材的要求为准绳。为了避免任意性,教师的备课和授课必须以课程标准和教材为基本依据,不仅要依据课程标准和教材确定备课与授课的基本内容,而且要依课程标准和教材选择教学方法。因而,课程成为教师教的主要手段和依据,直接关系到教学质量的高低和学校教育的成败。

(三)课程是学生吸取知识的主要来源

教学活动是学生一种特殊的认识活动,"特殊点"之一是这种活动具有间接性。在教学活动中,学生的认识主要是掌握人类在千百年中已经认识到的知识。由于学生在校学习的时间有限,不可能掌握人类千百年来所有的间接知识,因而学校只能根据培养人才的实际需要,与培养目标的实际要求,把有关间接知识经过加工、改造、浓缩、结晶,通过课程以教材的形式呈现给学生,再通过一系列精心组织的教学活动,使学生吸取知识。所以,课程是学生吸取知识的主要来源,也是学生学习的主要根据。"主要来源""主要根据",说明不是"唯一来源""唯一根据",学生在接受间接知识的同时,还要适当参加一定的活动,在直接经验情况下去认识世界,进行新的"发现"与探索。因为直接经验的重要性是不容忽视的,它不仅为掌握间接知识所必需,尤其还为发展学生智力、培养创造力所必需。虽然学生在校期间吸取知识的渠道是多方面的,但作为精心组织的教学活动,学生吸取知识的主渠道是通过课程获得的,这正是课程、教材的重要作用所在。

(四)合理的课程设置对学生的全面发展起着决定作用

我国的《教育法》明确规定了教育方针是"教育必须为社会主义现代化建设服务,必须与生产劳动相结合,培养德、智、体等方面全面发展的社会主义事业的建设者和接班人"。由于培养人才的主要途径是通过教学来实现,而在教学过程中课程的设置又占有核心地位,所以合理的课程设置对于学生身心的发展起着决定性的影响作用。

(五)课程是评估教学质量的主要依据和标准

教学质量的评估是整个教学过程的有机组成部分。教学质量的评估可从多方位、多层次进行,但其中最主要的是通过对学生学业成绩的考评来实现的。通过学业成绩的考核,不仅使学生及时了解自己学习的优缺点以及各个方面学习目标的差距,自动调节努力方向,充分发挥学习的主观能动性,而且对教师来说,也是全面了解教学效果、及时调整教学目标、改进教学方法、保证完成教学任务的重要依据。对于学业成绩的考核,无论是常模参照测验,还是目标参照测验,考核的依据及其标准主要是所开设的课程;从命题到评分都必须体现该门课程既定的教学目标,较全面地体现该门课程的基础知识,测量出学生的稳定知识水平与学生的智能差异。因此,课程是衡量教学质量的重要"尺度",离开这个"尺度"就无法评定教学质量的优劣。

三、课程理论及其评价

(一)课程理论概述

课程与教育共生共在。有了教育,便有了对于"教什么"的问题和"如何教"的问题的探讨。尽管课程思想源远流长,但课程作为一个独立研究领域从教育中分离出来(这种分离是相对的)还是20世纪初的事情。一般认为,美国学者博比特在1918年出版的《课程》(Curriculum)一书,标志着课程作为专门研究领域的诞生。这也是教育史上第一本课程理论专著,从而为课程理论奠定了基础。此后,又有查特斯1923年的《课程编制》(Curriculum Construction)一书,特别是美国著名教育学家、课程理论专家泰勒1949年出版了《课程与教学的基本原理》(Basic Principles of Curriculum and Instruction)一书,由此确立起了科学化课程开发理论。20世纪中叶以后,施瓦布、派纳、坦纳夫妇等众多课程论专家对课程理论多元化发展做出了积极的和有意义的贡献。

课程理论是研究课程设计、课程编制和课程改革的理论。其中,课程设计理论包括研究课程系统的结构、地位、相互联系和自我更新等问题;课程编制理论包括研究课程编制的各种模式,如课程的目标、内容、实施与评价等方面的问题;课程改革理论包括研究革新的要点,交流革新的意见,用教育学的观点分析其合理性和确切性,衡量对个人实践的影响,检验适应地方及学校情况的程度等。①

(二)课程理论流派

前已述及,课程定义多种多样,表明对课程认识的多种多样,从而形成课程理论的多个流派。归纳起来,大体有以下几种:

1. 经验主义课程论

以杜威为代表的经验主义课程论流派认为,以学科为中心的传统课程是不足取的,应代之以儿童的活动为中心的课程;同时强调,课程的组织应心理学化。

(1)课程应以儿童的活动为中心。杜威认为,课程必须与儿童的生活相沟通,应该以儿童为出发点、为中心、为目的。理想的课程应该促进儿童的生长和发展,这也是衡量课程价值的标准。课程的内容不能超出儿童经验和生活的范围,要考虑到儿童的需要和兴趣;否则,不能引起儿童学习的动机,也就不能有自发的活动。为此,杜威曾在芝加哥大学实验学校实践了以诸如烹饪、缝纫和木工等儿童已经在其生活中熟悉的活动为中心的课程,而且对于教材的学习也一反传统的做法,使之与这些活动相联系。

(2)课程的组织应心理学化。杜威认为,课程的组织之所以要心理学化,是因为传统学科课程的逻辑组织对于成人可能是适用的,而对于儿童来说,情况就不一样了。因为儿童是初学者,还没有能力接受成人完整的经验,所以课程的组织应该考虑到心理发展的次序,以利用儿童现有的经验和能力。他强调,教育应"抛弃把教材当作某些固定的和现成的东西,当作在儿童经验之外的东西的见解;不再把儿童的经验当作是一成不变的东西,而把它当作某些变化的、在形成中有生命力的东西;我们认识到,儿童和课程仅仅是构成一个单一过程的两极。正如两点构成一条直线一样,儿童现在的观点以及构成各种科目的事实和真理,构成了教学"②。

2. 学科中心主义课程论

这一课程流派是以苏联人造卫星上天为契机而出现的,主要有要素主义和永恒主义。

要素主义强调,课程的内容应该是人类文化的"共同要素",它提出课程设置原则中首先要考虑的是国家和民族的利益。要素主义认为,学校的课程应该给学生提供分化的、有组织的经验,即知识。如果给学生提供未经分化的经验,学生势必要自己对它们加以分化和组织,将妨碍教育的效能。在要素主义者看来,要给学生提供分化的、有组织的经验之最有效能和最有效率的方法就是学科课程。这

---

①施良方、崔允漷主编:《教学理论》,华东师范大学出版社1999年版,第24页。
②赵祥麟、王承绪编译:《杜威教育论著选》,华东师范大学出版社1981年版,第81页。

种课程的特点在于,它是由若干门学科组成的,而每一门学科都有自己特定的组织,这样,每一门学科及其发挥的智力训练的作用就能得到充分的发挥,不致造成活动课程那样相互混淆以致削弱的现象。

永恒主义认为,教育内容或课程涉及的第一个根本问题,就是为了实现教育目的,什么知识最有价值或如何选择学科。永恒主义对此的回答是明确而肯定的,那就是具有理智训练价值的传统的"永恒学科"的价值高于实用学科的价值。赫钦斯在《美国高等教育》一书中说:"课程应当主要地由永恒学科组成。我们提倡永恒学科,因为这些学科抽绎出我们人性的共同因素,因为它们使人与人联系起来,因为它们对于任何进一步的研究和对于世界的任何理解是首要的。""永恒学科首先是那些经历许多世纪而达到古典著作水平的书籍。"[1]永恒主义者还进一步阐明了名著课程和教材所具有的优越性:第一,它是实现教育目的的最好途径。经典名著包含了关于宇宙的见解和观念、正确的思维方法,论述了人类永恒的道德问题,因而体现人类应该考虑的永恒的原则和内容。第二,名著的定向都是概念的、理论的,从任何意义上讲,它都不是技术的、应用的。学习名著比学习一般教材更能对一个人的智力提出挑战,它可以促进学生智慧的发展。第三,读书本身就是一种很好的理智训练。名著都是出自作为人类精华的伟大的知识分子之手。人们在阅读名著的过程中,不仅受到他们伟大思想的熏陶,而且实际上也是在同这些伟大人物进行交流、对话和讨论。最重要的是,读书对智慧训练的价值还在于可以发展人们独立思考的能力,养成独立思考的习惯,所以赫钦斯说:"要破坏西方独立思考的传统,并不需要焚毁书籍。只要两个世代不去读它们就可以做到。"[2]第四,不读这些名著,就不可能理解当代的世界。在永恒主义者看来,那些名著中的思想提供了现代科学的基础。

3. 社会改造主义课程论

社会改造主义课程论把重点放在当代社会的问题、社会的主要功能、学生关心的社会现象以及社会改造和社会活动计划等方面。这种理论不太关注学科的知识体系,而是强调课程应该围绕当代重大的社会问题来组织,帮助学生在社会方面得到发展。这种课程理论的核心观点是:课程不应该帮助学生去适应社会,而是要建立一种新的社会秩序和社会文化。其主要代表人物之一布拉梅尔德认

---

[1] 王承绪、赵祥麟编译:《西方现代教育论著选》,人民教育出版社2001年版,第211—222页。

[2] 赫钦斯著:《教育中的冲突》,见王承绪等编译《西方现代教育论著选》,人民教育出版社2001年版,第219页。

为,课程乃是实现未来社会变化的运载工具,所以普通教育或整体教育的课程设计,"必须使课程结构具有意义的统一性";而且,他主张人类的任务和目标乃是要统一到社会改造的意义上来。

社会改造主义的课程有两个值得注意的特点:第一,主张学生尽可能多地参与到社会中去,因为社会是学生寻求解决问题方法的实验室。在改造主义者看来,传统的课堂教学固然有其价值,但重要的是要使学生将其所学运用于社会,同时学生也可以从社会中学到很多东西。第二,以广泛的社会问题为中心。改造主义者认为,由于报纸、电视以及其他各种宣传媒介的作用,学生对于世界各地以及本国的社会问题非常敏感,这些问题应该在学校的课程里得到反映。学校的课程尤其要关心城市问题、犯罪问题、交通拥挤、家庭破裂、文化娱乐等社会问题。学生对这些问题要具有批判的意识,所以学校课程应该给学生认识和解决这些问题提供一定的背景知识,并把这些问题联系成为一个整体。

4. 存在主义课程论

存在主义认为,在确定课程的时候,一个重要的前提就是要承认学生本人为他自己的存在负责。换言之,课程最终要由学生的需要来决定。在存在主义者看来,为学生规定一种固定不变的课程是不适当的,因为它没有考虑到学生对知识的态度。存在主义课程的主要代表人物之一奈勒认为,不能把教材看作是为学生谋求职业做好准备的手段,也不能把它们看作是进行心智训练的材料,而应当把它们看作是用来作为自我发展和自我实现的手段;不能使学生受教材的支配,而应该使学生成为教材的主宰。知识和有效地学习必须具有个人意义,必须与人的真正目的和生活相联系,只有这样,个人才能在时间和环境都适宜的条件下按照他选择的知识与对于知识的理解来行动。

存在主义之所以反对固定的课程,主要是因为这种课程没有考虑到学生对知识学习的态度问题,而不是反对课程本身和体现各门学科知识的教材。存在主义认为,知识离不开人的主观性,它仅仅是作为人的意识和感情才存在的。如果知识不能引起学习者的感情,那么对于他们来说,就不可能是明确的知识。同时,存在主义还主张,人文学科应该成为课程的重点,因为人文科学比其他学科更深刻、更直接地表现了人的本性及人与世界的关系,更能洞察和发展人存在的意义。

5. 后现代主义课程论

一些学者从后现代主义理论出发,尤其借助于后现代主义的新视角和方法考察一系列的课程问题,提出了后现代主义课程论。在这方面最为著名的是美国学者多尔。多尔把传统课程的封闭体系与当今的开放体系做了对比后认为,18世纪和19世纪是封闭的时代,在物质世界中因果关系的观念盛行,这是一种决定的观念,事物之间的关系法则可以被发现,也可以被用于进行预测和控制。18世纪和19世纪的观点对19世纪和20世纪的教育研究产生影响,使得教育研究呈现出一种线性的、统一的、可以预测的、决定论的倾向,在课程领域也如此。在多尔看来,泰勒的课程模式①就是现代主义封闭课程体系的产物和典型。他认为,泰勒的课程与教学模式局限于现代主义线性的及因果关系的框架中,其课程原理预先决定目标、选择和组织经验反映这些目标,然后通过评价决定这些目标是否已经达到。这样看来,泰勒把目标的选择放在首要的地位。多尔在分析和批判泰勒模式的基础上把他设想的后现代课程标准概括为"4R",即丰富性(Richness)、循环性(Recursive)、关联性(Relational)和严密性(Rigorous)。

"丰富性"这个术语与课程的深度、课程作为意义的载体有关,还与课程的多种可能性或解释有关。多尔认为,学校中传授的主要学术性学科都有它们终身的历史背景、基本词汇和最终词汇,因此每门学科都会以自己的方式解释丰富性。这种丰富性能创造各种领域进行合作的、对话性质的探索,因而它与现代主义的观点是不一样的,它体现了一种开放性的特点。

"循环性"这种特征是很重要的,因为一种内容丰富而复杂的课程,往往需要通过再回头思考它,往往需要再提供各种机会才能掌握。循环性与现代主义观念下的重复迥然不同。重复是为了提高固定僵化的业绩,其框架是封闭式的;而可循环性是旨在发展能力,其框架是开放式的。

"关联性"对于一个在后现代时期中起改造作用的课程是有重要意义的,主要表现在两个方面:一是教育方面,称为教育上的关联。它强调,在构建课程时要考虑一整套的关系,在课程结构上也要强调其中的关系。二是文化方面的关系。有关文化的和宇宙论的关系,虽然在课程之外,但会形成一个更大的网络,课程就在其中形成。

"严密性"是"4R"中最重要的。它的作用在于使改变了的课程避免滑入"不能控制的相对主义"以及情感上的唯我主义的怪圈。严密性与我们通常理解的意思有别,实际上是指概念的重新界定。严密性在这里意味着一种有意识的企图,去查找我们或别人重视的假设,并且协调讨论这些假设中的有关细节,这样进行对话才会有意义,才会有改造价值。

---

①泰勒的课程模式是围绕以下四个基本问题展开的:第一,学校应该达到哪些目标?第二,提供哪些教育经验才能实现这些目标?第三,怎样才能有效地组织这些教育经验?第四,我们怎样才能确定这些目标正在得到实现?(拉尔夫·泰勒著、施良方译:《课程与教学的基本原理》,人民教育出版社1994年版,导言部分第2页。)

第二节 课程设计与课程实施和评价

课程设计是指按照育人的目的要求与课程内部各要素、各成分之间的必然联系而制订一定学校的课程计划、课程标准和编制各类教材的过程,是课程建设系统工程的一个组成部分,主要内容包括课程模式、课程目标、课程文本构成和课程类型等。课程设计完成后,课程实施具有非常重要的意义,其中,中学课程的实施和评价以及中学校本课程的开发等问题,是我们特别要关注的。

一、课程设计及其模式

(一)课程设计的概念

关于课程设计(curriculum design)的概念界定,从已有的研究和认识来看,可谓众说纷纭,差异明显。其中,影响最为广泛的是《简明国际教育百科全书·课程》中对课程设计的界定:"课程设计是指拟定一门课程的组织形式和组织结构","它决定于两种不同层次的课程编制的决策;广义的层次包括基本的价值选择,具体的层次包括技术上的安排和课程要素的实施。"[1]显然,广义层次的课程设计主要对应于课程组织形式的确定,具体层次的课程设计主要关注对课程要素的结构组织。

总起来看,国内外学者对"课程设计"的认识,主要表现在以下几个方面:其一,关注课程设计的理论基础和价值取向的研究;其二,关注课程设计过程中所涉及的要素和技术等;其三,关注课程设计的结果。我们认为,产生这些差异的主要原因在于研究者认识问题的角度不同、关注的重点不同,虽然这些结论有利于我们对课程设计认识的丰富和深化,但它在揭示课程设计的本质上,却往往起到相反的作用,会混淆或模糊人们对课程设计本质内涵的认识。

在《现代汉语词典》中对"设计"的界定为:"是在正式做某项工作之前,根据一定的目的要求,预先制订方法、图样等。"因此,设计必然是以某个问题为起点,以解决这个问题的实施计划或方案为终点。那么将以上对"设计"的认识简单地移植至"课程设计"中,就可以得出两点结论:其一,课程设计从大的属性范围来说,隶属于课程建设的系统工程;其二,课程设计既包括设计的结果,也包括设计的目的或价值旨趣,还包括设计的规范、方法和策略等。据此,我们采用廖哲勋的观点,认为"课程设计是按照育人的目的要求和课程内部各要素、各成分之间的必

---

[1] T.胡森主编、江山野主编译:《简明国际教育百科全书·课程》,教育科学出版社1991年版,第1页。

然联系而制订一定学校的课程计划、课程标准和编制各类教材的过程,是课程建设系统工程的一个组成部分。"①这一界定既指出了课程设计的属性范围,同时兼顾到设计过程中的要素以及设计的结果,相较于前面的几种界定更加全面、科学。

(二)课程设计的模式

基于不同的价值取向和课程理念,也因为参与者的不同,课程设计有多种不同的模式,采用不同的步骤。现有的课程设计模式大体有:体现课程科学化和基于社会控制的目标模式,立足于教育内在价值与实践的过程模式,根植于文化分析的情景模式,着眼于具体实用方法的实践与折中模式,致力于个体主体意识提升与解放的批判模式,走向教师、学生本位的合作模式等。这里,重点介绍目标模式和过程模式。因为目标模式在当前的课程设计与开发中仍作为主导模式而存在着,过程模式对于目标模式的缺陷有很好的弥足功能(当然并不是说目标模式不可以独立地存在),而且理论上和实践上相对成熟。其他设计模式请参阅有关书籍和资料。

1. 目标模式

目标模式是以目标为课程设计的基础和核心,围绕课程目标的确立及其实现、评价而进行课程设计的模式,是20世纪初开始的课程设计与开发科学化运动的产物。

目标模式的奠基者是现代课程论之父博比特。他在1918年出版的《课程》中建立起了"活动分析""职业分析"方法,并用以分析人类完成特定活动所必需的能力、习惯、态度和知识等,然后从中确定目标,进而选择到达目标的一系列经验。1924年,他出版《怎样编制课程》一书,进一步提出了以目标占据支配地位的课程研制三步骤:(1)确定目标;(2)选择经验;(3)组织经验。这一主张,成了现代目标模式的雏形。

1949年,泰勒出版《课程与教学的基本原理》一书,从此该书成为课程研究与开发领域的经典之作。在书中,泰勒开宗明义地指出开发任何课程和教学计划都必须首先回答四个基本问题:

(1)学校应该试图达到什么教育目标?(What educational purposes should the school seek to attain?)

(2)提供什么教育经验最有可能达到这些目标?(What educational experiences can be provided that are likely to attain these purposes?)

(3)怎样有效组织这些教育经验?(How can these educational experiences be effectively organized?)

---

① 廖哲勋、田慧生主编:《课程新论》,教育科学出版社2003年版,第260页。

(4)我们如何确定这些目标正在得以实现？(How can we determine whether these purposes are being attained?)

这四个基本问题——确定教育目标、选择教育经验(学习经验)、组织教育经验、评价教育计划构成著名的"泰勒原理"。即使后来遭受各方攻击，泰勒依然坚持认为这些基本问题是"合适的""非常有用的""没有理由改变的"，因为它们经受住了历史的考验。现代课程开发的理论研究和实践探索蔚为壮观，但都是围绕这四个基本问题建构起来的。舒伯特把从这四个问题中归纳出的"目标"(purpose)、"内容"(content)或"学习经验"(learning experience)、"组织"(organization)和"评价"(evaluation)称为课程开发的"永恒的分析范畴"(perennial analytic categories)。

目标模式提出并发展了一种至今最具权威的、系统化的课程设计理论，为课程设计的探究奠定了基础。在课程设计、实施以及教学实践领域，它不仅可以应用于任何学科、任何水平的教材与教学方案的设计和处理，而且提出了一系列较容易掌握的、具体化的、层次化的程序及方法；相比较以往模糊的、笼统的课程方案及随意性较强的教学，目标模式更能推动课程设计及教学方案设计的科学化、合理化进程。这些特点也使得目标模式在理论上是权威性最强、影响最广泛、运用最普遍的课程设计理论之一。当然，因为目标模式受到实用主义哲学基础和行为主义心理学这两大理论基础的制约，它在拥有以上优点的同时也陷入了强烈的批判，且不可避免地具有一些由其基础引发的缺陷。如目标模式受工业管理理论的影响，在课程设计中强调技术控制，以明确的行为目标为基点，以实现"效率"为出发点，全部的教育活动都遵循输入—产出的逻辑推理。这种预设的、决定主义的课程设计模式，强调课程设计的程序和方法的技术化处理，必然导致的是价值与事实的脱节。同时，目标模式过分强调明确而具体的预设性教育目标，这使得设定的目标成为衡量学习的唯一标准，而对目标本身的合理性以及目标的动态发展欠缺考虑。而且，预设性的课程必然难以与学生发展的长期性、综合性、渐进性以及累积性等特征相融合，只是一味地将学生加工成所需的某种规格的"标准件"，这种视学校如工厂的隐喻容易造成学生个性的扭曲。

2. 过程模式

过程模式是由英国著名课程论专家斯腾豪斯系统确立起来的。斯腾豪斯对过程模式的建构，是从对"泰勒原理"的批判开始的。在1975年出版的《课程研究与开发导论》(An Introduction to Curriculum Research and Development)这部课程论名著中，斯腾豪斯从一个课程设计者的视角对"泰勒原理"进行了详尽而透彻的分析与批判，客观地指出了其贡献与局限，并在此基础上建立起了自己的"过程模式"的课程理论框架。

斯腾豪斯提出的过程模式是以英国著名教育哲学家彼得斯的知识论为理论

依据的。彼得斯认为,知识以及教育本身具有内在的价值,无需通过教育的结果来加以证明。这类活动有其自身固有的完善标准,能够根据这些标准而不是根据其导致的后果来评价。人们可以对它们本身所具有的价值进行争论,而不是对其作为达到目的的手段的价值进行争论。因而,艺术和知识形式如科学、历史、文学欣赏与诗等是课程设置的基本部分,其合理性能够被内在地加以证明,而不必作为达到目的的手段被证明;对它们的选择是基于内容,而不是基于所引起的学生行为具体结果;[1]还有诸如知识的过程、概念以及标准等形式,是无法适当地转化为操作水平上的目标的。据此,斯腾豪斯提出,课程开发的任务就是要选择活动内容,建立关于学科的过程、概念与标准等知识形式的课程,并提供实施的"过程原则"(principle of procedure)。他认为,像目标模式那样列出一张行为目标一览表,并不能帮助人们获得达成这些目标的手段,只有分析有价值的活动的标准以及分析被认为是有价值的活动的结构,才能更为清楚地趋近教学中的"过程原则"。

"过程原则"的本质含义,在于鼓励教师对课程实践的反思批判和发挥创造。以斯腾豪斯领导制订的"人文学科课程计划"为例,教师应遵循这样五项"过程原则"[2]:(1)教师应该与学生一起在课堂上讨论、研究具有争议性的问题;(2)在处理具有争议性的问题时,教师应持中立原则,使课堂成为学生的论坛;(3)探究具有争议性的问题的主要方式是讨论,而不是灌输式的讲授;(4)讨论应尊重参与者的不同观点,无须达成一致意见;(5)教师作为讨论的主持人,对学习的质量和标准负有责任。斯腾豪斯明确提出,教师的身份是"和学生一起学习的学习者",只有这样,才能通过发现法和探究法而不通过传授法进行教学;在对学习结果的评定中,教师不应像在目标模式中那样,是一个对照预定目标打分的评分者,而是对活动加以批评、以促进发展的批评者。

由上可见,课程开发的过程模式是通过对知识和教育活动的内在价值的确认,鼓励学生探索具有教育价值的知识领域,进行自由自主的活动。它把学生视为一个积极活动者,教育的功能在于发展学生的潜能,使他们自主而有能力地行动;它倡导"过程原则",强调过程本身的教育价值,主张教育过程给学生以足够的活动空间;它强调教师和学生的交互作用,教师在课程开发与实施过程中不是学生行为的主宰者、控制者,而是学生的学习伙伴与行为的引导者。

---

[1] Stenhouse L., *An introduction to Curriculum Research and Development*, London: Heineman, 1975, pp. 84-85.

[2] See Elliot, "A Curriculum for the Study of Human Affairs: The Contribution of Lawrence Stenhouse," *Journal of Curriculum Studies*, Vol. 15, p. 112.

在课程开发的过程模式中,教师具有充分的自主权。过程模式并不给出铁的原则,与其说它主张"过程模式",毋宁说它是一种"排除原则"(principle of removing)——把无效的、不利于广泛的教育目的达成做法识别出来,并加以排除,这样就给教师主动性的发挥留有余地,同时也对教师的素质提出了较高的要求。因此,斯腾豪斯后来又首倡"教师作为研究者"(the teacher as researcher)的课程思想,[1]认为教师进行课程开发与实施必须以对课程问题的卓有成效的研究为前提,从而开课程研究重视教师主体性的风气之先。

总之,过程模式把发展学生的主体性、创造性作为教育的广泛目标,尊重并鼓励学生的个性特点,并把这一目标与课程活动、教学过程统一起来,进而又统一于教师的主体的作用中。它冲破了目标模式"工具理性"的樊篱,把课程开发建立在实际的教育情境基础上,这显然是符合时代潮流的一种取向。

二、课程目标和课程文本构成

(一)课程目标

课程目标是指课程本身要实现的具体目标和意图。它规定了某一教育阶段的学生通过课程学习以后,在发展品德、智力、体质等方面期望实现的程度,是确定课程内容、教学目标和教学方法的基础。尤其确定课程目标很重要,首先要明确课程与教育目的和培养目标的衔接关系,以便确保这些要求在课程中得到体现;其次要在对学生的特点、社会的需求、学科的发展等各个方面进行深入研究的基础上,才有可能确定行之有效的课程目标。课程目标可以采取多种方式来陈述,但基本原则应该明确而又清晰。

1. 课程目标的特征

(1)整体性:各级各类的课程目标是相互关联的,而不是彼此孤立的;

(2)阶段性:课程目标是一个多层次和全方位的系统,如小学课程目标、初中课程目标、高中课程目标;

(3)持续性:高年级课程目标是低年级课程目标的延续和深化;

(4)层次性:课程目标可以逐步分解为总目标和从属目标;

(5)递进性:低年级课程目标是高年级课程目标的基础,没有低年级课程目标的实现,就难以达到高年级的课程目标;

(6)时间性:随着时间的推移,课程目标会有相应的调整。

---

[1] Stenhouse L., *An introduction to Curriculum Research and Development*, Chapter 10, 1975.

我国历史与社会课程的目标

总目标:对学生进行公民教育和人文素质教育,培养创新精神、社会实践能力和社会责任感,促进学生的社会性发展,为学生形成正确的世界观、人生观和价值观,成为社会主义现代化国家的合格公民奠定基础。

分目标:

1. 情感态度与价值观

激发关注和参与社会生活的热情,热爱社会主义,培育集体主义意识,具有强烈的社会责任感和历史使命感。

珍惜生命价值,形成自尊、自信、尊重他人、合作、进取、乐观向上的人生态度。

注重社会实践,增强历史意识,树立可持续发展的观念。

领会现代社会尊重人权的意义,增强民主和法制观念。

关心祖国和人类的命运,培养爱国主义情感和开放的世界意识。

2. 技能、能力

发展感受、观察、体验、参与社会生活的能力。

能够独立思考、提出疑问和进行反思。

学会收集、处理、运用社会信息和历史材料的方法和技能。

运用分析、比较、综合等方法,解释一般社会现象和历史问题。

有条理地表达对社会和历史现象的想法与观点。

3. 知识

了解青少年的身心发展特征,认识个体发展与社会环境的关系。

学习经济、政治、文化方面的基本知识,了解参与社会生活的方式和途径。

学习与区域发展相关的知识,认识人口、资源、环境与社会发展的关系。

了解中国和世界历史发展的基本线索,知道中国和世界文明的主要成果,了解历史与现实的联系。

了解近现代中国人民奋斗的曲折历程和取得的重要成就,汲取历史经验和教训。

(资料来源:《基础教育新课程体系资料汇编》,铁路基础教育研究室(内部学习资料),第172—173页)

2. 确定课程目标的方法

(1) 筛选法。这是美国北加州大学课程开发中心研制的方法,多年来被许多教育机构模仿。具体步骤如下:

一是预定若干项课程目标,涉及课程的各个方面。如"培养阅读、写作、说、听的技能","培养艰苦的性格和自尊心"等。二是书面征求有关人员对预定课程目标的意见,允许他们补充其他课程目标。三是把原先预定的课程目标和补充的其他课程目标汇总在一起。四是请有关人员根据汇总的课程目标,依次选出若干项最重要的课程目标。五是根据统计结果,确定名次靠前的若干项课程目标。

(2) 参照法。在确定课程目标的过程中,参考过去的课程目标和其他国家的课程目标,并根据本国国情和教育状况,确定符合本国情况的课程目标。

在某些国家,专业学术团体、教材出版商经常提出建设性的课程和教学目标。例如,位于美国洛杉矶的加州大学评价研究中心创办了课程目标和教学目标交换机构,专门收集和散发各种有关课程目标和教学目标的资料,供学校和教师索取和参考。依靠"剪刀加糨糊加复印"拼凑起来的课程目标和教学目标历来受到批评,但从比较、借鉴和参考现有资源和材料的角度看,也不失为一条便捷之路。

除了上述两种方法外,还有其他多种多样确定课程目标的方法。确定课程目标从来没有固定划一的模式,应根据不同的课程和内容采用不同的确定课程目标的方法。

(二) 课程的文本构成

课程的构成通常包括课程计划、课程标准、教材、教师用书、练习册等。各构成要素之间既相互独立又相互依赖,其整体效应取决于各种构成要素的协调与配合。下面简要介绍课程计划、课程标准和教材的基本常识:

1. 课程计划

课程计划是根据一定的教育目的、学校培养目标、各学科科目的性质和作用,由教育行政部门或学校制定的关于学校教学和教育工作的一种法规性文件。它对学校的教学和教育活动做出全面的安排,规定课程设置、课程顺序、课时分配、学年编制和周安排等。课程计划是课程标准和教学材料研制开发的主要依据。

2. 课程标准

课程标准是各学科的纲领性指导文件,发挥着教学工作的"组织者"作用,可以确保不同的教师有效地、连贯地、目标一致地开展教学工作。编写课程标准是开发课程的重要步骤,具体包括这样几方面内容:

(1) 前言:结合本门课程的特点,阐述课程改革的背景、课程性质、基本理念与本标准的设计思路。

(2) 课程目标:按照国家的教育方针以及素质教育的要求,从知识与技能、过程与方法、情感态度与价值观三方面阐述本门课程的总体目标与学段目标(如果有学段的话);学段的划分大致规定在1—2、3—4、5—6、7—9年级,有些课程只限在一个学段,有些课程则兼两个或两个以上学段。

(3)内容标准:根据上述的课程目标,结合具体的课程内容,用尽可能清晰的行为动词所阐述的目标。

(4)实施建议:为了确保国家课程标准能够在全国绝大多数学校的绝大多数学生身上实现,减少中间环节的"落差",需要在国家课程标中附带提供推广或实施这一标准的建议,主要包括教与学的建议、评价建议、课程资源的开发与利用建议以及教材编写建议等。同时要求在易误解的地方或陈述新出现的重要内容时,提供适当的典型性的案例,以便于教师的理解,也是引导一种新观念的有效方法。

(5)术语解释:对标准中出现的一些重要术语进行解释与说明,使用者能更好地理解与实施标准。

3. 教材和教科书

教材是教学的材料。狭义的教材又称为教科书或课本,是依据课程标准编制、系统反映学科内容的教学用书,也是课程标准的具体化与是课程的核心组成部分。它不同于一般的书籍,通常按学年或学期分册、划分单元或章节,主要由目录、课文、习题、实验、图表、注释和附录等部分构成。其中,课文是教材的主体部分。随着科学技术的发展及教学手段的现代化,教学内容的载体也多样化了,除教科书以外,还有各类指导书、补充读物、工具书、挂图、图表、其他教学辅助用具、教学程序软件包、幻灯片、电影片和音像磁盘等。同时,教科书的编辑要妥善处理思想性与科学性、观点与材料、理论与实际、知识与技能的广度和深度、基础知识与当代科学新成就的关系,尤其要组织高素质、高水平的专业人员参加教科书的编写工作。

(1)教科书的编排:

教科书的编排形式要有利于学生的学习,符合卫生学、教育学、心理学和美学的要求;教科书的内容阐述要层次分明,文字表述要简练、准确、生动、流畅,篇幅要详略得当;标题和结论要用不同的字体或符号标出,使之鲜明、醒目;封面、图表、插图等,要力求清晰、美观;字体大小要适宜,装订要坚固,规格大小、厚薄要合适,便于携带。

(2)教科书的作用:

首先,教科书是学生在学校获得系统知识、进行学习的主要材料,可以帮助学生掌握教师讲授的内容,同时也便于学生预习、复习和做作业;教科书也是学生进一步扩大知识领域的基础。所以,要教会学生如何有效地使用教科书,发挥教科书的最大作用。

其次，教科书是教师进行教学的主要依据，为教师备课、上课、布置作业，学生学习成绩的评定提供了基本材料。熟练地掌握教科书内容是教师顺利完成教学任务的重要条件。

第三，根据课程计划对本学科的要求，参照教科书分析本学科的教学目标、内容范围和教学任务。

第四，根据本学科在整个学校课程中的地位，参照教科书研究本学科与其他学科的关系，是理论与实际相联系的基本途径和最佳方式，有利于确定本学科的主要教学活动、课外活动、实验活动或其他社会实践活动，对各教学阶段的课堂教学和课外活动做出统筹安排。

三、课程的类型

课程作为一种教育化、再生性文化，其有四个方面的基本性质和特征：一是规定性与可选择性的统一；二是学科与经验的统一；三是分科与整合的统一；四是显在与潜在的统一。于是，从不同性质维度看，就有不同性质的课程类型：必修课程与选修课程；学科课程与活动课程；分科课程与整合课程；显性课程与隐性课程；国家课程与校本课程；等等。

（一）必修课程与选修课程

课程既是规定性的，也是被选择的。具体的课程又总是社会规定与儿童选择的统一。这样，从管理的角度看，课程分为必修课程与选修课程。

1. 必修课程

必修课程（compulsory subjects or obligatory courses or compulsory curriculum），是一个教育系统或教育机构法定性的要求全体学生或某一学科专业学生必须学习的课程种类。必修课程，是相对于选修课程而言的，它的根本特性是强制性，是社会权威在课程中的体现。在各级各类学校教育中，因受不同的目的和目标的制约，存在着不同的必修课程。一般在高等教育中，必修课程分为公共必修课程和专业必修课程，必修专业课程又再分为基础课程、专业基础课程和专业课程等；在基础教育中，必修课程分为国家必修课程、地方规定必修课程和校定必修课程等。

2. 选修课程

选修课程（optional subjects or selected courses or optional curriculum），是一种教育系统或教育机构里法定性的，学生可以按照一定规则自由地选择学习的课程种类。选修课程，一般分为限定选修课程与任意选修课程两类。限定选修课程，是指在规定的范围内学生按一定的规则选择学习的课程，比如学生必须在若干组课程中选修一定组数的课程，或在若干门指定的课程中选修一定门数的课程；任意选修课程，则是不加限制，由学生自由选择学习的课程。

（二）学科课程与活动课程

现代课程以学科为表现形式。学科实质上是一种成人的经验，是一种成熟的经验；而儿童具有自身的经验，是一种不成熟的经验。课程的根本职能就是使儿童从不成熟的经验发展进入到成人成熟的经验。这样，从根本形式看，课程分为学科课程与活动（经验）课程两种类型。

1. 学科课程

学科课程（subject curriculum）萌芽于古巴比伦和古希腊的学校，成型于近代学校，以夸美纽斯的百科全书式课程为代表，经赫尔巴特而模式化。在现代学校里，比较稳定的学科课程有语文、外语、历史、地理、数学、音乐、美术、物理、化学、地质、生物等，分归为人文课程、社会科学课程和自然科学课程。学科课程是与经验课程或活动课程相对应的，是以学科的形式来组织教学内容的一种课程。它以人类对知识经验的科学分类为基础，从不同的分支科学中选取一定内容来构成对应的学科，从而使教学内容规范化和系统化。

2. 活动课程

活动课程（activity curriculum），又被称为经验课程（experience curriculum）或经验学习（experience-based studies）、学生中心课程（student-centered curriculum）。在我国，人们对活动课程实质的理解，也是异彩纷呈的。有人认为，活动课程是以儿童从事某种活动为中心组织的课程；有人说，活动课程就是认为课程应是一系列的儿童自己组织的活动，儿童通过活动学习，获得经验，培养兴趣，解决问题，锻炼能力；有人则指出，新型活动课程是以充分而有特色地发展学生基本素质为目标，以最新信息和学生的直接经验为主要内容，按照各种实践活动项目和特定活动方式组成的一种辅助性的课程形态；还有人认为，活动课程是为指导学生主要获得直接经验和即时信息而设计的一系列以教育性交往为中介的学生主体活动项目及方式。总之，除学科课程之外，凡有利于培养学生健康成长的教育教学活动都可以称之为活动课程。

（三）分科课程与整合课程

课程从形式上讲是分科的，从实质上讲是整体性的。形式上的分科，有利于文化的精选，适应于儿童生理和心理活动的兴奋规律性；而实质上的整合，则适应于儿童身心和心理各个方面发展的整体性原理。

1. 分科课程

分科课程也就是学科课程，不过它更强调将学科分解到单一知识系列，以获得教学内容的清晰性和教学效率的高效性。

2. 整合课程

"整合课程"一词，来自英语"integrated curriculum"。我国大陆一般将其翻译为"综合课程"。但是分析起来,译为"整合课程"比较更准确和恰当一些。

整合课程是与分科课程或学科课程相对应的,实质上是一种采用各种有机整合的形式,使教育系统中分化了的各要素及其各成分之间形成有机联系的课程形态。这是一种新型的课程类型。[①] 首先,整合课程超越了学科课程这种课程形态;其次,整合课程也超越了儿童中心主义课程。而且,整合课程有许多形式可以选用,主要有相关课程、融合课程、广域课程、发生课程、科际课程、超学科课程和活动课程等。

(四)显性课程与隐性课程

课程本性上是显意识文化,然而课程作为学习经验或一段教育进程,既包含了课程研制和学生学习的意识性产物,也包含了潜意识的产物,这些对于教师和学生来说就是隐性的了。因此,从性质上看,课程分为显性课程与隐性课程两种类型。

1. 显性课程

显性课程(formal curriculum),是一个教育系统或教育机构中要求学生必须学习并通过考核达到明确规定的教育目标,以获取特定教育学历或资格证书的课程。它具有特殊目的性,即达到明确规定的教育目标,使学生获取一定的教育学历或资格证书。另外,显性课程还具有特殊的形式,即以教学为根本途径,包括教师与学生面对面地直接教学,也包括了教师与学生在空间和时间上分离开的间接教学。

2. 隐性课程

隐性课程(hidden curriculum),是一个教育系统或教育机构中,学生在显性课程以外获得的所有学校教育的经验,不作为获取特定教育学历或资格证书的必备条件。隐性课程也具有特殊目的性,即使学生获得特殊的教养,使学生成为一个有特殊教养的人;同时,隐性课程还具有特殊的形式,即以学生自我体验为根本途径。隐性课程作为一种体验性教育经验,实际上就是课堂教学之外的一种特殊的教育文化或校园文化。这样,在学校校园里,就存在三类隐性课程:(1)物质性隐性课程。诸如学校建筑及其结构和内涵,校园人造自然环境及其结构和内涵,校园生活水平及其结构和内涵等。(2)制度性隐性课程。诸如人际关系准则,包括教师、学生、职工、领导相互之间的关系准则,学术交往、朋友交往、恋爱交往的准则等。(3)心理性隐性课程。诸如师生特有的心态、行为方式和价值观念等。

此外,课程还可根据开发主体的不同,分为国家课程和校本课程等。

[①] 参见黄甫全《整合课程与课程整合论》,载《课程·教材·教法》1996 年第 10 期。

四、课程的实施和评价

（一）课程实施

课程实施是指把课程计划付诸实践的过程，它是达到预期课程目标的基本途径。一般说来，课程设计得越好，实施起来就越容易，效果也就越好。但是，课程设计得再好，如果在实践中得不到实施，那也就没有什么意义了。20世纪70年代以后，课程实施成为大家关注的焦点。其主要原因是由于美国五六十年代花了巨额资金设计出来的课程，大多被束之高阁，没有得到实施。在我国，课程实施也是一个非常现实的问题。

在课程实施过程中，新的课程计划通常蕴含着对原有课程的一种变革，课程实施就是力图在实践中实现这种变革；或者说，是将变革引入实践。这就要求课程实施者做出一系列的调整，包括对个人习惯、行为方式、课程重点、学习空间、课程安排等进行一系列的创新组织。这一过程涉及许多实际问题，需要时间和精力，不是通过几次会议传达文件就能解决的。所以，有学者认为课程实施过程实质上就是要缩小现有的实际做法与课程设计者所提出的实际做法之间的差距。如果让课程实施者清楚了解新课程计划的意图和课程目标，参与课程设计的部分工作，共同讨论达到课程目标的各种手段，课程实施起来遇到的阻力就会小一些。所以，教师在课程实施过程中扮演着很重要的角色。从某种意义上说，课程计划最终都是通过教师而得到实施的。几乎所有的研究都表明，教师在一定程度上参与课程规划和设计工作，不仅会影响到课程设计的结果，而且也会影响课程实施的进程。近年来，我国各省市在进行课程改革时，不仅注意听取广大教师的意见，而且还尽可能为教师参与课程设计提供机会，这是一种很好的尝试。关注和研究课程实施非常必要：第一，除非直接分析和了解课程实施的过程，否则就不知道实际发生的情况。第二，研究课程实施过程有助于了解为什么有的课程计划会成功，而有的则会失败。通过直接了解实施过程，可以识别引起变化的主要问题在哪里，如有些课程计划失败的原因可能既不在于计划本身，也不在于教学的过程，而在于组织安排和制度措施上有问题。第三，不考察实施过程，就难以解释学生学习的结果。

（二）课程评价

1. 学生学业的评价与课程本身的评价

准确无误地界定"课程评价"是困难的，因为许多学者先后提出了不同的定义，有的把课程评价与学业评价融合在一起，有的把课程评价与学业评价划分开，有的则把课程评价等同于学业评价。

对课程评价的不同界定将决定教师教学的不同取向。如果把课程评价定义为"测量学生在学业方面实现预期行为目标的程度",教师就要确立行为目标,并对学生的相关行为进行测量;如果把课程评价定义为"选择和分析有关信息,确定课程决策的方案",教师就要收集不同的决策方案,从两个方面进行分析;如果把课程评价定义为"运用专业知识判断课程实施的过程",教师就要学习和掌握专业知识,以此作为判断课程实施过程的基础。

对课程评价的不同界定往往也会得出不同的评价结论。如果"将学生的学业与某些标准进行比较",就可能得出"学生学业已经达到某些标准"的结论;如果"运用专业知识判断课程实施的过程",就可能得出"教师和学生都不喜欢课程,课程几乎没有任何教育价值"的结论。因此,课程评价既包括学生学业的评价,又包括课程本身的评价。

2. 课程评价、学业评价和测量

在评价过程中,教师习惯把实际的教学效果与预定的目标进行比较,从中了解教与学的确切效果,以便根据评价结果,改善未来的教学。因此,人们通常认为,课程评价就是测量预定目标的实现状况,甚至把"课程评价"、"学业评价"和"测量"当作同义词使用。实际上,"课程评价"、"学业评价"和"测量"的含义是有区别的。仅就它们的外延大小而言,"课程评价"的外延最大,"学业评价"其次,"测量"最后。

"学业评价"主要指对学生学业的评价,英语为"student assessment"或"performance assessment"。教师通过评价学生的学业,可以了解学生学业的进步或退步状况,掌握教学与学习效果。

"测量"是学业评价的一种特殊手段,它是采用定量分析的方法,对学生的学业做出评价。学业评价离不开测量,但测量无法解决所有学科的学业评价问题。测量比较适用于数学、物理、化学等学科的学业评价。有些学科不宜采用定量分析的评价方法,而比较适合采用定性分析的评价方法,如美术、音乐等学科。

与"学业评价"和"测量"相比较,"课程评价"是一个最大的概念。它不仅包括学生学业的评价,而且还包括课程本身的评价。评价者利用学生学业的评价和课程本身的评价获得的结果,可以完善课程和提高教学质量。所以,学生学业的评价和课程本身的评价是课程评价的两个同等重要的组成部分,是课程评价的基础。

3. 终结性评价与形成性评价

在课程评价过程中,终结性评价(或总结性评价)(summative evaluation)和形成性评价(formative evaluation)是两个最重要的评价形式。

终结性评价是在计划或产品完成以后实施的评价。在课程评价领域,终结性评价是指一门课程结束时或一个学年结束时进行的评价。它比较注重总体分析,力图表明课程目标、教学目标的实现程度,并对课程的有效性和实施效果做出判断。由于终结性评价通常关系到学生名次、班级名次和教师声誉,所以学生和教师对此都比较关注。

形成性评价是在计划或产品还在发展或完善过程中实施的评价。在课程评价领域,形成性评价是指贯穿于校本课程各个阶段或整个过程的评价。它比较注重细节的分析,旨在寻找原因,及时发现问题,使课程更加趋于完善。

五、校本课程的开发

(一)校本课程的含义

校本课程(school-based curriculum),是按照课程设计开发的主体不同而划分的与国家或地方课程相对应的一类课程。其中,国家或地方课程是指自上而下由中央政府或地方政府负责编制、实施和评价的课程;而校本课程顾名思义是以校为本开发设计的课程,是由学生所在学校的教师编制、实施和评价的课程。具体来说,校本课程就是某一类学校或某一级学校的个别教师、部分教师或全体教师,根据国家制定的教育目的,结合学校的培养目标,在分析本校外部环境和本校内部环境的基础上,针对本校、本年级或本班级特定的学生群体,编制、实施和评价的课程。

(二)校本课程的开发

校本课程开发(school-based curriculum development),英文缩写为 SBCD,由菲吕马克等人在 1973 年 7 月于英国召开的教育研究革新中心(CERI)国际讨论会上正式提出,之后很快在许多发达国家中受到重视,成为一种与国家课程开发相对应的课程开发策略。我国在 1999 年全国教育会议之后,校本课程开发被正式提到了议事日程上。

亚太地区经济与合作发展组织(OECD)对校本课程开发做出如下界定:"校本课程开发是基于学校自主的行动,促使地方和中央当局之间的权力和责任的重新分配,因此学校获得法律和行政的自主权的专业地位,从事的课程设计过程。"[1]可见,校本课程开发是以学校为基地进行课程开发的民主课程决策过程。

(三)校本课程开发的策略

校本课程开发是一个具有多因素、复杂的、专业性较强的活动,涉及各种与特定材料的选择、组织有关的课程计划、设计、编制等过程。在具体的运用过程中,校本课程开发绝不只是笼统的课程研制权力分配那么简单,它涉及许多变项之间的不同组合。尽管如此,校本课程开发还是有一些基本操作环节。

---

[1] 钟启泉:《学校本位的课程开发》,载《全国活动课程与活动教学研究通讯》第 9 期。

1. 确立校本教育宗旨

尽管国家对各级各类学校的培养目标和规格有着统一的规定,但这种"统一"只能是最基本的原则性规定,不可能照顾到各级各类学校的特殊性。学校必须立足自身的人力资源、教育资源、学校环境与办学历史和旨趣,确立自己学校独特的发展方向,体现自己独特的教育宗旨或教育哲学;否则,学校是不可能做好校本课程开发的。现在,有的学校将自身的教育宗旨确定为培养"健全的现代中国人",也有的学校的教育宗旨则确定为"文理相通,全面育人",如此种种,既体现了国家的一般性规定,又反映了学校的特殊情况。这是这些学校的课程开发可望有所成果的重要一步。

2. 组建校本课程开发的行动队伍

国外课程研究与实践的发展历史业已表明,要保证校本课程开发的顺利运行,建立课程行动研究协作队伍是关键。这支队伍在外围上需要和地方教育当局的主管领导、课程专家或学科专家保持密切联系,不断地进行交流和沟通,获得课程开发条件和课程开发理论的支持;在学校内部,学科教师、主管主任、校长之间要形成课程研究与实践的共同体,并建立内部反馈和激励机制。只有这样内外配合、群策群力、分工合作,才能众望一致、齐心协力,有效地促进校本课程开发。

3. 确立校本课程开发的主题

一般的,课程建设必须考虑社会、学生和知识三方面的资源,校本课程开发计划的制订也不例外。校本课程开发常常与地方或社区发展规划联系在一起,从社区服务、社区发展、社区社会性问题等出发寻找开发主题;同时,校本课程开发计划也可指向学习和生活质量的提高,指向学生的学业成就及问题。如果学校自定开发主题较为困难,也可以向师范院校或综合性大学的教育学院寻求帮助,争取在他们的指导下,确立开发意向和项目。就开发主题而言,可以是环境保护、地方文化建设、地方经济发展、消费者教育、心理健康教育、学习策略,以及依据国家课程标准对语文、数学、外语等课程内容的选择、改编、整合、补充和发展。

4. 营造民主开放的课程开发环境

校本课程开发活动,在表面上似乎是国家赋予学校权利的结果,而实质上则是学校自己的教育宗旨或教育哲学的产物,所以它只有以学校自愿为基础,在力尽其教育革新义务的同时,享用国家赋予的课程开发权利。因此,校本课程开发要求学校必须建立体现自身教育宗旨的教育环境,以营造一种大家分担责任、积极推进教育革新、勇于追求成功的氛围;自然,这个教育环境必须是民主开放的组织结构,而非强权政治。这就对学校校长素养,提出了较高的要求:校长必须有与上级行政部门和中介机构协调合作的能力,有与师生员工进行不断对话和鼓励合作创新的能力;必须对课程开发行动研究所有成员赋予尊重、同情心与理解;并能乐于助人,开放自我,不断上进。

5. 课程开发与教学改革一体化

系列研究与实践表明,课程开发不落实到具体的教学过程,教学改革不深入到课程领域,其效果都是一样糟糕。因为学校课程与教学都是教育系统的有机组成部分,排斥或忽视任何一方的存在,都会适得其反。教学改革与课程开发相适应,一方面体现在教学目标、方法和手段的适应,另一方面也要求教学评价适应课程开发的教育宗旨。因此,校本课程开发需要学校建立自己的评价体系和评价制度,以保证学校自觉自律的教学评价,实现自我激励,确保校本课程开发的健康顺利运行。

(四)校本课程开发的方案

校本课程开发方案是学校开发课程时各种课程方案的统称,主要包括三方面的方案:

1. 校本课程规划方案

学校层面的校本课程开发总体方案被称为校本课程规划方案,是学校关于校本课程开发的总体思路的概略性描述,包括课程规划的基础、总体目标、课程结构与门类、实施与评价建议以及保障措施等。

(1)校本课程规划的基础。可以从以下几个方面描述校本课程规划的基础:简介校本课程开发的政策依据,特别是三级课程管理政策在本地区的具体落实等,主要说明校本课程开发的政策空间;描述本校学生的实际需要和特点,主要说明校本课程的需要空间;描述本校的现在资源条件,主要说明校本课程的现实基础和条件限制;描述学校的办学理念或思路,主要说明学校发展的方向。

(2)校本课程的总体目标。校本课程的总体目标不宜太多和太复杂,有三至五项简要的描述即可。如江苏省锡山高中的校本课程总体目标有五个方面:一是学会交往,在合作中学习;二是学会自信,养成自我认同感和坚毅的品质;三是学会探究,至少学习一门综合或探索性课程;四是掌握一项健身技能和一项闲暇技能;五是具有现代中国人的意识。[①]

(3)校本课程的一般结构。校本课程的结构,包括校本课程的门数、每门课程的课时要求以及限制性条件。校本课程的结构都要根据本校的特征去设置,如果门数较多,还要归类,便于操作和交流。

(4)实施与评价建议以及保障措施。校本课程开发总体目标与课程结构确定后,还需要有许多组织与管理上的配套措施,例如:向教师发布校本课程信息,以

[①] 钟启泉、崔允漷主编:《新课程的理念与创新——师范生读本》,高等教育出版社2003年版,第215页。

便于教师申报课程;组织教师培训等。

2. 课程纲要

课程纲要需关注课程的四个基本要素,即目标、内容、实施与评价。其中,目标较重要,而教案关注更多的是内容。

大致说来,教师设计的课程纲要应包括两个基本部分:一般项目和具体方案。

一般项目要简要地说明开课教师、课程性质或类型、教学材料、学习时限、适合对象等。

具体方案包括课程目标、课程内容与活动安排、课程实施说明、考核评价说明等。其中,课程目标的表述要尽量具体清楚,三至五项即可,不宜过于高深和复杂;课程内容和活动安排,主要说明课程所选择的专题、教学内容、活动项目以及它们之间的相互衔接关系;课程实施说明,包括教学的主要方法、组织形式、课时、场地、设施、班级规模等;考核与评价,主要说明评价方式或记分方式、成绩构成等。

3. 课程说明

为了帮助学生更好地了解教师所要开设的校本课程,理性地选择课程,教师最好能够为学生撰写一份课程说明。课程说明要尽量突出课程的价值以及内容与活动安排的特点,使读者一目了然,增强课程的吸引力。

"时事沙龙"课程说明

"家事国事天下事,事事关心",这是任何时代的青年都需要具有的一种良好品质。当今世界形势错综复杂,我们的祖国日新月异,我们身边不断有新闻事件发生,青年学生都有探究其背景原因、结果的冲动,那我们就共同来到时事沙龙,一起讨论、分析和评述。

(资料来源:钟启泉、崔允漷主编《新课程的理念与创新——师范生读本》,高等教育出版社,2003年,第220页)

第三节 从教师课程向学生课程的转化

课程内容是指各门学科中特定的事实、观点、原理和问题以及处理它们的方式,通常包括课程标准、教材、教师用书、练习册等。其实,在教学实践过程中,课程内容更为多样和复杂,如何挖掘课程内容也是需要解决的一个重要问题。以往课程实施中突出了教师的作用,而忽视了学生的参与,课程也就成为教师课程,学生处于被动地位,这样不利于学生积极性和主动性的发挥。要改变这种状况,就要从教师课程走向学生课程;要做到这一点,就要从教师和学生两方面去做:转变教师角色和教学行为,转变学生的学习方式。

一、怎样挖掘课程内容

(一)课程内容的不同观点

课程内容是指各门学科中特定的事实、观点、原理和问题以及处理它们的方式,是达到课程目标的基本手段。确定课程内容要考虑学科知识、学习者和社会三方面的因素,而且对不同方面的侧重就形成了课程内容的三种主要观点:

1. 课程内容是学科内容的总和

课程由一些自成体系的学科所组成,课程内容就是这些学科的内容。这是传统的课程观点,其侧重点是知识的传授。这种观点强调学科知识的逻辑性、系统性,师生的教和学都很明确,容易把握和评价,所以该观点在教学实践中最为盛行。但是,它对学科系统性的强调,易导致只重视知识和技能的传授,忽视学生的智力发展和能力的培养,脱离学生的实际生活经验,造成学科分隔,各门学科互不联系;教学上导致教师中心、权威式管理和填鸭式教学方法;学生在学习中重结论而轻过程,重记忆而轻思维,重抽象概念而轻具体实际。

2. 课程内容是学习活动

这种观点的主要代表人物是杜威。他将课程内容看作是学习活动,认为课程的最大弊端就是与儿童生活不相沟通,学科科目相互联系的中心点不是科学、数学、地理,而应该是儿童本身的社会活动。他主张学生通过参与活动习得知识,要求课程与社会生活密切联系,这样学习才有现实意义,才能激发学生的兴趣。但将课程内容看作学习活动,往往使人们过于关注外显的活动,注意不到学生内心的真实体验。另外,由于对系统学科知识的鄙视,活动容易流于形式,从而导致教育质量下降。

3. 课程内容是学习经验

用"经验"一词来定义课程,是实用主义教育思想的突出特色。杜威就曾把儿童的经验看作建构学校课程的核心。拉尔夫·泰勒也认为,学习经验不同于学科内容或活动,学习经验所强调的是学习者与外部环境条件之间的相互作用,强调学生是一个主动参与者,强调学生与外部环境的相互作用。这样虽然能使课程关注到学生的兴趣、认知特征、已有认知水平等心理因素,但也加剧了内容选择的困难。实践证明,过于强调以学习者为中心,对于教育质量的提高并无太大益处。

上述三种观点均有一定的代表性,在西方课程论的发展中产生过较大影响。当代课程理论和课程改革实践的发展趋势似乎更倾向于综合各种观点,发挥各家的长处,摒除各家的缺点和错误,使课程内容更加丰富,结构更加多样,形式更加灵活。学科内容是课程的主干,只是不再拘泥于传统的学科分界,更重视综合性和实用性;活动和经验课程也得到较多的关注,强调系统知识和直接经验、实践活动的联系和结合。人们越来越清醒地认识到,在学生的身心发展中,知识和经验、理论和实践、社会需要和个人兴趣等,均有重要的教育价值,缺一不可,不能偏废。

(二)如何挖掘课程内容

课程所涵盖的内容比上面所提到的要复杂得多,对它们的挖掘和开发要根据各地和各学校的实际情况,发掘校内外具有针对性和适应性的素材性课程资源和条件性课程资源,从而更好地发挥它们的作用。对课程内容的挖掘和开发可以从以下几个方面去做:

1. 调查研究学生的兴趣类型、活动方式和手段

研究学生的普遍兴趣以及能给他们带来快乐的种种活动,既有利于发现多姿多彩的不同奖赏方式,帮助学生树立刻苦学习和取得良好学业的信心,也可以启发教师打开记忆的宝库,从自己以往与学生交往的经验中挖掘出大量有益的参考资料。教学方式特别是学习方式本身就是重要的课程资源,对学生所喜欢的活动和他们兴趣的研究,特别是对特定课程受教对象的兴趣和活动的研究也很能受益,从中可以归纳出能够唤起学生强烈求知欲的各种教学方式、手段、工具、设施、方案、问题,以及如何布置作业、安排课堂内外学习等诸多要素,帮助学生更好地达成课程目标。

2. 确定学生已有的发展基础及相应的教学材料

各门课程的选材都应该取舍得当,不但要了解学生目前已具备的知识、技能和素质,还要针对他们之间的差异,因材施教,设计大量方案,组织多种活动,准备相应的教学材料;为学生所开展的活动既要符合他们相应的水平,还要提供给学生能及时反馈其学习中差错的材料,更好地帮助学生解决学习中的难题。在这一过程中,学生的经验、感受、创意、见解、问题、困惑等都是丰富的教学内容,而且具有很强的动态生成性,课程设计者应该及时去捕捉、归纳和总结。

3. 创造性开发和使用教学用具

要根据教学的需要以及学校和学生的实际情况,创造性地开发和利用各种教具与学具,为提高教学质量和教学水平服务。教学用具的开发和使用要因地制宜,简便实用,与学校和学生的发展水平相适应。

4. 安排学生从事课外实践活动

安排课外实践是课堂教学的一项重要内容。学生所学的知识、技能最终都要运用于实践,而这在很大程度上取决于学生本身。除了教师合理地开发和利用校内外的各种资源外,学生的课外活动及其他一些可供学习的机会,只有学生自己更为清楚;而且,学生的这种生活经验的积累也是更为丰富的课程资源。因此,教师要善于发掘学生生活经验方面的资源,引导学生将书本知识转化为实践能力。

5. 总结和反思教学活动

教学工作是一项非常复杂的活动，由于各种因素的可变性，教师要不断地总结与思考。教学的新知识、新技能和新策略有多种多样的来源，可以来源于研究，来源于新教材和新手段，来源于各种媒体，来源于上级、同事或学生，还可以来源于自己的总结和思考。教师需要借助他人的反馈分析自己的能力，善于运用教学日志、研究小组和个人教学心得、同事指导、他人帮助、同事建议等自我评价和合作总结的方式，从而提高自我总结和反思教学的水平。

6. 广泛利用校内外的场馆资源

学校要充分利用各种校内外场馆资源，更好地促进学生的发展。图书馆是重要的课程资源，通过培养学生获得各种知识的基本技能，使他们更加主动地利用图书馆的资源。科技馆的充分利用有利于拓宽学生的科学视野，由于很多学校受地方所限，不能给学生提供这样的场所，但可以利用互联网络等现代化手段，选择较为典型的科技馆作为样本，提供给全国各地的学校。各地的博物馆也具有重要的课程内容开发价值，保存着丰富的历史文化资源。此外，各种有利于学生身心发展的运动场馆、专用教室、设备和设施、实践基地、科研院所、工厂、农村等，都是可供开发和利用的课程资源。

7. 发挥网络资源的作用

现代社会信息技术的发展正在突破各种资源的时空限制，使得课程资源的广泛交流与共享成为可能。教师可以一方面让网络资源为教育教学服务，另一方面也可以把自己的教育教学经验和成果奉献出来，供广大同行交流和共享。同时，还要鼓励学生学会有效利用网络资源，从而增加和丰富自己的学习生活经验。

8. 开发和利用乡土资源

乡土资源主要指学校所在社区的自然生态和文化生态方面的资源，包括乡土地理、风俗习惯、传统文化、生产和生活经验等。这些资源可以有选择地进入地方课程、校本课程乃至国家课程的实施过程中，成为师生共同构建知识的平台。

二、怎样变教师课程为学生课程

在传统的课程实施过程中，教师的权威性使其自然而然地处于中心地位，课程在一定程度上也就成为教师课程，致使学生的学习是一种被动的学习，不利于他们的发展。然而，课程目标是要为社会提供合格的人才，也就是说教育是为了学生更好地发展，所以必须还原学生在教育过程中的主体地位。这就要求把属于学生的还给学生，将教师课程转向学生课程。要做到这一点，需要从教师和学生两方面去努力：一方面转变教师角色和教学行为，另一方面转变学生的学习方式。

(一)转变教师角色和教学行为

1. 教师角色的转变

(1)从教师与学生的关系看,教师应该是学生学习的促进者。教师要从过去仅作为知识传授者这一核心角色解放出来,促进以学习能力为重心的学生整体个性的和谐、健康发展;教师再也不能把知识传授作为自己的主要任务和目的,而应成为学生学习的激发者、辅导者,各种能力和积极个性的培养者,把教学的重心放在如何促进学生的"学"上。同时,教师还要做学生人生的引路人,引导学生沿着正确的道路前进;要成为学生健康心理、健康品德的促进者和催化剂,引导学生学会自我调适、自我选择。

(2)从教学与研究的关系看,教师应该是教育教学的研究者。在传统的中小学教师的职业生涯中,教学活动和研究活动是彼此分离的,教师的任务只是教学,认为研究是专家的事。教师在教学过程中要以研究者的心态置身于教学情境之中,以研究者的眼光审视和分析教学理论与教学实践中的各种问题,对自身的行为进行反思,对出现的问题进行探究,对积累的经验进行总结,使其形成规律性的认识。最适宜教师的研究方式就是"行动研究"。可以说,"行动研究"把教学与研究有机地融为一体,是教师由"教书匠"转变为"教育家"的前提条件,是教师持续进步的基础,也是提高教学水平的关键。

(3)从教学与课程的关系看,教师应该是课程的建设者和开发者。在传统的教学中,教学与课程是彼此分离的,教师的任务只是教学,从教材到教学参考资料再到考试,教师只是教育行政部门各项规定的机械执行者,各种教学参考资料的简单照搬者。长此以往,教学与课程分离,使教师丧失了课程的意识,丧失了课程的能力。因此,教师应该成为课程的建设者和开发者,要有强烈的课程意识和参与意识,要了解和掌握各个层次的课程知识,包括国家层次、地方层次、学校层次、课堂层次和学生层次,以及这些层次之间的关系;同时,教师要提高参与课程建设的能力,还要锻炼并形成开发新课程的能力和课程评价的能力。

(4)从学校与社区的关系来看,教师应该是社区型开放的教师。随着社会的进一步发展,学校已不能再关起门来搞教育,而应该同社区发生各种各样的联系。一方面,学校要引导和参与社区的一些社会活动,尤其是教育活动;另一方面,社区也应向学校开放自己可供利用的教育资源,参与学校的教育活动。在这种情况下,教师的角色也要转变,从仅仅是专业型教师、学校型教师,拓展为"社区型"教师。

2. 教师教学行为的转变

(1)在对待师生关系上,强调尊重、赞赏。相对以往教师权威的不可侵犯,要求教师必须尊重每一位学生做人的尊严和价值,特别是要尊重那些被世俗观点所认为的"问题学生",如学业成绩不良的学生、有严重缺点和缺陷的学生等。尊重学生还意味着不伤害学生的自尊心;教师在尊重学生的同时,还要学会赞赏每一位学生。

(2)在对待教学关系上,强调帮助、引导。教师对学生的帮助体现在多个方面:帮助学生检视和反思自我,帮助学生寻找、收集和利用学习资源,帮助学生对学习过程和结果进行评价,帮助学生发现自己的潜能等。既要在学生的学习和思维方面进行引导,还要引导学生怎样做人与做好人。

(3)在对待自我上,强调反思。教师只有对自己的教学不断地进行反思,才能在此基础上进一步发展;教学反思会促使教师形成自我反思的意识和自我监控的能力。

(4)在对待与其他教育者的关系上,强调合作。在教育教学过程中,每一个学生的成长和发展是教师群体的作用,而不是某个教师的作用。这就要求教师之间一定要相互尊重、相互学习、团结互助,只有这样才能搞好教学,最终促进教育的发展。此外,教师必须处理好与家长的关系,加强与家长的联系和合作,共同促进学生的健康成长。

(二)转变学生的学习方式

学习方式是指学生完成学习任务过程中所具有的基本的行为和认知取向,是学生学习时在自主性、探究性和合作性方面的基本特征。所以,这里的学习方式不是指具体的学习策略和方法。从教学实践的角度来看,学习方式的有效性在于满足个体差异的需求;而学习方式的科学性在于其与学习内容的适应性,即有利于学生快速掌握学习内容,达到学习目标。学习方式的转变取决于教师的教学行为,在教师的教学行为发生以上的转变之后,学生的学习方式也要从以往的被动学习转向以下几种方式:

1. 自主构建学习

自主构建学习的核心思想,是学生通过积极建构生成新知识。在自主构建学习的过程中,学生不是被动地接受或照搬从教师或课本获得的信息;相反,他们通过理解学习主题,并与自己已有的相关知识进行联系的方式积极思考,自主构建新知识。学生构建的新知识有的可能是正确的、有用的,有的却是不确定的,因此教师在学生自主建构学习中的作用也不容忽视。

2. 小组合作学习

合作性学习(cooperative learning),是以学习者小组形式,为了完成共同的任务,达到共同的学习目标,有明确责任分工的互助性学习的一切相关行为。合作性学习倡导学习观念的大转变,即由重视单独学习转变到重视合作性学习。在小组中,学生共同讨论所学材料,对所学内容进行深层次理解,相互鼓励努力学习,每个学生不仅要为自己负责,还要为小组中其他成员的学习负责,互帮互助以获得成功。学生将成为合作性学习的真正主人和决策者。

3. 问题探究学习

当学生遇到不确定的问题,而这个问题又是他们最终必须确认、充分地描述以及用适当的方法解决时,问题学习便开始了。精心设计的学习情境要有助于促使学生去寻求探究的话题、概念和主题,并提供获得实际解决复杂问题所需要技能的机会。学生在这种问题探究学习中能培养他们面对问题、解决问题的能力。

通过以上三种学习方式,当然不仅仅是这三种方式,可以充分调动学生学习的兴趣和积极性,从而让学生从被动学习逐渐走向主动学习。在这一过程中,教师和学生双方的角色都发生改变,真正实现教师课程向学生课程的转变。

第四节 我国新一轮基础教育课程改革

新一轮的基础教育课程改革正处在推广阶段,希望通过对新课改的基本特征、新课改的设计和实施以及新课改的未来发展等问题的论述,能够使更多的人进一步了解新一轮的基础教育课程改革的相关问题,以便积极有效地推广和实施之。

一、新课改的基本特征

(一)强调课程的发展功能

如果说20世纪是学生以学校为基地、以课程为途径、以掌握知识为主要目标的世纪,那么21世纪则是学生以学校教育为突破口,结合家庭教育、社会教育,以学生基本教育和社会化学习为途径发展他们的态度、方法、技能为主要目标的世纪。强调课程的发展功能,不仅表现为"让每一个学生都得到发展",而且注重使每一个学生在以下几方面得到发展:首先根据时代发展的要求和基础教育的主要任务,确定学生终身发展必备的基础知识和基本技能,给基础知识与基本技能赋予新的内涵;其次,强调学生学习的过程与方法;第三,强调在学习知识的过程中潜移默化地培养学生良好的世界观、思想品德、性格意志、态度、价值观以及终身学习的愿望和能力。

(二)实现课程设置的整合性

首先,体现为课程结构的整合性:(1)学科领域的综合,即在一门学科中提倡综合的生活体验和经验、能力的发展,在不同学科之间建立有机联系;(2)新设综合学科,主要是一般综合课程与综合实践课。其次,体现为课程内容的整合性:(1)强调把学生的生活、个人知识、直接的生活经验作为课程的内容;(2)把当代生活作为课程的内容,让学习与生活产生紧密的联系;(3)关注科学、文化的最新发展,如最新的观念、信息技术等。

(三)关注实施过程与科学评价

课程改革不再仅仅是重视设计与编制,而且改革的着力点还要放在新课程的具体实施过程及相关反馈与评价中。《基础教育课程改革纲要(试行)》认为,"教学过程是课程实施的基本途径,是师生交往、共同发展的互动过程。"所以,学生学习方式的转变是本次课程改革的显著特点,强调研究学习、发现学习、探究学习。同时,强调新型师生关系的建立及教师角色的转变,课程由特定知识的载体转变成注重发展的过程。

在强调实施的同时,要改变课程的评价观。《纲要》指出:"评价不仅要关注学生的学业成绩,而且要发现和发展学生多方面的潜能"。同时"强调教师对自己教学行为的分析与反思,建立以教师自评为主,校长、教师、学生、家长共同参与的评价制度"。具体表现为评价标准的多元化,量化评价与质性评价相结合,建立评价者与被评价者之间的协商关系。

(四)进一步加大课程管理的弹性化

在课程管理、教材编写与管理等方面,通过制定有利于激发地方积极性的有关政策,实现课程管理权限的下放。同时,以"渐进性"作为重要策略,以保障和促进课程对不同地区、学校、学生的适应性,建立国家、地方、学校课程的三级管理模式,明确国家、地方、学校三级的课程管理职责;在妥善处理课程的统一性和多样性的关系基础上,重视校本课程的研制与开发。

二、新课程的设计和实施

(一)新课程的设计

针对我国以往课程实施中存在的缺陷,如统得过死、缺少灵活性,以社会发展为导向、以学科内容为主、学生的发展没有得到应有的强调,内容体系陈旧、脱离生活生产实际和科技发展最新成果等问题,中央政府在一系列纲领性文件中对课程的改革提出了指导性意见,如1998年12月国务院批转发布的教育部制定的《面向21世纪教育振兴行动计划》和1999年6月第三次全国教育工作会议发布的《中共中央国务院关于深化教育改革全面推进素质教育的决定》,以及2001年6月教育部颁布的《基础教育课程改革纲要(试行)》,新一轮的基础教育课程改革由实验到推广而展开。随着我国新课程改革的推进,近几年在课程设计方面表现出如下几个特征:

1. 课程设计越来越体现出以学生为本的理念,注重学生个性的发展

以往我国的课程设计有较浓厚的社会本位取向的特点,如"为社会主义建设培养各级各类人才奠定基础""课程设置要体现教育应以经济建设为中心的社主义建设服务的原则"等,都体现出了课程设计以满足社会需求为主的倾向。课程以满足社会发展需要为取向,是教育的社会功能的体现,也是教育存在的重要价值之一。但是,如果把课程满足于社会发展强调到极端,过于弱化教育在促进个人发展方面的责任,学生个性就得不到应有的发展,学校培养出的将是一些毫无个性的"标准件",这反过来也不利于社会的发展。因此,在教育促进个人发展与推动社会进步这两者之间的关系上,相比之下,前者似乎处于更加根本的位置;只有个人得到了更好的发展,才能推动社会更快进步。我国今后的课程设计取向将"以学生发展为本,培养创新精神和实践能力"。《基础教育课程改革纲要(试行)》颁布后,在课程设计上体现了新的探索的趋势:在课程目标的设计方面,确立了以学生发展为本的理念,倡导全面、和谐的发展思想,不仅注重外在行为性目标的规范性设计与规划,而且更加注重和强调学生内在体验性目标与表现性目标的挖掘,使学生的发展不局限于狭隘的认知和动作技能领域,同时又强调个性的发展和表现;在课程结构的设计方面,加强了课程的选择性,真正从结构上保障了学生发展的自主性,为促进个性的多样化发展提供充分足够的空间;在课程内容的设计方面,更加注重了与学生生活、社会的联系,并且在教材的编写上留有较大的余地,为引发学生的问题意识与鼓励学生的想象和思考提供了可能。

2. 由集中统一的模式向更加有弹性和灵活性的模式转变,走向权力分享

我国以往的课程设计采取的是集中统一的模式,课程以国家为主体进行设计,无论城市乡村,开设的是同样的课程,讲授的是同样的内容,课程结构上学科课程一统天下。这样,忽视了我国不同地区之间存在的差异,也忽视了不同学生之间客观存在的差异,容易造成学生片面的发展。这些都是在今后的课程设计中要加以解决的问题。《中共中央国务院关于深化教育改革全面推进素质教育的决定》中要求建立新的基础教育课程体系,"试行国家课程、地方课程和校本课程",即除国家统一设置的课程之外,地方、学校也将获得一定的课程自主权,因地制宜、因校制宜地开发实施课程,以满足不同地区、学校的需求,有利于地区、学校办出自己的教育特色来,使中国的教育园地百花齐放,更加繁荣。在照顾学生的个别差异方面,主要通过课程结构的调整,如增加选修课的课时和种类以及增加课程标准的弹性等来实现。总之,课程将向更灵活、更有弹性的方向发展。

3. 课程综合化得到重视,注重学生灵活与综合运用知识的意识和能力的培养

综合课程是20世纪80年代中期以来在我国开展研究的一种新的课程形态,以其符合时代精神、克服旧有课程弊端的新理念逐步为人们所接受,成为基础教育课程设计的重要趋势之一。其主要优点有:通过有内在联系的各个学科间强度不同的有机整合,打破了学科界限,还学习者一幅相对完整的世界图景;通过符合学生兴趣需要的课程内容和鼓励学生主动积极参与的教学形式,达到学习者智力因素与非智力因素的整合,使学习者的个性获得全面发展;通过灵活开放的课程组织形式,能够把日常生活以及当前的社会实际问题纳入到课程中来,达到学校教育与校外社会生活的整合。这些特点符合我国现今社会发展对于人才培养的要求,弥补了原有分科课程的缺陷,有利于学习者素质的全面提高。综合课程自20世纪80年代中期进入我们的视野以来,迄今对它的研究已取得了很大进展,除了理论上的研究成果之外,实践中也进行了大量的探索和尝试。2001年6月教育部公布的《基础教育课程改革纲要(试行)》把综合课程在课程结构中置于重要的地位,提出"小学阶段以综合课程为主","初中阶段设置分科与综合相结合的课程",并设立实验区进行实验。可见,课程综合化已经成为我国未来课程设计的重要趋势之一。

(二)新课程的实施

1. 把握好新教材的内容是顺利实施新课改的关键

新课程标准符合时代的要求,也符合"培养有创新能力、实践能力的人才要求",新课程更体现了以学生发展为本的精神,主要表现在以下几个方面:(1)教材资源丰富,拓宽了学生的视野,注重知识的延伸。例如,丰富的图片,带给师生们强烈的视觉效果,降低了教学难度;在内容总量上进行了精简,克服以往深、重、难的弊病;增加了知识趣味性,让学生体会到知识的现代信息。(2)新课程大大加强了探究式学习和动手实践等各种学习方式的运用,以往教材中的演示实验和学生实验,都被科学探究的板块所代替,这样更有利于培养学生的创新精神和实践能力,有利于培养学生终身学习的能力。(3)新课程加强了学科之间的联系,加强了科学精神与人文精神的渗透与融合,进一步促进了课程综合化的发展。所以,教师在教学中应把握好新教材的内容,以保证新课改的顺利实施。

2. 教师教育理念的转变是实施新课改的前提

教师必须树立以学生发展为本的教学观念,教学的立足点是教会学生学习,培养学生终身学习的能力。所以,在教学中教师应把握好两个方面:(1)摆正学生为"主体"、教师为"主导"两者间的关系。教育理念的转变首先应该体现在教学过程中师生角色的转变,新课程明确要求教师应该由传统的知识传授者向学生学习的促进者转变,教师应以学生学习的合作者、引导者和参与者的角色参与教学过程。(2)学生亲自参与探究活动,由学生主动去发现概念、规律。在这种形式的学习过程中,学生不仅学到了知识,更重要的是学到了获得知识的过程和方法,这样更有利于培养学生自主学习的能力与丰富的创造力。

3. 教师素养的提高是实施新课改的保证

新教材对教师提出了更高的要求,教师不仅要有深厚的专业知识功底,而且还应具备综合知识和各种技能。同时,新教材知识容量大大增加,也要求教师不断给自己"充电":(1)大量阅读现代教育学、教育心理学的理论书籍;(2)积极参加各级教育部门组织的培训活动,特别是多听一些骨干教师的示范课、研究课,多听一些专家学者的报告,多听多思多实践;(3)撰写关于新课改的研究性论文;(4)每学期围绕课改目标至少上两次校级公开课,并以此作为案例研究。

4.评价体系的改革是实施新课改的保证

分数决定一切的教育评价体系,是目前实施新课改最大的绊脚石。教育改革的推进需要教育评价的改革与之相适应,所以学生学业成绩的评价对课程具有导向作用。在对教师和学生的评价过程中应该注意以下两个方面:(1)改革单纯注重知识掌握情况的评价,把知识与技能、方法与能力、情感态度与价值观这几方面的进步都纳入评价范围。特别要注意把学生在探究活动、实验、制作、讨论等方面的表现纳入评价范围。(2)逐步把评价的重点从期末考试、毕业考试等终结性评价,转移到日常学习、记录等过程性评价上。只有这样,教师才能对学生进行全面的评价,新课改"以学生发展为本"的精神才能得以体现。

三、新课改的未来发展

我国于2001年9月开始,逐步推进实施新一轮基础教育课程改革。纵观全国各地的课程和教材改革可以发现,最突出的成就表现在两个方面:(1)在课程行政管理体制上开始打破"集权制"的绝对支配地位,力求把"集权制"与"分权制"两种体制的优势结合起来,确立"一标多本"的课程改革方略,以充分发挥中央与地方在课程教材改革中的积极性;(2)在课程目标、内容、组织、结构等方面大胆借鉴国际先进经验,敢于突破以往课程改革中的许多禁区,如"个性发展""选修课程""活动课程"等内容在各地的课程计划、课程标准中都占有重要地位。具体来说,新世纪课程改革突出体现了如下几个方面的发展态势:(1)提升课程改革的理念水平和理论品位;(2)在课程政策上,进一步实现国家课程、地方课程与校本课程的整合;(3)在课程内容上,进一步实现学科知识与个人知识的内在整合;(4)在课程结构上,要更新课程种类,恰当分析必修课程与选修课程的关系,努力实现课程的综合化;(5)在课程实施上,要超越忠实取向,走向相互适应取向和课程创新取向;(6)在课程评价上,要超越目标取向的评价,走向过程取向和主体取向的评价。

因此,在课程改革的指导思想上,要强调大众教育,即"教育为大众","科学为人人"。在当今科学技术广泛应用的时代,人人都要懂得科学技术。当然,这种大众教育并不排除培养少数精英,使他们站在科学技术发展的前沿,创造更新的技术;但培养少数精英也需要建立在提高大众教育水平的基础上。为此,课程要有灵活性,把必修课的标准定在大多数学生能接受的水准上,同时为不同的学生设置各种选修课,允许学生选学不同的课程。

在课程设置上,过去过分强调课程的工具性,强调课程要适应经济建设的需要,为社会服务;现在,则更强调人的发展。教育的本质是提高人的素质,即个体的发展。强调人的发展与教育为社会发展和经济建设服务是不矛盾的,只有在个体得到发展的基础上才能更好地为社会发展服务,国民素质提高了,自然有利于经济建设和社会进步。因此,要把为人的发展服务与为社会发展和经济建设服务统一起来,重视学生的个性发展,因材施教。

　　在课程目标上,过去强调掌握知识、发展能力,现在更强调培养学生对事物的情感、态度、价值观。不是知识不重要,而是出发点不同;不是为知识而学习,而是要对所学的知识有一种认识。比如:学习地理,就应该有环保意识;学了抗日战争的历史,就要激发爱国主义感情等。

　　在课程编制上,过去以学科系统为依据,现在以社会实际为依据;过去学习是为了升学,现在学习是为了走向社会。除了学科课程外,强调设置实践性课程,通过实践活动培养学生综合运用在学科课程中学到的知识与能力,培养他们的创新精神和实践能力。

　　在知识内容上,过去强调学习各学科的系统知识,现在更强调知识的综合性、整合性,强调学科间的联系。许多国家都设置综合学习课程,把自然科学和人文社会科学结合起来。

　　在教学过程中,过去强调以教师为中心,现在则强调学生的自主性。网络化时代的到来,必然会引起教学的变革,变革的趋势是学生自主学习将加强,学生对教师的依赖性将降低。因此,无论在课程设置上还是在教学中,都要注意给学生留有自主学习的空间。

　　总之,时代的发展、科技的进步、社会的变革要求学校课程不断改革,而课程改革又势必会引起教学过程的一系列变革。

> 作为一名未来的教师,既要拥有扎实的学科专业知识和专业技能,又要了解学校教学的主要方式和特点、教学过程的本质和规律,还要掌握用以指导教学实践的基本理论。只有这样,才能为今后成为一个好教师并有效地开展教学活动打下良好的基础。

第四章 学校教学与教学理论

教育是有目的、有计划、有组织地培养人的社会实践活动,学校是正规教育活动发生的专门场所。在学校这个被社会和大众赋予神圣使命的特殊环境中,教学以其作为实施素质教育和实现全面发展教育目标的基本途径,成为学校的中心工作。学校教学工作的质量,直接关系到人才培养的质量。明确当代学校教学的地位、特点和基本任务,掌握当代教学的基本理论和教学过程的基本规律,对于有效地开展教学活动,不断提高教学质量有着重要的意义。

第一节 学校教学的特点和任务

要明确学校教学的特点和任务,首先要了解对教学这一概念的基本分类。关于教学是什么,古今中外有许多不同的定义或解释,同时还有对教学的不同分类。这里,根据教学发生的场所把教学分为:一般意义的教学或称非学校教学与专门意义的教学或称学校教学。

一般意义的教学可能发生在各种不同的场所,它是一种试图对人们的学习和行为产生影响的有意识的人际指导活动,其的特点是:尽管教学场景呈现出"你教我学"的状态,但其对象并不稳定,而且内容单一,缺乏课程介入,更无互动与交流。例如,在飞机上空勤人员对乘客所进行的关于安全意识和安全行为的讲解与指导,就是一种典型的一般意义的教学。当然,实际中也有一些一般意义的教学可能会体现一定程度的交流,但并不具有明确的目的性和计划性,更没有长期性和稳定性。

专门意义上的教学是指在学校这个正规的教育环境中,教师与学生主体间基于预成课程框架所进行的有目的、有计划、有互动与交流的教学活动。尽管在学校没有出现之前,人类社会已经有了一般意义的教学活动,但在学校出现之后,学校就很快成为教学的专门场所,专门意义的教学也成为教学的主体和主流。尤其是近代以来,随着学校教育在人才培养中所发挥的作用日益明显,无论是日常人们对教学的谈论,还是理论中对教学的研究,基本上指的都是学校教学。因而,明确学校教学的特点和任务对从整体上认识学校教育有重要的理论与现实意义。

一、学校教学的特点

学校教学,作为实现教育目的和课程目标的基本途径,不仅与校外其他社会教育组织和机构有着根本的不同,而且与学校内部其他的教育活动也有着明显的区别。在人才培养的过程和教育功能的体现等方面,学校教学有如下突出的几个特点:

(一)学校教学是具有明确目的的教学

在学校里,一切教学活动都是教师有目的地引起学生学习的活动。学生学习包括知识学习、技能学习、态度学习、行为学习和品德学习等,而教师教的目的就是要促进学生在这些方面的进步和发展。学校教学活动与非教学活动的突出区别之一,就是教师不仅在教学活动开始就有明确的活动目的,而且其活动过程本身就是实现目的的过程,活动结束又以目的为标准来评价教学活动效果。从实践角度来考察,尽管由于社会的发展和教育的改革与变化,学校教学的目的在不同的时期会有不同的重点,但在目的性方面却是共同的。从理论上来看,无论是传统赫尔巴特学派为了知识学习的教学,还是后现代建构主义为了意义建构的教学,在明确的目的性方面,两者并无本质区别。

(二)学校教学是具有周密计划的教学

学校教学的周密计划性,表现在课程方案的制订、课程标准的结构、教学计划的安排以及课时计划的制订等一系列的活动之中。学校严格的课表以及每日规范的教学工作运行程序,可以看作是学校教学具有周密计划性的突出体现。为什么学生在学校可以掌握系统的科学文化知识和一系列基本的学习技能呢?一个重要的原因就是:学校对学生知识学习的安排是依据学生身心发展特点和学科知识的逻辑构成而有计划地进行的。

(三)学校教学是基于预成课程的教学

课程是实现教育目的的载体,教学是课程实施的基本途径。专门意义上的学校教学与一般意义上的非学校教学的重要不同之一就是:学校的教与学活动是在一个预成的课程框架中展开的。这个预成的课程框架包括课程方案、课程标准、课程计划和课程评价,教学正是基于这些内容,并试图创生这些内容而展开的系列事件。当代教学实质上就是为了在预成的课程框架下,通过师生主体间的交流与互动,实现课程创生与学生发展双赢目标的社会实践活动。

(四)学校教学是高速度高效率的教学

众所周知,人类在长期认识和改造世界过程中积累了大量的知识经验和文化成果,一个人要想在短暂的一生中获得人类所积累起来的更多知识经验,并以此建构新的知识,以便为未来的工作生活做好充分的准备,就必须选择一种有效的学习与体验知识的途径。而学生通过在学校这个特殊环境中所开展的简约性教学活动,就可以在有限的时间和空间里,借助结构优化的课程设计,在教师的指导下,以较高的效率和速度学习与体验更多的人类知识精华。实际上,在学校中不仅知识教学是高效率的,而且以直接经验为内容的教学同样也具有高效率的特点。例如:在角色扮演的活动中,学生在短时间内就可以初步体验不同人物的不同情感;在科学探究活动中,学生的探究能力和解决问题能力就可以得到有效的培养。

除了上述四个突出特点以外,基于对教学过程的深入分析,还可以发现学校教学的主体性特点、互动性特点和价值引导性特点等,这些将在后面关于教学过程的讨论中进一步阐述。

二、学校教学的任务

学校教学作为实施素质教育和培养全面发展人的根本途径,其作用的发挥是通过教学目标的达成和教学任务的完成来实现的。在教育目的的框架中,教学的目的与学校教育的目标永远都应该是一致的。尽管实践中经常会出现教学目的与总体教育目标的偏差,但人们所追求的应该是它们的一致性。教学任务的实质是教学目的的具体化,是教学活动要达到的预期结果,是通过教学要达到的要求。简言之,教学任务是教学目的、课程目标和学校教育目标的反映,并体现在课程与教学内容之中。学校教学任务的完成既是教师教和学生学的结果,也是用以评价与衡量学校教学质量的标准。

在以往的教育学和教学论著中,教学的任务通常被定义为:给学生传授基础知识、基本技能,发展学生的智力和体力,培养学生的科学世界观和道德品质。这"三大任务"在很长一段时间以来一直被看成是学校教学应该完成的基本任务,而且在人才培养中也发挥了非常积极的作用。然而,随着社会的发展变化对人才培养提出的新要求以及各国基础教育课程改革的深入发展,教育理论界在对以往关于教学任务定位的反思后,已经明确认识到,必须根据时代发展对人才的新要求重新认识和定位学校教学的根本目标和基本任务。

在新的 21 世纪,我国基础教育课程改革围绕着如何贯彻党的教育方针、全面推进素质教育,提出了新的基础教育发展思路,即倡导全面、和谐发展的教育,重建新的课程结构,体现课程内容的现代化,倡导建构的学习,形成正确的评价观,促进课程的民主化与适应性等。同时提出了新课程的"三维目标",即知识与能力、过程与方法、情感态度与价值观。无疑,这样的教育理念与课程目标的具体落实,不仅需要有好的课程结构和内容,更需要有与课程目标一致的教学目标与任务定位。因此,当代学校教学的目标与任务不仅包括使学生掌握知识和技能,形成良好的道德品质和个性,而且还应包括培养学生积极主动学习的意识和创新意识以及学习能力和创造能力等。换句话说,当代学校教学的目标与任务应该是多元的,而不是单一的;是开放的,而不是封闭的;是发展的,而不是一成不变的。

根据当代教学理论关于教学目标和任务的研究成果,以及我国新课程"三维目标"对教学实施的基本要求,中小学教学主要应该完成的基本任务包括如下几个方面:

(一)指导学生学习系统的科学文化知识,掌握应用知识的基本技能和技巧

知识是人类对客观事物的认识成果,是社会实践经验的概括和总结。人类掌握了知识就等于掌握了认识与改造世界的钥匙,增强了自己的能力。所以,英国哲学家培根说:"知识就是力量。"在知识经济时代,知识对社会发展和个人发展的作用进一步被凸现出来了。然而,人非生而知之,知识是通过学习获得的。中小学是基础教育,所要传授的是科学文化的基础知识,主要包括自然科学、社会科学、哲学、思维科学以及语言文字等学科的知识。掌握基础知识是从事现代生产和适应现代社会生活所必备的基本条件,也是进一步学习现代文化科学知识的重要前提。这些基础知识具体反映在国家统一的各学科课程标准或教学大纲和教材之中。这就决定了现代学校教学必须按照课程标准或教学大纲的要求进行,使学生掌握体现在大纲和教材中的各种基础知识,这是当代学校教学的任务之一。

学习知识的目的在于应用,只有把学得的知识转化为各种技能,知识才能发挥作用。所谓"技能",是指运用所学知识完成某项活动或解决某个实际问题的行为动作方式,包括外显的动作技能和内隐的智力操作技能两个方面。外显的动作技能是能够观察到的、由一系列动作按一定程序构成的操作活动方式,如演算练习、实验操作、写字、跳舞、画画、做操等;内隐的智力操作技能是指不易观察到的、借助于内部言语在头脑中进行的一系列思维活动方式,如作文中的主题构思、教学练习中寻求解题思路、艺术创作中展开想象与联想等。智力技能是动作技能的基础,动作技能是智力技能的外化和体现。技能经过反复、严格的训练,就变成了技巧。技巧就是技能的自动化,是通过刻意过程形成的刻意行为。

普通中小学的基本技能技巧训练,侧重于培养学生阅读、书写、作文、解题、运算、论证、绘画、制图、实验、测量、制作、运动、歌咏等方面的基本技能,以及常用生产劳动工具的使用技能技巧等,其中最基本的是读、写、算的技能技巧。通过基本技能技巧的训练,养成学生分析解决实际问题的操作技能。

· 97 ·

掌握知识和形成技能技巧的关系是:掌握知识是形成技能技巧的基础,没有知识的掌握,就谈不上形成运用知识的能力和技巧;而技能技巧的形成,又为进一步掌握知识创造了有利条件。因此,教学中要把学习知识与应用知识有机地结合起来,重视"双基"教学任务的完成。

(二)发展学生的智力,培养学生的多种能力

当代教学已不限于向学生传授科学文化基础知识和训练基本技能,还要在传授知识的过程中,有计划地发展学生的智力,培养学生的多种能力。那么,什么是智力?所谓"智力",是指人的认识能力,一般包括观察力、注意力、记忆力、思维力、想象力和创造力。其中,思维力是一切智力活动的基础与核心。什么是能力?所谓"能力",是指运用知识所进行的智力活动,即分析、解决实际问题的本领,它包括一般能力和特殊能力。在实践中,智力的高低决定一个人对客观事物的认识程度,能力的大小则决定解决问题的效率和结果。当代教学之所以重视发展学生的智力,培养学生的多种能力,是因为科学技术的新发展使知识数量剧增,学生在校学习时间有限,根本不可能掌握已有的全部知识,而且新知识还在不断涌现。在这种情况下,只重视知识学习与技能形成的教学已远远适应不了形势发展的需要,而必须在传授知识和技能的基础上,特别重视开发学生智力、培养学生能力,增强学生的才能和智慧,以便使其在未来的工作和生活中能独立地学习与吸取知识,创造性地解决实践中的各种问题。只有这样,教学才能体现出面向未来的要求,赶上时代的步伐。发展智力,培养能力,特别是培养学生的自学能力和批判性思维已成为世界教育发展的潮流。美国的布鲁纳、苏联的赞科夫都极力主张教学要重视学生的一般发展,甚至提出要把发展学生的智力作为教学的中心任务来完成。当代美国教育家加德纳还提出了多元智力的观点,认为教学的任务就是要发展学生的多种智力。

学生智力发展的程度,除了与先天素质、后天环境、教育影响有关外,还与学生个人的非智力因素的状况直接有关。所谓"非智力因素",是指智力因素以外的一切心理素质,其中最主要的是动机、态度、情感、兴趣、意志、习惯和性格等。实践表明,正确的学习动机与认真的学习态度是学习的强大动力,专注的情感与深厚的兴趣是开启心智的钥匙,坚强的意志和良好的习惯是攀登知识高峰的阶梯,性格的优劣则是一个人终生事业成败的关键。因此,教学中在开发学生智力、培养学生能力的同时,还应重视对学生非智力因素的培养,使学生形成健全的人格。

(三)培养学生科学的世界观和良好的道德品质

教学永远具有教育性。教学不仅是培养与发展学生认知能力的基本途径,也是对学生进行品德教育和情感教育的重要途径。社会主义学校的教学要以马克

思列宁主义、毛泽东思想、邓小平理论、"三个代表"重要思想为指导,用辩证唯物主义与历史唯物主义的理论武装学生的头脑,为学生形成科学的世界观奠定基础;要对学生进行以共产主义思想为核心的社会主义精神文明教育,使其政治立场坚定,热爱社会主义祖国,拥护党的路线、方针和政策;要结合实际培养学生分辨是非的能力,使他们是非观念明确,美丑能辩,具有共产主义的道德行为规范,爱劳动,守纪律,遵守公共秩序,乐于助人,具有高尚的品质和集体主义精神。

(四)培养学生的审美情操,增强学生的体力

美育是"五育"之一,审美是人的精神生活的重要方面。为培养完善的人格,发展学生的个性,教学要对学生进行审美教育,培养学生正确的审美观念,树立崇高的审美理想,具有鉴赏美、评价美、创造美的能力。美育不仅有助于增强智育效果,也有助于增强德育效果。

促进学生生理的健康发展,增强体质和体力,也是体育教学的主要任务之一。各科教学都要注重教学卫生,保护和增进学生的健康;要教育学生养成锻炼身体与讲究卫生的文明行为习惯,锻炼坚强健壮的体魄。

上述学校教学的任务应贯穿在教学活动的全过程之中,教师不仅在教学准备和教学实施中要考虑,而且在教学的评价中也要考虑。然而,在传统应试教育的教学中,许多教师往往只着眼于知识传递任务的完成,而忽视其他的教学任务,严重地影响了学生的全面发展。这也是实施素质教育的教学改革必须要解决的问题之一。

第二节 学校教学过程及其规律

教学是一门科学,是一种以知识和能力为基础的专业活动。有效地开展教学活动必须要明确认识教学过程的本质,遵循教学过程的基本规律;教师只有掌握了教学的基本原理,并将其恰当地应用到教学实践之中,才能取得良好的教学效果。

一、教学过程及其特点

(一)教学过程的概念

教学过程是实施课程的核心活动,只有优化教学活动过程,才能充分地实现课程计划。那么,什么是教学过程,它有哪些内容?关于这些问题,教学理论界有各种不同的认识:有的认为,教学过程是一种刺激—反应的过程;有的认为,教学过程是一种特殊的认识过程;有的认为,教学过程是教学与发展相统一的过程;也有人认为,教学过程是一种师生人际关系的建立过程;当代最为流行的建构主义则认为,教学过程是学生在教师引导下建构知识的过程。人们对教学过程的不同探讨,说明了教学是人类的一种复杂的实践活动。它有丰富的内容:既要向学生传授知识,又要在传授知识的过程中发展学生的能力;既要促进学生心理和生理的健康发展,又要对其进行思想品德教育;既要处理人与物的关系,又要处理人与人的关系。

(二)教学过程的要素构成

关于构成教学过程的基本要素,有以下几种说法:(1)"三要素"说,认为教学过程由教师、学生和教材三个要素构成;(2)"四要素"说,认为教学过程包括教师、学生、教学材料和学习环境四个要素;(3)"五要素"说,认为教学过程的构成,除了教师、学生、教材和教学手段四个要素之外,还应该包括课堂教学心理气氛。这说明,构成教学过程的要素是复杂的、多元的。但是,就其主要方面看,构成教学过程的基本要素是教师、学生、教材(教学内容)、教学策略和学习环境。其中,教师是教学活动主要的策划者和组织者,在教学过程中起主导作用;学生是受教育者和教学活动的积极参加者,在教学过程中处于主体和中心地位;教材是教师和学生共同的认识对象;教学策略是把教师、学生与教材联系起来的中介和桥梁;学习环境是教与学活动得以开展的必需条件。

这些要素之间分别组成了三对基本的矛盾:(1)教师与学生之间的矛盾;(2)教师与教材及教学手段之间的矛盾;(3)学生与教材(所学知识)之间的矛盾。其中,学生与所学知识之间的矛盾是教学过程的最基本的矛盾,其他矛盾都是为了解决这一基本矛盾而产生的,处于从属地位。因为我们的社会之所以需要教学,其根本出发点和目的就在于使学生掌握系统的科学文化知识,发展认识能力,把他们培养成为德、智、体全面发展的新人。

(三)教学过程的特点

根据对学校教学的分析,基于上述关于教学过程基本要素之间的相互对立、相互联系而又相互制约的矛盾运动,可以将教学过程的特点概括为如下几个方面:

1.教学过程的互动性

教学过程是由教师教和学生学所组成的双边活动过程。在教学的双边活动过程中,教师和学生都在发挥着自己的主观能动作用。师生之间、学生之间互相影响、互相促进,构成多重双向性的平面、立体交织的对流关系,彼此进行着信息的交流传递和往来反馈,促进师生双方积极性的发挥。可以说,师生的认知互动、交往与勾通,既是教学过程的本质所在,也是当代教学的突出特点。

2.教学过程学生认识的间接性

在教学过程中,学生认识的主要对象是以教材为主的间接知识。正是这一特点决定了学生认识的对象是以教材为主的间接知识,也决定了学生有可能跨越时空的限制,加速认识的进程,使他们能在短短的十几年时间内接受人类几千年积累起来的大量基础知识,以满足参加社会生产和生活的需要。

当然,学生认识的间接性,并不意味着可以忽视或排斥教学中要引导学生从实践中获得感性经验。相反,由于学生主要学习的是书本知识,他们对这些知识还缺乏自身体验和在实践中获得验证,更需要理论联系实际。因此,应重视引导学生获得直接经验,从而使他们能更好地理解和掌握抽象的理论知识。新一轮的基础教育课程改革在课程结构中增设了综合实践活动课,就是基于学习者的直接经验,密切联系学生自身生活和社会生活,体现对知识的综合运用的实践性课程。这门课程的起点是学生而不是教师,学生从自身经验中形成问题,从经验中去获得解决问题的途径与方法。

3. 教学过程的发展性

教学过程是在师生的互动和交往中发展学生认识能力的过程,但又不限于认识过程。因为教学是一种创造性的认识活动,这种认识活动是以学生的整体心理活动为基础的。因此,教学在传授知识的过程中,具有促进学生多方面发展的功能。当代教学理论研究表明,教学中的这种发展功能,包括促进学生智能、情感、品德、个性和身体的发展,即促进学生的全面发展。

4. 教学过程的教育性

教学是整个教育过程的重要组成部分。教学具有教育性,是一个不容否认的客观规律。因此,不仅教育方针、各科教材内容具有强烈的思想倾向性,贯穿着不同世界观和方法论的要求;而且教学方法和教学组织形式,也反映着一定的思想、观点和道德精神;同时,教师的品德言行,对学生也产生着潜移默化的作用。所有这些因素,都使学生在教学过程中,不仅知识在增长、能力在发展,而且思想情感、精神面貌、道德品质也同样在接受着熏陶。

二、教学过程的本质

(一)教学过程本质的不同学说

教学过程的本质问题是教学论研究的基本问题。多年来,人们一直没有停止过对这一问题的探究,而且形成了许多不同的看法。有学者曾对 20 世纪 80 年代以来我国教学理论界关于教学本质的研究进行了概括,归纳出了十大类教学本质观,即认识说、发展说、层次类型说、传递说、学习说、统一说、实践说、认识—实践说、交往说和价值增殖说等。[①] 下面就几种具有典型代表的学说做简要述评:

[①] 参见李定仁、徐继存《教学论研究 20 年(1979—1999)》,人民教育出版社 2001 年版,第 59 页。

1. 认识说

这是一种自20世纪50年代以来,在国内教育理论界和实践领域都有着很大影响的教学本质观。它是在苏联凯洛夫主编的《教育学》中关于教学过程本质的影响下,以马克思主义辩证唯物论的认识论为指导对教学过程进行研究的早期成果。这种观点认为,教学过程本质上是一种特殊的认识过程,是学生在教师的指导下主要通过书本知识的学习认识客观世界的过程,与人类"从实践到认识,再从认识到实践的认识过程"有所不同。这种观点强调在教学过程中学生个体学习和认识的间接性。

2. 实践说

这种观点认为,教学并非是一种特殊的认识活动,而应该是一种特殊的社会性实践活动。典型的表述为:教学过程是教师以教育目的为指针,以教科书为学生认识的对象和手段,组织、启发、引导、支持、促进学生主动地掌握文化工具,认识客观世界,全面发展身心的一项社会实践。[①] 进一步的表述还有:教学本质是教与学相统一的社会实践活动。[②] 实践说的优点在于突出地揭示了教学活动中教师的教学工作和学生的学习活动是一种社会实践活动,而且指出这种社会实践活动只是达成学生发展的必要手段,并非教学的最终目的。这种观点其实为后来的发展说的出现奠定了一定的理论基础。

3. 发展说

这种观点认为,教学过程并不是认识过程而是学生的发展过程。其理论基础的内涵主要有四方面:一是维果茨基的"文化—历史理论"和"最近发展区学说";二是皮亚杰的儿童认知发展阶段论;三是科尔伯格提出的"儿童道德发展阶段论";四是赞科夫概括提出的儿童"一般发展论"。根据这种观点,教学过程实质上是学生的发展过程,其根本目的在于培养人,促进学生德、智、体全面发展。

4. 统一说

这种观点认为,教学过程既是一个认识过程,也是一个发展过程,实质上是儿童"认识"和"发展"相统一的过程。教学过程的本质应当包括三方面:一是教学过程是以认知为基础的知情意行的统一培养和发展过程;二是教学过程是以智育为关键,德、智、体等全面培养和发展的过程;三是教学过程是个性全面培养和发展的过程。因此,教学过程是学生的认识和发展相统一的过程。[③]

---

① 花永泰:《教学本质再议》,载《教育研究》1986年第5期。
② 孙国友:《也谈教学的本质》,载《中国教育学刊》1998年第1期。
③ 扈中平等主编:《现代教育学》,高等教育出版社2000年版,第352—354页。

5. 多质说

这种观点认为,教学既不是纯粹的认识过程,也不是纯粹的发展过程,而是一个多层次、多方面、多形式、多序列和多矛盾的复杂过程,所以要从多学科、多视角对其进行全面的研究和整体的把握。从认识论的角度看,教学过程是学生以学习间接知识为主的特殊认识过程;从心理学的角度看,教学过程是促进儿童个体认识发展过程;从生理学的角度看,教学过程是促进儿童身体发育成熟的过程;从经济学的角度看,教学过程是进行人的再生产过程;从伦理学的角度看,教学过程是培养学生道德品质的过程;等等。因而,这种观点认为,试图单一地去寻找教学过程的认识本质或发展本质都是不全面的。

(二)教学过程本质的新观点

当代教学论认为教学过程的中心与基础应是师生的互动和交往,而师生的互动和交往基本上揭示了教学过程的本质。所以,为了有效地开展教学活动,教师不仅应该明确认识自己的主体地位和作用,更应该明确学生的主体地位和作用以及师生主体间的关系。

1. 作为教学主体的教师

(1)主体与主体性的含义。主体作为一个哲学范畴,有本体论和认识论两种概念:本体论中的"主体"在"实体"、"本体"或"某种运动形式的承担者"这个意义上使用;认识论上的"主体",不是一个实体范畴,而是一个关系范畴。主体与客体是相对应的,离开客体,就不存在主体;反之亦然。这里要考察的,是认识论范畴的"主体"。作为认识论的基本范畴,主体和客体是认识与实践关系的两个基本构成要素。主体是指实践者、认识者或实践—认识活动的行动者本身,它是作为认识—实践活动的发出者而存在的。① 进而言之,主体是认识、实践和追求价值的人,主体的本质特性是人的主体性;主体性是主体在主体间关系之中,在与客体的对应关系中,或者是主体在处理与自然、社会和他人、自身的关系中表现出来的主体属性。人的主体性是在实践过程中不断发展和提高的,这个过程就是人的主体化过程。②

(2)教师的主体性表现。学校教学活动是教育的主要活动。教师是学校教学活动的主体,在其中处于主体地位。教师主体地位的确立是教育目的和教育价值追求的体现,推进教育发展必须恢复教师主体地位。缺少教师主体的教育过程是

---

① 参见王守恒等《教育学新论》,中国科学技术大学出版社2005年版,第136—168页。
② 郝文武:《教育哲学》,人民教育出版社2006年版,第102页。

残缺的,没有教师主体的能动参与,学生主体就难以长期存在、巩固和发展。①

教师的主体性是指教师在对教材的组织上和对学生知识的引导、能力的培养、人格的塑造上表现出的能动性和创造性。在教育活动中,教师的主体性主要表现在这样几个方面:第一,教师是学生学习的促进者;第二,教师是学生道德修养的指导者;第三,教师是学生身心健康和谐发展的引路人;第四,教师是学生审美能力的培养者。②

(3)教学活动中教师主体性的结构。在教学活动中教师的主体性,主要包括以下内容:

第一,主体意识。人要成为主体,是以具有人的自然性、意识性和社会性为前提的,教学活动中的教师和学生都具有这一前提条件。在此前提下,教师要成为真正的教学活动中的主体,必须意识到自己是主体,有争取获得主体地位和作为主体的需要、愿望、热情和意志,即具有主体意识。

教师的主体意识,集中体现为主体性教育观上,具体涉及师生观、教学价值观、课程观、教学策略和教学评价观等方面。

第二,主体能力。教学活动中,教师不仅要有很强的主体意识,还必须具备坚实而宽广的主体能力,才能真正成为教学活动中的现实主体。教师的主体能力具体表现在教学能力、交往能力、监控能力、创新能力和自我完善能力等方面。

第三,主体情感。情感在人们的生活和工作中具有重要意义,直接影响着人们学习和工作的效果。教师的主体情感是指教师在教学活动中作为活动主体所具有的健康的积极情感体验,具体表现为乐观进取、热爱教育工作和尊重热爱学生等方面。③

2. 作为学习主体的学生

(1)学生也是教学的主体。首先,在教学中,学生认识是主观能动的,所以学生是教学过程的主体。辩证唯物主义的认识论认为,主体对客体的反映是能动的,对客体具有选择和加工能力。学生在教学过程中的认识,就呈现出这样的主体性特征。学生作为教学主体,其主观能动性的作用,更重要的是体现在通过对客观事物的感性认识,进一步得到理性认识,进而掌握客观规律。但是,应当注意学生主观选择的客观实在性。由于个体差异不同,面对教学中共同的知识量,其选择和加工的能力是不一样的。学生往往选择自己感兴趣的,认为有价值的知

---

① 宋兵波:《简论教师主体》,载《河北师范大学学报(教育科学版)》2001年第10期。
② 丁建志主编:《主体教育》,中国经济出版社2005年版,第113—123页。
③ 冷泽兵:《论教学活动中教师的主体性》,载《四川师范学院学报(哲学社会科学版)》2002年第1期,第97—100页。

识,而排斥他们讨厌的,觉得枯燥乏味的知识。教师若不能正视学生主观能动性的存在,不注意学生的选择,实际上就是忽视了学生在教学中的主体地位。其次,在教学中,学生的认识是具有自主性的,所以学生是教学的主体。在教学中,学生的主观能动性并不是自发产生的,而是在教师的引导下,由学生自主完成的认识过程。因此,教学是教学生自主认识的过程。学生在教学中的自主性认识,不仅表现在教学目的上,也表现在教学方法和手段上。教师的作用在于给学生指明前进的方向,调动起学习的积极性,让学生自己去掌握人类积累的知识,自己去感悟人生真谛,而这一切是教师代替不了的。学生只有在教师的引导下,其在教学中的主体性认识才会少走弯路,才会事半功倍。

(2)学生的主体性表现。研究学生的主体性问题,应该首先明确,主体性是一个对象性范畴,只有在对象性关系中才能获得自身的规定,并通过主客体之间的相互作用才能具体表现出来,而不能孤立地只是从个人自身来讲人的主体性和主体性地位。也就是说,只有在对象性活动中,人作为主体,使自己的活动指向客体,并同客体相互联系、相互作用时,才会显示出自己的主体和主体性地位。因此,所谓"学生的主体性",是指在教育活动中,作为主体的学生在教师的引导下处理同外部世界的关系时所表现出来的功能特征,具体表现为为"我"性、自主性、能动性和创造性。①

在教学活动中,学生的主体性综合表现在三个方面:第一,学生对教师的主体性作用、属性、功能进行主体性的选择;第二,学生对教师的主体性作用信息的破译与转化;第三,学生对教师的主体性作用的借鉴、创造与超越。②

(3)学生的主体性结构。对于学生主体性的结构,目前教育理论界并没有形成一个统一的理论。有学者认为,应包括自主性、主动性、创造性;③也有学者认为,应该包括能动性、社会性、自主性、创造性;④还有学者认为,对学生主体性的认识不能通过罗列的方式简单相加、排序,而应从一种结构的视角进行有机的分解和剖析,唯有如此,才能以最简单的结构反映学生主体性的最丰富的内涵。基本表述为:a. 主动性。这是主体性在主体—客体关系维度上的表现形式。b. 社会性。这是主体性在人—人关系维度上的表现形式。c. 自主性。这是主体性在自我维度

---

① 周宏、高长梅主编:《21世纪教育新概念》,中国民主法制出版社1998年版,第570—573页。
② 王守恒:《教育学新论》,中国科学技术大学出版社2005年版,第144页。
③ 裴娣娜:《我国现代教学论发展的认识问题》,载《高等师范教育研究》1990年第4期。
④ 王道俊、郭文安:《关于主体教育思想的思考》,载《教育研究》1992年第1期。

上的体现。d.创造性。这是主体性的最高表现,是对现实的突破、创新、超越。①

3.倡导师生主体间性关系的意义

在当代教育研究中,"主体间性"这一概念最早是由德国现象学家胡塞尔提出的。胡塞尔一直致力于建立一种不以任何预先假定为前提的哲学,"主体间性"就是他在试图解决"此自我"与"彼自我"的困惑中提出的概念。这一概念的提出能够消解"对世界来说是主观的东西,同时又是世界中客观的东西"②。

但是,胡塞尔的主体间性是一种认识的"共同性"或"共通性"。海德格尔则从个体间生存的联系上认识主体间性,他把个体当作"此在",而"此在"是不可能单独孤立地存在的。之后,哈贝马斯进一步研究了"主体间性"理论,认为"主体间性"包括主体间的交互认识,即在交往过程中多个主体间是如何相互认识、相互理解的;交往是指主体间以精神客体为中介所构成的活动,其目的是达成相互理解;主体间的交互认识,也即主体间的共同性和共通性。"主体间性"理念的提出,表明社会交往共同体中的每个人都作为平等的主体而存在,主体间的相对独立性是其相互作用、相互统一的基础。

根据哈贝马斯的交往行动理论,教学应该是一种交往和沟通活动,其本质上是师生的一种生存方式。教师与学生、学生与知识之间不应是主体—客体关系,而是"对话"关系,即教师与学生之间(主—主)通过以教学内容(客体)为中介的"双向理解"的交往关系。在教学环境中,教师是主体,学生也是主体,中介主要指促进学生认知发展、精神丰富、人格完善的精神文化和科学技术知识。③ 在这样的教学活动中,教师和学生彼此之间是一种主体与主体间的关系,表现为主体间性。这种主体间性在本质上是对象化活动的交往关系,是人与人之间的互主体关系。所谓"互主体关系",是指在这种关系中,不存在纯粹的客体,每个人都是主体,都是彼此之间相互关系的创造者,并且都把与自己有关的其他交往者的主动性、自主性作为相互对话、理解和沟通的前提条件,在一定的规范、习俗和文化传统的共同承诺的遵循下进行交流、对话、沟通、理解等活动。④

可见,教学是主体之间的活动,是由两类不同的主体、不同的活动构成的复合活动。教学活动中,教师与学生的关系是主体与主体的关系,即教师应与学生共同作为教学过程的主体。但他们之间具有互主体性和差异性:前者要求在教学中

---

①王升、高吉魁:《现代教学论》,河北人民出版社2005年版,第30—32页。
②胡塞尔:《欧洲科学的危机与超越论的现象学》,商务印书馆2001年版。
③广东教育学院教育系编著:《现代教育理论热点透视》,中山大学出版社2005年版,第198页。
④王锐生等:《社会哲学导论》,人民出版社1994年版,第153页。

充分认识到主体之间的平等互信,相互承认其主体性;后者则要求看到他们在知识、经验、态度、情感等方面都存在差异,积极促进他们在教学活动中相互作用、相互交流、相互激发。应该说,只有充分发挥他们各自的主体性,才有可能产生"好的教学"。①

三、教学过程的基本规律

教学过程是有规律可循的过程。揭示教学过程的基本规律,其实质就是要探究教学过程各要素之间所存在的必然的、本质的联系。目前,教育学界对教学规律的认识仍然有不同的看法和表述。但从对教学过程各要素的基本结构与基本任务的分析中,人们已经概括出教学过程存在有四条基本的规律:

(一)教学过程学生认识的简约性规律

教学过程主要是发展学生认识能力和实践能力的过程。在教学过程中,学生的认识要受人类认识一般规律的制约。任何认识的完成都要通过实践,从感性认识到理性认识,再从理性认识回到实践,在指导实践中获得验证这样两个飞跃过程。只有这样,才能达到对客观事物的真正认识。而教学认识是一种以间接性认识为主的特殊认识活动,这一性质决定了学生的认识过程与人类的一般认识过程是有所不同的,表现出自身的规律性。从本质上看,教学中学生认识的对象主要是人类积累的科学文化知识。学生与课程教材内容之间的矛盾是教学要解决的基本矛盾。这一矛盾的解决表现为学生在教师的指导下,由未知变为已知,将教材内容转化为自己掌握的知识和操作技能,即通过教与学双方的努力,使学生占有客体,掌握知识。教学认识客体对象的抽象性决定了学生的认识过程,一般表现为感知教材、理解教材、巩固知识和运用知识这样一个基本的序列过程。所谓"感知教材",是指在教师指导下,学生通过读、听、说、写的形式,获得对教材内容的感性认识,形成初步表象;所谓"理解教材",是指在感知教材的基础上,通过教师的指导讲解,启发学生的思维活动,对教材进行加工、改造和抽象概括,形成概念,使感性认识上升为理性认识;所谓"巩固知识",是指学生经过思考复习和作业练习,达到对知识的牢固记忆;所谓"运用知识",是指学生在教师组织指导下,将所学知识运用于教学实践,形成技能技巧。学生掌握教材内容的这个有序过程,被称为教学中学生认识的阶段,是教学认识的规律性表现,反映了教学中学生的一个相对完整和独立的认识过程。四个阶段相互独立,又相互依存、相互联系,彼此渗透。只有经过这四个阶段的转化,学生才能完成认识任务,达到真正掌握教材内容的目的。教学矛盾运动的发展正是这一教学认识过程周而复始的深化过

---

① 周金浪:《教育学》,上海教育出版社2006年版,第205页。

程,从而使学生的认识不断递进到更高的阶段。

教学过程学生认识的这一特殊规律,既制约着学生学的活动,又制约着教师教的活动。教师应遵循这一认识规律,科学地组织教学活动,使教学过程与学生的认识过程同步发展,有效地提高教学质量。

(二)教师主体作用和学生主体地位辩证统一规律

关于教学过程中教师与学生的地位与作用问题,历史上曾有过激烈的争论并因此而形成了不同的观点,最具有代表性的就是以赫尔巴特为代表的教师中心论和以杜威为代表的儿童中心论。

当代教育学认为,教学过程既是教师教的过程,又是学生学的过程,是教和学的双边互动、共同发展的过程。在这一活动过程中,教师与学生的关系是主体间性关系,教师的主体作用和学生的主体地位是辩证统一的,双方密切联系、积极互动、互相促进,而又彼此制约,实现着共同的教学目标。这是教师主体作用和学生主体地位辩证统一规律在教学活动中的客观反映。

教师的主体作用集中体现在指导学生学习、帮助学生实现学习过程的三个转化上:(1)认知过程的转化,使学生从不知到知;(2)感情过程的转化,提高学生学习的自觉性,引导学生从不爱学到爱学、乐学;(3)能力过程的转化,引导学生把知识运用于实际,形成技能技巧。可见,教学过程中教师的主导作用,并非越俎代庖,代替学生学习,而在于打开学生心灵的天窗,开启学生的思维机制,引导学生生动活泼地主动学习。

学生是学习的主体,指的是学生是教学过程中学习任务的承担者。从教学认识来看,学生是认识的主体,教师组织的一切教学活动,都要通过学生来进行和落实,教学效果、教学质量也要体现在学生认识的转化和行为变化的结果上。就学生方面来说,教学过程就是学生在教师指导下自己的独立学习过程。在这个过程中,学生理所当然地是学习的主体,教师只是促进学生学习的外在因素。马克思主义哲学认为,外因是变化的条件,内因才是变化的根据。古人既有"名师出高徒"的箴言,又有"读书在自用心,先生只是引路人;师傅引进门,修行靠个人"的教谕。这说明了教和学两者虽相互联系,但却不能相互代替。教师的主体作用终归是学生学习过程的外因,要使这些外部条件真正转化为学生的知识、技能、品格,最终起决定作用的还是学生的内在因素。

(三)教学与发展相互促进规律

所谓"教学与发展相互促进规律",是指在教学过程中,在传授知识的同时,影响着学生智力的发展,学生智力的发展又影响着其对知识的进一步学习。也就是说,教学中向学生传授知识和发展学生智力,两者是相互促进、相互影响、相辅相成的。

首先,掌握知识是学生智力发展的基础。学生的智力是在掌握知识、运用知识的过程中获得发展和表现的。如果离开了对知识的掌握和运用,智力的发展就失去了必要的基础,成为空中楼阁;因为从来没有离开知识的智力。人类思维活动的进行,就是以一定的词语、概念等代表的知识为材料的;离开了这些知识材料,思维活动就无法进行。几千年来,人类积累起来的丰富知识,都是智力运用的结晶、思维活动的结果,它本身就含有很高的智力价值。事实上,一个人的知识越丰富,对事物的观察就越敏锐、深刻,思维活动就越能在更广阔的领域进行,因而对事物的判断就会更正确。可见,只有向学生传授丰富的科学文化知识,并引导学生把知识运用于实际,学生智力的发展才具有坚实的基础。

其次,智力是掌握知识的重要条件。如前所述,知识是智力活动的结晶;作为智力活动结晶的知识,只有通过智力活动才能真正掌握。人们的智力水平直接影响着他们对知识掌握的深度、广度和速度。教学实践也表明,认识能力强的学生,知识接受得快、理解得深、掌握得准,学习效果好;相反,认识能力差的学生,接受知识的速度慢、领会一知半解、误差多,掌握知识的质量差。

在教学过程中,掌握知识与发展智力并非是自然的统一。因为知识和智力毕竟是两个不同的范畴。学生把所学知识转化为智力是一个非常复杂的过程,它不仅与学生掌握知识的数量、质量有关,而且和获得知识的方法、思维方式都有密切的联系。如果学生只靠死记硬背获得知识,囫囵吞枣,头脑里塞满了一些现成的知识条文,这样掌握知识是无助于学生智力发展的。所以,在这个问题上,提倡自觉论,反对自发论,要求教师从理论与实践的结合上,正确理解和处理两者的关系;在传授知识的同时,以知识的内在结构为依据,自觉地、有计划地启发学生的思维活动,发展学生的认识能力。

(四)知识学习与品德形成相统一规律

这条规律又叫教学的教育性规律,或称教书与育人相结合规律,是指在教学过程中不管施教者的主观意识如何,是否自觉,学生在学习知识的同时都客观地受到一定政治立场、世界观、方法论的影响,受到一定意识形态、伦理道德观念的熏陶,接受着一定的思想教育。

如前所述,教学永远具有教育性,这是不以人的意志为转移的客观规律。教师在传授知识的过程中必然对学生的思想产生影响。成功的教学,传授知识和思想教育总是相互渗透、相互联系地统一于教学过程之中的。其中,传授知识是思想教育的前提,学生只有掌握了科学知识,科学世界观的形成才有可靠的基础;而学生一旦形成了良好的思想品德,树立了远大的理想,又为他们努力学习提供了内在动力。为此,教师要提高思想认识,正确处理教书与育人的关系,把传授知识和思想教育有机结合起来,认真钻研教材内容,挖掘其中蕴含的思想教育因素,自觉地在传授知识的过程中对学生进行思想品德教育,使学生在接受科学知识的同时,受到良好的思想影响,形成科学的世界观、人生观和高尚的道德情操。

第三节 学校教学理论

教学是人类一种特殊的实践活动,人们在长期的教学实践中不断地对教学进行着探索,逐渐形成了反过来指导教学实践的教学理论。教学理论可以指导教学实践,教学实践又可以滋养教学理论。没有实践的理论是空洞的理论,没有理论的实践是盲目的实践。学习与认识教学理论主要是要为未来的实践或正在从事的实践提供一个可参考的思想框架,真正能够指导一个教师教学实践的并非是从书本上学到的理论,而是依靠自己基于一定的文本性理论在实践中形成的教学智慧。当然,一个教师教学智慧形成的基础性因素是拥有一定的教学理论知识和对教学的基本认识,关键的因素是要在自己的实践中不断地反思。

一、教学理论的发展

在世界教学思想与教学理论发展史上,为古代的教学研究与实践做出突出贡献的当属中国学者。思孟学派的《学记》是公认的世界上最早的论述教与学问题的著作,还被誉为是中国古代教学思想之大成,对我国古代教学经验的精辟概括和总结为后来系统教学理论的产生与发展奠定了重要的基础。但从教学论的系统化和科学化的进程来看,最早倡导教学论研究的则是西方学者。

在西方教育思想发展上,第一个倡导教学理论的是德国教育家拉特克,他对"教授之术"的研究开拓了作为理论形态的教学理论研究的先河。1632年夸美纽斯《大教学论》的问世则标志着教学理论的研究已迈入了系统化阶段。这部书是夸美纽斯的集大成之作,他在发展拉特克的教学观点的同时,从教学艺术的视角论述了教师少教而学生多学的原理和法则,论证了班级授课制,规定了广泛的教学内容,提出了教学的直观性原则等。而赫尔巴特更是后来居上,他的一部力作《普通教育学》将世界教学理论的研究推向了一个前所未有的阶段。赫尔巴特以心理学和伦理学为基础论述了教学过程"明了、联想、系统、方法"四个阶段,强调教学的教育作用,逐渐形成了西方教育史上以夸美纽斯和赫尔巴特为代表的教师中心、课堂中心、教材中心的近代"三中心"教学思想体系。随着教学论独立形态的形成与发展,一大批资产阶级教育家,如赫尔巴特、卢梭、洛克、斯宾塞、第斯多惠、福禄培尔等,都从不同的角度对教学问题进行了研究与探讨,提出了不少很有见地的观点,并且对教学实践产生了深刻的影响。

赫尔巴特学派的理论在世界各地的传播和发展主要有两条主线:一条是哲学取向的教学理论,一条是心理学取向的教学理论。哲学取向的教学理论主要是在德国、苏联、中国和日本等地。19世纪后半叶,俄国将赫尔巴特学派的许多论著译成了俄文,当时俄国的许多教学论著作或多或少地受到了赫尔巴特的影响。赫尔巴特学派的理论在20世纪初被留日的中国学者介绍到中国,尤其是"五段教学法"在中国的中小学影响很广。后来经杜威等人对实用主义哲学和行为主义心理学的继承、批判与改造,导致教学论的心理学化,并随心理学派别的分歧和论争,相应的产生了行为主义教学理论、认知教学理论和情感教学理论等。

二、西方主要教学理论述评

(一)哲学取向的教学理论

1. 哲学取向的教学理论的产生和发展

19世纪被称作"思想体系的时代",正如恩格斯所说,是由"收集材料"的科学转向"整理材料"的科学、各门学科建立概念体系的时代。传统教育学理论的集大成者赫尔巴特于1806年出版了他的《普通教育学》,构建起了带有哲学思辨倾向的教育学理论体系。① 而后人类走进了"分析的时代",科学体系出现了分化,赫尔巴特的教学理论体系也分为两条线索发展,即哲学取向的教学理论和心理学取向的教学理论。其中,哲学取向的教学理论主要在德国、苏联、日本和中国产生了广泛影响,并且在实践发展中得以完善和深化,自身赋予了新的理论主张。

2. 哲学取向教学理论的基本观点

作为哲学取向教学理论的代表人物,赫尔巴特认为人类具有最大的可塑性和适应性,主张需要一种艺术来塑造儿童的心灵,由教师采取符合儿童心理发展规律的教学程序,有计划地把知识和品德传授给学生。赫尔巴特一生以大部分精力探求这种教学程序,他以观念心理学为基础,把多方面兴趣和培养学生的注意力结合起来,提出了著名的"教学阶段理论",即明了、联想、系统、方法。② 同时,哲学取向的教学理论认为,教学内容是教学系统的基本要素,它是人类文明成果的精华,是学生学习的对象,是明确和促进学生发展的材料;③并且主张教学目的就在于培养真正"善良"的人,形成完全符合"完善和正义"观念的人,把内在自由、完美、善意、正义、公平五种道德观念作为教育任务。这一理论的目的观在苏联和中国形成了具有代表性的观点:"如凯洛夫主编的《教育学》所说的,教学是旨在依照共产主义教育目的具体任务,在学校中有计划地实现下列工作:以知识、技能和熟练技巧来武装学生,建立他们的共产主义世界观和有计划地发展他们的智力与道

---

①郝志军:《我国教学理论的时代重建》,载《教育理论与实践》2003年第5期,第47页。
②田本娜:《外国教育思想史》,人民教育出版社2001年版,第23页。
③裴娣娜主编:《现代教学论(第一卷)》,人民教育出版社2005年版,第152—153页。

德;在教师领导下,组织学生积极活动,以实现这种工作。王策三在《教学论稿》中把我国对'教学目的和任务'的种种表达概括为三句话:第一,传授和学习系统的科学基础知识和基本技能;第二,在这个基础上发展学生的智力和体力;第三,在这个活动过程中培养学生共产主义世界观和道德品质。"①

哲学取向的教学理论一般以哲学、伦理学、价值论和认识论等作为理论基础,主要研究"为什么教"和"怎么教"的问题,研究方法以哲学思辨为主,力图建立一套关于如何进行教学的理论体系。这种哲学取向的教学理论具有以下特征:(1)有坚实的哲学基础,一定的心理学依据,是一种"目的—手段"范式的教学理论研究;(2)以哲学思辨的研究方法为主,形成了"知识—道德"本位的目的观,"知识—接受"的教学过程观,学科本位的教学内容观和以语言呈示为主的教学方法观;(3)这是一种以教师为中心的教学理论。

(二)行为主义的教学理论

行为主义教学理论有两个典型的代表:一个是美国心理学家华生关于刺激—反应的理论,另一个是新行为主义者斯金纳的程序教学理论。两种理论相比,后者对20世纪上半叶美国学校的教学实践影响更大一些。

1. 斯金纳的程序教学理论的主要观点

斯金纳认为,学习是指有机体在某种情境下自发做出的某种行为,由于得到了强化而提高了该行为在这种情境发生的概率,"课堂教学的首要任务是使学生形成种种正确的行为反应,并使这些行为反应及时受到各种刺激的强化。"②学习理论应该探究引起反应概率变化的条件,以便我们安排各种各样的反应结果,以预测和决定有机体的行为。根据行为主义的原理,教学的目的就是提供特定的刺激,以便引起学生特定的反应,所以教学目标越具体、越精确越好。③

斯金纳从他的系列实验中总结出了关于学习的四条规律,即习得律、条件强化、泛化作用和消退作用。当某种操作性行为形成后,如果不予以连续强化,那么这种操作性行为就会发生消退。学生的行为是受行为结果的影响,若要学生避免合乎需要的行为发生消退,则必须形成某种相倚关系,及时给予强化。根据这一原理,形成了一种相倚组织的教学过程,这种教学过程要求对学习环境的设置、课程材料的设计和学生行为的管理做出系统的安排。"这种教学过程包括以下五个阶段:(1)具体说明最终的行为表现。确定明确的目标行为,具体说明想要得到

---

① 转自全国十二所重点师范大学联合编写《教育学基础》,科学教育出版社2004年修订版,第181页。
② 吴立岗主编:《教学的原理模式和活动》,广西教育出版社1998年版,第134页。
③ 袁振国主编:《当代教育学》,教育科学出版社2004年修订版,第172页。

的行为结果,制订测量和记录行为结果的计划。(2)评估行为。观察并记录行为的频率。(3)安排相倚关系。做出有关环境安排的决定,选择强化物和安排强化方式,确定最后的塑造行为的计划。(4)实施方案。安排环境并告知学生具体要求,维持强化和塑造行为的强化安排方式。(5)评价方案。测量所想得到的行为反应,重现原来的条件,测量行为,然后再回到相倚安排中去。"①

斯金纳对程序学习的处理有两种形式:一种是"直线式",另一种是"分支式"。前者包括以下特征:(1)小步骤进行;(2)呈现明显的反应;(3)及时反馈;(4)自定步调学习。"程序教学用小步子和及时强化手段,就使中小学生也能自学。而从小步逐渐过渡到大步,就能很快地促进学生自学能力的成长。"②

2. 对斯金纳教学理论的评价

斯金纳的程序教学理论催生出了20世纪五六十年代的程序教学运动,并影响了世界教学改革运动。"斯金纳把操作条件作用作为他行为学习理论的基石,把其他很多的概念、原理的解释基于操作条件作用之上,使人们能够比较成功地预测和控制行为,促使学习理论的科学化,加速了心理学和教育学的有机结合。"③"程序教学理论在实际的教学活动中独具魅力,对学校教育产生了极为深刻的影响,它强调了学习的程序、反馈和操作,符合学生学习的一般规律和要求,提高了行为控制和教学的效率。尤其对计算机辅助教学技术以及布鲁姆的掌握学习和凯勒的个人教学计划的形成影响深远。"④另外,"斯金纳的教学主张,如重视教学的个别化问题,重视学习者非智力因素的发展及其在学习中的作用,强调积极反应原则与自定步调原则等,客观上为学习者的人格独立与自由创造了条件,促进了学习者的人格发展。"⑤当然,程序教学理论也有一些不足之处。例如,不注意人的学习过程和内部机制,把人的学习与动物的学习等同起来,把人看成了学习的机器等。

(三)认知教学理论

心理学取向的教学理论另一重要的分支是认知教学理论,认知教学理论的产生和发展与其心理学观点以及学习论紧密相关,认知心理学的繁荣促使了认知教学理论的蓬勃发展,门类繁多而且影响深远,直到今天仍有着举足轻重的地位。

---

① 袁振国主编:《当代教育学》,教育科学出版社2004年修订版,第178页。
② 卢仲衡:《程序教学漫谈》,转自瞿葆奎主编《教育学文集·教学》(中册),人民教育出版社1988年版,第646页。
③ 张秀芳:《程序教学理论的形成及影响》,载《黑龙江教育学院学报》2005年第6期,第52页。
④ 莫雷主编:《学习心理研究》,广东人民出版社2005年版,第62页。
⑤ 张华:《课程与教学论》,上海教育出版社2000年版,第143页。

1. 认知教学理论的心理学基础

认知心理学致力于研究人的智能或认知活动的性质及其过程,信息加工心理学、皮亚杰的认知发展论、布鲁纳的认知发现说、奥苏贝尔的认知同化说均以此作为理论基础,皆可归于认知心理学的范围。"认知心理学家批判行为主义是在研究'空洞的有机体'在个体与环境的相互作用下,认为个体作用于环境,而不是环境引起人的行为,环境只是提供潜在刺激,至于这些刺激是否受到注意或被加工,这取决于学习者内部的心理结构。"[1]认知理论强调知识获得和内部心理结构,并将知识的获得看成是一种心理活动;认为学习是获得知识时状态之间的离散变化,而不是反映概率的变化,即将学生学习的过程概念化,想要弄清楚信息是如何接收、组织、贮存和提取的,学习过程不是在乎学习者做了多少事情,而是他们知道什么和如何实现掌握的。

2. 布鲁纳的学科结构教学理论

认知教学理论的主要代表是布鲁纳的学科结构理论。布鲁纳认为,在学科知识的教学过程中,促使学生掌握学科的基本结构尤为重要,教学的最终目标是促进对学科结构的一般理解。什么是学科的基本结构?在布鲁纳看来,它是指学科的基本概念、基本原理和内部规律的体系。学生为什么要理解并学习学科的基本结构呢?布鲁纳认为有以下几个方面的好处:(1)容易掌握整个学科的具体内容;(2)容易记忆学科知识;(3)能促进学习的迁移;(4)可以提高学习兴趣;(5)早期学习学科的基本原理可以促进儿童智慧的发展。[2] 为了让学生学习和掌握学科的基本结构,布鲁纳提出了四条原则,即动机原则、结构原则、序列原则和强化原则。另外,布鲁纳还总结了发现法教学。他概括发现法教学的指导思想是:教师不应当让学生处于被动接受知识的状态,要为学生提供一定的材料,创设问题情景,引导学生独立地发现解决问题的方法,从中发现事物之间的联系和规律,获得相应知识,形成或改造认知结构的过程。根据布鲁纳的观点,在教学中实施发现法,不仅有利于开发学生能力,激发学习的内部动机,易于学生掌握探索的方法,而且有助于学生对在发现中获得的知识的记忆和保持。

(四)情感教学理论

情感教学理论是20世纪60年代随着人本主义心理学思想在教育领域的运用而产生发展起来的,它的典型代表是罗杰斯着眼于人格发展的情感教学理论。

---

[1] 参见十二所重点师范大学联合编写《教育学基础》,教育科学出版社2002年版,第183页。

[2] 参见高觉敷主编《西方教育心理学发展史》,福建教育出版社2005年版,第257—258页。

1. 关于教学目标

"罗杰斯认为,教学的目标应该是促进变化和学习,培养能够适应变化和如何学习的人。"[1]他指出:学校要培养的人就是能从事自发的活动,并对这些活动负责的人;能理智地选择和自定方向的人;是批判性的学习者,能评价他人贡献的人;获得有关解决问题知识的人;能更重要、更灵活和理智地适应新的问题情境的人;在自由和创造性地运用所有有关经验时,灵活地处理问题的方式的人;能在各种活动中有效地与他人合作的人;不是为了他人的赞许,而是按照他们自己的社会化目标而工作的人。[2]

2. 关于教学方法

罗杰斯按照某种意义的连续,把学习分为无意义学习和意义学习。无意义学习(如记忆无意义的音节)只与心有关,它是发生在"颈部以上"的学习,没有情感或个人的意义参与,它与全人无关。意义学习不是那种仅仅涉及事实累积的学习,而是一种使个体的行为、态度、个性以及在未来选择行动方式时发生重大变化的学习。这不仅仅是一种增长知识的学习,而且是一种与每个人各部分经验都融合在一起的学习。例如,当一个小孩的手碰到取暖器时,他就学会了"烫"这个字的意义;他同时也学会了以后对所有类似的取暖器要当心;他会以一种不会马上就遗忘的、有意义的和抽入的方式保留所学到的内容。

意义学习实际上就是一种非指导性教学,具有四个基本特征:(1)极大依赖于个体自身的成长;(2)更多强调情感因素;(3)更多强调此时此刻的情境;(4)作为自然发展状态而相互接触。[3] 非指导性教学既是一种理论,又是一种实践模式。它的理论假设是:每个人都有健康发展的自然趋向,有积极处理多方面生活的可能性,充满着真诚、信任、理解的人际关系会促成健康的发展和潜能的实现。它的基本原则是:教师在教学中必须有安全感,他信任学生,同时感到学生同样信任他,不能把学生当作"敌人",倍加提防。课堂中的气氛必须是融洽的、真诚的、开放的、相互支持的,以使学生自由地表达个人的想法,自己引导个人的思想、情绪,自然地显示症结所在的情绪因素,并自己调整这种情绪的变化和决定变化的方向,从而改变相应的态度与行为。[4]

---

[1]参见高觉敷主编《西方教育心理学发展史》,福建教育出版社2005年版,第321页。
[2]参见全国十二所重点师范大学联合编写《教育学基础》,教育科学出版社2002年版,第185页。
[3]吴立岗主编:《教学的原理模式和活动》,广西教育出版社1998年版,第166页。
[4]袁振国:《当代教育学》,教育科学出版社2004年修订版,第181—182页。

3. 关于师生关系

罗杰斯认为教学即促进,教师作为"促进者"在教学过程中的作用表现为四个方面:(1)帮助学生澄清自己想要学习什么;(2)帮助学生安排适宜的学习活动与材料;(3)帮助学生发现他们所学东西的个人意义;(4)维持某种滋育学习过程的心理气氛。[①]

发挥促进者的作用,关键在于良好师生关系的建立,主要取决于促进者和学习者之间的人际关系的某些态度品质。师生之间要真诚,和平相处,坦诚相见,使学生感到亲切;要关心、尊重学生的情感和经验,善意接受他们的评价和选择;要理解学生的喜怒哀乐,设身处地为他们着想,做彼此间的接受和理解。[②]

三、当代有影响的教学理论

20世纪80年代以来,随着社会发展对教育和人才培养提出的新挑战,国际教育理论界在教学理论研究方面,出现了一系列试图用知识经济和学习化社会以及终身教育理念阐明教学问题与教学发展的新思想、新理论,并且已经对世界各国的基础教育课程与教学改革和实践产生了重大的影响。

(一)建构主义教学理论

建构主义(constructivism)是一种在哲学、心理学和人类学理论基础上发展起来的关于知识与学习的理论,它关注的是知识是什么,一个人如何获得知识的问题。[③] 早期建构主义理论的代表人物主要有皮亚杰、维果茨基和布鲁纳,新近建构主义的代表人物主要有加德纳、古德曼、布鲁克思。经过多年的发展,目前建构主义已经形成了关于知识与学习的不流派,其中最具代表性的流派有:激进建构主义(radical constructivism)、社会建构主义(social constructivism)、社会文化认知观点(sociocultural cognition)、社会建构论(social constructionism)、信息加工建构主义(information-processing constructivism)和控制论系统观(cybemetic sysytem)。[④] 尽管在实际中存在着不同流派的建构主义,但其核心理念"知识应该是建构的,而不应是传授的"已经被越来越多的教育者所熟知,并且正在影响或改变着他们的课堂实践。

---

① 参见十二所重点师范大学联合编写《教育学基础》,教育科学出版社2002年版,第185页。
② 参见吴立岗主编《教学的原理模式和活动》,广西教育出版社1998年版,第166页。
③ Fosnot C. T., *Constructivism: Theory, Perspectives and Practice*, New York and London: Teachers College Press, pix.
④ 钟启泉等:《〈基础教育课程改革纲要(试行)〉解读》,华东师范大学出版社2001年版,第23页。

1. 建构主义的知识观与学习观

与传统的知识观不同,建构主义理论把知识看成是暂时的、发展的、非客观的、内在建构的和以社会和文化为中介的东西,学习也因此而被看成是个人已有的关于世界的看法与新的情景和刺激进行矛盾斗争的过程。建构主义认为,学习过程不是学生被动地接受知识,而是积极、主动地建构知识的过程。

在建构主义看来,知识不是对现实的纯粹客观的反映,任何一种传载知识的符号系统也不是绝对真实的表征;只不过是人们对客观世界的一种解释、假设或假说,而不是问题的最终答案;必将随着人们认识程度的深入而不断地变革、升华和改写,出现新的解释和假设。知识并不能绝对准确无误地概括世界的法则,提供对任何活动或问题解决都实用的方法。在具体的问题解决中,知识是不可能一用就准、一用就灵的,而是需要针对具体问题的情景对原有知识进行再加工和再创造。对知识真正的理解只能是由学习者自身基于自己的经验背景而建构起来的,取决于特定情况下的学习活动过程;否则,就不叫理解,而是叫死记硬背或生吞活剥,是被动的复制式的学习。所以,学习不是由教师把知识简单地传递给学生,而是由学生自己建构知识的过程;学习不是被动接收信息刺激,而是主动的进行意义建构的过程;学习是学习者根据自己的经验,对外部信息进行主动的选择、加工和处理,从而获得自己的意义和理解的过程;学习是学习者以自己原有的知识经验为基础,对新信息重新认识和编码,建构自己的理解的过程。学习过程不是简单的信息输入、存储和提取,是新旧知识经验之间双向的相互作用过程,也就是学习者与学习环境之间互动的过程。

2. 建构主义的学生观与教师观

建构主义强调,学习者并不是空着脑袋进入学习情境中的,他们在日常生活中已经形成了有关的知识经验,对任何事情都有自己的看法。教学不能无视学习者的已有知识经验,简单强硬地从外部对学习者实施知识的"填灌",而是应当把学习者原有的知识经验作为新知识的生长点,引导学习者从原有的知识经验中,生长新的知识经验。教学不是知识的传递,而是知识的处理和转换。教师不应只是知识的呈现者、知识权威的象征,而应该重视学生自己对各种现象的理解,倾听他们时下的看法,思考他们这些想法的由来,并以此为据,引导学生丰富或调整自己的解释。而且,教师是学生建构知识的忠实支持者,教师的角色应该从传统的传递知识的权威转变为学生学习的辅导者,成为学生学习的高级伙伴或合作者;教师应该给学生提供复杂的真实问题,必须为学生创设一种良好的学习环境,使学生在这种环境中可以通过实验、独立探究、合作学习等方式来展开他们的学习。另外,教师要成为学生建构知识的积极帮助者和引导者,应当激发学生的学习兴趣,引发和保持学生的学习动机,通过创设符合教学内容要求的情景和提示新旧知识之间联系的线索,帮助学生建构当前所学知识的意义。

(二)多元智力教学理论

1.多元智力理论的基本内容

多元智力理论(the theory of multiple intelligence)是美国哈佛大学教育学教授加德纳于1983年在他的著作《智力的结构》(Frames of Mind)中提出并在其后的研究中完善的。加德纳在对传统的关于智力的理论和学说进行研究后指出,传统的智力概念是建立在智商(IQ)测验基础之上的,它有很大的局限性。因为,按照传统的关于智力的界定,人们更多地认为:人的认知是一元的;个体的智力是单一的、可量化的。与此相反,加德纳将智力看成是:人们解决现实生活中所遇到的问题的能力;人们提出新的、需要解决的问题的能力;人们创造某种文化产品价值的能力。[1] 在对传统智力理论和学说进行分析与批判的基础上,加德纳于1983年将人的智力界定为具有明显区别的七种不同类型。相隔十年之后,加德纳又于1993年提出了智力的一种新的类型,从而构成了他的多元智力理论。

(1)语言智力,即在口头和书面语言表达方面所表现出来的能力。一个具有较强语言智力的人通常能够自如地与他人进行交流和从事写作活动。语言智力水平高的人,不仅能够有效地从事听、说、读、写的活动,而且能够在这些活动中更进一步地发展他们的语言智力。世界著名的文学家莎士比亚就完全可以称得上是具有很强语言智力的人的典型代表。

(2)数理逻辑智力,即一个人有效地进行数字运算和统计等活动的能力。它是从事硬科学和所有类型数学科学工作和活动的人必须具有的基础。如数学家、统计学家、税收计算专家、电脑程序设计家和科学家都具有很强的逻辑—数学智力,喜欢运用逻辑—数学智力的人大多重视推理。他们通常能够在事物发展的原因和结果之间建立一种模型,然后通过科学调查、实验和论证得出最后的结论。他们通常喜欢在已有概念和问题的基础上进行思考,并通过测试的方法验证其想法。爱因斯坦和伽利略就是具有很强数理逻辑智力的典型代表。

(3)空间智力,主要是指知觉、创造和再造图画以及想象图画的能力。经常运用空间智力且具有良好空间智力的人,往往能够从复杂的图画、图形和图表中提取出某种基本的甚至是抽象的思想和观点来。他们通常还能够用艺术的形式表达一种深刻的思想观点或精神的东西。一般来说,摄影师、画家、工程师、建筑师和雕塑家都具有良好的空间智力。毕加索就是这一方面的代表人物。

(4)音乐智力,是指人们创造美的曲调和美的韵律以及理解美、欣赏美并在此

---

[1] Harvey F. Silver et al., *So Each May learn: Integrating Learning Styles and Multiple Intelligence*, ASCD products, 2000, p.7.

基础上形成对美的感受和对美的评价的一种能力。喜欢唱歌和运用音乐表达思想和情感的人都能展现出他们所具有的特别的音乐智力。具有良好音乐智力的人,对于他们在日常生活中所听到的各种非语言的声音和韵律均会表现出与众不同的敏感性。音乐爱好者、作曲家、乐器演奏家都具有良好的音乐智力。

(5)身体运动智力(身体动感),是指一个人自身的与体力紧密联系的操作能力。具有这种智力,人们不仅可以用自己的身体表达一种观点或情感,而且还能够使自己比较自如地进行不同的身体运动。具有良好的身体运动智力的人通常喜欢向自身的体力挑战,他们总是在活动和运动中不断地发展和提高自己的运动智力。演员、运动员、舞蹈家、外科医生、机械师、画家、雕塑家、滑稽演员和杂技演员等都具有良好的身体运动智力。

(6)人际交往智力,是指一个人能够较快地掌握和评价他人的语气、意图、动机和情感,并在此基础上与他人进行交往的能力。具有良好人际智力的人通常能够和谐地与他人相处,而且在与他人相处的过程中能够很快地觉察并掌握他人的心境、态度和愿望。这种类型的人常常表现出对人的友好和性格外向的特点,多数具有良好人际交往智力的人都知道如何与他人相处。一般来说,一个团体中优秀的队员和一个公司优秀的经理均能表现出他们良好的人际智力。

(7)内省智力,是指一个人的自我认识能力和对自己的情感和情绪状态进行适当调节的能力。具有良好内省智力的人通常喜欢选择那些自己能够独立完成的工作,因为他们充分信任自己对事物的理解,并依此指导自己的行动。他们总是能够把握自己内心的情感,并能够实现他们所追求的真实的目。他们不仅能够正确地、全面地估计自己的优点和不足,而且具有较强的自我约束能力。

(8)自然学家的智力,这是加德纳于1999年在《智力的新结构:面向21世纪的多元智力》中提出的一种新的智力。它是指一个人对人类所居住的自然界生态环境的鉴赏和深刻的理解能力。具有良好自然智力的人们非常倾向于户外活动和观察,他们不愿意破坏人类与动植物界的关系,喜欢自然的东西,还喜欢探索自然界发展和变化的特点、规律以及不规则性。世界著名的科学家达尔文就是具有超常自然学家智力的典型例子。

2.多元智力理论对学校课堂教学改革的启示

加德纳的多元智力理论问世后,立刻引起了美国乃至世界心理学界和教育学界的极大关注,并很快在美国中小学的课堂教学实践领域产生了积极的反响。进入新世纪后,不少处在教学第一线的教师对多元智力理论及其对课堂教学改革的指导作用保持了很高的热情,这无疑是改革传统教学的需要。那么,加德纳的多元智力理论对课堂教学改革到底有什么启示呢?

第一,教师应更新教学观念,树立新的教学目标观。根据加德纳的理论,只要是正常的人,生来都可能具有八种智力中的某几种,这些智力不仅是可以变化的,而且是可以通过教育与教学培养和发展的。为此,加德纳要求教师应该改变传统的教学观念,确立每一个儿童都有不同的智力发展空间的思想,更多地反思自己的教学活动和教学策略,在充分了解学生智力发展状况的基础上采取多种策略开展教学,以便每一个儿童都有机会根据自己的智力特点选择学习的方式。

第二,教师应树立新的学习观,运用多样化的教学策略。要想使一种理论更有指导意义,就必须采用多种方法或途径去实施它。在实践中,有效的教学总是努力使用多种策略来实现教学目标的。而运用多元智力理论指导教师教学和学生学习的道理也应该如此。教师要根据教学的内容和学生的实际灵活地选择恰当的学习方法和教学策略,以便使教学实践更为有效。另外,多元智力理论还为教师运用多元化的教学评价和进行综合课程及跨学科课程的设计提供了有力的理论支持。换句话说,根据多元智力理论,教师不仅要评价学生的认知能力,而且要评价学生的其他能力,从而促使学生能够全面的发展。

研究表明,多元智力理论之所以能受到人们如此重视,不仅是因为它为人们从广泛的意义上深入地理解智力提供了新的思路和方法,更在于它为广大的课堂教师改变传统的讲授教科书、书面作业和公式运算等方法提供了新的理念,大大地开拓了教师运用教学策略和有效使用多样化教学方法的视野。

(三)反思性教学理论

反思性教学(reflective teaching)理论是于1983年由萧恩提出,并倡导教师为了自己的专业发展应该成为一个反思的实践者(reflective practitioner)之后,在教师教育领域迅速发展起来的教师教学专业发展理论。但对教育活动进行反思的研究可以追溯到杜威。被美国学者称为"反思之父"的杜威,在其《我们如何思维:关于反思性思维的关联性对教育过程影响的再认识》一书中就对反思性思维和反思性行动对改进教学实践的作用进行了论述。目前,关于反思性教学的研究结论是:反思性教学不仅是一种教学思想,而且其反思性实践对于保证教师教学专业发展和课堂教学的有效性有着重要的意义。

1. 反思性教学的基本特征

有学者根据杜威和萧恩的反思思维与反思实践的理论,指出反思性教学有如下基本特征:

(1)反思性教学包含了教师对教学目标、教学结果以及与此相一致的教学方法和教学技术效率的积极主动的关注。

(2)反思性教学在实际应用中往往体现的是一个循环的过程,而非一次性行为。在这个循环的反思过程中,教师对他们自己的教学实践进行着连续的监控、评价和修正。

（3）反思性教学要求教师具有对教学方法的质询能力,而这种能力正是支持教师教学专业发展的基础。

（4）反思性教学要求教师具有开放的思想、强烈的责任感和对教学执着的追求。

（5）反思性教学是一种基于教师个人专业判断的活动,它不仅依赖教师的自我反思意识,而且依赖于教师对教育科学原理的认识。

（6）通过在教学实践中与同行的合作和交流,教师的反思性教学、专业学习和人格完善将会得到进一步加强。①

仔细审视上述六个关于反思性教学的特点,不难发现:对教学实践进行反思并不是仅仅知道如何教给学生知识和技能,而是要求教师具有强烈的教学责任感和积极的改进意识,具备基本的教学反思能力。如果一个教师要使自己的教学专业保持可持续发展的强劲动力,他不仅应该具有像医生和律师那样经过专门的职业培养和训练,获得必须的知识与技能,而且还必须在后来的教学实践中不断地对自己的教学活动过程与结果进行反思,在反思的基础上不断地改进自己的教学,从而满足学校与学生可持续发展的基本要求。

2. 反思性教学的价值

教学反思的意义何在？为什么教师必须反思自己的教学思想与实践呢？一般的理由是为了教师教学专业的发展。而美国学者罗思等人在《着眼于学生教育权利的反思性教学》一书中则根据学校教育与教师职业的使命,提出了对教学进行反思的七个基本理由:②

（1）教学不仅承担着伦理的责任,而且需要价值的导向。教师有责任帮助学生成长为一个能够并愿意在一个民主的社会里充分地参与社会活动的授权公民。为了达到这样的目的,教师就应该经常对自己的教学进行反思,检视自己的教学是否符合美国民主价值取向的要求,以便更好地把握自己的教学方向。在一个民主的社会里,一个反思型的教师一定会按照这个社会的伦理标准去选择正确的教学内容和恰当的教学方法,并会用这种伦理标准评价自己的教学过程与教学结果。

（2）教学需要理解学生的观点,知识不是传递的,而是建构的。学生的思维以及他们对事物的看法直接影响着他们的学习内容与学习活动过程。按照认知心

---

① Pollard A., *Reflective Teaching in the Primary School: A handbook for the Classroom*, third edtion, London: Cassell, 1997, p. 11.

② Ross D. D. et al., *Reflective Teaching for Student Empowerment: Elementary Curriculum and Methods*, New York: Macmillan Publishing Company, 1993, pp. 5 – 15.

理学家和建构主义的观点,知识不是传递的,而是建构的。学习并非简单地吸收教师传递的知识的过程,而是学生根据自己已有的经验,在他们的头脑中建构知识的过程。作为教师,必须了解学生的想法,必须为他们设计恰当的教学活动和组织一定的教育实践,从而帮助学生正确地理解所学的内容。要做到这一点,教师就必须首先成为一个对自己教学实践的反思者,他应该具备正确认识自己与自己的课堂是否能够促进学生积极发展的能力,而这种能力在很大程度上是通过对实践的连续反思形成的,并非是书本上可以学到的。

(3)教师的思维影响着课堂活动的变化。教师对教育教学问题的看法直接影响着他们的课堂决策与对课堂问题的处理方式。例如,一个将教学看成是向儿童展示信息的教师与一个将教学看成是与儿童进行信息交流的教师对教学的处理会有很大的不同:前者可能会更多地采用讲授与论证的方法,让儿童听与观察他的教,而后者可能会采用谈话与对话的方式,促进学生对信息的理解。所以,如果倡导教学是教师与学生之间的互动与交流的话,教师就必须经常的反思自己的教学活动。这也是反思成为教学的一个重要部分的理由之一。

(4)教师默许的无效信仰会影响课堂的效率。教师关于教学与学习的许多看法都属于直觉的判断,往往是没有经过实践检验或科学检测的;而教师常常也正是根据这些无意识的主观判断组织着自己的教学活动。毋庸置疑,有些观点或判断可能是有效的,但另外一些也可能是无效的。即便是优秀的教师,他们的一些看法和理念仍然会不利于促进学生的学习。一般而言,教师关于教学、学习和儿童的信仰是在长期的教学实践过程中形成的,没有教师会完全地意识到自己默许的教学信仰可能会影响儿童的发展。而通过对教学的连续反思就会帮助教师进一步理解自己默许的教学信仰,能使他们检测自己的教学思想是否正确。通过收集不同教学观点的证据,教师就能够检验每一种默许的教学观念的效用性,从而更加有意识地改变自己的教学认识以适应促进儿童学习与发展的要求。

(5)实际中没有一种固定的方法可以解决所有的教与学的问题。由于教学是一种非常复杂且具有不确定性特点的活动,因而它要求教师必须根据教学的变化不断地做出恰当的判断与决策。着眼于当代学校教育目标的多元化特点,课堂教师在教学中随时都面临着考虑这些多元化目标如何实现的任务。可以说,做出关于哪一种策略更适合儿童取得哪一个目标的判断和决策对教师是至关重要的,但同时又是困难的。因为教学是一个动态发展的过程,没有一种决策可以适应于任何的教学情景,教育中的问题往往并没有固定不变的答案,这就促使教师必须不断地重新判断自己决策的效用性。也正是因为这一点,教师对教学理论与实践的反思就显得非常重要。

(6)教育研究也无法回答所有教学问题。多年来,大量的教育研究将着眼点放在了解决实际的教学与学习问题上,并对教学与儿童发展起到了非常积极的指导作用,但很显然的是,教育研究是无法也不可能回答所有教育问题的。尽管,在许多人看来研究比实践更为困难与复杂,但实际上教学活动的复杂性与多样性是教育研究所无法比拟的。况且,研究通常更注重共性与假定的标准环境,而教师则必须根据自己课堂中的学生与情景对教育研究的结果进行个性化与现实化的处理。这就使得对教学的反思成为提高教学针对性与实效性的必由之路。

(7)保持教学专业的可持续发展是教师的义务。因为在实际中任何职前教师教育方案都很难做到能够为教师的未来教学做好全方位的知识与能力准备,随着社会的发展、知识的更新与教学实践的变化,走上工作岗位的在职教师必须面对继续学习与提高实践能力的任务。也就是说,如果一个教师想要为他的学生提供最好的教学,他就必须不断地发展自己的职业能力,而通过反思则能使教师在他的职业生活中明确自己应该学习什么和提高什么,有利于保持教学的动力并提高教学的质量。

(四)有效教学研究

在新世纪全球基础教育课程与教学改革的浪潮中,有效教学研究已经成为与建构主义教学理论研究、多元智力教学研究和反思性教学研究并列的四大国际教学热点研究领域之一。人们之所以如此关注有效教学研究,是因为教学是教育目标和课程目标达成的基本途径,有了先进的课程理念和理想的课程方案,还必须有有效实施课程的教学理念与策略;否则,课程将无法实现其预定的理想目标,更无法实现其创生和增值的效果。[①]

1. 有效教学的定义

尽管准确地解释有效教学的概念和分析有效教学的本质是很困难的事情,或者说是一项极为艰巨的任务,但仍然有一些研究者试图对它进行界定。研究相关文献,可将西方学者对有效教学的解释归纳为四种基本取向:

(1)着眼于教学目标的定义。有学者认为,有效的教学是指教师通过一系列的变量促进学生取得高水平成就的教学,有效的教师总是着眼于教学目标的取得。也有学者认为,有效的教学就是引导学生积极参与智力学习的教学;有效的教学与学习就是能够激发学生的学习欲望,促进学生的欣赏,积极地掌握知识,交流和团队工作技能,解决问题的技能,批判性思维能力和终身学习态度的教学与学习。还有学者认为,有效的教学就是指学生在教师的指导下成功地达成了预定学习目标的教学。从本质上讲,有两个因素制约着有效教学:其一,教师必须明确

---

① 参见陈晓端《当代西方有效教学研究的系统考察与启示》,载《比较教育研究》2005年第8期。

促进什么样的学习;其二,教师必须安排和提供给学生获得这种学习的学习经验。不难看出,着眼于目标的定义,重点强调的是预期的教学目标的达成。换句话说就是,判断有效教学的标准是看教学目标达到的程度。

(2)着眼于教学技能的定义。布朗等人在其所著的《高等教育中的有效教学》(Effective Teaching in Higher Education)中对有效教学的界定更多的是从教学的复杂性和教师教学技能的角度进行的。他们认为对有效教学的理解起码应从两个方面进行:其一,有效的教学是复杂的、智力要求和社会性挑战的工作;其二,有效教学是由一系列可获得的,可改进的和可发展的教学技能来完成的。同时还认为,有效教学是一种社会性的挑战,因为它不仅发生在一定的组织机构之中,而且也发生在对传统教学目的和教学价值观的挑战中。最主要的一点是,有效教学需要教师充分地了解学生的知识背景,能与学生进行清楚的交流与沟通,能够刺激学生积极的学习与思考,进而能够使学生向他们的教师提出有价值的或挑战性的问题。所以,有效教学不仅依赖于教师对学生学习的理解和对恰当教学策略的选择,而且学生同样有责任积极地学习。

(3)着眼于学习成就的定义。有学者认为,有效的教学从根本上是指教师为学生创设学习活动、安排学习任务和提供学习经验,以便使学生获得预期的知识、技能、理解和态度,其包含了教师有效的教学行为和有效的教学管理两个层面。他们认为,对不同领域的强调会得出关于有效教学的不同定义或解释。如果把重点放在教学的输入性因素上,那么判断有效教学的标准必然更多地指向教师与学生的特点上,如班级大小、教育背景、教育经验、教师的个性品质等;如果强调过程性因素,那么判断有效教学的重点往往是看教师的课堂组织、课堂管理和课堂活动;如果强调教学的产业性因素,那么判断有效教学的标准就是学生的学习成绩。

(4)着眼于教学全过程的定义。伊利诺斯大学教育测量与评价中心的波拉斯科姆等人在《教学效率评价实践指南》(Evaluating Teaching Effectiveness: A Practical Guide)一书中,不仅对已往有效教学的定义角度和结论进行了反思和批评,而且还提出了他们着眼于教学全过程对有效教学进行考虑的观念。他们认为,无论是从教师品质出发,还是以教师对教学策略运用的角度界定好的教学都是单一的、不全面的。所以,他们主张对好的教学进行思考应以评价教学的角度进行分析,应该从三个层面(领域)解释和确定有效教学,即教学的输入、教学的过程和教学的产出。

从以上考察可以看出,到目前为止并没有一个对有效教学的统一解释,同样也很难找到一种最佳的界定角度或界定框架,其发展趋势是着眼于学生成功的学习来解释。在目前流行的研究视角里,有效教学就是能够促进学生学习与发展的教学。或者说,有效教学就是通过有效的教学准备、有效的教学活动和有效的教学评价来促进学生学习与发展的教学。

2. 有效教师与有效教学的整合性特征

基于有效的教学准备、有效的教学过程和有效的教学评价与结果这样基本的三维分析框架，研究者对有效教师和有效教学两方面的研究成果进行了整合，并在归类统计的基础上得出了有效教师和有效教学的整合性特点，如下所列：

- 清晰的表达
- 灵活的方法
- 教学有热情
- 强调目标与任务定向
- 能够引起学生学习兴趣
- 善于创造良好的课堂气氛
- 积极利用评价促进学习
- 对学生有高的期望
- 课堂管理有效
- 强调解决问题
- 善于提问
- 具有良好的个人品质

上述12个特点既是研究者对有效教学特点基本确认的概括，也可以被看作是评价有效教学的基本参照性因素以及教师教学专业发展的方向与目标。

四、当代教学发展的新取向

与传统教学相比，当代教学从理论与实践两个层面均已发生了很大的变化，表现出与信息时代和学习社会相一致的七个方面的新取向[1]：

- 倡导多元的教学目标
- 强调整合的课程内容
- 提倡建构的知识学习
- 倡导互动式的教学活动
- 主张自主探究的学习方式
- 提倡多样化的教学手段
- 强调发展性的教学评价

了解当代教学理论的发展特点和教学实践的新取向，对于教师按照时代的要求有效地开展教学活动有着重要的意义。

---

[1] 参见陈晓端等《当代课程教学新理念述要》，载《教育科学研究》2005年第4期。

> 课堂是学校教育的基本组织形式,也是教师和学生生命中难以舍弃的一个重要活动领域。如果在你的一生中有三分之一的时间在学校里度过,你计算一下又有多少时间是在课堂中度过的?你从课堂上学到了什么?你准备在课堂上怎样教学生?教给他们什么?

第五章　课堂教学与教学技能

课堂教学是学校教育的中心工作,也是实施素质教育、完成学校教学任务的主要途径,有效地发挥课堂教学的作用是保证人才培养质量的关键所在。因此,研究和学习现代课堂教学的基本原理,掌握熟练的课堂教学技能与方法,对于充分利用课堂开展教学活动有着重要的意义。

第一节　课堂教学的意义与原则

课堂教学是师生互动与交往的特殊实践活动,其目的是最大限度地促进学生的学习与发展,为培养学生终身学习的能力打好基础。

一、课堂教学的意义

(一)课堂教学的概念

所谓"课堂教学",就是在一个特定的场所或环境中,以课程内容为中介,由教师的教和学生的学所共同组成的统一的双主体活动。具体来说,这种双主体活动是在课堂中由教师主体启发引导,学生主体有计划、有目的、有组织、积极主动地系统学习科学文化知识和基本技能、发展智力和体力、陶冶品德与情感、形成良好心理素质的活动。从本质上看,现代中小学的课堂教学活动是师生互动与交往的特殊实践活动,这一活动的终极目的是最大限度地促进学生的学习与发展,为形成学生终身学习的能力奠定良好的基础。

(二)课堂教学的意义

尽管随着时代的发展和教育改革的不断推进,中小学的教育教学理论与实践已经发生了很多的变化,但是课堂教学作为普通中小学的中心工作这一点没有变。认真搞好课堂教学工作,对于办好一所学校,全面落实党的教育方针,保证人才培养的质量,促进学生德、智、体等方面的全面发展和健全人格的形成有着重要的意义。

1. 课堂教学是实施课程的基本途径

中小学各门课程的目标主要是通过具体的课堂教学活动来实现的,教学的性质和特点决定了它是向学生传授科学文化知识和技能、发展智力、进行思想品德教育的有效途径,是把个体认识和社会认识联系起来的纽带。如果没有具体的课堂教学活动,课程目标和教育目的的实现将不能得到保证,人才的培养也将是一句空话。

2. 课堂教学是学校教学活动的中心

除课堂教学活动外,学校还有其他形式的教育活动,如课外科技文化活动、班会和团队活动,以及参加社会实践等。这些教育活动对学生的全面发展同样不可缺少。但是,这些活动与课堂教学活动相比,处于从属地位,而且它们的开展是以课堂教学活动为中心的。

3. 学校的性质决定了课堂教学在整个学校工作中的特殊地位

社会之所以需要学校,主要目的就在于通过课堂教学使青少年一代系统地学习与掌握人类的科学文化知识,培养他们成为社会所需要的人,使社会延续和发展。所以,离开了课堂教学,学校就失去了存在的意义,也无法履行学校的教学职能。随着知识经济与信息社会的到来,课堂教学活动在学校的地位也越来越重要。

二、课堂教学的原则

教学原则是教师观察、处理教学问题,进行教学工作必须遵循的基本要求,是指导教学工作的一般原理。课堂教学原则是教师在课堂教学活动中必须遵循的基本教学行为规范,是根据教育目的和对教学过程客观规律的认识确定的,它既指导教师的教,也指导学生的学。

在长期的教学实践和教学研究过程中,人们已经总结和概括出了许多课堂教学的原则,而且不同的教学原则体系还有不同的侧重点。大多数学者认为,我国中小学的课堂教学活动应坚持下列七条基本的原则:

1. 科学性与教育性相统一原则

科学性和教育性统一原则是指在课堂教学中,教师要向学生传授真正反映客观事物真理的知识,使教学内容具有严密的科学性;并结合知识的传授,对学生进行思想品德教育,使教学具有教育性。这条原则反映和要求正确处理课堂教学过程中传授知识与进行思想品德教育的关系。

贯彻科学性与教育性相统一原则的基本要求:

(1)坚持课堂教学的科学性。课堂教学的科学性是教学思想性的基础,只有用科学的知识武装学生的头脑,才能为学生思想的进步奠定良好的基础。因此,在课堂教学中,教师要以教材内容为依据,认真钻研、深刻领会知识的实质,做到概念讲授要准确,原理论证要充分,逻辑推理要严密,列举事例要真实,技能训练要严格。此外,还要逐步实现教学手段的科学化、现代化,不断提高课堂的教学效果。

(2)充分发掘教材内容的思想因素,对学生进行思想教育。思想性是课堂教学的灵魂,教书的根本目的在于育人。为此,教师要深入钻研教材内容,在传授知识的过程中对学生进行思想教育。

(3)科学性和教育性要贯穿于课堂教学的全过程。无论是在课堂传授知识和技能的过程中,还是在课堂组织其他教育活动的过程中,教师都要贯彻这一原则。

2. 理论联系实际原则

理论联系实际原则是指在课堂教学中,教师要引导学生从理论与实际的结合中理解知识,并运用知识去分析解决实际问题,做到学懂会用、学用结合。这一原则反映和要求正确处理课堂教学中间接知识和直接知识、理论与实践之间的关系。

贯彻理论联系实际原则的基本要求:

(1)加强基础知识和基本技能的教学。课堂教学中突出基础知识和基本技能的学习是贯彻这一原则的出发点与归宿。

(2)根据学科特点和学生的基础进行教学。课堂教学中教师要联系实际,要根据本学科的特点和教材的内容,从学生的实际基础出发,组织教学活动。

(3)加强课堂教学的实践环节。教学实践活动是加深学生对所学知识和技能的理解与迁移、运用知识与形成技能、促进知识学习和实际运用有效结合的重要途径。

3. 启发性原则

启发性原则是指在课堂教学中,教师要充分发挥主导作用,最大限度地调动学生学习的积极性和自觉性,激发思维活动,主动探求知识,增强独立分析问题和解决问题的能力。启发性原则反映和要求正确处理教学过程中发挥教师的主导作用与调动学生学习积极性之间的关系。

贯彻启发性原则的基本要求:

(1)加强学习目的和动机教育,激发学生学习的内在动力。树立正确的学习目的和动机,会激发学生强烈的求知欲,能引导学生战胜学习上的困难。因此,教师在课堂教学中应该把培养学生确立明确的学习目的和动机,作为贯彻启发性原则的首要任务。

(2)开发思维活动,培养学生的主动探索精神。"思维是成功的秘诀。"学会思维的人,才能深刻理解、灵活运用知识和技能。因此,教师在课堂中不能把教学仅仅停留在传授知识和技能上,应以开发思维活动、培养学生的主动探索精神为根本的教学目的。

(3)培养学习兴趣,激发求知欲望。"兴趣是热爱的先导。"兴趣是人们力求认识客观事物所产生的渴求获得知识、探索真理的一种带感情色彩的心理倾向。它是学生提高学习积极性、增强求知欲的重要因素。

(4)坚持教学民主,建立良好的师生关系。课堂教学过程存在着师生之间的人际关系。良好的师生关系是创造良好学习气氛、提高学生学习积极性的重要因素。

4. 直观性原则

直观性原则是指在课堂教学中,教师通过一定的方式引导学生直接感知教材内容、丰富感性经验、获得生动表象,并在此基础上进行思维活动,把生活的直观和抽象的思维结合起来,掌握知识和技能的本质,形成科学要领的教学活动。直观性原则要求正确处理教学中理性认识与感性认识的关系。

贯彻直观性原则的基本要求:

(1)明确教学目的,讲求实际效果。直观教学本身不是目的,只是丰富学生感性认识,达到掌握科学概念的手段。

(2)慎加选择,注意典型性。直观教具的种类很多,一般包括三大类:一是实物直观,指直接观察客观事物和现象;二是模像直观,指形象性、象征性、立体性的直观教具和图表等;三是言语直观,指生动、具体、形象的语言描述。课堂教学中选用什么直观手段,教师既要考虑教材内容,又要适应学生的年龄特征。

(3)正确地运用直观教具,增强直观教学的科学性。正确地运用直观教具的要求:一是把握直观教具出示的时间,使教具的出示和讲解同步;二是直观教具放置的角度和高度要适宜,以有利于全班学生进行观察;三是演示教具和语言讲解相结合,引导学生深入观察;四是指导观察的方法,使学生获得准确、全面的表象。

5. 循序渐进原则

循序渐进的"序"是指教材内容的逻辑顺序和学生认知过程中的认识顺序。循序渐进原则是指在课堂中,教师按照教材的逻辑系统和学生的认知规律组织教学活动。这一原则反映和要求正确处理科学知识的逻辑体系与学生掌握知识、发展智力的认知顺序之间的矛盾关系。

贯彻循序渐进原则的基本要求:

(1)按照教材的逻辑顺序教学。教师要认真钻研教材,把握本门学科教材的逻辑结构和教材知识的内在联系,系统地向学生传授知识和技能。在课堂上讲授新课时,要注意新旧知识之间的联系,善于利用学生已学知识,引导学生从已知到未知,达到掌握新知识。

（2）按照学生的认识顺序组织教学活动。要使课堂教学活动符合由浅入深、由易到难、由简到繁、由感性到理性、从已知到未知的认识规律，成为一种有序的、不断加速的运动进程。

（3）技能训练也要循序渐进。技能是学生运用知识于实践所形成的操作活动方式。技能是通过反复练习逐渐形成和不断提高的。因此，对学生的技能训练也要循序渐进，应符合从单项到多项、从简单到综合、从模仿到创造的练习要求，逐步提高学生练习的速度和质量。

6. 因材施教原则

因材施教是指课堂教学既要面向全体学生提出统一要求，又要根据学生的个别差异区别对待，促使每个学生在自己原有的基础上都能有所进步和发展。因材施教原则反映和要求正确处理教学中统一要求和学生个别差异之间的矛盾关系。

贯彻因材施教原则的基本要求：

（1）深入了解学生，有针对性地进行教学。教师要深入了解和认真研究每个学生的心理倾向、个性特征和兴趣特长，这是因材施教的前提。要根据学生的实际，妥善安排课堂教学进度，确定教学难度，真正做到有的放矢。

（2）要立足全班，兼顾两头。立足全班是指教学内容多少、难易程度，要从全班大多数学生的水平出发，对大多数学生有所帮助；兼顾两头是指在统一要求下，照顾到优秀和困难两类学生的不同需要，加强个别指导，使不同水平的学生都能在自己的基础上前进。

（3）处理好全面发展与发挥个人特长的关系。课堂教学要促进每个学生都能全面发展，学好教学计划规定开设的课程，并在此基础上，充分发挥个人的兴趣和特长，使学生有一技之长。

7. 巩固性原则

巩固性原则是指课堂教学中教师要使学生在理解的基础上，牢固地掌握知识和技能，长久地保持并能熟练地用其解决实际问题。这一原则要求正确处理学习新知识与巩固已学知识之间的矛盾关系。

贯彻巩固性原则的基本要求：

（1）抓好课堂教学，引导学生在理解的基础上巩固知识。理解是巩固知识的基础，没有对知识的真正理解，就很难达到对知识的牢固记忆。为此，教师要在课堂中坚持少而精和启发式，并尽可能联系学生已学知识教学新课内容，加深学生对知识和技能的理解，为掌握知识和技能打下扎实的基础。

（2）重视和组织好复习教学。复习教学是学生巩固知识和技能的重要手段。因此，必须重视和组织好教学复习，使课堂教学成为学生不断建构新知识和技能的过程。

以上课堂教学原则及其要求各有侧重点,但相互联系,构成了教学原则的系统体系。教师在课堂教学中应贯彻这些教学原则的基本精神,使其相互配合,相辅相成,取得良好的教学效果。

第二节 课堂教学设计与教学技能的运用

课堂的基本要素从纵向看,有课前、课中和课后。其中,课前的核心要素是课堂教学设计;课中涉及教学环节、教学技能、管理行为、教学类型、教学策略等;课后要素主要是教学反思。从横向看,课堂构成要素包括人和物两类:人的要素指教师和学生,包括他们的情感、意志、兴趣、爱好、动机、需要以及社会责任感,构成课堂系统的整体格局;物的要素包括教材、教具等教学媒体,是一种信息载体。实际上,人与物要素之间的相互作用要体现在具体的课堂教学设计和教学技能之中,二者结合得愈好,教学效率就愈高。

一、课堂教学设计

一般来说,教师在课堂教学前的准备工作称为教学设计。所谓"教学设计",是指教育实践工作者以教学理论、专业知识和技能为基础,依据教学对象的特点和自己的教学理念、风格,运用系统的观点与方法,遵循教学过程的基本规律,对教学活动进行的规划、安排与决策。换言之,就是教师为达到教学目标对教什么、怎么教以及达到什么结果所进行的策划,是"一种系统设计、实施和评价学与教全部过程的方法"。教学设计实质上是对教师课堂教学行为的一种事先筹划,是对学生达成教学目标、取得学业进步的条件和情景做出的精心安排。

教学设计把教学过程看作是一个由许多要素构成的系统,这个系统包括教学目标设计、教学背景分析、教学策略制订、教学过程设计、教学评价设计和教案设计等六个要素。其中,教学目标设计、教学过程设计、教案设计应是重点学习的内容。

(一)教学目标设计

教学目标设计是教学设计的重要环节,也是教学活动的出发点和最后归宿。教学目标是人们对教学活动结果的一种主观上的愿望,它以明确要教什么、学什么和教学活动预期要达到什么目的为主要内容。也就是说,通过教学目标要使学生学到什么知识,掌握哪些方法和技能,在思想、情感、态度等方面得到哪些培养和提高。因此,教学目标设计是确定学生通过学习后最终达到一种什么样的行为状态,并将这一状态用具体、明确和能够操作的语言陈述出来的过程。

1. 教学目标的基本要求

(1)整体系统。教学具有永恒的教育性。确立教学目标时,除了需要考虑知识传授、能力培养和智力开发等教学任务外,还应该考虑到学生个性发展、思想品德教育和审美教育的任务。新的课程标准提出了学生通过教学活动,应在知识与技能、过程与方法、情感态度与价值观方面获得全面发展的教学目标,而要达到这个总体目标必须通过每一堂课的教学来实现。因此,教学目标是包括各种层次的具体目标在内的目标体系。

(2)目标分解。编制教学目标,必须在课程教学目标的指导下,确定更为具体明确的课堂教学目标,要把教学的一般目标分解成更为细致的操作目标,使其尽可能地作业化,以达到可观察、测量、评价的教学要求。新的课程标准要求,根据所教课程内容的特点,将知识与技能、过程与方法、情感态度与价值观这三个维度的目标具体化,并落实于课堂教学活动之中。具体目标包括:a.知识与技能目标:掌握或了解……;b.能力目标:学会或运用……能力或方法;c.情感、态度、价值观目标:体会、理解、对待……;d.教学重点、难点:引导或掌握……。教学目标的分解细化,能够使学生了解和明确学习任务,也有利于教学效果的优化和教学质量的提高。

(3)难度适中。教学目标的确定要注意难度适中,也就是说,要把教学目标定位在学生的"最近发展区"——学生经过自身努力可以达到的发展水平,以有利于发挥教学目标的激励功能。

2. 教学目标设计的主要依据

教学目标的设计与确立,往往受到多方面教学因素的制约,但最主要的制约因素是具体的教学材料和教学对象。

教学材料是指教学内容的各种形式的载体,主要包括教学大纲、教科书、教学参考书、音像资料、补充读物,以及学生使用的各种学习辅助材料等。对教师来说,对所有的教学材料进行编选、研究和分析,尤其是对教学大纲和教科书的研析和把握,是教学目标设计必不可少的工作。

在充分钻研教学大纲和教材内容的同时,教学目标的确定还要以学生的特点和现有的学习准备为基础。一方面,要考虑全体学生的共同心理特征,普遍具有的学习准备状态;另一方面,也要考虑到学生的个别差异性。教学目标的确立应尽量关照每一个学生,使全体学生都能得到充分的发展。

在教学目标设计中,准确分析和全面把握学生现有的学习准备状况,确定学生的现有发展水平可以从三个方面进行:(1)认知因素。主要包括学生已有的智力发展水平、学习的技能技巧、知识储备、认知结构和认知风格(不同的学习方式)。(2)非认知因素。主要包括学生的一般生理发展水平和成熟程度,学生的学习动机状态,如兴趣、态度、需要、意向以及情绪情感状态等。(3)社会因素。主要包括学生家庭的文化背景和专业背景、学生间的社会交往、相互关系以及师生之间的人际关系等。

3. 教学目标的表述

教学目标确定以后，如何清晰、准确、具体地表述教学目标是教学目标设计中的一个关键问题。教学目标通常是策略性的，具有可界说、可观察、可评价的基本特性。一个规范、清晰而准确的课堂教学目标，至少应该包含四个基本要素：

(1) 行为主体，即学习者。教学目标描述的应该是学生的行为，而不是教师的行为。把教学目标表述为"教给学生……"或"教师应说明……"都是不妥的。规范的教学目标开头应是"学生能够……"，书面上可以省略某些文字，但思想上应牢记，合适的教学目标始终是针对特定的学习者的。

(2) 行为动词，是用以描述学习者形成的可观察、可测量的具体行为。教学目标的表述须注意行为动词的选择，一般应采用"写出""指出""背诵""辨别""比较""对比""解决"等动词，应尽量避免使用含糊其辞、难以评价的表述，如"提高学生的写作技巧"等。

(3) 行为条件，是指影响学生产生学习结果的特定的限制或范围等。对行为条件的表述大致有以下类型：a. 学习辅助手段的限制，如"不使用计算器，能够计算……"；b. 学习时间的限制，如"在 10 分钟内，能够写出……"；c. 提供信息或提示，如"根据中国行政区划图，能够标出……"；d. 提供完成行为的情景，如"在课堂讨论时，能够叙述……"；等等。

(4) 表现程度，是指学生对教学目标应达到的最低水准，用以评量学习表现或学习结果所达到的程度。如"至少写出三种解题方法"，"写一篇记叙文，字数要求不得少于 600 字"等。

(二) 教学过程设计

教学目标一旦得以确立，教学准备工作便进入具体施教过程的设计阶段。教学过程设计是教学设计的中心环节，也是实现教学过程各要素有机配合、有序运行，促使教学效果最优化的过程。教学过程设计中需要考虑，围绕一定的教学目标和针对具体的教学对象，如何组织恰当的教学内容，选择有效的教学方法和安排合理的教学程序，设计出优质高效的课堂教学方案。教学过程设计的重点，应当改变以往为教而写教案的潜在意识，将主要精力用在服务于主体学习的"学案"预设上，即指导学生怎样学。

1. 教学过程设计的基本要求

(1) 要有充分的学情分析。摸清学情，有的放矢；心中有学生，设计有方向。

(2) 要有科学的教材分析。明确目标及重点、难点，对教材的研究要深入细致，对教材的处理要符合学生的认知规律。

(3) 要有先进的教学理念。课堂教学是以"学"为中心的教学，要树立全面发展的质量观、民主合作的教学观和优质高效的效益观。

(4) 要有明确的教学目标。教学目标要准确、全面、具体;教学目标的表述要科学、明了;教学目标要具有层次性,要符合各类学生的实际;教学目标应统领教学各个环节,要贯穿教学始终。

(5) 要引导学生积极主动地参与教学活动。能积极发挥主导作用,适应学生发展水平,教学目标达成度高;问题设计要能促进学生理解知识和发展思维,教学方法和手段得当;要给予学生足够的自主学习与思考的时间;反馈矫正及时,内容和形式具有强化作用;尊重学生,平等合作,形成民主和谐的教学氛围。

(6) 要选择科学的教学方法和现代教学手段。根据需要选择与教学内容相适应的教学方法,实现教学方法的最优化;要恰当运用现代教育技术手段,调动学生多种感官参与学习活动。

2. 教学过程设计的原则

(1) 趣味性原则。为了优化课堂教学、提高课堂教学效率,必须点燃学生求知的欲望,激发学生求知的积极性,让学生在课堂中体验到学习的乐趣,教师在教学过程的各个环节中要注意保护学生的兴趣。

(2) 灵活互动性原则。课堂教学中教师和学生的关系就是教育者与受教者的关系,双方主体间互动,表现为对问题的问和答。教师是主体,学生也是主体,课堂上可以是教师问、学生答,也可以是学生问、教师答,形成主体间关系与互动的过程。

(3) 因材施教原则。这是建立在"以人为本"理念基础上的育人的基本原则,体现了现代个性教育思想,主张教育要以受教育者的个性为依据,发展个性特长、培养良好个性与改造不良个性相统一的思想。在教学中必须做到:了解学生,从学生的实际出发进行教学;正确对待个体差异;既要照顾个别学生特点,又要面向大多数学生,使所有的学生都得到发展。

(4) 研究性学习原则。研究性学习将学生的需要、动机和兴趣置于核心地位,鼓励学生自主选择、主动探究。通过研究性学习,丰富了学生的人生体验,培养了学生的健全人格、创新精神和实践能力,使素质教育落到实处。

(5) 学生的认知规律和学习心理的原则。学生的认知规律和特点取决于他们的年龄心理特征。年龄越小,知识经验少,感知能力差,依赖性比较强,以具体形象思维为主。随着年龄增长,知识、经验增加了,感知能力提高了,通过一定的意志努力集中注意力参与学习活动,思维也从具体形象思维过渡到抽象思维。在教学过程中,应当遵循这些认知规律,符合学习者特有的认知要求,才能达到满意的效果。

3. 教学内容的组织

教学内容的组织,是整个教学设计中的重要一环。教学内容的组织,是在认真分析教材的基础上,合理地选择教材内容、合理地安排教学内容的表达或呈现的过程。在组织教学内容时,必须与已确立的教学目标挂钩,因为教学目标的不同,同一教材内容可以做出不同的教学处理,采取不同的教学方式。

教学内容与教材内容,两者有一定的区别:教学内容首先是根据教材的内容确定的,教学内容应该体现教材内容的重点和要点;但教学内容不应仅仅局限于教材内容,教师必须根据各方面的教学需要对教材内容进行选择和加工。经重新组织的教学内容,才能更切合教学的实际需要,更容易为学生所接受。有时,必须省略教材中的部分内容,如浅近易懂、通过学生自学能够解决问题的内容,或是与教学目标联系欠紧密的内容,以免教学中面面俱到,难以突出教学重点;而有时,又需要增加一部分教材以外的内容,如与教材内容有关的知识、例题以及各种背景资料或补充阅读材料,以帮助学生更好地理解教材,提高学习效果。

(三)教案设计

教案设计是教师专业知识、技能与教学艺术综合的结晶,也是教师进行课堂教学的指路灯。所谓"台上一分钟,台下十年功。"高效的备课、设计高质量教案是衡量教师专业水平的一种有效手段。

教案设计的一般环节包括:教学目标设计、教学重点和难点设计、教学策略(教学方法)设计、教学程序设计、形成性评价(教学反馈)设计、板书设计、教案的再设计(修改教案)。教案设计的一般样式包括:教学目标、教学重点和难点、教学方法、教学准备、教学程序(步骤)。

二、课堂教学技能

教学既是一门科学,又是一门艺术。教学艺术是建立在教师广博的专业知识和熟练的教学技能基础之上的。所谓"教学技能",是指教师在课堂教学过程中,运用与教学有关的知识和经验,促进学生学习的教学行为方式。它可以通过学习来掌握,并在训练中得到巩固和提高。

(一)导入技能

1. 导入技能的定义

导入技能是指引起学生注意、激发学习兴趣、调动学习动机、明确学习目的和建立知识间相互联系的教学活动方式。它能将学生的注意力吸引到特定的教学任务和程序之中,所以又称为定向导入。

2. 导入技能的应用

导入技能应用于上课之始或开讲新课程,进入新单元、新段落的教学过程之中。

3. 导入技能应用的意义

课堂教学中的导入,犹如乐曲中的"引子"和戏剧中"序幕",起着酝酿情绪、集中注意、渗透主题和带入情境的作用。精心设计导入,能抓住学生的心弦,立疑激趣,促成学生的情绪高涨,步入智力振奋的状态,有助于学生获得良好的学习成果。

4. 导入技能的类型

有直接导入、经验导入、旧知识导入、实验导入、设疑导入、事例导入、悬念导入和故事导入等。

5. 导入技能的应用原则

在应用导入技能时应遵循的原则:导入的目的性与针对性要强;导入要具有关联性;导入要具有直观性和启发性;导入要具有趣味性,有一定的艺术魅力,能引人注目,颇有风趣,造成悬念,引人入胜。

概括地讲,导入的基本技巧是:贵在方法之妙,妙在语言之精,精在时间之少。

(二)教学语言技能

1. 教学语言技能的定义

教学语言技能是指教师在课堂上传授知识、组织练习、不断激发学生积极的学习情绪所运用的语言技能,也称课堂语言技能。

2. 教学语言技能的意义

教学语言技能是教师完成教学任务的最主要的保证。教师的教学语言水平是影响学生的学习水平和学习能力的重要因素,是实现教学目标的关键。苏联教育家苏霍姆林斯基说:"教师的语言修养在极大的程度上决定着学生在课堂上的脑力劳动的效率。我们深信,高度的语言修养是合理利用时间的重要条件。"①

3. 教学语言的构成

教学语言由基本语言技能和适应教学要求的特殊语言技能两方面的要素构成。基本语言技能是在社会交际中,人人都必须具备的语言技能;而特殊语言技能是在课堂教学的特殊语境中形成的语言技能,它由三个要素构成,即引入、介入、评核。

4. 语言技能的应用原则

从教师工作的职责和特点出发,在运用教学语言上,应当遵循这样一些原则:学科性和科学性原则;教育性和针对性原则;简明性和启发性原则。

(三)提问技能

1. 提问技能的定义

提问是通过师生的相互作用,检查学习、促进思维、巩固知识、运用知识、实现教学目标的一种主要方式。

---

①苏霍姆林斯基:《给教师的建议》(下册),教育科学出版社1981年版,第289页。

2. 运用提问技能的意义

在班级授课中,不时地运用提问技能,能随时了解学生的反应,与学生进行知识和情感的沟通,较好地解决集体讲授与个别指导的矛盾。

3. 提问技能的类型

学生学习知识是多种多样的。对这些知识有的需要记忆,有的需要理解,有的需要分析和综合;学生的思维方式也有不同的形式和水平。所以,提问不能是千篇一律的,应包括多种类型,主要有回忆提问、理解提问、运用提问、分析提问、综合提问和评价提问等。

4. 提问技能应用的原则

(1)要设计适应学生年龄和个人能力特征的多种水平问题,能够使多数学生参与回答。

(2)注意明确问题的重点,问题的内容要集中,问题的表达要简明易懂,最好用学生的语言提问。

(3)结合教学内容的实际情况,利用学生已有的知识,合理设计问题,并预想学生的可能回答及处理方法。依照教学的进展和学生的思维进程提出问题,把握提问的时机。

(4)以与学生一起思考的心情提问,不用强制回答的语气和态度提问。

(5)当学生思考不充分或抓不住重点、对问题不能正确理解时,教师不要轻易代替学生回答。应从不同的侧面给予启发和引导,培养学生独立思考的意识和解决问题的能力。

(6)学生回答后,教师要给予分析和确认,使问题有明确的结论,以强化学生的学习。

(四)讲授技能

1. 讲授技能的定义

讲授技能又称讲解,它是用语言传授知识、交流思想和情感的教学方式。

2. 讲授技能的应用

一般来说,讲授技能运用于事实性知识比认知性知识效果好。如对历史事件和事物状态进行叙述。

3. 讲授的意义

从两千多年前孔子讲学开始延续至今,讲授成了教学的最基本的方式。即使在教学改革呼声高涨的现代,讲授仍然是教学中应用最普遍的方法。

4. 讲授技能的类型

依据教学内容的不同,讲授技能主要有解释式、描述式、原理中心式和问题中心式等类型。

5. 讲授技能应用的原则

(1)讲授的目标要明确,准备要充分。讲授过程、结构要组织合理,条理清楚,逻辑严密,层次分明,运用多种语言技能和动作变化技能。

(2)增强对学生的针对性,如年龄、兴趣、背景、知识水平、认知能力等。

(3)注意讲授的阶段性,一次讲解时间不宜太长,一般不要超过15分钟。

(4)突出主题、重点、难点和关键处要在讲解中加以提示、强调。

(五)变化技能

1. 变化技能的定义

变化技能是教学过程中信息传递、师生相互作用以及各种教学媒体和资料的转换方式。所谓"变化",是指变化对学生的刺激,引起学生的兴趣。

2. 运用变化技能的意义

呆板的、照本宣科式的课堂教学是不受学生欢迎的。课堂教学需要多种多样的变化方式,如语言的变化、动作的变化、师生相互交流的变化等,这样可以活跃课堂气氛,提高教学效果。

3. 变化技能的类型

变化技能大致可分为三类:教态的变化;信息传输通道和教学媒体的变化;师生相互作用的变化。

(六)强化技能

1. 强化技能的定义

强化技能是教师在教学中促进和增强学生反应与保持学习力量的方式。

2. 运用强化技能的意义

为了使学生保持浓厚的学习热情和旺盛的学习精力,在教学过程中运用各种强化技能是非常必要的。强化技能是变枯燥学习为快乐学习的重要手段,也是提示教学重点和难点的基本方法。

3. 强化技能的类型

强化技能主要有语言强化、标志强化、动作强化、活动强化和变换方式强化等类型。

(七)演示技能

1. 演示技能的定义

演示技能是教师进行实际表演和示范操作的一种方式,如运用实物、标本、模型等进行演示。

2. 运用演示技能的意义

课堂教学需要调动学生的所有感官,通过视、听、言、动来学习是最有效率的学习。运用演示技能可以达到这样的教学目的。

3. 演示技能的类型

演示技能主要有分析法、归纳法、展示法和声像法等类型。

(八)板书技能

1. 板书技能的定义

板书是教师为辅助课堂口语的表达而写在黑板上或投影片上的文字和其他符号。在多媒体教学中,课件的文字图像也是一种板书。所谓"板书技能",就是教师在板面或屏幕上书写和设计文字及其他符号的技巧。板书包括正板书和副板书。正板书一般反映教学的主要内容,副板书反映的是提示内容。

2. 运用板书技能的意义

运用板书技能的意义在于:提示内容,体现结构和教学程序;激发兴趣,启发思考;强化记忆,减轻负担;便于学生记笔记,在课后进行复习。

3. 板书技能的类型

板书技能主要有提纲式、表格式、图示式、综合式、计算式和方程式等类型。

4. 板书技能的应用原则

(1)从教材内容出发,同时要与教学目的联系起来设计板书;

(2)设计板书要注意启发性、条理性、简洁性;

(3)要注意文字、语言的规范性和示范性;

(4)教师备课时要设计板书,并把设计好的板书作为一项重要内容写在教案上。

(九)结束技能

1. 结束技能的定义

结束技能是教师结束教学任务的方式。通过归纳总结、实践活动、转化升华等教学活动,对所学的知识和技能进行及时的系统化、巩固和运用,使新知识有效地纳入学生原有的认知结构中。

2. 结束技能的意义

运用结束技能的意义在于:重申所学知识的重要性或应注意之点;强调重要事实、概念和理论的关键;检查或自我检测学习效果;引导学生分析自己的思维过程和方法;布置思考题和练习题,对所学知识及时复习、巩固和运用。

3. 结束技能的类型

结束技能主要有系统归纳、比较异同、集中小结和领悟主题等类型。

4. 结束技能的应用原则

(1)小结要紧扣教学内容的目的、重点和知识结构,做到简明、精要,有利于学生回忆检索和运用。要安排适当的实践活动,如练习、口答和实验等。

(2)课结束时,应概括本单元或本节知识的结构,深化重要事实、概念和规律。

布置作业应要求明确,数量恰当。

(3)结束课有封闭型和开放型两种:封闭型结束,是由教师或学生通过归纳概括,总结出明确的结论;开放型结束,是不做出结论,但要提出问题,鼓励学生继续探索,运用发散思维,培养丰富的想象力。

(十)课堂组织技能

1. 课堂组织技能的定义

课堂组织技能是指教师不断地组织学生注意,管理纪律,引导学习,建立和谐的教学环境,帮助学生达到预定教学目标的行为方式。这种技能是课堂教学的"支点",是使课堂教学得以顺利进行的重要保证。

2. 课堂教学的组织步骤

课堂教学的组织步骤包括预备阶段的组织教学、开课之前的组织教学、开课阶段的组织教学和巩固阶段的组织教学四个步骤。每个步骤要有适当的时间计划。

3. 课堂组织技能的类型

课堂组织技能主要有管理性组织、指导性组织、诱导性组织等类型。

第三节 课堂教学组织形式与教学模式

在课堂教学活动中,教师总要有效地利用时空条件,把学生组织起来,与之建立联系,以安排和实施教学活动,做到人尽其才、物尽其用。教学模式则是在一定的教学思想或教学理论指导下建立起来的完成所提出教学任务的比较稳固的教学程序及其实施方法的策略体系。教学组织形式与教学模式在实践中是密切联系在一起的,因为任何一种教学模式的运用都离不开特定的教学组织形式。

一、课堂教学组织形式

教学组织形式是社会发展和科技进步的反映,是人类教育实践的结果。在世界范围内存在着各式各样的教学组织形式,如个别教学、班级授课、道尔顿制、分组教学等。从我国目前的具体情况而言,中小学采用的基本教学组织形式仍然是课堂教学,现场教学、个别指导和小组教学是教学的辅助形式,复式教学是教学的特殊组织形式。

(一)班级授课制

1. 班级授课制的定义

班级授课是按照一定数量将年龄、文化程度相近的学生编成班组,由教师按教学计划规定的课程内容、教学时数和教学进度表(课表),进行分科式集体教学的一种教学形式,也称为班级授课制或班级教学。它的突出特点是,一个教师可以在同一时间内面向一个班的学生进行教学,大大地提高了教学的效率。它的弊端是,不利于根据学生的个性特点因材施教。

2. 班级课的类型与结构

(1)所谓"班级课的类型",是指根据教学任务而划分的课的种类。班级课类型的划分和运用,对于教学实践有着重要意义。在教学过程中,教师如果能够根据教学任务、教学内容、学生年龄特征以及课的前后联系等,正确地选择和运用不同类型的课,就会使上课形成一个完整的课的体系,从而保证教学过程的完整性,使学生能够全面、牢固地掌握知识、技能和发展智力。班级课的类型基本上分为两大类:单一课和综合课。

单一课是指在一节课内主要完成一项教学任务的课。这类课一般又分为讲授新知识的课、巩固知识的课、培养技能的课、检查知识的课等。中学高年级的上课,多采用这种单一课型。

综合课又称混合课,是指在一节课内同时实现两项或两项以上教学任务的课。这种课是小学或中学低年级经常采用的上课类型。这是因为小学和中学低年级的教材内容比较简单,不需要一节课都用来实现单一的教学任务;而且,小学生的注意力不容易长时间集中。所以,一节课内常常把讲授新课、配合相关的活动、复习和巩固、检查提问、作业练习交叉起来进行。

(2)所谓"班级课的结构",是指课的组成部分和各部分进行的顺序及其时间的分配。课的类型不同,课的结构也有差异。综合课的结构一般由组织教学、复习检查、传授新知识、巩固新知识、布置作业等五部分组成;而单一课中的传授知识课、复习课或训练课等,各有其特定的组织结构。但一般来说,不管何种课型都必须包括三个部分:以组织教学为内容的开始部分,以完成主要教学任务为内容的中心部分,以巩固知识为内容的结束部分。

影响课的结构的因素不仅包括教学目的和课的内容,而且还包括学生的学习能力和教师上课时所采用的教学方法。所以,课的结构的安排应该是多种多样的,不应该是千篇一律的。

(二)课堂教学的辅助组织形式

1. 个别辅导

在实施课堂教学的同时,对学生进行个别指导是课堂集体教学有效的辅助形式,这种形式在我国已有几千年的历史。中国古代教育家在个别指导方面已积累了许多宝贵的经验。

由于班级教学较多的是从学生的年龄、程度等共性出发去进行教学,而每个学生在学习上都有着特殊的情况和需要照顾的地方,因此,为了适应学生的个别差异,在课堂教学的基础上辅以个别指导,无论对优秀学生、困难学生还是一般学生都有积极的作用。这种教学组织形式,要求教师要熟悉学生的知识基础、学习能力、个性特点、学习方法和习惯,以便因材施教,进行全方位指导。

对学生进行个别指导主要有五种方法:一是个别答疑、辅导、补课等;二是对课外阅读的指导;三是对课外作业的指导与检查;四是对学生学习方法的指导;五是聘请有关人员担任辅导员,定期对个别学生进行辅导。

随着现代化教学手段的广泛使用,教师还可以通过录音、录像以及图书资料中心和计算机网络中心等各种手段和设备来指导个别学生的学习,并且还可以根据各个学生自己的需要和条件来选择学习的内容和时间。这种可选性和灵活性,使得个别指导具有很强的适应性。目前,这种组织形式是小学课堂教学的重要组成部分,而且它的作用正在日益加强。

2. 小组教学

20世纪60年代以后,随着教学组织形式的改变,小组教学越来越多地受到欧美教育家的重视,甚至成了某些发达国家小学教学的基本活动形式。但就我国目前中小学教学的实际情况而言,小组教学仍被看成是班级教学的辅助形式,在课堂教学中所占的比重并不很大。随着素质教育的全面推进和基础教育课程与教学改革的深化,小组教学在我国中小学的教学活动中的地位也会进一步加强;因为小组教学有很多优点,有利于实行教学民主,调动学生学习的积极性和主动性,建立良好的师生关系和学生之间的关系。

小组教学的形式是多种多样的,概括起来有以下八种:

(1)小组合学。某些有一定难度的课题,伙伴间可分工合作学习,如查字典释义,每个人查几个,然后互相交流;造句时每人造一句后评出最佳句;一题多解的数学题,每人解一种方法,最后交流评出最优解法等。

(2)小组尝试。教师事先帮助学生掌握一些尝试程序,如怎样尝试识字、尝试阅读、尝试写作、尝试解题,伙伴间在尝试时碰到困难,可相互交流,"小老师"可帮助突破难点。

(3)小组讨论。组内伙伴可轻声或通过体态语言、书面语言、序号语言进行交流,共同探讨,获得正确解答。

(4)小组作业。比较困难的作业,小组伙伴可围在一起做,讨论启发,"小老师"可给予帮助。

(5)小组评改。某些作业可在小组内自改、相互评改或由"小老师"评改。

(6)小组读背。小组进行朗读与背诵练习,在小组长领导下逐个进行角色朗读和背诵检查。

(7)小组游戏。可适当开展配合教学所需的无声的或轻声的游戏学习、作业,如生字搬家游戏、猜字谜游戏、看图找错处、解数学问题智力游戏等。

(8)小组竞赛。可在小组内或小组间进行,如看拼音写生字与词语、书写背诵课文、口算题等。①

3．现场教学

所谓"现场教学",就是教师结合一定的生产现场和社会生活现场条件,同现场有关人员共同组织的教学。它可以给学生提供直接知识,丰富他们的感性认识,对于理论联系实际有着重要的作用。通过现场教学,能够使学生更深刻地理解和掌握书本知识,培养他们运用知识的能力。由于这种教学是对实际事物的直接接触,因而有助于把学到的东西牢固地记忆和保持。

现场教学大体有两种类型:一种是根据学习某门学科知识和技能的需要,组织学生到有关现场进行教学;一种是学生为了从事某种实践活动,需要到有关现场学习有关的知识和技能。在现场教学中,可以使学生更好地认识社会、认识现实,对学生的思想意识、道德品质和政治态度产生重要的影响。因此,适时地创造条件进行现场教学是必要的。

组织现场教学要做到以下几点:

(1)组织现场教学的目的要明确。通过现场教学要解决什么问题,完成什么任务,教师、学生和参与教学的现场有关人员都必须做到心中有数。这样,才能选择好恰当的课题,物色好适宜的现场,才能保证现场教学与课堂教学的配合和衔接。

(2)要有计划性。现场教学要在教师指导下,有准备、有计划、有组织地进行。必须争取得到现场工作人员直接的合作与支持,最好是同现场工作人员共同拟定活动计划。

(3)要重视理论的指导。现场教学是理论与实际结合的好形式,它为学生提供了大量的实际知识和感性材料。这就要求教师注意理论指导,引导学生在充分的感性材料的基础上进行抽象概括,由感性认识上升到理性认识,从理论的高度分析和认识实际问题。

(4)要做好现场教学的总结工作。总结的方式可以是教师讲解,也可以是分组座谈心得体会。

(三)复式教学

所谓"复式教学",是指把两个年级以上不同程度的学生编在一个班里,由一个教师在同一个教室同一课时里,分别用两种以上的教材交叉对学生进行教学的组织形式。它是小学课堂教学的一种特殊组织形式。

复式教学保持了课堂教学的基本特征,如班级、课堂和统一时间等。所不同的是教师在一节课内要巧妙地同时安排几个年级和多种教学活动。它主要适合

---

① 肖文娥主编:《小学数学论》,高等教育出版社1997年版,第170—171页。

于学生少、教师少、校舍和教学设备条件较差的地区,对于普及农村特别是山区的小学教育有着重要的作用。

复式教学与单式教学相比有许多先天的不足,如学生获得教师直接指导的时间少于单式教学;不同年级的学生在一个教室里学习,互相之间的干扰也较多;教师无论是备课还是上课遇到的困难多,工作量相当繁重。但教学实践证明,组织安排得当的复式教学也能取得较好的教学效果,而且对于学生的基本训练、自学能力、"小干部"的独立工作能力等方面的培养往往会有一定的优势。所以,在中小学的一些活动课中可以灵活地运用这种教学形式。

二、课堂教学模式

(一)教学模式的概念

什么是教学模式?国内外学者对此有不同的解释。在国外较有影响的是美国学者乔伊斯和威尔在其所著的《教学模式》一书中所下的定义:"教学模式是构成课程(长时间的学习课程)、选择教材、指导在教室和其他环境中教学活动的一种计划或范型。"[1]这种解释是将教学模式看成是一种具体的教学方案。同时,乔伊斯和威尔还对大量的教学实践模式、教学方案进行研究的基础上,总结出了四类教学模式,即信息处理教学模式、人际关系教学模式、社会互动教学模式和行为控制模式。[2] 国内关于教学模式的研究也给予了极大的关注,同时也出现了多种不同的解释。例如,有人认为教学模式就是教学程序,有人认为教学模式是一系列教学方法的综合,也有人认为教学模式就是为了完成一定的教学任务而采用的教学方法与教学手段的有机结合。近年来,国内外学者对教学模式的研究和认识越来越深入,突破了以往单一的思维分析,逐步趋于综合化。

综合这些研究成果,教学模式可定义为:是在一定的教学思想或教学理论指导下,为实现预定的教学目标而设计或发展起来的相对稳定的教学流程及其方法体系。一个完整的教学模式一般应由五个基本的因素构成,即指导思想或理论依据、教学目标、操作程序、实现条件和评价方法。一般说来,只有具备了这五个方面,才是严格意义上的教学模式。从教学实践的角度来看,教学模式就是要把比较抽象的教学思想和教学理论转化为具体的可操作性策略,它体现教学组织、教学方法和教学手段的综合运用,使教师明确教学活动的具体操作程序和所要达成的具体目标。通俗地说,就是要让教师知道在教学过程中应先做什么、后做什么,先怎么做、后怎样做等一系列具体问题。

---

[1] 钟启泉编译:《现代教学论发展》,教育科学出版社1988年版,第162页。
[2] 韩桂凤编著:《现代教学论》,北京体育大学出版社2003年版,第155页。

(二)我国中小学几种常用的课堂教学模式①

1. 传递—接受式教学模式

这是我国中小学教学实践中长期以来普遍采用的一种课堂教学模式,主要运用于系统知识、技能的传授学习。它的基本程序是:激发学习动机→复习旧课→讲授新课→巩固运用→检查。

这种模式由教师直接控制着课堂教学过程,按照学生认识活动的规律来规划,通过教师的传授使学生对所学习的内容由感知到理解,达到领会;然后再组织学生练习,巩固运用所学的内容;最后检查或组织学生自我检查学习的效果。它的特点是,能使学习者比较迅速有效地在单位时间内掌握较多的信息,突出地体现了教学作为一种简约的认识过程的特性;但由于在这种模式中,学习者客观上处于接受教师所提供信息的地位,因此不利于他们主动性的充分发挥。

2. 自学—辅导式教学模式

自学—辅导式教学模式是指教学活动以学生自学为主,教师的指导贯穿于学生自学始终的教学模式。这种模式由于充分发挥视觉分析器官的作用,又较重视学生之间的相互帮助,所以比单靠"讲—听"单通道输入信息的效果要好。它的基本程序是:提出要求→自学→讨论交流→启发指导→练习总结。

这种模式主要的功能在于激发、促进、锻炼、提高学生的思维能力,充分调动他们的学习积极性。因而,使用这种模式不仅有利于学生自学能力和习惯的培养,而且有利于适应学生的个别差异。另外,教师通过学生自学时对他们的个别辅导,加深了对各个学生基础水平、理解能力、性格特征等方面的理解,从而可根据不同学生的特点来进行指导。

3. 引导—发现式教学模式

这是一种以解决问题为中心,注重学生独立活动,着眼于创造性思维能力和意志力培养的教学模式。它的基本程序是:问题→假设→验证→总结提高。

在这种模式中师生处于协作的关系,要求学习者能展开积极能动的活动,有时甚至可以扮演主角,但这要根据具体的课题和学习者的情况而定。它的主要功能在于,使学习者学会如何学习,如怎样发现问题、怎样加工信息、对提出的假设如何推理验证等,因而有利于培养学生的探索能力。同时,这种模式也有其局限性,一般说较适用于数理学科,需要学习者具有一定的现行经验储备,才能从强烈的问题意识中找到解决问题的线索。

4. 情境—陶冶式教学模式

这一模式是指在教学活动中,创设一种情感和认知相互促进的教学环境,让

---

①闫承利编著:《素质教育课堂优化模式》,教育科学出版社2000年版,第13—19页。

学生在轻松愉快的教学气氛中有效地获得知识的同时陶冶情感的一种教学模式。它的基本步骤是:创设情境→体验情境→总结转化。有关的教学实验有"情境教学""愉快教育""成功教育""快乐教学"等。

这一模式的主要作用是对学生进行个性的陶冶和人格的培养。它通过设计某种与现实生活类同的情境,让学生在这种意境中自由地与周围人相互作用,从中领悟到怎样对待生活、对待自己,以提高学生的自主意识和合作精神。

5.示范—模仿式教学模式

这是教师有目的地把示范技能作为有效的刺激,以引起学生相应的行动,使他们通过模仿有效地掌握必要的技能的一种教学模式。它是教学中最基本的模式之一,多用于以训练行为技能为目的的教学。其基本步骤是:定向(明确所学目的)→参与性练习→自主练习→迁移(熟练掌握)。

这种模式运用范围很广,很多学科的技能训练都适合。一些学校所采用的模拟教学,示范者已大多由某一专业中的优秀人员通过制作录像材料来代替;学习者本人的动作也可通过录像进行自我观察、评价,与示范者行为做比较,从而大大提高了学习的效率。这是该模式与现代化手段结合的产物。在这种教学模式中,由于技能的形成主要是学生自己练习的结果,所以教师只起了一个组织者的作用。

第四节 怎样上好一堂课

课堂是教师和学生共同生活的舞台,课堂教学质量与教师、学生的生命质量息息相关。无论是先进的教育理念,还是优秀的教材,最终都要落实到课堂中,体现在教师教学行为和学生学习方式上。

一、上好一堂课的意义和标准

(一)上好一堂课堂的意义

课堂是学校中最为平常、最为普通、最为细小的细胞,是学校教育的基本组织形式,是现代教学的组织单元,是教师生命中难以舍弃的一个职业活动领域。课堂是课程与教学活动的综合体,包括课程实施、课程资源开发、教学活动、师生关系、教学环境等多种教育要素极其相互关系。

课堂教学作为学校教育实施的主渠道,在人的培养和发展过程中,发挥了和正在发挥着并且还将发挥出极其重要的作用。学校的一切教育工作都是为教学而开展的,而课堂教学是学校教育的基本方式。任何教育教学改革如果没有真正触及课堂的话,那么,这种改革就不能说是彻底的。回归课堂是一切教育改革都无法回避的选择,研究课堂是学校发展和教师专业发展的时代要求。

(二)一堂好课的标准

概括地讲,一堂好课的标准,是在贯彻课堂教学最基本的功能——传授知识和技能的同时,能够促进学生的发展、生命的完善,能够使教师和学生思考生命的真谛、寻找生活的意义、体验人生的情感、感受生活的律动、创造生命的价值和辉煌。

从评课的角度来说,一堂好课的标准有以下几个方面:(1)教育理念:促使人上进;(2)教学目标:明确、具体,对教学活动具有指导作用;(3)教学活动:丰富多样;(4)教学素质:教学态度、方法、语言、板书、学科专业技能、教学组织、应变能力、教学媒体、教学设计等充满生命活力;(5)教学效果:在认知领域、情感领域、技能领域使学生都得到发展。

二、怎样上好一堂课

课堂教学在学校教育工作中占有重要的地位,对学校的教育教学质量影响也最大。那么,怎样才能把一堂课上好?关键是发展有效的课堂教学,运用"控制论"的原理,对课堂教学实施有效的调控,是优化课堂教学的有效途径。

(一)教法调控

课堂教学的调控机制,在很大程度上是刺激学生集中注意力,调动学生的学习积极性。从心理学的角度讲,引起学生注意的一个重要因素,是客观对象的新颖性和多样性。因而,课堂教学方法是否新颖、多样化,是决定能否有效地实施课堂教学调控的重要因素之一。

首先,运用教学方法对课堂教学加以调控,教师要克服教学方法刻板化的倾向,追求教学方法的新颖性,以新颖的形式激发学生的求知欲,使之保持稳定的注意力。

其次,教师不能总是固守某种单一的教学理论和方法,要广采现代教育教学理论之精华,不断用变化的信息去刺激学生的接受欲望,使之形成持久的注意力。课堂教学要追求教学方法的灵活性和多样性,就要注意在一定的教学理论指导下,创造多样化的教学方法。

(二)兴趣调控

兴趣是人们力求认识某种事物或爱好某种活动的心理倾向,是推动学生学习活动的内在动力。如果教师能激起学生浓厚的学习兴趣,课堂教学的主动权就能牢牢地掌握在教师手中。

因此,在课堂教学中教师要善于运用多种手段,激发学生的学习兴趣,让学生变被动学习为主动学习。

（三）语言调控

人类的语言是传递信息、表达情感以及学习和保存信息的重要手段。在课堂教学中，知识的传播、思维的引导、认识的提高、能力的培养处处都需要通过语言这个载体来实施。课堂教学无论采取什么形式和方法，都离不开教师的语言。因此，对课堂教学的有效调控，在一定程度上取决于教师的语言组织和表达能力。教学语言如果做到科学性和艺术性的统一，才能使课堂教学处于一种有张有弛、生动活泼、饶有趣味的良性运作状态。

（四）情绪调控

教师的情绪是影响学生注意力最敏感的因素之一。学生学习情绪的高低，课堂气氛活跃与否，往往是与教师的情绪同步变化的。因此，教师在课堂教学中，要将自己的情绪调整到最佳状态。古人云："亲其师，信其道。"上课时，教师达到了最佳情绪状态，真正用情去讲授，不仅可以为学生创设一种良好的学习情境，而且还会使学生受到感染，全身心地投入到课堂学习中去，整个课堂教学便处于教师积极主动的情绪调控之中。

（五）反馈调控

控制的基础是信息，控制过程与信息反馈密不可分。反馈是控制论的基本概念之一，它是把系统输出的信息作用于控制对象后，产生的结果再输送回输入端，并对信息的再输出发生影响的过程。信息反馈是课堂教学的关键环节。在课堂教学中，教师要重视学生的主动参与意识，善于创设信息反馈的教学情境，通过提问、讨论、练习等多种方式，直接从学生那里获得反馈信息；要善于观察学生听课的情绪、神态，间接获取反馈信息。这样既能使学生从多方面、多角度加深对问题的理解，又能培养学生的发散思维能力。

课堂教学实践证明，教师重视教学反馈的功能，能创设多种情境，采用多种形式收集反馈信息，并善于处理教学反馈信息，因势利导，及时调控教学过程，才能将教与学有机地统一起来。

第五节　说课、听课与评课

实施新课程，贯彻新理念，需要教师教学观念的更新和教学方式的转变。重新认识传统的教学方式，开展以说课、听课与评课为核心的教研活动，有利于教师个人的教学发展，也为实现教师专业发展、全面提高课程实施水平奠定了重要基础。

一、说课

说课是课堂教学研究活动中的一个基础性环节，同时也是整个教学研究活动中的一个常规性内容。它对于了解、研究和评价一节课,对于专题研究某一课堂内容的教学,对于培养和提高教师的教学水平具有重要的意义。良好的说课能把理论与实践有机地结合起来,它集备中说、说中评、评中研、研中学为一体,是优化课堂教学设计、提高教师教学能力的一种有效途径。

(一)说课的含义和类型

1. 说课的含义

关于说课的含义,至今没有一个统一的界定。现提供以下几种说法,可以对说课有初步的了解。

(1)说课是教师通过对教育目标本身的分析,表述具体课题的活动设想及其理论依据。通俗地讲,就是要说清教什么、怎么教、为什么这么教。说课以说为主,是教师对教案本身的分析和说明,是一种口头叙述为主的教案分析。

(2)说课是一种教学研究活动,它要求教师以教育理论、教学大纲、教材为依据,针对某一课题的自身特点,结合教育对象的实际情况,口头表述该课题教学的具体设想、设计及其理论依据。

(3)说课就是教师以教育教学理论为指导,在精心备课的基础上,面对同行、领导或教学研究人员,主要用口头语言和有关的辅助手段阐述某一学科课程或某一具体课题的教学设计(或教学得失),并与听者一起就课程目标的达成、教学流程的安排、重点难点的把握及教学效果与质量的评价等方面进行预测与反思,共同研讨进一步改进和优化教学设计的教学研究过程。

2. 说课的类型

关于说课的类型主要有以下几种:

(1)课前说课。是教师在认真研读教材、领会编写意图、分析教学资源、初步完成教学设计基础上的一种说课形式,是教师个体深层次备课后的一种教学预演活动。

(2)课后说课。是教师按照既定的教学设计进行上课,并在上课后向所有听课教师或教学研究人员阐述自己教学得失的一种说课形式,是建立在教师个体教学活动基础上的一种集体反思与研讨活动。

(3)评比型说课。是把说课作为教师教学业务评比的内容或一个项目,对教师运用教育教学理论的能力、理解课程标准和教材的实际水平、教学流程设计的科学性和合理性等做作出客观公正评判的活动方式。它是发现和评选优秀教师的一种评选方法,以此带动并促进教师专业发展的有效途径。

(4)主题型说课。是以教育教学工作中遇到的重点、难点或热点问题为主题,引导教师在进行一段时间实践和探索的基础上,用说课的方式向其他教师、专家和领导汇报其研究成果的教育教学研究活动。它是一种更深入的问题研究活动,对教学重点和难点问题的解决有很大帮助。

(5)示范型说课。一般选择素质好的优秀教师,先向听课教师示范性说课,然后让说课教师将课的内容付之于课堂教学,最后组织教师或教研人员对该教师的说课及课堂教学做出客观公正的评析。听课教师从听说课、看上课、听评析中增长见识,开阔眼界。示范性说课是培养教学能手的重要途径。

(二)说课的内容

怎样才能说好课?一个完整的说课应包括哪些方面的内容?

1.说教材

(1)理解课程标准。在新课程背景下,对教材的理念和理解发生了根本的变化,教材是课程标准的体现,要把握好教材,完成教学目标,必须准确联系课程标准。

(2)分析教材内容。教材是实施课堂教学的最基本的依据,也是说课的基本依据。对教材的整体了解和局部把握是上好课也是说好课的一个重要方面;说课质量的高低,取决于对教材分析的深广程度。

(3)说教材内容的步骤。在认真研读课程标准并分析教材的基础上,按照课程标准对学生的要求,说出所选内容的学习重点和难点是什么,以及确定这些重点、难点的依据是什么等问题。同时在考虑学生认知水平和年龄特征的基础上,对所选内容进行课时安排。具体步骤有:一是说教材内容,包括题目,在第几册、第几单元,单元训练重点、地位、教材的前后联系,有时还要简单介绍作者及时代背景。说教材内容时可以多说,也可少说,可按上面介绍的顺序说,也可打破顺序说,要因教材而定。二是说教材目的要求,做到正确、具体、全面。三是说教学重点、难点以及课时安排、教具准备等。

2.说教法、学法

(1)说教法。是根据本课题内容的特点、教学目标和学生学业情况,说出选用的教学方法和教学手段,以及采用这些教学方法和教学手段的理论依据。教学方法多种多样,不同的教学方法有其具体的特点和适用范围,但始终没有通用的方法。因此,为了实现教学方法的最优化,说课者要从实际出发,需要对各种教学方法进行优化组合,充分发挥各种教学方法的优势,实现教学过程的最优化。

(2)说学法。是根据现代教育对受教育者的要求,不仅体现学习内容,而且更强调学会怎样学习。说课活动中虽然没有学生,但教师必须说明如何根据教学内容、围绕教学目标指导学生学习,教给学生什么样的学习方法,培养学生哪些能力,如何调动学生积极思维,怎样激发学生学习兴趣等。从教师的说课过程中要体现以学生为主体,充分发挥学生在学习活动中的作用。

教法和学法是教师组织教学和学生开展学习的两种不同活动的反映,二者既相辅相成又互相促进。教为主导,学为主体,指明了教学系统中两者之间的关系。教法和学法就是解决教师是怎样为学生服务的。

3. 说教学程序

教学程序是指教学活动的系统展开,表现为教学活动推移的时间序列。通俗地讲,就是教学活动是如何发起的,又是怎样展开的,最终又是怎样结束的。说教学程序是说课的重点部分,因为通过这一过程的分析才能看到说课者独具匠心的教学安排,它反映着教师的教学思想、教学个性与风格;也只有通过对教学程序设计的阐述,才能看到其教学安排是否合理、科学,是否具有艺术性。通常,说教学程序要关注以下几个问题:

(1)教学思路与教学环节安排。说课者对教学流程和环节进行概括说明,这一过程有助于听课者了解和把握说课者关于教学活动的整体安排;要针对学生实际,说明白借助哪些教学手段来组织教学的基本教学思想。

说教学程序要把教学过程所设计的基本环节说清楚,但具体内容只需概括介绍,只要听讲人能听清楚教什么、怎么教、为什么这样教即可,不必按教案像给学生上课那样讲,要做到详略得当,重点突出,难点详说。

(2)教具、学具准备。是教师为提高教育教学活动的质量,根据授课内容的安排或优化教学过程的需要,说清楚选择采用的教学手段。主要有挂图、幻灯、录像带、计算机、实验仪器、网络等教学媒体。这部分内容可在具体教学环节中体现,也可单独列出。

(3)板书设计。视具体说课的要求而定。通常情况下,如果是教学研究活动中的说课,这一环节可以省略;但作为业务评比,则可在说课的过程中在黑板上直接演示。

(三)说课中应遵循的原则

1. 科学性原则

科学性原则是组织活动应遵循的基本原则,也是说课应遵循的基本原则,是保证说课质量的前提和基础。它要求教师正确分析和深入理解教材,教材分析符合客观实际,符合学生的年龄特征,具有较强的可行性和可操作性。

2. 理论联系实际原则

说课是说者向听者表达其对某次活动设想的一种方式,是教学与研究相结合的一种活动。因此,在说课活动中,说课人不仅要说清其活动构想,还要说清其构想的理论与实际两个方面的依据,做到理论与实践的高度统一。

3. 实效性原则

任何活动的开展,都有其鲜明的目的,说课活动也不例外。说课的目的就是要通过说课的形式或手段来在短时间内集思广益,检验和提高教师的教学、教研能力,从而优化活动过程,提高活动效率。因此,要求说课目的明确、针对性强、准备充分、评说准确。

4. 创新性原则

说课是深层次的教研活动,是教师将活动构想转化为具体活动之前的一种预演,其本身也是集体备课。特别是研究性说课,其实质就是集体备课。在说课活动中,说课人一方面要立足自己的教学特长、教学风格;另一方面更要借助有同行、专家参与评说,众人共同研究的良好机会,树立创新的意识和勇气,大胆假设,小心求证,探索出新的思路和方法,从而不断提高自己的业务水平,进而不断提高教学质量。只有在说课中不断发现新问题、解决新问题,才能使说课活动充满生机和活力。

二、听课

(一)听课的含义和类型

1. 听课的含义

听课是一般教师或研究者凭借眼、耳、手等自身的感官及有关的辅助工具(记录本、调查表、录音录像设备等),直接地(也有间接地)从课堂情景中获取相关的信息资料,从感性到理性的一种学习、评价及研究的教育教学方法。

听课是教学的常规工作之一,也是教育行政和教学业务部门执行检查,指导各种层面上的教研活动的重要内容,更是教师、教研人员的一项经常性的工作职责与任务。通过听课,达到认定课堂教学优劣的目的,从而提升课堂教学研究的水平和质量。

2. 听课的类型

听课类型的划分是相对的。不同性质的课、不同形式的课等对听课的要求是不同的。根据当前教学改革和教学的实际情况,将听课划分为检查型听课、评比型听课、观摩型听课和调研型听课四种类型。

(1)检查型听课。是为了解学校和教师教育教学工作的总体、过程、某一方面或某个问题的情况而进行的听课活动。它是上级教育部门和学校领导监督、检查教育教学工作的最普遍的一种听课形式。

(2)评比型听课。主要是为了对教师做定性评价的听课活动。这种听课方式具有筛选性、公正性、比较性等特点,其具体要求:一是认真了解和掌握评比的目的、要求和相关规定;二是对课的内容要熟悉;三是做详细的比较性记录;四是客观公正地听每一节课;五是要对听课人员进行选择。

(3)观摩型听课。是为了总结、推广、交流及学习教学经验和方法等而进行的听课活动,包括公开课、示范课、展开课等。这种听课方式具有示范性、推广性、学习性等特点,其具体要求:一是端正学习的态度,认真地听和看;二是认真仔细地记录有特色、有创新的地方;三是要与自己的课进行认真的比较分析。

(4)调研型听课。是为了研究、探讨有关教育教学问题或了解教学改革实验进展情况而进行的听课活动。研讨课、实验课、调研工作中的听课等属于这个范畴。它具有目的性、探讨性、选择性、导向性和反复性等特点,其具体要求:一是做好调研的准备工作;二是积极参与到教学过程中;三是主动和虚心听取教师的建议和要求;四是写出调研报告。

(二)教师如何听课

听课是教师在日常教学活动中经常发生的教研活动,它有利于促进学校和教师教育教学质量水平的提高;有利于良好教学风气的形成,促进教学改革深入有效地进行;有利于总结和推广先进的教学经验和方法,促进教师特别是青年教师的提高和成长。听课过程,是教师在互动中获取经验、自我提高的过程,也是教师研究课堂教学、提高业务能力最有效的途径。

课堂听课通常分为听课前的准备工作、课堂听课和听课后工作三个阶段。

1. 听课前准备工作

无论听何种类型的课,在听课前都应确定具体的目的和要求;否则,就可能得不到有效、真实的听课信息,达不到听课的目的。因此,听课前应做好如下准备工作:

(1)熟悉教材,了解这节课编者的意图,弄清新旧知识的内在联系,熟知教学内容的重难点;

(2)明确这节课教学的三维目标,听课时只有明确了教学目标,才能看出教师教学的完成情况;

(3)针对这节课在头脑中设计出课堂教学初步方案,粗线条地勾勒出大体的教学框架,为评课提供一个参照体系;

(4)听课前要回忆自己是否教过这节课内容,有什么困惑与问题。

2. 课堂听课

听课不仅是复杂的脑力劳动,而且是一种方法和技能。听课过程中应关注如下几个方面:

(1)要关注教学环节设计,即情境创设→新课的导入→新知的探究→新知的巩固、应用与拓展等,教师是否能够做到随机应变、灵活调整、调控课堂,达到激活课堂的目的。各环节如何控制时间,完成每一环节的过程和过渡的情况;教师为什么这样安排课堂教学环节,大的环节内又是如何安排小的环节的;怎样使课堂结构符合本节课的教学目的、教材特点和学生的实际;是否做到合理安排、科学调配,充分发挥每一分钟时间的效能。

(2)要关注重点突出与难点突破。听课时要关注教师是怎样充分、灵活、简便、有效地运用学生已有的知识再现纵横联系;是否采用举例说明,引导比较、直观演示等手段;如何运用比较、分析、综合等逻辑思维方式帮助学生突破重点难点,理解掌握新知;解决问题要关注如何将书本知识转化为学生的精神财富;如何组织学生自主探究,亲身体验,学会新知。

(3)要关注教学方法与学习方法。听课时要关注教师是怎样在教学过程中与学生积极互动、共同发展的;从教师的"教"为中心向以学生的"学"为中心转移,怎样处理好传授知识与培养能力之间的关系;如何创设学生主动参与的教学环境,激发学生的学习积极性,培养学生的学习能力;怎样培养学生学会观察、质疑与比较,学会分析、判断与推理,学会概括、归纳与小结,学会操作与演示,学会讨论、辩论与争论,学会调查与探究等。

(4)要关注辅助手段的应用与板书设计。听课时要认真琢磨教师如何把信息技术与学科教学整合,充分发挥信息技术的作用,为学生的学习提供丰富多彩的教学情境,从而激发学生学习兴趣,提高课堂教学实效。要关注教师如何设计板书,是否做到:详略得当,层次分明,脉络清晰,重点突出,提纲挈领。

(5)要关注练习设计与知识拓展。练习设计是否做到有针对性、层次性、拓展性,达到巩固新知、培养能力的目的;练习形式是否多样,是否应用所学知识解决日常生活的实际问题,提高学生解决实际问题的能力。

(6)听课时要全身心地投入,积极思维,认真分析。应从三个方面进行角色介入:一要进入"教师"的角色。设身处地地思考,将执教者的教法与自己的构思进行比较,如果自己来上这节课,该怎样上。二要进入"学生"的角色。使自己处于"学"的情境中,从学生的角度去反思教师怎样教或怎样处理教学内容、怎样引导、如何组织,学生才能听得懂、能探究、能应用、会掌握。三要进入"学习"的角色。在听课中更多地去发现教者的长处,发现课堂教学的闪光点,以及对自己有启迪的东西,做到取长补短,努力提高自己的业务水平。

3. 听课后工作

(1)做好听课记录。记录听课内容,按先后程序提纲挈领地记录下来。包括记录时间分配、教法学法的选择与应用、情境的创设、过渡的语言、引导的技巧、激励的方法、组织活动的方式、教师挖掘与利用课堂生成资源的情况、灵活处理偶发事件、练习状况、练习内容、练习形式等。

(2)做好课后分析。听过一节课后就应及时进行综合分析,找出这节课的特点和闪光处,总结出一些有规律性的认识;明确对自己有启迪、能学会的有哪几个方面;并针对这节课的实际情况,提出一些建设性的意见与合理性的修改建议,与执教教师进行交流切磋,以达到互助互学的目的。

三、评课

评课是学校的一项重要工作,科学化的评课对提高课堂教学质量,提升教师教育教学素养,进一步加强和深化新一轮课改有着很强的现实意义。《基础教育课程改革纲要(试行)》指出:"改变课程评价过分强调甄别与选拔的功能,发挥评价促进学生发展、教师提高和改进教学实践的功能。"通常认为,对教师的评课应包括以下几个方面的内容:

(一)教学态度

教师的教学态度引导着学生的上课情绪和求知热情,一个对教学负责并能发扬教学民主的教师肯定受到学生的欢迎。教师的教学态度主要有:对教材能深入研究,对学生充满爱心和希望,师生之间是朋友式的关系,在教学中贯彻教育性原则,关注学生的思想道德教育等。

(二)教学方法

在教学中,必须转变学生传统的接受式学习,提倡教师启发诱导下的合作探究与自主探究学习,并带领学生深入生活,体验和运用所学知识解决实际问题。教学方法的选择和运用必须根据学生的实际情况,合理选用,让学生受益最大。

(三)教学组织安排

教学组织安排的要求是:能够抓住知识主线,层次分明,思路清晰,重点突出,组织严密,并根据学生学习现状适时调整教学计划。在评价教师的时候,关键要看教师对教学组织的时效性、自然融合性和可调整性,是否善于组织教学活动,能否驾驭课堂教学。

(四)教学语言

对教师教学语言的基本要求是:语言准确、清晰、逻辑性强、形象生动。评价教师的教学语言,要抓住准确、清晰、有效、有序、幽默、语感、技巧等方面来参照。

(五)课堂板书

板书是一节课主要内容的浓缩,具体要求是:简要工整、布局合理、条理清晰,好的板书能用有限的空间容纳简洁而丰富的内容。

(六)教态

教师的教态应该亲切、自然、庄重,不矫揉造作,贴近学生的认可形象。一个教师魅力的展现也体现在这方面。良好的教态能让学生找到上进的信心,教师和学生之间用无形的力量拉起信任的纽带。

(七)学科专业技能

学科专业技能直接影响教师的专业发展和教学质量,更影响学生的素质发展。它是教师综合素质的检验。

(八)应变能力

在多变的课堂上教师要很好地驾驭课堂教学,就必须具备一定的应变能力。

(九)教学媒体

在使用现代化的教学媒体辅助教学时,要按照教学的需要,规范操作,讲求效率,尽可能地发挥它的作用。

(十)教学设计

评价教学设计要看这样几个问题:教师准备教的内容和学生准备学的内容是什么;教师怎样组织教学活动与学生如何进行探究学习;教师组织和指导的措施与策略是什么。

总之,评价一节课,应看教师是否善于引导,是否创设了良好的教学环境,是否组织学生开展活动,是否留有静思的空间和时间;看学生是否积极主动,是否积极参与以及参与面有多大,是否主动探究、合作交流,是否敢于质疑并提出有价值的问题;关键还要看学生学得怎么样、得到多少、得到些什么、掌握了哪些学习方法,而不是看教师讲得怎么样、课堂是否热闹。

第六节　学生教学

学生教学也称教育或教学实习,是高等师范院校学生在校学习期间,通过到基层学校实践培养教育教学能力的一种教学活动。在学生教学中,要求学生将在校所学专业知识与技能、教育教学理论和方法以及教师的基本素质等应用到教育教学一线中,检验学校所教的、自己所学的与中小学教育教学有多大差距,如何弥补这些差距;提倡学生在教育理论、教学方法乃至教学内容等方面有所探讨、有所创新,鼓励他们按照自己理想中的"新型教师"形象出现在中小学讲台上,通过实习全面提高教育教学能力。

一、学生教学的意义和任务

(一)学生教学的意义

学生教学是师范院校专业教学计划的有机组成部分,是为基础教育培养合格师资的重要环节,是使学生将理论应用于实践,将知识转化为能力,由学生向教师过渡,进行教学能力训练的重要途径。同时,学生教学还对进一步加强学生思想教育和师德教育,培养学生独立从事教育工作的能力,了解教育教学的方法和规律,成为合格教育工作者,具有十分重要的意义。

(二)学生教学的任务

1. 课堂教学实习

要求每位实习生必须在指导教师的指导下,完成各个教学环节的实习,按规定至少上8节课,其中新课不少于4节;至少编写8个教案,其中每个新教案必须经过试讲,待指导教师同意后,方可进行教学;踊跃承担实验、课堂讨论、批改作业、课外辅导等教学任务。

2. 班主任工作见习

要求每位实习生掌握班主任工作的原则、内容和方法;学习组织和指导班、团、队或其他课外活动,提高独立工作能力;经常深入学生班级,调查了解学生的思想状况和学习情况,有目的地开展一些工作,当好原班主任的助手。

3. 社会调查

每位实习生在努力做好教育实习工作的同时,应根据所在院系拟定的题目,结合教育实习的实际,有目的地进行一些专题调查,了解基础教育的现状,写出有一定水平的调研报告或研究论文,以提高发现问题、分析问题和解决问题的能力。

二、学生教学的目的和要求

(一)学生教学的目的

(1)通过教育教学实习,使学生受到深刻的专业思想教育和师德教育,熟悉教育教学现状,激发献身教育事业的热情;

(2)通过教育教学实习,将所学的专业理论知识和基本技能综合运用于教育教学工作中,检验和培养学生独立分析问题与解决问题的能力;

(3)通过开展教育调查,引导学生认真学习和研究教育科学,探索教育规律,初步了解教育教学的基本原则和方法,积累与总结经验,奠定感性认识基础;

(4)通过教育教学实习,还可以检验所学专业的办学思想和培养规格,以便及时获得反馈信息,不断改进教学工作,进一步提高教学质量。

(二)学生教学的要求

(1)高等师范院校学生在校学习期间,开展学生教学是沟通理论学习与教育实践的重要环节,是一门必须修的课程;

(2)师范生在本科四年学习期间,学生教学时间为一个学期,可以安排一个整学期,也可以分阶段进行;

(3)师范生的学生教学应以基层学校为主要场所,以亲身参加一线教育教学实践为主要活动;

(4)学生到基层学校后,应融入所在学校中,接受和服从该学校的领导与管理。

三、学生教学的程序

(一)准备阶段

具体包括:制订学生教学工作计划;对学生人数进行统计和资格审查;联系实

习点,确定学生分组;召开实习指导会议,进行动员和组织;申领和发放实习费用等,做好出发前的各方面准备。

(二)操作阶段

与实习单位取得联系,由带队教师带领学生到实习单位报到;带队教师要常住实习点听取指导教师意见,了解情况,督促检查,并指导学生搞好教育教学实习的各项工作。尤其要指导学生写好实习日记或教育教学反思日志。

(三)总结阶段

实习结束前,进行实习小结,由所在学校的指导教师评定学生的教育实习成绩和评语,办理交接手续离开实习单位。返校后,由带队教师主持,召开总结会,综合评定学生的实习成绩,评选出优秀实习生;在规定时间内完成实习总结报告。其中,实习总结报告应包括对实习基本情况的陈述、实习收获、发现的问题和改进建议等。同时,向院系和学校递交相关的档案材料、教育实习工作计划和总结、调研报告、实习教育教学照片等。

四、学生教学应注意的问题

实习学生除应遵守本学校学生实习守则外,还应务必做到:按时上下班,遵守实习单位的工作纪律,尊重实习指导教师,虚心求教;在工作中要认真学习,踏实肯干,开拓进取;每天要写实习日记或教育教学反思日志;每周要进行小结,及时纠正存在的问题;同学之间要彼此帮助,团结协作,勿谈论与工作无关的闲话。尤其要注意安全,出行要向实习单位领导或带队教师请假;遇到特殊情况,要及时向带队教师汇报。

> 人的一生需要学习的东西很多,俗话说"活到老学到老"。那么,你知道怎样学习吗?当你的学习成绩不佳时,你思考过自觉地运用有效的学习原理和技能进行学习吗?如果你是一位老师,你会指导学生学习吗?

第六章　学习原理与学习技能

学习过程的特点和规律是设计教学内容、程式、策略和方法的基础。学校的中心工作是教学,要做好教学工作,就要研究学生的学习特点和规律,探讨学生学习的基本含义、中西方的学习理论、学习的心理条件、知识和技能的学习过程、学习的基本技能、学习差异与因材施教、学习风格、学习策略等有关学习的基本问题。

第一节　学生学习的一般原理

学习(learning)是非常普遍的活动,也是人生活的一部分。人们在日常生活中不断进行着各种学习和学习活动,并且在不断地学习过程中逐步成长。

一、学生学习的含义

学习是每个人都经历过的,但究竟什么是学习,并不是每个人都能说清楚的,所以要给学习下一个确切的定义也并非易事。有人把学习看成是一个尝试错误的过程,有人认为学习是一种顿悟,也有人主张学习是刺激、强化的结果,还有人把学习看成是内部图式与外界刺激的同化、调节的循环。这些对学习的种种不同看法,既反映了学习本身是一个很复杂的问题,也表明对学习问题的研究还有待于继续深入。

学习有广义和狭义之分,从最广义的学习到最狭义的学习至少有四个等级:最广义的学习,包括动物在内,是人类和动物共同具有的一种心理现象,是有机体适应环境的重要手段;次一级的广义学习,专指人类的学习而言;再次一级的学习,专指学生的学习;最狭义的学习,专指知识和技能的获得以及智力和能力的发展与培养。人类的学习不同于其他动物的学习,学生的学习也不同于人类的一般学习,它们之间除有共同性外,还有其特殊性。

人类学习与动物学习有着本质区别:人类学习的基本特点之一,是具有社会性。其另一基本特点是它的意识性。因此,学习在一般含义和范围上指的是人类的学习,它是在社会生活实践中,以语言为中介,自觉地、积极主动地掌握社会和个体经验的过程。

学生的学习不同于人类的一般学习:首先,学生的学习是在学校里以掌握间接经验为主;其次,学生的学习是在教师的指导下进行的;第三,学生的学习要求在德、智、体、美等诸方面得到全面协调发展。总之,学生的学习是在教师指导下,有目的、有计划、有组织地以掌握前人积累的间接经验为主要任务,以求身心和谐发展的一种活动。

二、学生学习的基本理论

学习理论是关于学习的本质、过程、条件等根本问题的一些思想观点。了解学习理论有助于利用学习规律提高学习效率。古今中外有许多教育家都曾对学习问题做过深入研究,提出了比较系统的学习理论观点。这里主要介绍中国古代的学习理论和西方现代的学习理论。

(一)中国古代的学习理论

中国是一个具有五千多年文明史的国家,从古代社会开始就非常重视教育和学习问题,许多教育家提出过非常丰富的学习理论。

1. 关于学习过程

中国古代关于学习过程的理论主要有二阶段论、三阶段论、四阶段论、五阶段论等观点。二阶段论认为,学习过程包括"学"与"习"两个阶段;这两个阶段又可以分为"学""思""习""行"四个环节。比如孔子,从其毕生的学习经验中就提炼出"学而时习之,不亦说乎"[①]的名言,也发出了"学而不思则罔,思而不学则殆[②]"的谆谆告诫;他还要求人们"多闻,择其善者而从之,多见而识之"[③],要学以致用、言行一致,"君子欲讷于言而敏于行"[④]。可见,"学"是"闻""见",属于感知阶段;"思"是理解,属于加工阶段;"习"是熟练、巩固阶段;"行"是应用、实践阶段。"学"和"思"是获取知识和技能的过程;"习"与"行"是形成能力与德行的过程;从"学"到"行"的过程就是学习的过程。

三阶段论认为学习要历经"学""思""行"三个阶段。

四阶段论以先秦时期著名思想家荀子为典型代表。他把学习视为一个"闻、

[①]《论语·学而》,上海古籍出版社1987年版。
[②]《论语·为政》,上海古籍出版社1987年版。
[③]《论语·述而》,上海古籍出版社1987年版。
[④]《论语·里仁》,上海古籍出版社1987年版。

见、知、行"的过程,认为"不闻不若闻之,闻之不若见之,见之不若知之,知之不若行之;学至于行之而止矣。行之,明也"①。"闻""见"是学习的基础,是间接地和直接地获得感性经验的过程;"知"在"闻""见"的基础上,通过对学习材料的分析、综合、抽象、概括等一系列心理活动,将感性经验上升为理性经验;而"行"是将所学的经验加以应用的过程。

战国后期的著名论著《中庸》对学习过程的描述是五阶段论的典型代表。《中庸》认为,学习过程就是"博学之,审问之,慎思之,明辨之,笃行之"②这样一个节节反馈、层层深入的过程。这种认识反映了学习过程的一般规律,包含了许多合理的因素。在这里,所谓"博学",就是要多闻、多见,上至"天地万物之理",下至"修己治人之方",皆在"博学"之列。所谓"审问",就是要多问、善疑。王夫之认为,"审问"是学习进步的前提,即"善问善答,则学日进矣。"朱熹也指出:"读书无疑者,须教有疑。有疑者却要无疑,到这里方是长进。"③所谓"慎思",就是要推究穷研,深沉潜思,知其所然。所谓"明辨",就是要在思考的基础上分清真假、善恶、美丑、是非。所谓"笃行",就是将"学""问""思""辨"的结果付诸实践,见诸行动。

2. 关于学习修养

学习要取得成就,离不开学习者一定的心理条件做保证。因此,必须加强学习者自身的修养。如孔子,他在学习修养的问题上就曾提出过多方面的要求,既强调学生要"志学",将远大志向作为推动学习的巨大动力,还特别强调好学与乐学,认为"知之者不如好之者,好之者不如乐之者"④,主张学生要养成学习的浓厚兴趣和热烈而深厚的情感;同时,孔子还要求学生要有持之以恒的学习精神和不耻下问的学习态度。再如孟子,他曾用两人学下棋的故事说明了注意力集中、专心致志对于学习的重要意义。

可见,中国古代学者在研究学习问题的时候,的确涉及志向、注意、兴趣、情感、意志等心理因素与学习的关系,并据此提出了加强学习修养的富有见地的观点。概括起来就是:志向要远大,注意要集中,兴趣要稳定,情感要热烈,意志要坚强,态度要谦逊。

---

① 《荀子·儒效》,见顾树森编著《中国古代教育家语录类编》(上册),上海教育出版社1983年版,第210页。

② 《礼记·中庸》,见顾树森编著《中国古代教育家语录类编》(上册),上海教育出版社1983年版,第240页。

③ 朱熹:《学规类编》,见顾树森编著《中国古代教育家语录类编》(上册),上海教育出版社1983年版,第175页。

④ 《论语·雍也》,上海古籍出版社1987年版。

(二)西方现代学习理论

西方现代学习理论主要有联结派的学习理论、认知派的学习理论、联结—认知派的学习理论、人本主义学习理论四种代表性的观点。

1.联结派的学习理论

联结派的学习理论主要强调学习是在某种刺激与某种反应之间建立联系、联结的过程,有三种有代表性的观点。

(1)巴甫洛夫的经典性条件反射理论。条件反射是指将不能诱发反应的中性刺激(即条件刺激)与一个能诱发反应的刺激(即无条件刺激)相匹配(一次或多次),致使中性刺激最终能诱发同类反应的过程。该现象最早由苏联生理学家巴甫洛夫实验发现。

(2)桑代克的联结学习理论。桑代克是美国著名心理学家,他以动物为对象研究其学习过程,较著名的实验是饥饿的猫打开迷箱。根据实验结果,桑代克提出了学习的联结观点:第一,学习的实质是建立某种情境(S)与某种反应(R)之间的联结,即建立 S—R 联结。第二,联结的建立是一个盲目尝试并不断减少错误的渐进的过程,简称尝试错误过程或试误过程。第三,联结的建立遵循一些学习规律,桑代克提出了准备律、练习律、效果律等学习的三条主律和多重反应律、定势律、优势要素律、类比反应律和联想转移律等五条学习的副律。

(3)斯金纳的操作性条件反射。美国心理学家斯金纳认为,在实际情境中像穿衣、说话与写字等许多行为似乎没有明显的刺激引发,是自发产生的。他将自发产生的行为称为操作行为,以区别于由明显的刺激引发的应答行为。通过对操作行为的形成进行系统的研究,斯金纳提出了操作性条件反射学说,他认为学习的实质就是形成这种操作性条件反射的过程,而在这个过程中起决定作用的是对某种行为的强化。根据强化原理,斯金纳提出了程序教学的思想。

2.认知派的学习理论

认知理论是与联结理论相对立的学习观点,它更强调学习的内部过程、认知结构的建立和个体的意识。认知学习理论有各种不同的观点。

(1)格式塔学派的顿悟学习理论。格式塔心理学派的代表人物苛勒对黑猩猩的学习过程进行了一系列实验研究,提出了顿悟学习理论。根据实验,苛勒认为,学习是一个顿悟的过程,而非试误的过程。顿悟即突然觉察到问题解决的办法,是通过个体理解事物之间的关系、结构与性质实现的。

(2)布鲁纳的认知发现理论。布鲁纳是美国著名的教育学家和心理学家,他强调认知学习与认知发展,提倡发现学习。其主要学习观点有:第一,学习就是主动地形成认知结构的过程。所谓"认知结构",是由人们过去的经验所印入的,由动作、肖像、符号三种形式所组成的可以再现出来的表征系统。第二,认知学习过程包含着同时发生的三个过程,即新知识的获得、转化和评价。第三,学习的核心内容应该是各门学科的基本结构,如基本的概念与原理、基本的态度与方法等。第四,发现学习也应成为学生学习的主要方式之一。

(3)奥苏伯尔的认知同化理论。奥苏伯尔也是认知学习理论的主要代表人物,但他更关注学校课堂情境中学生的学习规律,认为学生的学习具有一定的特殊性,是一种有意义的接受学习。他的主要观点有:第一,学生的学习是一种有意义的学习,而不是机械的学习。第二,学生的学习是接受学习,接受是课堂学习的主要形式。第三,有意义的接受学习是通过同化过程实现的。

3. 联结—认知派的学习理论

联结—认知学派试图兼收并蓄联结派和认知派的观点,以期更合理地解释学习现象,较有代表性的有两种观点。

(1)托尔曼的认知目的说。早期的联结主义者认为,学习即建立外显的刺激(S)与外显的反应(R)之间的联结,且S—R联结是直接的。托尔曼认为,S—R联结是间接的,其间存在一个"中介变量",即心理过程。因此,他提出学习所建立的联结应该是S—O—R,其中"O"是中介变量。基于这种思想,托尔曼提出了学习的一些基本观点:第一,学习是有目的的,而非盲目的。第二,外在的奖励、强化不是学习产生的必要条件,即使不给予外在强化,学习也可以产生。为此,托尔曼提出了潜伏学习的概念,并以实验加以证明。

(2)班杜拉的社会学习理论。班杜拉认为,以往的学习理论家经常忽视社会变量,只关注动物如何逃出迷津,这对于作为社会成员的人而言没有多大的研究价值。所以,他强调应该研究自然的社会情境中的人的行为,主要观点有:第一,个体、环境和行为三者是互相联系的一个系统,三者的关系是交互决定的。第二,人类学习不仅可以通过直接的经验产生学习,而且还可以通过观察他人即榜样的行为产生学习,获得间接经验。观察学习在人类学习中占有重要地位,因此班杜拉的社会学习理论又称观察学习理论。第三,观察学习受到一系列相互联系的心理过程的支配,包括注意、保持、动作复现与动机这四个子过程。

4. 人本主义的学习理论

人本主义学习理论以罗杰斯的"以学习者为中心"的学说为代表。其基本观点有:第一,学习是有意义的心理过程,而不是机械地刺激和反应的总合。第二,学习是学习者潜能的发挥。第三,学习的内容应是对学习者有价值的知识经验。第四,学习要注意学习方法的学习和掌握。罗杰斯指出:"只有学会如何学习和学会如何适应变化的人,只有意识到没有任何可靠的知识,唯有寻求知识的过程才是可靠的人,才是有教养的人。"他还强调,在学习过程中获得的不仅仅是知识,更重要的是获得如何进行学习的方法和经验。

三、学生学习的心理条件

（一）智力因素与学习

我国心理学界普遍认为,智力是由观察力、记忆力、想象力、思维力和注意力五个基本因素所构成的综合体。任何学习过程都有赖于这些智力因素的参与,离开观察力、记忆力、想象力、思维力和注意力等智力因素的参与,任何学习活动都是不可能进行的。

1. 观察力与学习

观察是智力活动的门户,人们认识客观事物,首先是通过感官把信息输入大脑的。学生在学习中接受信息和掌握知识就必须通过观察获得丰富的感性材料。实践证明,学生的观察力与学习成绩有着密切的联系。如作文差的学生,往往与他们平时不善于对事物进行观察或观察水平不高、不善于积累生活素材有关。

2. 记忆力与学习

记忆力是智慧的仓库,大脑对于事物信息的编码和储存是通过记忆来实现的。记忆是智力活动的基础,凭借着记忆所保存的知识、经验和表象,人们才有可能顺利进行观察、思维和想象。知识的积累和运用也离不开记忆。

3. 想象力与学习

想象力是使智力活动富有创造性的重要条件。在学习过程中,当学生能通过想象清晰地预见到学习的过程和结果时,就会更为自觉、积极、主动地投入学习。想象力也能使学生超越时空局限,预见未来,更能使学生体验到创造的欢愉,促进创造性学习。

4. 思维力与学习

思维是人脑对于客观事物的概括和间接的反映。思维力是智力的核心,也是连接其他智力因素的纽带。如果说观察像蜜蜂采集花粉,记忆是将其储存于蜂房,那么,只有通过思维的酿造,才能成为富有营养的蜜汁。在学习的过程中,无论是掌握科学原理与概念,还是解决各种难题与创作,都离不开思维活动。

5. 注意力与学习

注意是心理活动对一定事物的指向和集中。注意力具有维持和组织心理活动、监督与调节实践活动的功能。在学习过程中,注意能使人处于警觉状态,选择并追踪某些符合学习需要的信息,使学习者在专心致志的状态下取得较高的学习效率。

（二）非智力因素与学习

非智力因素是指除智力因素以外的一切个性心理因素,有学者称之为"情感智力"或"个性品质"。非智力因素包括动机、兴趣、情感、意志和性格等,在学习活动中具有十分重要的作用。

1. 动机与学习

动机是指引起和维持个体的活动,并使活动朝向某一目标而展开的内部心理过程或内部动力。学生的学习动机是指推动学生学习活动的内部动因。学习动机在学生的学习活动中具有这样几个功能:一是启动功能;二是导向功能;三是维持与调节功能;四是强化功能。

2. 兴趣与学习

学习兴趣是个体力求探究事物、认识世界、渴望获得科学文化知识,并伴有一定情绪体验的心理倾向,是一种特殊的学习动机。研究表明,学生的学习兴趣与学习成绩、学习信心的关系很密切。学习兴趣是学生学习自觉性和积极性的集中表现,是学习的强化剂,在学生的学习活动中具有十分重要的作用。

3. 情感与学习

情感是人对客观事物是否符合人的需要的一种反应,包括理智感、道德感和审美感等。情感伴随着学习过程的始终,直接影响着学习活动的效率。列宁曾经说过,"没有'人的感情',就从来没有,也不可能有人对真理的追求"。[①]

4. 意志与学习

意志是自觉地确定目的并克服各种困难,调节内外活动以实现目的的心理过程,包括决心、信心和恒心三个因素,是意识能动性的集中表现。任何有意义的工作,包括学习活动在内,都离不开意志的参与。只有具备坚韧不拔、百折不挠的意志品质,才能勤学苦练、以苦为乐。

5. 性格与学习

性格是人表现在对现实的稳定的态度和与之相适应的行为方式上的心理特征,也是个性特征中的核心特征,是足以支配一个人的个性心理特征的独特结合,包括对现实态度的性格特征、意志特征、情绪特征和理智特征。研究表明,良好的性格特征,有助于学习能力的提高,促进人成才;而消极的性格特征,则会压抑人的创造力的形成和思维潜能的发挥,从而妨碍学习活动的展开,阻抑人成才。

(三)多元智力因素与学习

由于传统的智力观念把智力局限在观察力、记忆力、思维力和想象力等狭小范围,20世纪90年代后,许多学者又提出了多元智力理论。其中,汉迪和波斯特尔是这一理论的代表。

1. 汉迪的多元智力理论

汉迪在《组织内望》一书中针对传统智力理念尖锐批评道:"我们的学校教育令人以为逻辑智力是唯一重要智力,这实在是一个悲剧。我们只要看看身边的朋

[①]《列宁全集》第20卷,人民出版社1958年版,第255页。

友和同事,便会发现在人生较后的历程,其他方面的智力和逻辑智力的重要性是相等的,甚至更为重要。"为此,他列举了下列不同类型的智力:(1)逻辑智力,即推理、分析和记忆的能力;(2)空间智力,即能在事物中辨别出形态,并创造它们;(3)音乐智力,即能够演唱、演奏和创作各种各样的音乐;(4)实践智力,如能够把汽车汽化器的各种零件分拆组装,但却不会写"汽化器"三个字,也不能解释拆装过程;(5)体能智力,如运动员、舞蹈演员所具有的能力;(6)个人内在智力,即那些情感细腻、能了解自己感受、有洞察力的人;(7)人际智力,即擅长利用人际关系去处理各种事情的人。汉迪甚至大声疾呼,我们要问的问题并不是"他的智力有多高",而是"他在哪一方面的智力最为突出"。[1]

2. 波斯特尔的多元智力论

波斯特尔在《心智健身室》一书中提出了四种智力:一是情绪智力,包括对人充满热情,明白自己的感受,关心他人的感受,建立和谐友善的气氛,坦诚地处理情绪问题,对别人的经历有所共鸣;二是直觉智力,包括无法解释的直觉,突如其来的预感,对未来的预测,运用想象力,愿意承担风险,接受改变的能力;三是体能智力,包括关心体能和健康,享受体能活动,对能够做好体力劳动及手艺感到骄傲,有合理和均衡的饮食,热爱户外活动,精于家务;四是智能智力,包括推理、问题解决、分析、计算、处理资讯、形成抽象的概念。[2]

第二节　知识和技能的学习过程

知识和技能的学习是人类生存和发展中最基本的两类学习活动,也是学生学习活动中最基本的内容。

一、知识的学习过程

(一)知识学习的种类

根据学习任务的复杂程度与知识的表现形式,知识学习可以分为符号学习、概念学习和命题学习三种类型。

1. 符号学习

符号学习是指学习单个符号或一组符号的意义,或者说学习符号代表什么,故又称之为代表学习;由于符号学习的主要内容是词汇,也称之为词汇学习。

2. 概念学习

概念学习是指掌握由符号所代表的同类事物的共同的关键特征。这种关键

---

[1] Handy C., *Inside Organizations*, London: BBC Books, 1990.
[2] Postle D., *The Mind Gymnasium*, London: Macmillan, 1989.

特征是使一类事物与其他事物相区别的特征,是决定一类事物的性质的特征。概念的掌握需要借助于词语来进行,因而概念学习是以符号学习为前提的。

3. 命题学习

命题表现为由若干语词联合组成的句子,其中每个语词一般代表着一定的概念。所以,命题学习就是掌握句子所表达的若干概念之间的关系,或者说掌握由若干概念联合构成的复合意义。命题学习以符号学习和概念学习为前提,在复杂程度上显然要高于符号学习和概念学习。

根据新知识与原有知识间关系的不同,知识学习可分为类属学习、总括学习和并列结合学习三种类型。

1. 类属学习

当新学习的知识在包摄和概括水平上低于认知结构中原有的有关知识时,新知识与原有知识之间构成一种类属关系,又称下位关系。这种学习称作类属学习或下位学习。

2. 总括学习

当新学习的知识在包摄和概括水平上高于认知结构中原有的有关知识时,新知识与原有知识之间构成一种总括关系或上位关系,这时发生的学习称作总括学习或上位学习。

3. 并列结合学习

当新学习的知识与认知结构中原有的观念不具有从属关系或总括关系,而只能产生联合意义时的学习,称为并列结合学习。例如,学生在语文学习中学习"粗壮"与"细弱"、"光明"与"黑暗"、"伟大"与"渺小"、"诚实"与"虚伪"等成对语词之间的关系,就属于并列结合学习。它们之间不具有从属关系或总括关系,但却存在着共同的关键特征,即每一对语词在意义上是相反的。这一共同的关键特征,使它们产生了联合意义。

(二)概念学习

1. 概念的含义、结构和作用

从知识掌握的角度看,概念是用某种符号来标志的具有共同的关键属性(或标准属性)的一类事物或特性的观念。概念有一定结构,一个概念一般包括四个方面:一是概念名称,是指用词给概念的命名。二是概念定义,是指在用语言描述概念时,明确界定了这个概念的范畴和特征。三是概念特征,是指某一类事物所特有的独特属性,也称为关键属性。四是概念实例,是指概念可知觉的实际例子。掌握概念具有多方面的作用:既能促进学生认识能力的提高,又有利于简化知识,使知识条理化,还能扩充学生的知识。

2. 概念的学习

概念的学习也叫概念的掌握，又称概念的获得，即学习者通过一定心智活动掌握概念所反映的一类事物的共同关键属性，掌握具有该共同关键属性的一类事物，并在理解与巩固的基础上达到应用的程度。以往，许多心理学家都认为概念形成是概念获得的基本形式。后来，美国心理学家奥苏伯尔认为，概念形成只是入学前儿童获得概念的主要方式，而学生获得概念的主要方式是概念同化。实际上，概念形成和概念同化，反映了学生心理发展的不同水平，反映了概念学习的层次性和顺序性。

（1）概念形成是人们日常生活中自发地获得概念的形式，是人们从大量的具体例证出发，从实际经验过的概念的肯定例证中，以归纳的方式抽取出一类事物的共同属性，从而获得关于该类事物的初级概念的过程。概念形成是幼儿及年幼学生获得概念的典型方式。

（2）概念同化是奥苏伯尔提出的一种概念学习形式，是指在课堂教学的条件下，由教师以定义的方式或通过上下文的阐释直接向学生揭示概念的关键属性，使之获得科学概念。通过这种方式，学生可以不必经过概念形成的过程，只需把所学习的新概念与自己认知结构中的适当的概念相结合，即可获得同类事物共同的关键特征。这种新旧知识的结合和相互作用，就是新信息的内化过程，即概念同化。根据奥苏伯尔同化论的观点，概念同化有三种模式：类属性同化，其典型方式就是类属学习（或下位学习）；总括性同化，其典型方式就是总括学习（或上位学习）；并列结合性同化，其典型方式是并列结合学习。

（三）规则学习

规则是公式、定律、法则、原理等的总称，是指具有普遍性的道理或规律，也可称为原理或原则。从形式上看，它表现为两个或两个以上概念的联结；从意义上看，它表示两个或两个以上概念之间的关系；从实质上看，它反映事物间必然的本质的联系和关系。自然科学、社会科学中所阐述的规律性知识，都属于规则的范畴。规则的学习是使学生能在体现规则变化的情境中适当应用规则。概念一般以词语来表达，而规则则以言语命题（句子）来表达。

学生的规则学习与概念学习一样也有两种方式：发现式规则学习和接受式规则学习。

1. 发现式规则学习

发现式规则学习，是学生通过从规则的若干例证中概括出一般结论的方法而获得规则意义的学习，简称"例—规"法。这种学习可能是学生独立进行的，也可能是在教师指导下进行的。在课堂教学中，这种发现式规则学习大多是在教师指导下进行的。

2. 接受式规则学习

接受式规则学习是学生通过教师讲述或教科书直接呈现规则并举例说明的方法获得规则意义的学习，简称"规—例"法。发现式学习的一般模式是从例子到规则；而接受式学习的一般模式则是从规则到例子，通过例子来证实规则，帮助学生理解规则，以利于规则被认知结构所同化。

(四)问题解决的学习

1. 问题解决的含义

学习概念和规则的最终目的是为了利用它们来解决问题。学校教学的重要目的就是为了教会学生解决问题。问题解决是一个思维的过程，是学习者发现了以前学过的能够用于解决一个新问题的那些规则的联合，即高级规则。问题解决是一种高级形式的学习。

什么是问题呢？所谓"问题"，是这样一种情境，个体想做某件事，但不能立即知道完成这件事所需采取的一系列行动。问题是不能用已有的知识处理，但可以间接用已有的知识处理的情境，也是人的一种需要或一种缺失状态。从逻辑学、社会学等学科看，常见的问题就是3个或4个"W"(即 What、Who、Which、Why)范式和由此产生的多类多层的疑问。同时，问题又分为客观和主观两个方面：问题的客观方面也称为任务领域，指课题的客观陈述。问题的主观方面是解题者对问题客观陈述的理解，由三个部分构成：一是任务的起始状态，即任务的给定条件；二是任务的目标状态，即任务最终要达到的目标；三是任务的中间状态，即任务从起始状态向目标状态转化的若干可能的解答途径。

发现问题，还要能解决问题。所以，问题解决是一种以目标定向的、对问题加以理解的、由任务的起始状态向目标状态移动或改变的认知过程。

2. 问题解决的过程

问题的解决可划分为两个步骤：一是"准备"，相当于常说的"发现并提出问题"；二是"解决"，即针对问题设法进行解决，也就是"解决问题"。关于解决问题的具体过程，杜威提出过五阶段论，即学生问题解决过程包括五个步骤：(1)开始意识到难题的存在；(2)识别出问题；(3)收集材料并分类整理，提出假设；(4)接受或拒绝试探性的假设；(5)按照选定的解答方法实际行动，遇有不妥之处随时修正。

根据前人研究和实际体察，我们把问题解决过程分为以下四个阶段：

(1)理解和表征问题阶段。解决问题的第一步是确定问题到底是什么，找出相关信息而忽略无关的细节，同时还必须准确地表征问题。因此，要求具有某一问题领域特定的知识。要想成功地表征问题就要完成两个任务：第一个是语言理解，理解问题中每一个句子的含义；第二个是理解问题中的所有句子，从而准确理解整个问题。

(2)寻求解答阶段。在这个阶段,主要目的是寻找解决问题的有效策略,一般可采用两种方法。a.算法式。是指为达到某一个目标或解决某个问题而采取的一步一步的程序,通常与某一个特定的课题领域相联系。在解决某一个问题时,如果你选择的算法正确,并且你又能正确地完成这种算法,那么你就能获得正确的答案。b.启发式。是指使用一般性的策略解决问题的方法,主要有以下几种:一是手段—目标分析法,是将目标划分成若干子目标,将问题划分成若干子问题,然后再寻求解决每一个问题的手段。二是逆向反推法,是指从目标出发,退回到未解决问题的最初状态的方法。这种方法对解决几何证明题有一定效果。三是爬山法,是指先设立一个目标,然后选取与起始点临近的未被访问的任一节点,向目标方向前进,逐步逼近目标的方法。这就好像爬山一样。

(3)执行计划或尝试解答阶段。当表征某问题并选好解决方案后,就要执行计划、尝试解答。

(4)评价结果阶段。当完成某个解决方案之后,就应该对结果进行评价,其方法之一就是寻找能够证实或证伪这种解答的证据,对解答进行核查。

(五)知识学习过程的基本环节

知识学习是学生学习的一项重要任务,也是塑造健全人格不可或缺的环节和必由之路。知识的学习过程是一个复杂的心理活动过程,而学生学习知识的过程是通过知识的感知、知识的理解、知识的巩固和知识的应用来实现的。知识学习的前提是对知识的感知,关键是知识的理解,重点是知识的巩固,目的是知识的应用。

1. 知识的感知

知识的感知过程主要是指人们通过自己的眼睛、耳朵等视听感受器官、相应的言语中枢感知、接受别人的口头言语与书面言语等,从而获得相应的知识与经验的过程。在学校教育中,知识的感知主要是通过课堂教学中师生沟通的形式进行的。所以,要提高学生对知识的感知效果,就必须灵活运用注意和感知规律,合理组织教学,从而使学生获得清晰可靠的信息。

2. 知识的理解

知识的理解是在知识感知的基础上,运用已有的知识经验去领会材料的意义和认识事物的种种特性、联系和关系,直到认识其本质规律的一种积极的思维活动。学生了解一个词的含义,明确一个概念、原理、公式、定律、法则的实质及其相互联系,把握文章的中心思想等都属于理解。学生通过感知所获得的是反映事物的某种特征与联系的言语符号和感性经验,要了解这些材料的意义并获得反映事物本质特征和规律性的知识,就必须借助于理解过程。由于学习的对象及其特点不同,理解可以有六种不同的类型,即:对言语的理解;对事物意义的理解;对事物类属的理解;对因果关系的理解;对逻辑关系的理解;对事物的内部结构和组织的理解。理解的标志主要有:(1)知道所学的知识材料是什么,并能正确地陈述所学的知识内容;(2)能解释此事物和现象的因果关系,揭示事物内在的逻辑联系;(3)能举例复述;(4)知识结构化和系统化。为此,要提高学生理解知识的效果,必须注意:(1)激发学生理解知识的积极性和倾向性;(2)重视利用学生的感性知识;(3)利用变式和比较突出事物的本质特征;(4)通过言语明确揭示概念和原理的内容;(5)使知识系统化;(6)培养学生优良的思维品质。

3. 知识的巩固

知识的巩固是指学生把所学的知识牢固地保持在头脑中,即对知识的持久记忆。知识的巩固是学生掌握知识的一个重要环节。学生学习了前人已经积累起来的现成的知识,如果刚学会转身就忘,就不可能积累知识。知识的巩固既要以知识的理解为基础,同时又能促进知识的理解。

知识的巩固是通过记忆来实现的。记忆是一个复杂的心理过程,包括识记、保持、再认或回忆三个基本环节。其中,识记就是识别和记住事物的过程;保持是巩固已获得的知识经验的过程;再认是在不同条件下恢复过去经验的过程。但是,学生对知识的学习,无论采取何种方式,都会发生知识信息的丢失,即遗忘。如何才能最大限度地减少知识的遗忘呢?主要应遵循记忆的规律并采取有效的记忆策略,在学习过程中合理地组织复习:一是及时复习;二是合理分配复习时间;三是反复阅读与尝试重现相结合;四是复习方式多样化。

4. 知识的应用

知识应用的含义非常广泛。广义的知识应用,是指将所学知识广泛应用于解决社会实践活动中的实际问题,由于它是解决在现实中面临的新问题,所以具有创新性;狭义的知识应用,是指知识掌握过程中的知识应用,由于它是依据所学知识去解决同类课题,所以具有重复性。确切地说,作为教学过程或知识掌握过程中的知识应用,是指学生把所学得的知识应用到同类具体事物中去,以解决练习性课题。所以,知识的应用又可称为抽象知识具体化。

学生应用知识的过程,一般包括如下几个相互联系的环节:(1)审题。就是对课题进行分析,从而掌握课题的任务和条件。(2)提取有关知识。为了解决问题,必须提取有关的旧知识,这是通过回忆和联想而实现的。(3)课题类化。是指把当前的课题归入某类知识系统中,以便从已有的知识系统中找到解决当前课题的途径和方法。这样学生就能运用相应的概念、原理、公式和法则来明确课题的性质,找到解决课题的具体办法。(4)实际操作与检验答案。通过以上步骤,弄清了课题的性质和解题必备的知识,确定了解题的途径和方法之后,就转向实际操作并得出问题的答案。(5)必须检验答案是否正确。通过检验,如果发现答案错误,就应分析为什么会错,错在哪里,并重新考虑解决课题的办法,直到找到正确答案为止。

在学生知识应用的过程中,有一系列因素都会影响到学生知识应用的效果,这些因素包括:已有知识经验的理解与保持水平;感性材料的组织和问题的表述;定势的作用;动机与情绪状态;智力发展的水平;人格因素;等等。因此,在教学中,教师必须考虑到这些因素的影响,根据学生的具体情况采取相应的措施,不断提高学生运用知识的效果和水平。

二、技能的学习过程

(一)技能的含义

技能是指通过练习形成的运用知识经验顺利完成某种活动的自动化与完善化的操作活动方式(包括动作活动方式和智力活动方式)。这一含义包括了三方面的内容:其一,技能不是先天的无条件反射,不是指本能,而是指通过后天的有目的的学习和训练而获得的;其二,技能是与人们的知识经验紧密相关的,是对知识经验的运用;其三,技能是完成某种活动的、自动化的、完善化的操作活动方式。

(二)技能的种类

根据技能的性质和特点,可以把技能划分为动作技能和智力技能两类。

1. 动作技能

又称运动技能或操作技能,它是以骨骼、肌肉的运动和相应的神经过程而实现的程序化、自动化和完善化的外显动作方式。

根据动作技能与环境的关系,可以将动作技能分为封闭性的动作技能和开放性的动作技能。所谓"封闭性的动作技能",就是在外部环境相对不变的情况下,这些技能的外显动作始终如一,如举重、射箭等技能就属于这种类型;所谓"开放性的动作技能",就是在外部情境发生变化时,技能的外显动作也相应发生变化,随机应变,如足球、篮球等比赛中表现的动作技能就属于此类。此外,根据动作本身的特点,比如连贯性,动作技能也可以分为连贯的动作技能和非连贯的动作技能等。动作技能具有连续性、一致性和复杂完善性的特点。

2. 智力技能

又称认知技能或心智技能,是人借助于内部言语在头脑中完成的智力活动方式。这种方式经过练习把各种认知因素,如感知、记忆、想象和思维等进行了最佳化程序操作调节,达到了完善化和自动化程度,形成了一个程序操作系统;一旦出现条件,立刻就完成相应的程序操作,使人意识不到操作过程。这样一种认知操作方式,就是智力技能。

智力技能可以分为两种：一种是专门的智力技能，是指在专门的智力活动中形成并得以运用的技能，如阅读、写作、解题和运算技能等都属于基本的专门智力技能，也可以称其为学习技能；另一种是一般智力技能，具有概括性和通用性，如观察技能、比较技能以及分析问题的技能等。专门技能和一般技能不是截然分开的，两者是相互渗透、相互交织在一起的。

智力技能与动作技能相比，具有主观性（属于主观的思考技能）、内隐性（没有可供观察的明显的外部表现，属内部的思维活动）和简缩性（属于高度浓缩的思维程式，有时甚至思考者本人也难于表述结果产生的思考程式）的特点。

（三）动作技能的形成

动作技能的形成是通过练习而逐步掌握某种动作方式的过程。动作技能的形成过程大致可以划分为认知、联结和自动化三个阶段，每个阶段都表现出不同的特征。

1. 认知阶段

这一阶段也叫动作定向阶段。在这个阶段，学生首先认知动作技能的结构，对动作系统有初步认识，在头脑中形成完整的动作表象，用表象调节动作，掌握分解动作，所以也有人称其为掌握局部动作阶段，实际上是熟悉动作操作程序、掌握动作技能的基本单元。动作定向在动作技能形成过程中有着很重要的作用，有了动作定向，学生不仅能知道做什么，而且知道怎么做，有利于调动学生学习的主动性和积极性，有利于提高动作技能学习的效率。

2. 联结阶段

这是由动作定向阶段向动作协调完善阶段发展的过渡阶段。在这个阶段，学生尝试把分解动作联结成动作连续体；通过练习，不断排除动作之间的相互干扰，视觉和听觉反馈不再与动觉反馈发生冲突，而且逐渐为动觉反馈所取代；动作表现为协调、迅速、稳定和连贯；肌肉不再那么紧张了，多余动作也减少了。这个阶段实际上就是把分解动作或者动作单元变成程序性动作，随着不断练习，逐渐熟练。

3. 自动化阶段

这一阶段也叫动作协调完善阶段。在这个阶段，肌肉骨骼动作实现程序化、自动化和完善化；意识的参与减少，只在出现动作的偏差时才起作用；相当于自动控制中一个动作操作功能模块，只要有启动信息，不管是外界输入的还是从记忆存储中提取的，都能自动完成一套技能动作。这一阶段，以动觉反馈调节为特征。

（四）智力技能的形成

自维果茨基提出关于智力的"高级心理机能"发展理论后，加里培林对智力问题也进行了深入研究，经过20多年的实验，提出了智力技能形成的五阶段理论。

1. 活动的定向阶段

这个阶段是使学生知道做什么和怎样做,在头脑中建立起活动的定向映象,其特点是把智力活动本身外部化,以物质或物质化形式向学生揭示动作本身。

2. 物质或物质化活动阶段

这是指可以让学生亲自操作实物或实物的模像、图片等物质性的活动。加里培林认为,只有物质或物质化的活动形式才是完备的智力活动的源泉。

3. 出声的外部言语活动阶段

这是以出声的外部言语活动形式来完成实在的活动,是内化的第二步。

4. 不出声的外部言语阶段

这一阶段与前一阶段的不同之处,在于活动的完成是以不出声的外部言语来实现的。

5. 内部言语活动阶段

这是智力技能形成的最后阶段,是智力活动简缩化、自动化,似乎不需要意识的参与而进行智力活动的阶段,是名副其实的智力技能形成阶段,其主要特点是压缩和自动化。

除了加里培林的智力技能形成的阶段学说外,皮亚杰的儿童思维发展阶段理论也从构造主义的角度对儿童智力技能形成过程做了描述。

智力技能由许多要素组成,其中观察力、记忆力、思维力和想象力是最重要的因素。其中,观察力是智力技能的基础;记忆力是形成智力技能不可缺少的条件;思维力和想象力是形成智力技能的关键,也是智力技能的核心。所以,培养和提高学生的智力技能,就是要对这些基本因素进行训练。

第三节 学习的基本技能

一、学习兴趣的培养

学习兴趣是学生学习自觉性和积极性的集中表现,是学习的强化剂,在学生学习活动中具有十分重要的作用。表现为:一是对未来学习活动的准备作用;二是对当前学习活动的推动作用;三是对创造性学习活动的促进作用。

(一)学习兴趣的种类

学生的学习兴趣是多种多样的。最常见的分类是根据兴趣的起因和倾向性,将其分为直接兴趣和间接兴趣。

直接兴趣是指由学习活动与学习内容本身所引起的兴趣。例如,新颖有趣的教材、带有情绪感染力的朗诵、引人入胜的讲述等,都容易引起学生对学习的直接兴趣。

间接兴趣是指由学习活动的目的和结果所引起的兴趣。如当学生认识到掌握某种知识的必要性和重要性时所产生的兴趣。

这两种兴趣对学习都是必要的：缺少直接兴趣，会使学习成为枯燥无味的负担；没有间接兴趣，也难以使学习坚持下去。所以，两种学习兴趣的有机结合，是激发学习主动性、积极性的重要条件。

(二)学习兴趣的培养

学习兴趣是在求知需要的基础上发生，并通过学习的实践活动逐步形成和培养起来的。学习兴趣的培养取决于以下因素：

1. 主体的需要与任务

当主体产生某种需要、完成某项任务时，对能满足其需要的事物优先注意并发生兴趣。

2. 活动内容的丰富与新颖

人们从事的活动内容越丰富，形式越新颖，就越容易使人产生学习的兴趣。

3. 客体的特征与个体特点相适应

如果某些客体具有一些与个体的先天素质、思想情绪、知识水平、实践活动相适应的特点，就容易使人产生学习和认识的兴趣。

4. 实践活动

学习兴趣是通过学习实践活动得以满足与不断巩固和发展的。所以，开展丰富多样的学习实践活动，对于培养学生的学习兴趣具有重要意义。

二、记忆的技能

(一)记忆的含义与形式

所谓"记忆"，是人脑对过去经验的反映。信息加工理论认为，记忆就是人在认知过程中对信息的输入、编码、储存和提取。

记忆的过程包括识记、保持、再认和重现四个环节。其中，识记是反复感知事物、获得印象、留下痕迹的过程，就是平时说的"记住"；保持是把识记的材料进行加工、概括，通过掌握和储存，不至于遗忘，就是平时说的"记牢"；再认是在重新遇到感知过的材料时，能够识别它，也就是平时说的"认出来了"；重现是感知过的事物即使不在眼前也能把它重新呈现出来，就是平时说的"回想起来了"。

人们对感知过的事物、思考过的问题与做过的动作都可以记忆。从形式看，记忆有感知形象记忆、语词概念记忆、运动记忆等不同的方式；从类别看，记忆有直观形象记忆、逻辑思维记忆和中间型记忆等主要类别。

(二)记忆力的培养

知识是智力的基础和前提，没有对知识的记忆也就谈不上智力的发展。因此,培养学生的记忆力至关重要。

1. 明确记忆的目的和任务

记忆的目的和任务是否明确,直接制约着记忆的效果。学习本身是一种有明确目的和任务的实践活动。所以,通过有效的教育使学生清楚地认识自己的学习目的和任务,就能有效地对所学的知识和技能等内容加深记忆。

2. 运用正确的记忆方法

记忆方法是否得当也直接影响记忆的效果。记忆的方法很多,主要有:(1)分类记忆法,即对相互关联的材料,可以采用比较记忆法,也就是找出事物的相同点或相异点,通过比较对材料进行分析综合,然后采用分类记忆法,以提高记忆的效率;(2)同异法,即对于没有意义的材料,如历史人物马克思和鲁迅分别诞生于1818年和1881年,可以用同异法记住他们的出生时间;(3)特征法,即找出事物的典型特征予以记忆,如中国历史上蒙古灭金的时间是1234年,其年代为四个连续的自然数;(4)等距法,即不同的事物在时间、数量等方面有共同的特征,找出记忆的"等距"数值,如辛亥革命1911年、中国共产党成立1921年、"九一八"事件1931年。此外,还有人提出情绪情感记忆法、过电影记忆法、录音记忆法、尝试回忆记忆法、复述记忆法、争论记忆法、联系记忆法、联想记忆法、分散记忆法、交替记忆法等许多提高记忆力的方法。而且,每个人都可以根据自己实际情况与所学的内容总结出符合自身特点的记忆方法,这对自己来说才是真正行之有效的方法。

3. 养成良好的记忆品质

记忆品质是一个人记忆力好坏的主要标志。良好的记忆品质包括四个方面,即记忆的敏捷性(记忆在速度和效率方面的特征)、记忆的持久性(记忆在保持方面的特征)、记忆的精确性(记忆在精密和正确方面的特征)和记忆的准备性(记忆在提取和应用方面的特征)。这些记忆品质需要通过记忆活动训练并在学习中刻意培养。

4. 防止大脑的过度疲劳

记忆是人脑的功能之一。大脑处于积极状态,就能增强记忆效果;而大脑处于疲劳状态,则是导致记得慢、忆得差的主要原因。因此,在学习中要注意劳逸结合,防止大脑过度疲劳。

三、注意的技能

(一)注意的概念及其功能

所谓"注意",是心理活动对一定对象的指向和集中。"注意是思维的门户",认识过程的任何活动都不能没有注意的参与;只有集中而稳定的注意,才能保证学习的顺利进行,并取得良好的成绩。

指向性和集中性是注意的两个基本特征。所谓"指向性",是指在某一瞬间,心理活动有选择地反映一定的事物,瞄准反映对象,同时离开其余的对象;所谓"集中性",是指心理活动对一定对象的持续反映,在特定的方向上保持,并深入下去,同时抑制与此无关的活动。其中,指向是注意过程的开始阶段,集中是注意过程的深入阶段,两者相互联系又不可分割。

学习中的注意状态就是指学习者的心理活动对学习对象的指向和集中状态。注意在学习中的功能:一是选择功能;二是保持功能;三是调节和监督功能。

(二)注意的种类

按意志的努力程度和结果,注意可以分为以下种类:

1. 无意注意

这是一种事先没有预定目的,不需要意志努力,不自觉发生的注意。

2. 有意注意

这是一种事先有明确目的,需经过意志努力,自觉发生的注意。

3. 有意后注意

这是有意注意向无意注意转化的结果,是一种高级类型的注意。

(三)注意力的培养

学生的注意力对其学习活动具有重要的作用,所以教师应从以下几个方面培养学生的注意力:

1. 明确学习的目的和任务

对学习的目的和任务理解得越清楚、越深刻,注意就越集中。因此,教师要善于让学生深入理解所学内容的目的和任务,使他们清楚地知道"为什么学"和"学什么",这样学生的学习就有明确的奋斗目标,对完成所学任务有充分的准备。

2. 积极进行思考

在学习中,如果学生的思维能够始终处于积极状态,那么他们的注意也就一定能够在较长时间内保持高度的集中,达到"专注""入迷"的境界。

3. 培养浓厚的兴趣

兴趣是一种兴奋剂,个人对学习有了浓厚的兴趣,就会注意读书和钻研。

4. 培养有利于学习的注意品质

如扩大注意的范围、保持注意的稳定性、做好注意的分配和注意的转移等。

5. 学习活动丰富多样

多样化的学习活动能保持注意的稳定性,从而会提高注意的效果。

6. 加强意志锻炼

注意力的培养与意志的培养密切相关。只有高度的自制力,才能很好地控制自己的注意;既能把注意力集中于当前的学习活动,又能不受无关刺激的干扰,克服"分心"现象。

7. 养成注意的习惯

在学习一开始,就立即投入集中的注意;在学习过程中,始终保持高度注意;遇到难题时,马上动员自身的意志力强迫自己去注意学习;学习结束时,仍能使注意保持紧张度,有始有终。"习惯成自然",如果养成了有利于学习的种种注意习惯,就会自然而然地集中注意学习,不用再把宝贵的时间浪费在"培养注意"和怎样开始学习上了。

四、学习的迁移

(一)学习迁移的含义

学习迁移是指一种学习对另一种学习的影响,即已获得的知识、技能、学习方法或学习态度对学习新知识、新技能与解决新问题所产生的一种影响,或者说是将学得的经验有变化地运用于另一情境。

迁移现象在日常生活中广泛存在,人们常说的"举一反三""闻一知十""触类旁通""一通百通"等都可以用迁移的道理来解释。例如,掌握英文的人学起法文来就比较容易,会骑自行车的人就容易学会骑摩托车,学过加法再学乘法就比较容易等。当然,也可以看到一些与此相反的现象,比如,从小学说方言对学习普通话产生干扰,不良的工作习惯可以从一个情境迁移到另一个情境等。类似这样一些现象,心理学上都称之为迁移。

(二)学习迁移的类型

根据不同的分类标准,可以将学习迁移分为不同的类型。

1. 根据迁移的性质,可以把学习迁移分为正迁移和负迁移

所谓"正迁移",是指一种经验的获得对另一种学习起促进作用。例如,掌握了26个英文字母的顺序有助于按音序检字法来查汉字;对平面几何的掌握有助于立体几何的学习;阅读技能的掌握可以促进写作技能的形成和发展,反过来写作技能的掌握又可以促进阅读技能的发展;写好毛笔字有助于写好钢笔字;等等。在教育工作中所说的"为迁移而教"(teaching for transfer),就是指正迁移在教学中的应用。

所谓"负迁移",是指一种经验的获得对另一种学习起干扰或阻碍作用。例如,学习汉语拼音之后学习英语的48个音标的发音最初常常受到干扰;汉字学习中在一字多音、多义的情况下互相混淆,不能区分一字多音、多义的读法和用法。在教育工作中要避免和消除负迁移的影响。

2. 根据迁移的方向,可以把学习迁移分为纵向迁移和横向迁移

所谓"纵向迁移",也叫垂直迁移,主要是指处于不同层次(概括与抽象的程度不同)的各种学习间的相互影响。认知心理学认为,学习者原有的认知结构中的经验是按照抽象、概括的不同水平而有层次地组织在一起的。从学习内容的逻辑关系来说,有的学习内容的抽象性与概括性较高,其形成的认知结构属于上位结构;有些学习内容的抽象性与概括性较低,其形成的认知结构属于下位结构。如"角"与"直角"这两个概念,前者是一个上位概念,后者是一个下位概念,它们在认知结构中处于两个不同的层次。因此,纵向迁移也就是指上位的较高层次的经验与下位的较低层次的经验之间的相互影响。这类迁移又可以分为两种:一是自上而下的迁移,即上位的较高层次的经验影响着下位的较低层次的经验的学习。如对"角"这一概念的掌握,有助于"钝角""直角""锐角"等概念的学习。二是自下而上的迁移,即下位的较低层次的经验影响着上位的较高层次的经验的学习。如掌握了加法的"结合律""交换律",有助于学习乘法的"结合律""交换律"。

所谓"横向迁移",也叫水平迁移,是指处于同一层次(抽象与概括程度相同)的学习间的相互影响。学习内容间的逻辑关系是并列的,如"直角""锐角""钝角""平角""周角"等概念,其抽象性与概括性处于同一水平、同一层次,它们之间的相互影响就是横向迁移。这类迁移也可以分为两种:一是顺向迁移,是指先行学习对后继学习的影响。如学习了物理的"平衡"概念之后,就会对以后所学习的化学平衡、生态平衡、经济平衡等产生影响;日常生活中的"举一反三"也是顺向迁移的例子。二是逆向迁移,是指后继学习对先行学习的影响,即后面学习中所习得的经验影响前面学习中所习得的经验,引起原有结构的变化。如学习了动物概念之后,再学习植物、微生物的概念,就会使原有的动物概念发生变化;特别是通过分析动物与植物、微生物的联系与区别,更明确了动物概念。

3. 根据迁移的内容,可以把学习迁移分为特殊成分的迁移和非特殊成分的迁移

所谓"特殊成分的迁移",也叫特殊迁移,是指学习之间发生迁移时,学习者原有经验的组成要素没有发生变化,即抽象的结构没有变化,只是将一种学习中习得的组成要素重新组合并移用于另一种学习之中。如小学生在学完加减乘除以后,在四则混合运算的学习中就可以把已有经验加以重新组合来解决问题,而在后者的学习中并没有增加新的心智动作。

所谓"非特殊成分的迁移",也叫普遍迁移,是指一种学习中习得的一般原理、原则和态度对另一种具体内容学习的影响,即将原理、原则和概念运用到具体的事例中。布鲁纳从知识结构的功能出发非常强调这种迁移。

(三)学习迁移理论

由于学习迁移直接影响到学习效果,教育学和心理学非常重视对学习迁移问题的研究,并在研究中形成了各种各样的迁移理论。

1. 形式训练说

形式训练说是一种早期的迁移理论，来源于官能心理学。官能心理学认为，人的心理是由多个生来具有的官能所组成的，这些官能包括观察力、注意力、记忆力、想象力、理解力、判断力、推理力、意志力等。每种官能都是一个独立的实体，各种官能互相独立，分别从事不同的活动；而且，每种官能都可以当作一个单位加以训练，一个人的官能通过合理训练得到提高后，就可以在所有的情境中很好地发挥作用。这一观点被教育家所采用就产生了形式训练的教育理论，即形式训练说。形式训练说的代表人物是18世纪的德国心理学家沃尔夫。

形式训练说主张：(1)官能可以独立地加以训练，使之发展提高。因此，学习就是加强或训练心理的官能。(2)官能迁移是无条件的。(3)某些学科对于训练发展某一种或某几种官能具有特殊的训练作用和训练价值。"心"的各种官能，可以通过一种科目或题材的训练而使之整体地发展起来。例如，学习拉丁文可以训练推理能力、观察能力、比较与综合能力，学习几何有助于改善逻辑推理能力，学习文学有助于改善想象力，学习历史能提高记忆力，身体训练可以发展意志力等。(4)迁移是通过对组成"心"的各种官能进行训练以提高各种能力而自动实现的，从而转移到其他学习上去。

2. 共同要素说

19世纪末20世纪初，心理学家对形式训练说提出了怀疑，并通过记忆实验来探讨迁移问题。在众多研究中，最有影响的是桑代克和伍德沃斯所做的关于知觉的迁移实验。他们根据实验的结果，得出了与形式训练说不同的结论，提出了关于学习迁移的新理论——共同要素说。

桑代克和伍德沃斯认为，任何单独心理机能的改善未必能使其他通常所谓有同一名称的那些机能得到改善，而任何一种机能的改善也只局限于一定的活动范围。那么，什么东西可以迁移呢？桑代克提出了相同要素说，并在其1903年出版的《教育心理学》一书中做了简要的理论概括。他认为，两种学习"只有当机能具有相同要素时，一种机能的变化才能改变另一种机能"。学习上的迁移，就是相同联结的转移。在两种学习情境中含有相同的要素，就会有迁移现象发生；反之，有迁移现象发生就必定有相同的要素存在。迁移与相同要素两者不仅关系密切，而且大致成正比。所以，伍德沃斯后来将"相同要素说"修改为"共同成分说"。

3. 概括化理论

概括化理论，又称经验泛化说或经验类化说，是美国心理学家贾德于1908年进行著名的"水下击靶"实验提出的一种学习迁移理论。实验研究表明，知识的迁移是存在的，只要一个人对他的经验、知识进行了概括，那么从一种情境到另一情境的迁移是可能的。贾德认为，概括就等于迁移，概括是学习与教育的结果，所以良好的教学方法能促进学生形成广泛的迁移。

4. 关系理论

关系理论是由格式塔心理学家1929年提出的学习迁移理论,也叫关系转换理论。它强调"顿悟"是迁移的一个决定因素,认为迁移不是由两个学习情境具有共同要素、原理或规则而自动产生的某种东西,而是由于学习者突然发现两个学习经验之间存在着关系的结果。也就是说,学习者领悟学习情境中的关系是实现迁移的根本条件,对情境中的一切关系的顿悟是迁移的实质。苛勒曾用小鸡、黑猩猩和儿童做实验,证明了关系转换的学习迁移理论。

5. 认知结构说

认知结构说是由美国现代著名认知心理学家布鲁纳和奥苏伯尔从认知的观点探讨学习迁移问题的学说。

布鲁纳非常重视学习中的迁移问题,认为学习为将来服务的方式有两种:一是技能方面的特殊迁移;二是原理和态度的迁移,即与特殊迁移相对应的一般迁移。与特殊迁移相比,他更强调一般迁移,认为这种迁移是教育过程的核心。

奥苏伯尔在有意义学习理论的探讨中涉及迁移问题时,同样把认知结构视为最关键的因素,指出一切有意义的学习都必然涉及迁移,他认为有三个影响迁移的认知结构变量,即可利用性、可辨别性和稳定性(包括清晰性)。

(四)学习迁移发生的条件

大量的研究表明,学习迁移并不是在任何情况下都能发生的,会受到一系列主客观条件的制约。

1. 学习对象之间的共同要素

不同的学习对象具有共同要素,是学习迁移发生的基本条件之一。这些共同要素主要包括学习内容、学习方法和学习态度等方面的要素。

2. 学生的概括水平

共同要素是学习迁移产生的客观必要条件。但是,它只是迁移产生的前提,不是唯一的条件,因为学生对知识经验的概括水平也是影响迁移的重要条件。根据概括化理论,产生迁移的关键是学习者能概括出两种学习存在的共同原理,也就是已有经验的泛化水平。

3. 学习的理解和巩固程度

学生接触到的基本概念和原理并不意味着学习迁移就由此发生,只有在学生理解知识的基础上才能产生迁移作用。因此,学生对两种学习的理解与巩固程度也是迁移发生的基本条件。

4. 学生的智力水平

迁移从不会自动发生,在同等条件下每个人迁移的效果是有差异的,这和个人的智力水平高低有关。许多心理学家的实验研究都证实了这一点。

5. 定势

定势是指由先前影响所形成的、往往不被意识到的一种倾向性或心理准备状态,将支配人以同样方式去对待同类后继活动。定势的作用有两重性:一是积极的促进作用;二是消极的阻碍作用。

总之,学习无时不有、处处有,学习的方法和技能也是多种多样的,除上述介绍的几种学习技能之外,还有诸如思考的技能、课堂学习的技能、创造力的开发等都是需要学校和教师认真研究的。

第四节 学习差异与因材施教

在学习过程中,学生具有较大的个别差异。例如,在智力方面,学生的差异既有超常、中常和低常三种发展水平的常态分布,又有包括智力类型、认知风格和学习方式等方面的差异;在人格方面,也表现出人格类型、人格特质、态度和价值观等方面的差异。这些差异直接影响着学生的学习风格与学习策略,也是教师进行因材施教的依据。

一、造成学习差异的因素

造成学习差异的因素很多,概括起来主要有以下四个方面:

(一)个性差异

个性是一个人所具有的稳定的心理特征的综合,是一个人的基本的精神面貌,包括个性心理倾向性与个性心理特征两个相互联系的部分。所谓"个性心理倾向性",即心理过程的倾向性,是指个人对客观事物的认识倾向性,是个体对环境的态度和行为的积极性特征,主要包括需要、动机、兴趣、爱好、理想、信念、世界观等。它是推动个人进行活动的动力系统,是个性中最活跃的因素。所谓"个性心理特征",是指在个体身上经常表现出来的、比较稳定的心理特征,主要包括气质、性格和能力等方面的特点,表明一个人典型的心理特点与行为方式。

世界上没有两个人在个性上是完全一样的,"人心不同,各如其面"。个性差异就是指人们之间在稳定的心理特点上的差异,主要包括个体在气质、性格和能力等方面的差异。比如,在年龄相同的学生中,会发现有的聪明,有的则比较迟钝,有的善于记忆,有的则善于思考,有的性情开朗,有的心胸狭窄,有的比较坚强,有的比较脆弱,所有这些都是人的心理差别或个性差异。教师所面对的就是具有独特个性的学生,因此,教师的责任就是为具有不同个性的学生创设适当的学习环境,并积极地因材施教,以培养和发展学生的优良个性。

(二)气质和性格差异

气质是人在情绪体验和行为反应的强度与速度等方面的特点。人的气质与人的高级神经活动的特点密切相关:人的高级神经活动有兴奋型、活泼型、安静型、抑制型四种类型,人的气质类型也就相对应地分为胆汁质、多血质、粘液质和抑郁质四种类型。所以,具有不同气质类型的学生表现出的特点也不同。

性格是人表现在对现实的稳定态度和与之相适应的行为方式上的心理特征。学生在性格表现上也有较大的个别差异。

学生的气质、性格,既受学习活动的影响,又是学习活动和教师因材施教的心理学依据。

1. 要针对学生的不同气质进行学习指导

学生气质类型本身无所谓好坏,各种气质类型的学生都有可能成为品学兼优的人才。但是,每一种气质类型又都存在着向某些积极或消极品质发展的可能。例如,"胆汁质"的学生容易形成勇敢、爽朗、有进取心等学习品质,但也容易形成粗心、粗暴等缺点;"多血质"的学生容易形成活泼、机敏的学习品质,但也容易形成不踏实、感情不真挚、兴趣易转移等缺点;"粘液质"的学生容易形成稳重、坚毅、实干的学习品质,但也容易变得冷淡、固执、拖拉的缺点;"抑郁质"的学生容易形成细心、守纪律、富于想象的学习品质,但也容易出现多疑、怯懦、孤僻和缺乏自信心等缺点。了解到不同学生的气质特点,就可以有针对性地采取各种学习指导措施,帮助各种气质类型的学生发扬积极品质,克服消极品质,提高学习成绩。

2. 要针对学生的不同性格进行学习指导

在教学中,学生的性格常常影响他们对知识和技能的掌握。比如,一个学生有刻苦、顽强的性格特征,尽管学习基础不好,也能取得较好的成绩;而另一个学生虽有求知欲望,但是独立性差,容易受人暗示,人云亦云,在学习中就难以取得好成绩。为此,教师要针对不同学生的情况,采取不同的学习指导措施:鼓励前一个学生刻苦学习的精神,在基础知识方面适当补漏;对后一个学生就需要加强独立性的培养,引导他独立思考和解决问题。

3. 要有的放矢,培养学生良好的性格

学生的性格差异是复杂多样的,除表现为性格特征差异外,还表现为性格的积极因素与消极因素并存(如一个学生热情、乐于助人,但做事虎头蛇尾)以及相对性格品质之间的矛盾(如一个学生在学校表现勤奋、爱劳动、能自制,而回到家里却懒惰、任性)。因此,教师对学生的性格不可轻易下结论,要进行全面的了解和分析,善于抓住其性格的本质综合特点,才能做出正确鉴定。

4. 要掌握学生的气质和性格特点,发挥教学机智

教学机智除受制于教师成熟的教学经验和本身的个性特征之外,还取决于教师对学生气质类型和性格特点的了解。只有摸透了学生的"脾气",才能采取既有原则又灵活多样的学习指导方法。比如,对自高自大、自尊心强的学生,可以利用其上进心,促使其看到自己的不足,虚心学习他人之长;对于自卑的学生,就不能过多责备,而要让他多参加力所能及的活动,使其看到自己的优点和能力,增强自信;对于"吃软不吃硬"的学生,教师要力求平心静气,避免顶牛;对于"吃硬不吃软"的学生,就不能过分迁就。

(三)能力差异

能力是保证顺利完成某种活动的心理特征的综合。能力按照不同的标准可以分为:一般能力和特殊能力;再造能力和创造能力;认识能力、实践能力和社交能力等。学生的能力和学习活动密切相关,能力的强弱决定学习活动效率的高低。

学生在能力上存在着较大差异,主要表现在质和量两个方面。学生能力的质的差异表现在:首先,每个人可能具有不同的特殊能力。如有的学生音乐能力优异,有的学生绘画才能突出,有的学生数学特别好等,都是学生特殊能力上的差别。其次,学生在一般能力上也存在着个别差异。有的学生记忆力好,有的学生思维敏捷,有的学生特别富于想象,都有自己的特点。学生能力的量的差异主要表现在能力发展的水平和迟早上,而能力的水平可以借助于智力测验等手段做出区分,能力超常的人往往在早期就突出地表现出来。当然,"早慧"只是超常的一个标志,具有突出才能的人中也不乏"大器晚成"者。

所以,教师正确评价学生的能力是非常重要的,过高或过低的评价都会导致教育上的失误。从智力分布模式看,绝大多数儿童的智力处于正常状态,这是班级教学和管理的基础。但是,每个学生,尤其是处于距常态中位两个极端的学生表现出明显的智力水平差异。因此,教师首先要针对不同层次智商的学生因材施教,特别要及早发现智商偏高或超常儿童,不要把他们与多动症、不守纪律的儿童同等对待;其次,要抛弃把学习成绩当作衡量学生素质的唯一尺度的传统观念,应多角度、多层次地评价学生,创造各种机会让学生充分展示自己的才能,使全优学生与某些方面有特长的学生都得到发展。

(四)性别差异

男女生学习的心理条件与素质是否存在差异,教育学和心理学做了大量的研究,大体得出有四种观点:一是男生优于女生。卡迈特用经过修订的比纳-西蒙量表测验了中小学生,发现男生普遍优于女生。二是女生优于男生。韦斯勒在其编制的成人智力测验量表智力测验标准化样本中,发现每一年龄组中的女性优于男性。三是男女无差异。在男女智力平均差异方面,大部分研究结果显示无显著差异。四是男女各有所长。男女智力研究中的"阶段差异论"认为,男女智力的发展变化与年龄特征有密切关系,两性之间的差异表现出明显的阶段性。普瑞森的研究表明,女生在14岁以前优于男生,16岁以后男生占优。

尽管男女生在一般智力上存在较大差异的观点缺乏一致和有力的证据,但许多研究表明,男女生在某些具体能力上确实存在着差异。性别差异研究中的"局部差异论"认为,男女在智力的总体水平上没有明显差异,但在构成智力结构的某些方面存在着不同程度的差异。如语言文字表达方面,女生优于男生;但在空间思维、数学能力等方面,男生则优于女生。不过这种差异存在着明显的阶段性,即:在青春期以前,女生略优于男生;在小学和初中阶段,男女生没有明显的差异;但在高中和大学阶段,尤其是在学习高等数学方面,男生的数学能力明显优于女生。在空间想象方面,根据美国心理学家瑟斯顿的研究,男生的空间认知能力明显高于女生,尤其是在心理旋转和空间知觉方面。但对此研究仍有人提出了异议,认为不能一概而论男生的空间能力一定比女生强,个体之间还存在着很大差异。况且,男女生学习的心理条件和素质不完全是生理解剖特点所致,相当一部分是后天的社会性别环境和性别教育所致。所以,教师在教学和指导学生学习上要科学、客观地正视学生的性别学习差异,采取科学的指导方法提高学习效果。

二、学习风格和学习策略

(一)学习风格的含义及其构成

学习风格是指影响学习者感知不同刺激,并对不同刺激做出反应的所有心理特性,表现为学习者接受和加工信息的方式、对学习条件和环境的需要、认知特征、个性意识倾向、神经生理类型等方面。不同学习风格都有其优劣长短,会直接影响学习的进程和效果。

关于学习风格的构成,有的学者将其划分为五个部分三个层面:

(1)学习风格的认知部分。如场依存性与场独立性、求异思维与求同思维、冲动型思维与反思型思维等。

(2)学习风格的情感部分。如学习兴趣、成就动机、焦虑等方面的差异。

(3)学习风格的意动部分。如坚持性、是否善于言语表达、是否喜爱动手操作等。

以上三个部分构成了学习风格的心理性层面。

(4)学习风格的生理性倾向部分。如对学习环境中声音、光线、温度、学习时间以及不同感觉道的偏爱。

(5)学习风格的社会性倾向部分。如独立学习或结伴学习、竞争或合作等。

后两个部分构成了学习风格的生理性层面和社会性层面。[1]

美国纽圣·约翰大学学习与教学风格研究中心主任丽塔·邓恩和肯尼恩·邓恩夫妇是研究学习风格的著名学者。他们把学习风格分为五大类27个因素[2]：

(1)环境类要素。包括对学习环境安静或热闹的偏爱、光线强弱的偏爱、温度高低的偏爱、坐姿正规或随便的偏爱等。

(2)情绪类要素。包括自我激发动机、家长激发动机、教师激发动机、缺乏学习动机、学习坚持性强弱、学习责任性强弱、对学习内容组织程度的偏爱等。

(3)社会性要素。包括喜欢独立学习、喜欢结伴学习、喜欢与成人一起学习、喜欢与各种不同的人一起学习等。

(4)生理性要素。包括喜欢听觉刺激、喜欢视觉刺激、喜欢动觉刺激、学习时是否爱吃零食、清晨学习效果最佳、上午学习效果最佳、下午学习效果最佳、晚上学习效果最佳、学习时是否喜欢活动等。

(5)心理因素。包括分析与综合、对大脑左右两半球的偏爱、沉思与冲动等。

根据这些因素的不同组合，可以把学生的学习风格分成若干种不同类型。如柯勃就根据学生对知识学习周期的具体体验、沉思观察、抽象概括和主动实践四个方面的不同偏好，将学习风格分为发散型、集中型、同化型和顺应型四种类型。

(二)学习风格对学习的影响

1. 学习风格的认知部分

学习风格的认知部分是对学习影响最广最深的一个部分，一般称之为认知风格。认知风格是指个体在加工信息（包括接受、储存、转化、提取和使用信息）时习惯采用的不同方式。场依存性与场独立性是影响较大、研究较多的认知风格中的两个方面。威特金通过实验发现，有些人的知觉较多地受环境信息的影响，他称之为"场依存性"；有些人则不受或很少受环境信息的影响而较多地受来自体内线索的影响，他称之为"场独立性"。除一些明显的场依存性者和场独立性者外，多数人都或多或少地处于中间状态。研究结果表明，场依存性与场独立性这两种认知风格同学习有着密切关系：(1)场独立性者偏爱需要认知改组技能的非社会性学科，而场依存性者则偏爱不重视认知改组技能的有关人与人之间关系的学科。(2)场独立性的增长与数学能力有显著的正相关，场独立性强者数学成绩较好。(3)在学习中凡是与个人的认知方式相符合的学科，一般成绩较好。(4)场依存性者易于接受别人的暗示，他们的努力程度依外在的奖惩条件为转移，而场独立性

---

[1] 谭顶良：《学习风格与教学策略》，载《教育研究》1995年第5期。
[2] 谭顶良：《学习风格论》，江苏教育出版社1992年版，第318页。

者在内在动机作用下学习、记忆,时常会产生更好的效果。①

2. 学习风格的情感部分

在这一方面,焦虑对学习的影响是值得重视的。研究结果表明,焦虑与学习是紧密相关的。教师的任务就是造成适当水平的焦虑,但要确定怎样程度的焦虑最好则是一个困难的问题。考克斯于 1960 年在澳大利亚墨尔本市对五年级男生的焦虑进行了实验研究。他将学生分为三组,分别代表高度焦虑、中等焦虑和低度焦虑。结果表明,中等焦虑组的学业成绩显著地比其余两组好,高度焦虑组的成绩最差。看来,中等强度的焦虑对学习的激励最为有效。皮克莱尔的研究表明,高度焦虑者在解决简单问题时比低度焦虑者来得快,但当他们解决复杂问题时,低度焦虑者比高度焦虑者好得多。

3. 学习风格的意动部分

在学校所谓的学困生中,有相当一部分是动手操作型学习者。学校课堂很少为这些学生提供动手的机会和空间,不能满足操作的偏爱,于是就设法在课外寻求活动机会。所以,这些学生往往是课外活动的积极分子和大自然的探索者。同时,这些学生的辍学率较其他类型的学习者较高。这种情况要求教育者必须采取相应的教学策略予以匹配,以满足学生的需要,促进其发展。

4. 学习风格的生理倾向部分

(1)对学习时间的偏爱。学生对一天内不同时间的偏爱会影响他们的学习动机、学习纪律、学习成绩等方面。同时,学生对学习时间的偏爱还可因年龄的增长、季节的转换、睡眠休息状态等因素而有所变化。卡罗塞斯等人的研究发现,有些中小学总是把数学这门主课排在上午,使那些偏爱下午学习的学生成绩偏差。针对这些学生,把数学课安排在下午后,他们的学习动机和学习成绩明显提高,课堂违纪现象也减少。林奇发现,教学不能满足学生对学习时间的偏爱,是导致中学生旷课或迟到早退的重要原因。

(2)对感觉道的不同偏爱。学生对视觉、听觉和触动觉三种感觉道各有不同偏爱。偏爱视觉感觉道者擅长于快速浏览,接受视觉指示效果好,易看懂图表,书面测验得分高;但难于接受口头指导,不易分辨听觉刺激。偏爱听觉感觉道者擅长于语音辨析,接受口头指导效果好,口头表达能力强,日常表现优于考试结果;但书面作业与抄录会发生困难,运动技能较差。偏爱触动觉感觉道者运动节律感强,平衡感好,书写整洁,易于操作事物;但通过视觉、听觉接受信息欠佳,书面测

---

① 张厚粲、孟庆茂、郑日昌:《关于认知方式的实验研究——场依存性特征对学习和图形后效的影响》,载《心理学报》1981 年第 3 期。

验分数不佳。①

(三)学习策略的含义

什么是学习策略？人们的看法不一，概括起来主要有以下观点：

(1)学习策略是具体的学习方法或技能。这种观点认为，学习策略属于信息的加工部分，是学习者在编码、储存、检索、运用信息的认知过程中直接加工信息的认知方法或技能。

(2)学习策略是学习的调节与控制技能。这种观点认为，学习策略属于信息加工模式的调控部分，是指学习者在认知过程中对信息加工过程进行调节与控制的一系列技能。

(3)学习策略是学习方法与学习调节和控制的有机统一体。这种观点认为，有效的学习策略是能够促进获得、存储和使用信息的一系列过程和步骤。

我们认为，学习策略是学习者通过学习而形成的、用以调控学习过程、提高学习效率的一系列活动，它包括以下三层含义：

(1)学习策略主要表现为一种活动方式，不仅要求学习者懂得何种活动能够促进学习，而且还要实际地做出这种活动。也就是说，学习者不仅要"懂"，而且要"会"。所以，学习策略常常表现为一系列的操作步骤、程序及其规则。

(2)学习策略是符合规律的活动方式。由于学习策略是用以提高学习效率的一系列活动，而只有符合规律的活动才能真正提高学习效率。所以，学习策略不是胡乱任意的活动，而是对学习活动起调节和控制作用的一种活动方式。

(3)学习策略是通过学习和练习而形成的。因此，有意识地对学习策略进行训练不仅是必要的，而且是可行的。

(四)学习策略的训练

学习策略是可以通过一定的方法训练和提高的。一般认为，学习策略的训练包括以下六个步骤②：

(1)激活与保持良好的注意、情绪和动机状态，使学习者的心理活动处于觉醒和兴奋状态，并且唤醒学习者把当前学习活动中的各种因素与学习方法联系起来的意识。

(2)分析学习情境。这一步要求学生把握学什么(what)、何时学(when)、在何处学(where)、为什么学(why)和怎样学(how)的问题，并对自己的学习风格做出评价，作为选择学习方法的依据。

(3)选择学习方法，制订学习计划。这一步要求学习者综合考虑学习情境中

---

①谭顶良：《学习风格与教学策略》，载《教育研究》1995 年第 5 期。
②魏声汉：《学习策略初探》，载《教育研究》1992 年第 7 期。

的有关因素与学习方法的关系,确定学习的时间安排表,并把学习任务分成具体的几个部分,列出可能需要的学习方法。

(4)执行学习计划,实际运用学习方法,监控学习过程。这一步要求学习者在实施学习计划和方法时,通过监控不断反思有关变量因素与学习计划和方法的关系,估价学习计划和方法可能达到的效果。

(5)维持或更改已选用的学习计划和方法。这一步要求学习者对学习计划和方法的效果做出反应。如果达到预期效果,可以维持原有的计划和方法;如果效果不理想,可考虑调整或更改原来的计划和方法。调整和更改可能是计划和方法的部分内容,也可能是整体计划和方法。

(6)对学习计划和方法做整体评价。这一步要求学习者对学习计划和方法做出终结性评价,作为这次计划和方法实施情况的总体反馈,以及下次确定计划和方法的依据。

三、学习差异与因材施教

学习差异是学习者的普遍现象。在教学中,即使两个学生平均学习成绩相同,在各科学习上仍存在很大差异;即使同一学科的成绩相同,也存在着差异。如语文学习中,有人偏重于文学的应用,有人偏重于意义的表达,有人偏重于思想的组织,有人擅长于逻辑推理,有人擅长于想象创造等。

根据学生的学习差异指导学习和组织教学,是提高学习效果的重要途径。早在中国古代,《论语》中就曾记载了孔子因材施教的大量生动案例。在现代教育中,许多教育家对学习差异、学习方法与学习效果之间的关系也做了大量研究。美国心理学家琼斯曾做过一项实验,把被试分成程度相同的两班学生,实验班使用适应个性的因材施教,对照班采用共同目标的统一教学。一学期后,两班接受同样的测验,其结果显示实验班成绩远远优于对照班。在征求学生对教师的意见时,实验班普遍满意,认为适应个性的教学方法使每个学生受益匪浅;而对照班则感到个人在班中受到忽视,只能跟随大家去做,自己的问题得不到及时解决。

近代以来,学校教育一直采用班级组织形式,如何在班级中实施因材施教,就成为班级教学研究的主要问题。美国的道尔顿制和文纳特卡制等都是在中小学运用适应个别差异的因材施教办法的尝试。总起来看,国内外因材施教的探索主要有以下几种形式[①]:

(1)按学生的成绩分班。有两种做法:一种是保存年级界限,按成绩分班;另一种是取消年级界限,完全按照学生的学习成绩灵活编班,又叫不分年级的"连续

[①]袁振国主编:《当代教育学》(修订本),教育科学出版社 1999 年版,第 125—126 页。

进度"。

（2）按学生的智力分组。把智力相同的学生分在一班，又称"同质班"。有多种具体办法，如按智商分班，按某一方面的学习成绩分班等。

（3）按学习的内容分组。即以学科成绩为标准进行升留级，一个学生有可能语文在五年级而数学在三年级。一般以一学期为单元进行升留级调整。

（4）双重进度教学。有两种做法：一种是班级编制不变，在一个班内分两三个不同的进度，对某一进度的学生教学时，另一进度的学生自动作业，再相互更换；另一种是"半分班制"，即一部分课程按统一编班统一进度在原教室上课，另一部分课程按不同进度在另外的班级上课。

（5）按单元组织教学。这种方法不按单元顺序，甚至打破学科界限来组织教学单元，且以学生的独立活动为主，教师仅供咨询与辅导。权变合同制集中反映了该形式的特点，它将教学分成大小不同的合同（单元）。每个合同有三项内容：学生自己选择要做什么；学习的要求与质量标准；完成后的评分与奖励。教师与学生之间订立学习合同。

事实上，无论采取何种教学方式，如果不考虑学生学习的差异总是难以取得成功的；面向全体学生与因材施教，始终是教学的两个不可偏废的主题。只有把集体教学与个别指导有机结合起来，把"全面发展打基础"与"发挥特长育人才"结合起来，把对优异生的培养与对学困生的帮助结合起来，才能达到教育的理想境界。但是，在上述分班、分组或分进度教学时，教师要注意多做工作，多与学生及其家长沟通，讲清楚这种教学的意义；否则，适得其反，会造成不良的影响。

> 每一个人都关心质量问题,如产品的质量、生活的质量、生命的质量、婚姻的质量等,可以说没有"质量",人类社会就不能进步。那么,作为学生,你关注过学的质量吗?作为教师,你关心过教的质量吗?事实上,绝对的质量在实际中是不存在的,但教学质量又是可以测定的。你知道它们是怎样评价和测验的吗?

第七章 教学质量与教学评价

学校的根本任务是培养具有创新精神和实践能力的人才,而人才的培养又主要通过教学活动来实现;教学工作是学校的中心工作,教学质量的高低决定着人才培养质量的高低,关系着学校的生存与发展。可见,质量是学校教育的生命线,学校必须建立起一个科学、规范、可操作、行之有效的教学质量保障系统,以保证和不断提高教学质量。同时,在现代教学中,教学质量评价已成为教学实践领域中不可缺少的重要部分,主要是因为它既具有反映教学实际状态、检查教育方针政策的实现程度、评定学生质量、评价教师教学水平、评估学校办学质量等实际用途,又具有检验教育改革及教育实验效果、为教育决策提供反馈信息、促进教育基本理论发展等研究用途,还具有教育管理、教学管理的工具职能。所以,在现代学校里教学质量评价已成为不可缺少的教学实践活动。

第一节 教学质量界说

不注重教学质量的学校是没有发展前途和生存空间的。教学质量是学校永恒的主题与主旋律,一刻也不能放松。在学校工作中,更新教育思想观念,开展教学改革,加强教育管理,其目的就在于促进教学质量的提高。但什么样的教学是高质量的教学?人们对此认识并不一致。这实质上是一个教学质量观的问题。

一、质量和教学质量的含义

(一)质量的含义

在生活中,经常听到或应用"质量"这个概念。但是,究竟质量的含义是什么,不同的学科对其的解释大不相同。在物理学中,质量是量度物体惯性大小的物理量,它的数值一般用物体所受外力和由此得到的加速度之比来表示;在哲学中,质就是一事物区别于他事物的内在规定性,量是关于事物的范围和等级的规定性,事物就是质与量的统一;在《辞海》中,质量是产品或工作的优劣程度,如建筑质量、技术质量等。从以上几种对质量的解释中,可以确定,在社会日常生活中一般意义上所说的质量,既不是指物理学中外力与加速度之比的那个质量,也不是指哲学中规定的事物性质和数量的那个质量,而是指《辞海》中所论述的产品或工作的优劣程度的那个质量。换言之,产品或工作的优劣程度实质上是对于产品或工作是否能够满足特定主体需要及其程度所做出的肯定性价值判断。质量的有无及其高低,取决于产品或工作本身的现状和特定的主体需要。

有人曾就国内外对质量的界说进行了梳理,归纳出九种观点:(1)不可知论:质量是一个令人困惑的名词,谁都难以将它表述清楚;(2)产品质量说:即产品的特性;(3)达成说:指事物达到既定目标的程度;(4)替代说:用卓越、一流、优秀等词替代质量的本意;(5)哲学观:把哲学中对质量的解释推广到其他领域;(6)实用观:重实效、适应社会需要;(7)绩效观:从投入产出的角度考察质量;(8)学术观:质量按照事物固有的规则运行,注重长期的发展,不注重短期的结果;(9)准备观:前期的学习为后期学习准备的充分程度。[①] 实际上,这九种对质量的界说和理解,除了第一种不可知论和第五种哲学观外,其他观点都或多或少地表达了这样一个意思,即质量是事物(产品或工作)的特性,而这一特性又是以满足需要、达到目标或求得发展为外在表现形式。这一质量的性质与我国和国际组织对质量的定义有相似之处。按照我国国家标准 GB/T6583 中的定义,质量是产品、过程或服务满足规定或潜在要求(或需要)的特征和特征总和。[②] 国际标准化组织 ISO 也对质量做出如下定义:质量是事物满足明确或隐含需要的能力特性的总和。[③]

从上述分析中可以看出,质量一般具有两方面的含义:一方面,质量作为事物、产品或工作的内在规定性,具体表现为事物的一组特性,是事物的客观属性,对此人们可以用客观的方法来了解和认识它;另一方面,质量又包含了判定优劣的价值判断,成为事物的价值属性。但事物的价值属性不是独立存在的,而是在事物的原有特性与价值主体的需要相结合后形成的,即事物是否满足价值主体需要的特性。由于事物的价值属性是与价值主体的需要密切联系在一起的,主体的不同必然导致需要的不同。即使同一主体在不同的时期,或同一时期在不同的条

---

① 安心:《高等教育质量的本质探析》,载《高等师范教育研究》1996 年第 5 期。
② 刘慧罗:《质量管理学》,西北工业大学出版社 1992 年版,第 2 页。
③ 刘广第:《质量管理学》,清华大学出版社 1996 年版,第 44—48 页。

件下也会表现出不同的需要,这就形成了同一事物不同的质量特性。这时,必须在分析事物固有的特性和与之相连的价值主体需要的基础上,才能了解和认识事物的质量特性。由此看出,质量是事物、产品或工作的内在客观特性和主体价值需要的统一体,是事物、产品或工作满足某种明确或隐含需要的特性。

(二)教学质量的含义

教学质量作为质量的下位概念,应该在遵循质量内涵的前提下进行界定。教学质量,简言之就是教学的优劣程度,即教学活动本身与满足主体明确或隐含需要两方面特性的统一。所谓"教学活动本身特性",是指教学所提供的人与物的资源质量,包括教学设备、设施、环境和师资素质等;所谓"明确或隐含需要",主要指社会的要求和学生发展。由于教学本身的复杂性,所以人们对教学质量的认识也有不同的观点:

1. 教学质量就是教学结果质量

在这方面,瑞典教育家胡森的观点颇有代表性。他认为,教学质量主要是指学生的质量。"质量是指教育的产品,而不是指生产出这些产品的资源和过程。如果我们把学生的成绩作为学校教育质量的唯一指标的话,那我们就过于简单化了。人们期望学校给学生带来的变化,不仅仅局限在认知领域。人们期望学校有助于学生形成某些行为和态度,使学生能恰当地欣赏民族文化,行为受道德的和审美的价值指导,从而成为负责的、合作的、参与的和独立的公民。"在这里,教育的产品质量主要是就学生而言的,而且不仅指学生学业成绩水平,也包括学生情感和个性的发展。其实,教学质量不单表现在结果质量或学生质量上,更不单表现在学生的学业成绩上,它是一个综合性的动态体,是客观属性和价值属性的统一。一般而言,教学质量高,学生质量也高,反之亦然,二者成正相关关系。但并不能说,学生质量高,一定就意味着教学质量高;或教学质量高,一定意味着学生质量高。

2. 教学质量包括教学工作质量和学生质量

这一观点主要表现在两个方面:一是强调学生质量的方面,认为学生质量处于教学质量的核心地位,工作质量是保证提高学生质量的关键;二是强调教师讲授的质量方面,认为教学质量是由教师的教授质量、学生的学习质量和教学管理部门的管理质量组成的。其中,教授质量在教学质量的形成中起主导作用,是教学质量的主要体现。

3. 教学质量包括为教学所提供的人与物的资源质量(投入)、教学实践的质量(过程)、成果的质量(产出或结果)

从以上三种观点看出,在教学理论和实践中,随着对教学质量认识的不断深入,由原来对教学质量认识的单一化向多元化发展,有了对工作质量和结果质量的区分以及投入、过程和产出质量的认识,这就更有利于我们准确把握教学质量的含义。但从这些表述中,或多或少地表达了这样一个观念,即把教学质量的核心大都定位在结果质量上,而把结果质量以外的质量形式,如过程质量和资源质量等,降到了次要的地位,使其他质量形式都为结果质量服务。这就使人们在谈到教学质量时,往往自觉或不自觉地把它归结为教学结果质量(即学生质量)上,容易使人们对教学质量的认识陷入一种怪圈,即教学质量=教学结果质量=学生认知水平=学生的考试成绩,结果就把提高学生的学习成绩与提高教学质量等同起来,这样就更加重了人们对教学质量认识和实践的片面性。所以,全面正确地认识教学质量的含义与构成,应该从以下两个方面进行:

1. 树立教学质量的整体观,科学地认识教学质量的结构组成

在实际教学中,教学活动是作为一个整体存在着的,在教学质量生成过程中是无法把它们分开的。教学质量的提高,是一个综合的整体的提高,而不是某一局部水平的提高。虽然教学质量是作为一个整体而存在的,但在研究中,为了有利于说清楚问题,可以把教学质量分为条件质量、过程质量和结果质量,由这三部分的质量共同形成教学质量;而这三者之间既是紧密结合的整体,又在教学的整体活动中有着各自的职能,发挥着各自的作用,不能相互替代。其中,条件质量起着为教学活动定位和为其提供必备条件的作用;结果质量是依据一定的目标,检测目标的实现程度;过程质量则介于两者之间,起到从条件质量到结果质量的中介作用。正是在这一中介过程中,学生才逐渐从一个自然人转化成为一个社会人;也正是在这一中介过程中,学生才在学到知识的同时发展能力和个性,成为一个有着丰富情感的人,成为一个具有主体性的人。

2. 实现对教学质量认识上的重心转移

过去对教学质量的认识,大都是以结果质量为核心的,而这正是片面教学质量观的根源所在。其实,在教学质量的构成中,教学过程质量更为重要。因为教学质量赖以产生的基础是教学过程的展开,教学过程是生成教学质量的主体内容,教学结果只是教学过程的自然结果,不存在超越过程的结果。只有在教学过程中充分重视知识技能的基本训练,才有可能产生好的学生学业成绩;只有在教学过程中注重了能力的培养,才会在教学结果中体现能力的发展;只有在教学过程中对学生的人格予以充分尊重,才有可能形成学生良好的个性品质。然而,如果只重视从目标到结果的质量,那么即便教学目标确定得再合理、教师和学生的原有素质再高,没有教师与学生在教学过程中的能动的主体间性作用,也无法转化为好的教学结果。显然,在整体的教学质量中,教学过程质量应居于核心的地位。所以,树立以教学过程为主的质量观,不仅在教学中更加关注人的活动、人的意义和人的发展等问题,真正把教学质量定位在促进社会与人共同发展方面,而且更有利于实施素质教育,消除应试教育观念在学校教学中的消极影响。

二、影响教学质量的因素

由以上教学质量的内涵与结构分析,影响教学质量的因素主要与教学条件、过程和结果紧密相关。从宏观层面上看,教学质量的好坏与教学条件的投入如教学梯队和师德建设、教学基本文件、教学设施及教育经费等成正相关,也与教学过程的优化如教师的配备、备课质量、授课质量、教学改革、教风学风等成正相关。显然,有了好的教学条件和优化的教学过程的并驾齐驱、共同作用,必然会获得满意的教学效果。从微观层面分析,对教学质量起决定性影响的因素有:一是教学梯队和师德建设,包括教师队伍的年龄、学历、职称结构、学术水平、师德状况等;二是教学基本文件,即教学大纲、教材及教学参考资料、课程教学档案等;三是教学设施及经费投入,包括实践教学条件、现代化教学手段、教学经费等;四是教学实施,包括主讲教师配备、备课质量、授课质量、其他教学环节质量、考试与管理等;五是教学改革,包括教学内容改革、教学方法改革等;六是教风与学风、学生学习质量,包括知识、能力、素质和创新意识等。那么,这些因素是如何影响教学质量的?

(一)教师结构与素质

教师队伍的结构在很大程度上反映着教师队伍的整体素质和适应能力,这既取决于教师个人的素质,也取决于其构成状况。结构合理,有利于发挥个人积极性和群体优势,可以引起老中青的良好结合与相互学习,从而提高总体效能。教师的素质高,主要体现在能够掌握和熟练运用教育规律、教学理论、学科专业知识与技能,以及具备良好的科学研究水平、职业道德素养等方面。从教师角度而言,有了合理的结构和良好的素质,定能创造出一流的教学质量,这也应验了自古以来的至理名言"名师出高徒"的道理。

(二)教学大纲与教材

教学大纲是依据教学计划,以纲要形式规定一门课程教学内容的指导性文件。它依据学科的教学任务、学生的年龄特点、知识水平以及发展学生智力的需要,具体规定学科知识的范围、目的、任务、深度、体系、结构以及教学进度和教学法上的要求。因此,教学大纲的好坏直接左右着教学的质量、层次和深度;只有先进的教学大纲,才能引发高层次高水平的教学活动,才能谈得上教学的高质量。同样,作为师生教学共同使用的教材,当然应该体现先进教学大纲的要求,撰写出有特色的教材和教学参考资料,使课程教学质量一开始就处在较高的层次上。很难想象,一个要求低的教学大纲及其内容陈旧的教材能够带来较高的教学质量。

(三)课程教学档案

课程教学大纲、教材、教参、教案、教学进度、教学总结、试卷分析、教改方案及实施总结等各种教学档案资料,都是课程教学的依据。所以,加强和完善课程教学档案建设,十分有利于总结和改进教学工作,提高教学质量。

(四)实践教学条件

实践教学条件是保证实验、实习、课程设计和毕业设计的基本前提。例如,实验室的面积、实习经费和场所、课程设计和毕业设计用房等都必须达到国家规定的合格标准。否则,就难以达到保证较高教学质量的要求。

(五)现代化教学手段

现代化教学手段的出现和应用,引起了教学上的一场革命,使教学活动效益大为提高。特别是对现代化科技知识的传授,如果仍采用传统教学媒体和手段来完成,有些几乎是行不通的;有时即使行得通,也是事倍功半。这就是在学校教学实践中日益青睐,并积极推行多媒体等现代化教学手段的真正动因。

(六)教学经费

无论是基本教学设施的购置、教学资料的充实,还是现代化教学手段的配备、使用,都需要教育经费做后盾;否则,一切都无从谈起。

(七)教学实施

有了好的条件,不等于就有了好的质量。就好比有了好的钢材和好的工人,不等于生产出来的产品就是好的;因为如果生产工艺是落后的,生产过程控制不严,其产品质量就高不到哪里去。因此,教学过程的质量控制十分关键。学校应配备水平较高、教学态度认真、富有教学经验的教师走上教学一线,教师必须从备课、讲课、辅导、答疑、批改作业等全过程投入大量精力,将整个身心融入其中,方能在教学全部环节中时时刻刻以提高学生学习质量为中心,使每一个环节的质量都保持到较高水平。

(八)教学改革

社会在改革中进步,不改革社会就无以进步。同样,教学不改革就缺乏活力,学生对教学就无兴趣,教学就不会成功,质量自然也就不会高。这也是一条基本的教学规律。因此,教师必须时时钻研所教专业,刻刻学习跟踪学科前沿,具备扎实的理论基础和渊博的学识,通过科学研究不断发现新知识、创造新知识,才能在其教学活动中刻意改革、充实教学内容,自觉地运用现代教学手段、教学方法,使教学充满生机活力,从而激发学生强烈的学习兴趣和探索未知世界的欲望,培养学生敢于创新的意识。这样的教学一定是高质量的。

(九)教风与学风

教风、学风共同构成校风。一般说来,一所学校的校风好坏,可以从一个侧面反映出这所学校教学质量的好坏。但教风与学风也是一对辩证统一的关系,这是由教学双边活动的性质所决定的。教师的治学态度与学识渊博程度,直接影响学生的品德和学问;而学生无心上进与游手好闲也会使教师渐而生厌、懒于教导,如此便会恶性循环,其教学质量怎能高矣!反之,教师治学严谨、诲人不倦,学生积极主动、乐于进取,教学必然会形成良性循环,教学相长。

(十)教学效果

教学的效果如何,只能从学生的角度上度量其在教学活动中所获得的知识和能力的培养,是否达到了课程教学目标和培养目标的要求。因此,教学效果应从学生本身的学习质量以及后续课、高年级学生、毕业生和社会反映等方面综合给予考察和评定。

三、教学"三维目标"与教学质量

教学质量的内涵从结果质量向过程质量的认识重心转移中,我们会逐渐认识到,教学不能仅仅关注学生学习的结果,教学目标不只是使学生富有知识和学会获取知识的方法,更应注重学生在此过程中获得品行、身体、心理和人际交往等方面的健康成长,为学生的终身发展服务。新课程教学目标正是依据教学质量的内涵发展,提出了教学的"三维目标",即知识与技能、过程与方法、情感态度与价值观等三个维度的教学目标,并以此作为一种理念贯穿于整个教学过程的始终,从而进一步促进教学质量的提升。

(一)三维目标的含义

1. 知识与技能

"知识"指事实、原理、规律等,一般分为了解、理解和应用三个学习水平层次,各个水平层次有对应的内容和相应的要求。"了解"包括再认或回忆知识,识别、辨认事实或证据,举出例子,描述对象的基本特征等;"理解"包括把握内在逻辑关系,与已有知识建立联系,进行解释、推断、区分、扩展,提供证据,收集、整理信息等;"应用"包括在新的情境中使用抽象的概念、原则,进行总结推广,建立不同情境下的合理联系等。

"技能"是指观察、阅读、表述、计算、调查、测量、操作仪器、制作模型、绘图制表、演奏以及一些特殊的运动技能等,一般分为模仿、独立操作、迁移三个学习水平。"模仿"包括在原型示范和具体指导下完成操作,对所提供的对象进行模拟、修改等;"独立操作"包括独立完成操作,进行调整与改进,尝试与已有技能建立联系等;"迁移"包括在新的情境下运用已有技能,理解同一技能在不同情境中的适用性等。

2. 过程与方法

"过程与方法"是指认知的、科学探究的、人际交往的过程和方法。过程本身的价值在于使学生既经历一个知识建构的过程,又经历情感体验的过程,带给学生探究的体验、创新的尝试、实践的机会和发现的能力。同时,学习的方法、科学探究的方法、合作交往的方法也在过程中获得和应用。我们认为,"过程"是一种途径,尽管其本身不具有层次性,但它的水平层次将"依附"于知识与技能目标或情感态度与价值观目标的水平层次。"方法"的学习和应用属于学习策略教育,而学习策略教育属于认知领域;根据智育心理学理论,可将"方法"的学习和应用分为陈述性水平、程序性水平和迁移性(元认知)水平。

3. 情感态度与价值观

"情感"是人的需要是否得到满足时所产生的内心体验;"态度"是指个体对任何人、观念或事物比较稳定的心理倾向,由认知、情感、意向三个要素构成;"价值观"是一种涉及行为方式和目标的持久信念,影响人对事物进行价值判断,进而影响人的态度和行为。情感态度与价值观目标注重于学生的内省和内化,强调通过学生自己亲身实践,感受活动的价值,从而形成稳定的态度和个性化的价值观念。这一目标,一般包括对己、对人、对自然及其相互关系的情感、态度、价值判断,以及做事应具备的科学态度与科学精神(包括人文精神)。

总之,三维目标是对学校教学工作的一个全面要求,它使教学质量在课堂教学中落实有了明确的方向。其中,知识与技能维度的目标立足于让学生学会,过程与方法维度的目标立足于让学生会学,情感态度与价值观维度的目标立足于让学生乐学。任何割裂三维目标的教学都不能促进学生的健全发展。因为,三维目标不是三个目标或三种目标,而是同一教学目标中相互融合、相互制约、相互促进的三个方面;就如同一个立方体都有长、宽、高三个维度一样,是不可分割、同时并存的。所以,在课堂教学中,不能完成了一维目标再落实另一维目标,而是要把它们联系在一起去实现。

(二)三维目标的核心

三维目标是党和国家全面发展的教育方针在学校教学中的具体体现,其核心是要使学生全面发展。

1. 关注每一个学生

每一位学生都是生动活泼的人、发展的人、有尊严的人,在教师的课堂教学理念中,全班所有的学生都是自己应关注的对象;而关注的实质是尊重、关心、牵挂,关注本身就是最好的教育。

2. 关注学生的情绪生活和情感体验

孔子说过:"知之者不如好之者,好之者不如乐之者。"教学过程应该成为学生一种愉悦的情绪生活和积极的情感体验。学生在课堂上,是兴高采烈,还是冷漠呆滞?是其乐融融,还是愁眉苦脸?伴随着学科知识的获得,对学科学习的态度是越来越积极,还是越来越消极?对学科学习的信心是越来越强,还是越来越弱?这一切必须为教师所关注,这种关注还要求教师须用"心"施教;而用"心"施教体现着教师对工作的热爱,对学生的关切,反映了教师积极的情感。

3. 关注学生的道德生活和人格养成

课堂不仅是学科知识传递的殿堂,更是人性养育的圣殿;课堂教学潜藏着丰富的道德因素,"教学永远具有教育性",这是教学活动的一条基本规律。教师不仅要充分挖掘和展示教学中的各种道德因素,还要积极关注与引导学生在教学活动中的各种道德表现和道德发展,从而使教学过程成为学生一种高尚的道德生活和丰富的人生体验。这样,学科知识增长的过程也就成为人格的健全与发展的过程,伴随着学科知识的获得,学生变得越来越有爱心,越来越有同情心,越来越有责任感,越来越有教养;同时,教师也要加强自身修养,不断完善自己。

(三)三维目标的关系

苏霍姆林斯基曾经精辟地指出:只有当知识在变为个人信念,变为人的精神财富,从而影响到他生活的思想方向和劳动、社会积极性及兴趣时,知识的获取过程和知识的深化过程才能成为智育的要素。人的发展是三维目标的整合,每门课程的三维目标都是为人的发展服务的,因此在课堂教学中必须实现三维目标的统一。

1. 要处理好知识、技能与过程、方法的关系

知识、技能与过程、方法的关系也就是通常所说的结论与过程的关系,与这一关系有关的还有学习与思考、接受与发现、掌握与感悟、学会与会学、知识与智力、继承与创新等关系。

从学科的角度来讲,某门学科的过程体现了该学科的探究过程与方法,结论则表征该学科的探究结果(概念原理体系),二者是相互作用、相互依存、相互转化的关系。什么样的探究过程和方法必然对应着什么样的探究结论或结果,而概念原理体系的获得依赖于特定的探究过程和方法。如果说概念原理体系是学科的"肌体",那么探究过程和方法就是学科的"灵魂",二者有机结合才能体现一门学科的整体内涵和思想。当然,不同学科的概念原理体系不同,其探究过程和方法也存在区别。但无论对哪一门学科而言,学科的探究过程和方法都具有重要的教育价值,学科的概念原理体系只有和相应的探究过程和方法结合起来,才能有助于学生形成一个既有"肌体"又有"灵魂"的活的学科认知结构,才能使学生的理智过程和精神世界获得实质性的发展与提升。

从教学角度来讲,所谓"教学的结论",即教学所要达到的目的或获得所需的结果;所谓"教学的过程",即达到教学目的或获得所需结论而必须经历的活动程序。毋庸置疑,教学的目的之一,就是使学生理解和掌握正确的结论,所以必须重结论。但是,如果不经过学生一系列的质疑、判断、比较、选择,以及相应的分析、综合、概括等认识活动,换言之,如果没有多样化的思维过程和认知方式,没有多种观点的碰撞、论争和比较,结论就难以获得,也难以真正理解和巩固。尤其是没有以多样性、丰富性为前提的教学过程,学生的创新精神和创新思维就不可能培养起来。所以,不仅要重结论,更要重过程。

从学习角度讲,重结论也即重学会,重过程也即重会学。学会,重在接受知识,积累知识,以提高解决当前问题的能力,是一种适应性学习;会学,重在掌握方法,主动探求知识,目的在于发现新知识、新信息以及提出新问题、解决新问题,是一种创新性学习。进入知识经济时代,学生在学校获得的知识到社会上已远远不够用,只有不断更新知识,才能跟上时代的步伐。

现代教育心理学研究表明,学生的学习过程不仅是一个接受知识的过程,而且也是一个发现、分析、解决问题的过程。这个过程一方面是暴露学生产生各种疑问、困难、障碍和矛盾的过程,另一方面是展示学生发展聪明才智、形成独特个性与创新成果的过程。因此,新课程强调过程,强调学生探索新知的经历和获得新知的体验。当然,强调探索过程,意味着学生要面临问题与困惑、挫折与失败,同时也意味着学生可能花了很多时间和精力,结果表面上却一无所获。但是,这却是一个人的学习、生存、生长、发展、创造所必须经历的过程,也是一个人的能力、智慧发展的内在要求,更是一种不可量化的"长效"、一种难以言说的丰厚回报,而眼前耗费的时间和精力应该说是值得付出的代价。同时,也要防止过程的泛化,即过程、方法的目标出现了"游离"的现象。这是因为"过程、方法"这一维度的目标,是以往课堂教学所忽略的新要求,因而一般教师设计这类目标的意识不强,有些教师虽有明确的意识,但在设计和操作中明显地出现了"游离"现象,游离于知识、技能目标之外,游离于教学内容和教学任务之外,游离于学生发展之外,从而使过程、方法的价值丧失殆尽。下面这个案例从一个侧面说明了这个问题的严重性:

> 师:小朋友,怎样记"菜"字?
> 生:菜,上下结构,上面草字头,下面是"采"字,合起来是"菜"字。
> 师:还有其他方法吗?
> 生:菜,上面草字头,下面彩色的"彩"去掉三撇,合起来是"菜"字。
> 师:很好,还有其他方法吗?
> 生:菜,上面是辛苦的"苦"去掉"古",下面是彩色的"彩"去掉三撇,合起来是"菜"字。
> 师:很好,还有其他方法吗?
> 生:菜,上面是"花"字去掉"化"字,下面是彩色的"彩"去掉三撇,合起来是"菜"字。
> 师:很好,还有其他方法吗?
> ……
> 这样教学使学生越记越复杂,越学越糊涂。这种为过程而过程、为方法而方法的教学就失去了应有的价值。

2. 要在教学中关注情感、态度、价值观

关注情感、态度、价值观是以人为本思想在教学中的体现,其实质就是关注人。关注人(关注情感、态度、价值观)与关注学科(关注知识、技能与过程、方法)也是教学中一对至关重要的关系。对学生而言,它表现为乐学与学会、会学的关系;对教师来说,它表现为教书与育人(教知识与教做人)的关系;从教学的角度来看,它表现为认识与情感的关系。学生离开学校若干年后,头脑中的知识可能忘却,但思想、精神却能转化成学生的"情感、态度与价值观",永远地指导着学生怎样学习、求知、生存和发展。所以,对学生情感、态度、价值观的培养要特别强调以下两点:

(1)教师要有"育人"的意识,充分挖掘所教学科内在所特有的情感、态度、价值观因素,同时要注重自身的示范作用。正如俄国教育家加里宁所说:"要知道,教育者影响受教育者的不仅是所教的某些知识,而且还有他的行动、生活方式以及对日常现实的态度。"苏霍姆林斯基在《给教师的建议》中也强调指出:"你不仅是自己学科的教员,而且是学生的教育者、生活的指导者和道德的引路人。"教师要特别注重价值观导向,把教学生学会做人作为自己的头等使命!

> 在教《狐狸与乌鸦》一课时,老师请同学们把狐狸对乌鸦说的话找出来细读,并结合乌鸦的表现,谈谈读后的感受。一学生说:"我认为狐狸很'聪明',而且很有'恒心'。它善于观察,不断改变说话的口气,由向乌鸦问好,到'关心'它的孩子,到赞美它的羽毛和嗓子,直到乌鸦开口。"老师这样引导:"这位同学读得很深入,有自己独特的感悟,敢于表达自己的观点,并且说得有理有据,值得大家学习。但是,狐狸的聪明和恒心用错了地方——想不劳而获,想欺骗别人,这是心术不正的聪明,是心术不正的恒心,这种'聪明'和'恒心'越多,害处就越大,要不得!"可以看出,这位教师的引导十分得当。

(2)教师要掌握情感、态度、价值观培养的规律和特点。情感、态度、价值观具有主观性、体验性、内隐性等特点,它和知识、技能与过程、方法两个维度不一样,一般难以明确地显性表述出来,更不可能一节课一节课具体地罗列出来。因此,对情感、态度、价值观的培养,既要有机地结合课程教材内容的性质与特点,又要把握课堂教学活动的情境和氛围。在课堂上,有的教师脱离具体内容与特定情境,孤立地、人为地、机械生硬地进行情感、态度、价值观教育,既空洞又无力,结果是低效的或无效的。从教书育人的机制来看,情感、态度、价值观的教育主要通过学生的无意识心理机制而发生作用,应是"随风潜入夜,润物细无声"式的。但有的教师却像讲解知识要点一样，把情感、态度、价值观直接"教"给学生，这种教育只是一种知识教育或技能教育，而不会成为有效的情感、态度和价值观的教育，因而对学生的发展不可能有实际的效果。

（四）实施三维目标中应注意的问题

在新课标执行过程中，一些教师对课堂三维教学目标的理解和认识存在着一定的偏差，应引起注意。

（1）没有充分认识教学目标的重要性，认为教学目标只是形式，可有可无，所以在进行教学设计时很少考虑教学目标问题，往往直接设计教学过程，造成教学没有方向，不知道要达到什么结果。因此，需要强调，教师教学要有目标意识，要弄清楚自己这节课要干什么，要达到什么要求。

（2）教学目标的制订流于形式，无非是从教学参考到教案，照搬照抄。为此，需要提醒的是，教师在教学中是用教材，而不是教教材。

（3）只重视知识与技能目标，往往导致在课堂教学活动中，教师只关注结果的正确与否，急于得出结论，然后让学生记忆结论，而轻视学习过程和学习方法，忽视情感态度与价值观的培养。显然，这种教学就不是完整意义的现代教学。

（4）一些教师在制订教学目标时虽关注学生的素养和一般发展，但教学目标的制订过于笼统和空泛，以致教师在教学过程中难以把握和落实，自觉或不自觉地偏离教学目标，最终成为"一纸空文"。为此，教师要从学生的实际出发，挖掘教材资源，活用教材内容，努力寻求学生素养的生长点。

第二节　教学评价

所谓"教学评价"，主要指依据一定的客观标准，通过各种测量和相关资料的收集，对教学活动及其效果进行客观衡量和科学判定的系统过程。从本质上讲，教学评价是一种对教学活动及其效果的价值判断。要做好这一判断，得出科学的结论，评价者必须在一定的客观标准下，认真地进行各种测量，系统地收集教学活动各方面的资料或证据。这里，所谓"测量"，是指评价者对评价对象进行的某种数量化的确定，其基本特征是将事物进行区分，并且只以数学方法对事物进行描述而不管其价值如何；"评价"则要以这种描述为基础确定事物的价值，即根据测量结果对事物做出价值判断。例如，一个学生在考试中得了70分，这只是一个简单的测量结果，这个成绩表示什么意义，还需进一步判断，即给予评价。此外，与教学评价密切相关的另一个概念是"测验"。简单说，测验就是引起某种行为的工具，是一种测量的工具或测量量表。在前面的例子中，考试即是一种测验，而考试的实施过程则是测量，对考试结果的分析评判是评价。测量、测验、评价是教学评价中经常使用的三个基本概念,搞清这几个概念的含义,有助于理解教学评价的基本意义。

随着新课程改革在全国范围内大面积展开,传统教学评价中的弊端也越来越明显地凸现出来,因此建立一种新的适应新课程需要的教学评价体系,已经非常迫切和必要。与传统的教学评价相比,新课程需要的教学评价既要遵从教育评价理论的一般原理,也要具有一些区别于传统教学评价的特征。

一、教学评价的主要理论依据

(一)多元智能理论与教学评价

1. 多元智能理论的内涵

长期以来,人们对于智力的理解仅仅限于智商理论和皮亚杰的认知发展理论。这种传统的智力理论认为,智力是以语言能力和数理逻辑能力为核心、以整合的方式存在的一种能力。随着人们对智力认识的不断深入,新的智力理论也不断产生,如美国心理学家斯腾伯格的智力三元理论,美国心理学家塞西的智力领域独特性理论等,尤为引起教育教学界高度重视的、对教育教学改革影响最深远的是美国发展心理学家加德纳于20世纪90年代提出的多元智能理论。加德纳认为,人的智能由七种紧密关联但又相互独立的智能组成,它们是言语—言智能、音乐—节奏智能、逻辑—数理智能、视觉—空间智能、身体—动觉智能、自知—自省智能、交往—交流智能。

这七种智能显然比智商理论所认为的言语—语言智能和数理—逻辑智能更为广阔,特别是加德纳提供了一种多维地看待人的智力的视野和方法。多元智能理论的广阔性和开放性对于正确地、全面地认识学生具有很高的借鉴价值:各种智能只有领域的不同,而没有优劣之分或轻重之别,因此每个学生都有可资发展的潜力,只是表现的领域不同而已。这就需要教师在以促进学生发展为终极关怀的参照下,从不同的视角、不同的层面去看待每一个学生,而且要促进其优势智能领域的优秀品质向其他智能领域迁移。

2. 多元智能理论对教学评价的启示

(1)评价的标准具有多元性。不同个体在七种智能方面拥有的量各不相同,七种智能的组合与操作方式更是各不相同,因此教学评价的尺度应该是多元的。

(2)评价的目的应该是为学生的发展提供契机。传统评价中,有一些学生要尽力在他们可能并不擅长的学业领域中去适合评价的要求,从而不能发展自己的优势智能;而新课程的评价目的则在于通过识别每个学生的优势智能领域,为其提供发展自己优势智能领域的机会。

(3)评价的来源应是学生的活动。传统评价中,决定学生优劣的往往只是一张各学科分数的成绩单；而多元智能理论认为，只有在社会生活和与社会环境的联系中，在问题情境或特色文化背景中，才会有某种智能的体现。所以，评价应立足于学生的学习活动，引导学生扩展学习的内容领域，开拓与多元化智能结构相匹配的学习活动。

（4）评价的核心是"全人观"。第一，每个学生都能获得成功，评价在于给学生找到并提供成功的支撑，使每个学生都获得成功的机会；第二，每个学生都有自己的优势智能领域，教学评价要让学生发现自己的优势领域，同时又认识到自己的不足，从而协调地发展自己，尽可能使自身在多方面得到充分发展；第三，学生的智力发展贯穿于生命的全过程，为此，评价要用发展的眼光看待孩子，善于发现他们的智力潜能。

（5）评价的方式尽量采用档案袋和活动法。单靠纸笔测验是很难测出学生的多元智能的，而档案袋和活动法则能从时间、空间两个方面记录和观察学生的表现。

多元智能理论的提出在教育理论界产生了广泛的影响，基层的广大教师对多元智能理论也在逐步熟悉。但是，这一理论对于中国教育实践来说仍然停留在启示性大于实用性的层面上，它为人们正确看待每一位学生提供了一种全新的视角，而在操作层面对如何测量学生在多种智能上组合的差异，对如何促进学生多元智能的发展，仍然缺乏深入研究和实际应用。虽然学习相同的内容，但教师如何根据学生智能组合的差异，对学生提出不同的评价要求，兼顾不同学生不同优势智能领域的特点，让每一个学生都能利用自己的优势领域来进行学习，从而为每一位学生胜任学习提供公平的机会，是需要在教学实践中认真探索的。

（二）建构主义思想与教学评价

1. 建构主义思想的内涵

早期的学习理论中，行为主义学派占优势。这一学派认为，学习是通过强化建立刺激与反应之间的联结。行为主义者无视在这种传递过程中学生的理解及心理过程，因此遭到了许多批评。20世纪60年代，认知学派取代了行为主义学派的主导地位。与行为主义者不同的是，认知主义者重视学习者内部的认知过程，关心知识是如何被加工和理解的，强调学习者头脑中原有认知结构的作用。20世纪后叶，针对传统的赫尔巴特教育思想的弊端和社会发展的要求，也基于人们对哲学、心理学和教育学的重新认识，建构主义的教学观盛行于西方。与传统的赫尔巴特"教师中心"相反，建构主义强调人的主体能动性，即要求学习者积极主动地参与教学，在与客观教学环境相互作用的过程中，学习者自己积极地建构自身的知识框架。"人在认识世界的同时认识自身，人在建构与创造世界的同时建构与创造自身。"杜威的教育哲学精髓，也在于说明经验的中心应该是主体在有目的选择对象基础上的主观改造。皮亚杰的结构观和建构观也认为，人的知识是在知识范畴和感性材料结合的基础上建构的，"离开了主体的建构活动就不可能有知识的产生"。皮亚杰理论中的同化和顺应正是说明了主体在学习活动中的能动性。维果茨基的"最近发展区"理论，其主旨在于学生的学习是在教师有效指导下逐步发展的过程，揭示教学的本质特征不是行为主义者所认为的"刺激—反应"，而是激发学习者尚未成熟的心理机能。美国教育家布鲁纳在建构新结构的理论基础之上，力倡发现法学习。

2. 建构主义思想对教学评价的启示

建构主义思想使得人们在评价教学的过程中有了一个新的认识，对有效教学的理解更为深刻。

（1）有效的教学应引导学生积极主动地参与学习，学习者应该参与教学目标的提出或确立，要让学生在"做"中进行学习。

（2）有效的教学应使教师与学生、学生与学生之间保持有效的互动过程。教学过程不仅包括师生之间的互动，还应包括学生与其他学生之间的互动。教师在教学中应始终充当学生学习的促进者、指导者和合作者。

（3）有效的教学应为学生的主动建构提供学习材料、时间以及空间上的保障。

（4）有效的教学旨在使学习者形成对知识真正的理解。学生是否形成了深层次的理解，大致可以通过以下几个方面来判断：a. 能否用自己的话去解释、表达所学的知识；b. 能否基于这一知识做出推论和预测，从而解释相关的现象，解决有关的问题；c. 能否运用这一知识解决变式问题；d. 能否综合几方面的相关知识解决比较复杂的问题；e. 能否将所学的知识迁移到实际问题中去。

（5）有效的教学必须关注学习者对自己以及他人学习的反思。教师在教学过程中应重视引导学生思考问题："怎么想""为什么这么想""我的解题途径是否最佳""是否还有更好的解题途径""今天学的这些知识（或研究的这些问题）之间有何联系"等；在评课时，教师对学生进行自我监控与反思能力的培养，无疑是一项重要的评价指标。

（6）有效的教学应使学生获得对该学科学习的积极情感体验。

（三）后现代主义与教学评价

1. 后现代主义的主要观点

在后现代主义看来，世界是开放的、多元的，在这个以创新为时代精神的社会里，科学技术日新月异，各种新鲜事物层出不穷，创新已经成为社会、个人发展的动力源。所以，承认开放性与多元性，也就为人充分展示生命的本真提供了大舞台。为此，后现代主义以其兼容并包的宽容态度和尊重个体主体性的宽广胸怀，给生活在这个世界中的每个人开放了生命的空间。它强调过程的重要性，主张目的与手段的统一,认为个体是在活动的过程中得以不断发展的。

2. 后现代主义对教学评价的启示

每个学习者都是独一无二的个体,教学不能以绝对统一的尺度去度量学生的学习水平和发展程度,要给学生的不同见解留有一定的空间。这个世界本身就是多元的,但为什么有人不承认多元呢？学校教学不能把学习者视为单纯的知识接受者,而更应看作是知识的探索者和发现者。因此,课堂教学不仅要注重结果,更要注重过程。从教学本体论的观点来看,活动是教学发生的基础,基于师生共同活动之上的课堂教学评价对学习者来说,不仅是对现时状况的价值判断,其功能还在于促进学生充分发挥主体能动性、积极地参与教育教学活动的基础上,促进下一步教学活动的有效开展。所以,教学评价的目的在于促进教学,而不在于选择和判断。

二、教学评价的基本原则

(一) 发展性原则

传统的教学评价,其主要目的和功能是为甄别与选拔服务,通过评价给学生一个成绩分数等;而新课程评价既要发挥评价的甄别与选拔功能,更注重发挥教育、改进与激励功能,使评价的过程成为促进发展和提高的过程,使每一个学生获得最大的发展与成功。所以,教师要树立评价为学生的成长与发展服务的理念,即教学评价应与教学活动共生共存,贯穿于教学的每一个环节,评价的基本目的是为了教育、激励、促进学生的发展,而不仅仅是为了检查学生的表现。

(二) 全面性原则

传统的评价过分注重学生对知识的理解与掌握,而忽视了过程与方法、情感态度与价值观的评价;而新课程要求评价的内容与课程目标一致,即评价不仅要关注学生的学业成绩,而且要关注学生的其他方面,如积极的学习态度、创新精神、解决问题的能力以及正确的人生观和价值观等。所以,评价要将知识与技能、过程与方法、情感态度与价值观的评价有机地结合起来,全面评价学生各方面的素质。

(三) 多样性原则

传统的评价标准单一,过分注重笔试和量化,没有根据评价的目的、性质、对象不同而选择相应的评价方法;而新课程强调评价内容、方法等多样化。所以,教师要根据不同的评价内容和对象选择不同的评价方式,将定量评价与质性评价有机地结合起来,将过程性评价与终结性评价有机地统一起来,提高评价的有效性。

(四)多主体性原则

传统的评价,学生始终处于一种消极的被动地位,评价主要是由教师对学生进行评价;而新课程评价要求重视学生在评价中的主体地位,强调学生主动参与评价。所以,要建立开放、宽松的评价氛围,使学生成为评价主体中的一员,加强评价者与被评价者之间的互动,鼓励学生个人和小组进行自我评价与合作评价,促使他们对自己的学习过程进行回顾、反思,自觉地调控自身的学习过程。

(五)客观性原则

客观性是评价教学的基本要求。进行教学评价的目的是在于给教师的教和学生的学以客观的价值判断。如果缺乏客观性,就会完全失去评价的意义,还会提供虚假的信息,导致教学决策的失误。贯彻客观性原则:首先,要做到评价标准客观,不带随意性;其次,评价方法要客观,不带偶然性;第三,评价态度要客观,不带主观性。这就要求以科学可靠的检测技术和方法,取得真实可靠的数据资料,以客观存在的事实为基础,实事求是、公正严肃地进行评定。

(六)指导性原则

教学评价要坚持指导教学实践的方针。所谓"指导实践",就是要对评价的结果进行分析,从不同角度查找因果关系,确诊问题产生的原因,并及时将评价结果反馈给受评人员,使其明确今后工作的努力方向。贯彻指导性原则:一是评价要有助于学校坚持正确的办学方向,把学校的工作引导到提高学生素质上来;二是明确评价教学的指导思想在于帮助师生双方改进教学,提高教学质量;三是信息反馈要及时,便于指导教师改进教学工作。

三、教学评价的种类

(一)按基准实施评价,有相对评价和绝对评价

1. 相对评价

相对评价是在被评价对象的集合中选取一个或若干个个体为基准,然后把各个评价对象与基准进行比较,确定每个评价对象在集合中所处的相对位置。为相对评价而进行的测验一般称为常模参照测验,它的试题取样范围广泛,测验成绩表明了学生学习的相对等级。由于所谓的常模实际上近似学生群体的平均水平,所以这种测验的成绩分布符合正态分布规律。利用相对评价了解学生的总体表现和学生之间的差异,或比较不同群体间学习成绩的优劣,是相当不错的;其缺点是基准会随着群体的不同而发生变化,因而易使评价标准偏离教学目标,不能充分反映教学上的优缺点以及全面地为改进教学提供依据。

2. 绝对评价

绝对评价是在被评价对象的集合之外确定一个标准,这个标准被称为客观标准。评价时,把评价对象与客观标准进行比较,从而判断其优劣。评价标准一般是教学大纲以及由此确定的评判细则。为绝对评价而进行的测验一般称为标准参照测验,它的试题取样就是预先规定的教学目标,测验成绩主要表明教学目标的达到程度,所以这种测验的成绩分布通常是偏态的。低分多高分少,为正偏态;低分少高分多,为负偏态。绝对评价的标准比较客观。如果评价是准确的,那么评价之后每个被评价者都可以明确自己与客观标准的差距,从而可以激励被评价者积极上进。但是,绝对评价也有缺点,主要是客观标准很难做到客观,容易受到评价者的原有经验和主观意愿的影响。

(二)按功能实施评价,有诊断性评价、形成性评价和总结性评价

1. 诊断性评价

这种评价也称教学前评价或前置评价。一般是在某项活动开始之前,为使计划更有效地实施而进行的评价。通过诊断性评价,可以了解学习的准备情况,也可以了解学生学习困难的原因,由此决定对不同的学生采取不同的教学方式。

2. 形成性评价

形成性评价是在教学进行过程中,为引导教学前进或使教学更为完善而进行的对学生学习结果的确定。它能及时了解阶段教学的结果、学生学习的进展情况和存在问题等,以便及时反馈,有效地调整与改进教学工作。因此,形成性评价进行的较频繁,如一个单元活动结束时的评估、一个章节后的小测验等。形成性评价一般又是绝对评价,它着重于判断前期工作达到目标的情况。对于提高教学质量来说,重视形成性评价比重视总结性评价更有实际意义。

3. 总结性评价

这种评价又称事后评价,一般是在教学活动告一段落时为把握最终的活动成果而进行的评价。例如,学期末或学年末各门学科的考核、考试,目的是验明学生的学习是否达到了各科教学目标的要求。总结性评价注重的是教与学的结果,借此对被评价者所取得的成绩做出全面鉴定,并区分出等级,对整个教学方案的有效性做出评定。

(三)按表达实施评价,有定性评价和定量评价

1. 定性评价

定性评价是对评价资料做"质"的分析,运用分析与综合、比较与分类、归纳与演绎等逻辑分析的方法,对评价所获得的数据、资料进行思维加工。分析的结果有两种:一种是描述性材料,数量化水平较低甚至毫无数量概念;另一种是与定量分析相结合而产生的,包含数量化但以描述性为主的材料。一般情况下,定性评价不仅用于对成果或产品的检验分析,更重视对过程和要素相互关系的动态分析。

2. 定量评价

定量评价是从"量"的角度,运用统计分析、多元分析等数学方法,在复杂纷乱的评价数据中总结出规律性的结论。由于教学涉及人的因素,各种变量及其相互作用关系是比较复杂的,因此为了提示数据的特征和规律性,定量评价的方向、范围必须由定性评价来规定。所以,定性评价和定量评价是密不可分的,两者互为补充,相得益彰,不可片面强调一方面而忽视了另一方面。

表7-1 总结性、形成性、诊断性评价之比较

种类	总结性	形成性	诊断性
作用	评定学业成绩	确定学习效果	查明学习准备和不利因素
主要目的	证明学生已达到的水平,预言在后继教程中成功的可能性	改进学习过程,调整教学方案	合理安置学生,考虑区别对待,采取补救措施
评价重点	结果	过程	素质、过程
手段	考试	经常性测验、作业、日常观察	特殊编制的测验、学籍档案和观察记录分析
测试内容	课程和教程:标的广泛样本	课题和单元目标样本	必要的预备性知识、技能的特定样本,与学生行为有关的生理、心理、环境的样本
试题难度	中等	依教学任务而定	较低
分数解释	常模参照	目标参照	常模参照、目标参照
实施时间	课程或一段教程结束后,一般每学期1—2次	课题或单元教学结束后,经常进行	课程或学期、学年开始时,教学进程需要时
主要特点	"回顾式"	"前瞻式"	

(资料来源:李秉德《教学论》,人民教育出版社,1991年,第340页)

四、教学评价方案的编制与实施

教学评价方案的编制与实施,既要关注学生多方面的潜能和发展中的需求,帮助学生认识自我,建立自信,也要关注教师的专业素质,引导其不断对自己的教学行为进行分析与反思,从而发挥评价的教育功能,促进师生在原有水平上不断

的发展。

(一)教学评价方案的编制

1. 学生学习表现指标

学生是学习的主体,"为了每一个学生的发展"是新课程的核心理念,也是教学的出发点和归宿。因此,学生的学习表现是教学评价的核心内容,主要包括以下三个方面:

(1)学生的学习方式。在自主学习方面,学生在学习时间、内容、方式等方面是否拥有较大的自主性,是否有自我评价学习的机会;在合作学习方面,能否根据不同学生的个性、特长,组织开展合作学习,学生参与的热情、情感体验如何,是否形成互相协作、互相帮助、取长补短、共同提高的风尚;在探究学习方面,学生是否通过探究问题获取知识、学习有关技能和科学研究的方法、领悟科学的思想和精神。

(2)学生的参与程度。课堂教学中,学生的主体地位主要是通过学生的参与程度来体现的。一般而言,衡量学生参与程度的标志主要有学生参与教学的广度和深度两个方面:广度方面,一要看学生参与的人数是不是大多数,是否涉及学生的各个层面;二要看学生是否参与到课堂教学的各个环节,时间上是否有保证。深度方面,要看学生在参与教学中所解决的问题是不是深层次的问题,是以一种积极主动的姿态参与,还是被动地参与。

(3)学生的学习效果。在知识技能方面,看学生是否掌握了课程标准要求的新知识,是否了解所学知识在生活中的应用;有关技能是否得到了有效的训练和提高,是否能在学习中生成新的问题。在能力方面,看学生通过探究活动获取知识的同时,他们的信息资料的收集处理能力、合作交流能力和实践创新能力是否得到相应的发展和提高。在情感、态度和价值观方面,看学生的学习兴趣、自信心是否进一步提高,与他人合作交流的愿望和求知欲是否增强,是否逐步形成各种良好的习惯与科学的价值观,师生间的关系是否更加融洽。

2. 教师教学行为指标

新的课堂教学的评价,在关注学生学习表现的同时,并不忽视对教师教的评价,而是对教师的教学行为提出了新的要求。

(1)教学目标的制订与落实。教学目标的制订是否体现了新课程提出的"知识、能力、情感态度与价值观"三方面的要求;能否促进学生在自主性、主动性和创造性等方面的发展;对学生在情感态度与价值观方面的教育是否通过学生的亲身体验而达到内省和内化,关注生成性目标,并有效地引导学生达到目标。

(2)教材内容的处理与转化。教师能否根据新的课程体系正确理解教材所表达的意图,并结合所教学生的特点将教材内容转化为教学内容;教学内容是否具有挑战性,能否激发学生的求知欲;教学内容是否体现科学性、人文性和社会性的融合,是否注重实践性,有效利用和开发课程资源,密切联系社会和学生生活实际。

(3)学习环境的营造与管理。教师能否根据新课程的要求,组织学生开发、利用有关的课程学习资源,为学生提供必要的学习环境,帮助学生营造和维持学习过程中积极的心理氛围;在尊重每一位学生的同时,能否注意欣赏各类学生;是否注意培养学生的自律能力和合作精神,鼓励学生"对师"提问,对教材提出质疑。

(4)学习方法的指导与训练。教师能否根据新课程目标和本节课的教学目标帮助学生制订适当的学习目标,设计恰当的学习活动和形成有效的学习方式。在学习方法的指导方面,怎样使学生在学会过程中达到会学。

3. 教师基本素质指标

(1)教师的教学观念。教师有没有转变旧的教育观念,教学设计和教学实践是否体现新的教育观念与新课程的理念。

(2)教师的教学态度。教师是否做到尊重每一个学生,尊重学生的个体差异;对每一个学生的评价是否做到公正,是否一视同仁平等地对待每一个学生;是否能有效地运用赏识性评价和期待性评价,增强学生的自信。

(3)教师的教学基本功。专业知识是否扎实;言语表达是否生动和流畅,富有感染力;课件和板书设计是否合理,书写是否工整、有条理;在教学中是否达到了科学性与艺术性的统一。

(4)教师的教学技能。教师是否掌握了新课程要求的新的教学技能,是否具备了研究一般问题的能力与方法。例如,课程资源的开发、整合和利用,运用信息技术辅助教学,收集和处理信息,从课程中发现问题、提出问题和分析问题等。

4. 教学特色指标

为鼓励教师发挥创造性,展示自己的课堂教学特色,评价方案要特设教学特色(发展性)评价指标。教学特色(发展性)是指教师在课堂教学中,一项或几项基础指标发挥得特别突出,或者基础指标之外的课堂教学活动具有独创性,此二者均可视为具有教学特色(发展性)。

教学评价方案编制细目见表7-2。

表 7-2 教学评价方案表

教师：　　　　　班级：　　　　　科目：　　　　　评价等级：

项目			权重	评价内容与要求	评价等级				评定
					A	B	C	D	
学生学习表现(60)	学习方式	自主	5	学生在学习时间、内容、方式等方面拥有较大的自主性，有自我评价的机会	5	4	3	2	
		合作	5	能积极主动地和其他同学开展合作学习，能够相互协作、互相帮助，共同提高	5	4	3	2	
		探究	5	通过探究活动获取知识，训练技能，学习科学研究的方法，形成科学的态度、观念	5	4	3	2	
	参与程度	广度	5	各类学生都能积极地参与到课堂教学的每一个环节中来	5	4	3	2	
		深度	5	学生通过有关学习活动能够解决一些有一定难度的深层次问题	5	4	3	2	
	学习效果	知识技能	10	学生对有关知识、技能的学习符合课程标准的要求，能在学习中生成新的问题	10	8	6	4	
		能力	15	学生通过参与教学活动，科学探究能力、合作能力、信息搜集处理能力、实践创新能力等得到发展和提高	15	12	9	6	
		情感态度	10	学生的学习兴趣浓厚，积极参与各种学习活动，学习的信心增强，逐步形成良好的学习习惯和科学的价值观	10	8	6	4	
教师教学行为(25)	教学目标		5	目标具有维度和层次，关注生成性目标，并能有效地引导学生达到目标，将目标贯穿在教学活动的全过程之中	5	4	3	2	
	教学内容		5	有效利用和开发课程资源，使教学内容贴近生活，符合学生的年龄特点、知识水平和接受能力，能关注学生个体差异	5	4	3	2	
	学习管理		10	为学生创设良好的学习环境，营造积极的心理氛围，注意对学生自律能力和合作意识的培养	10	8	6	4	
	学法指导		5	教学过程中能恰到好处地融入学法指导，学生能采用适宜的学习方法进行学习	5	4	3	2	

续表

项目		权重	评价内容与要求	评价等级				评定
				A	B	C	D	
教师基本素质(15)	教学观念	5	能运用新的教育教学理论指导教学,教育教学观念新,能较好地体现新课程理念	5	4	3	2	
	教学态度	5	能尊重和平等对待每一个学生,有效地运用赏识性评价和期待性评价,增强学生的自信	5	4	3	2	
	教学基本功和教学技能	5	专业知识和教学基本功扎实,具备研究一般问题的能力;教学语言生动、流畅且有感染力,板书设计合理,书写规范有条理;具有一定的课程资源开发、整合和利用能力,能恰当熟练地运用现代化教学手段;教学达到了科学性与艺术性的统一	5	4	3	2	
教学特色								
自我反思								
学生反映								
同行意见								
评价结果				总分				

(二)教学评价方案的实施

1. 过程评价

(1)教师自我评价。这种评价方法是教师针对其课堂教学的弱点,一定时间内选择某些评价指标,在教学活动过程中用评价标准对照自己的教学情况,以发现问题,寻求改进措施,从而进一步提高自身的教学质量。(2)同行(同教研组)教师评价。评价的目的在于发现评价对象的优点与不足,以便取长补短、互相学习、共同提高。评价的方法是随堂听课,在听课过程中用评价标准衡量评价对象的课堂教学,肯定优点,明确问题,进行综合分析,形成个人对本节教学的看法,适时与评价对象交换意见。

2. 结果评价

这种评价主要采用多主体评价方式:(1)教学管理人员、同行和教师本人评价。评价前,评价者和被评价教师都要熟悉课堂教学评价的指标与标准;进入课堂听课后,按照评价指标要点的要求做好听课记录;下课后,及时综合分析评价信息,对各项指标做出判断并记录在相应栏内。然后将教学管理人员、同行教师和本人评价的结果,分类统计、综合分析,整合成为综合评价结果。(2)学生及其家长参与评价。选择能够理解评价要点的学生和家长,通过向学生与家长做调查来搜集评价信息,经过对评价信息统计分析,取得学生和家长对课堂教学评价的结果。最后,将教学管理人员、同行教师、教师本人以及学生和家长的评价结果,整合成为被评价教师的结果评价。

五、新课程改革背景下的教学评价特点

新课程已成为我国基础教育教学改革的亮点和重点,它的教学评价理念、标准等与传统的中小学课堂教学评价体系有着很大的区别,具有自身鲜明的特点。

(一)以提高教学水平为目的的教学评价

1. 充分发挥评价的反馈、导向和激励功能

这样,被评价的教师可根据评价的结果,及时调整自己的教学内容与教学策略,把教学目标设计得更加科学,使自己的教学行为更加符合素质教育的要求,同时也起到激励教师不断进步的作用。其实,教学评价的实质就应该是通过肯定教师的成绩,指出缺点与不足,激发教师产生正确的工作动机和积极性的情感,从而使课堂教学更加充满生命力。

2. 淡化评价的奖惩功能

(1)可以促进教师间的合作与交流。由于没有了切身利益的冲突,教师之间可以通过开展课堂教学评价活动增加相互间的理解和信任,由"对手"变成为朋友,有利于形成教育合力。(2)可促使教师间的良性竞争。(3)可优化学校管理者与教师的关系。由于评价结果不直接与各种利益挂钩,所以教师对管理者的忧虑减轻,学校管理者可以把重心放在帮助教师改进工作上。

(二)强化师生成为教学评价的主体

在传统教学中,课堂评价仍是一种自上而下的评价,评价的主体主要是教师同行、教研人员、学校管理者和教育行政部门的领导,而课堂教学的主要参与者——被评价师生的主体作用没有体现出来。那么,如何在教学评价中发挥教师和学生的主体作用呢?

1. **教师不仅应成为评价的主体,更应成为教学评价的组织者与实施者**

在开展形成性评价时,必须充分发挥教师的主观能动性,使教学评价成为教师的一种自发行为,也可由教师本人去组织评价者,收集信息,处理信息,并把评价结果直接用于改进自己的教学行为上。

2. **教师参与教学评价方案的制订**

在教学计划方案的研讨设计过程中,自始至终都应该有教师代表参加;在评价方案的初稿完成后,让广大教师参与讨论,提出修改意见,最终形成评价方案。教师参加评定方案的制订过程,也是教师转变教育观念,提高自身素质的过程。同时,让教师参加评定方案的制订,还可以有效地消除教师对教学评价的抵触情绪。

3. **教学评价应注重发挥学生的主体作用**

这种主体作用有两种表现形式:(1)学生能积极参加教师或学校组织的教学评价活动;(2)学生能随时对任课教师的教学进行评价,并将评价结果反馈给教师。

(三)在定性与定量评价相结合的前提下强化定性评价

现在许多学校实行的评价方法仍以定量评价为主。定量评价一般采用对末级指数达成度直接评定分数或先评定等级,再用等级赋值法评定分数,然后根据指标权重逐级综合的办法,求出课堂评价的总分。这种方法可以对课堂教学的总体状况做出描述,但其弊端也很明显。

当前在课堂教学的评价中,应注意定性方法与定量方法的综合,特别要注意定性方法的运用。近年来教学评价理论的发展之一,就是强调评价中的人文因素、人与人之间的对话与交流以及定性方法的运用。因为,定性评价有利于评定者明确肯定成绩,清楚地说明问题,指出改进与努力的方面。这种评价常见的方法是评语评价,它具有两大优势:(1)能准确地评价教师的教学特色。教师的教学是丰富多彩、各具特色的,评语评价可以对这种特点做出尽可能准确、逼真的描述。这是定量评价方法所不能及的。(2)能准确地评价教师进行创造性工作的情况。定量评价的方法只能通过某项指标的得分来显示教师进行创造性工作的情况,无法对具体内容做出准确描述,而评语评价则能弥补这一缺陷。

由此可见,定性评价与定量评价各有千秋,两者配合使用则可相得益彰,使课堂教学评价更合理。

(四)注重学生的态度、情感与创造性的评价

前些年在评价课堂教学效果时,比较注重学生知识目标的达成,而对学生的态度、情感及创造达成度重视不够。这种做法是非常有害的:(1)导致教师过分注重对学生知识技能方面的训练,而忽视对学生学习方法的指导和学习兴趣的培养;(2)导致教师过分注重近期效益,而忽视学生长远发展;(3)使得教师不注重学生个体间的差异与每个学生的特殊需要,影响学生良好个性品质的形成;(4)禁锢了学生的想象力和创造力。

许多发达国家都非常重视对学生学习态度的评价。例如,法国的教育家认为,对学生而言,积极的学习态度比取得良好的学习成绩更重要。所以,法国编制的小学生学习态度评价量表,包括学习努力程度、学习节奏、纪律、注意力等内容。日本对小学五年级学生学习态度的评价标准是:能积极地发表自己的想法和意见,努力倾听与理解同学的想法和意见。我国教育部制定的新课标也指出:要对学生的科学态度、情感与价值观进行评价。总之,随着时代的发展,教学评价也在不断改革、创新与发展,使其趋于更加合理和成熟,从而促进师生教与学的积极性和创造性,最终实现全面提高教学质量的三维目标。

第三节 教学测验

考试是检测学生学习成效的重要手段,也是各级各类学校招生的重要依据。为了使考试能够客观、准确地考查、测量学生的学习成绩和学习能力及其发展潜能,就应该合理地编制测验题目的类型,把握与控制试题的效度、信度、难度和区分度,以便能对测验的结果进行科学的分析与解析,从而更好地指导师生提高教学质量。

一、测验效度、信度、难度及区分度

设计和编制任何一种测验,都必须使其在效度、信度、难度和区分度方面达到一定要求,即起码达到有效、可信,具有一定难度和区分度。

(一)效度

效度是指一个测验或测量工具能真实地测量出所要测量的事物的程度。一次测验是否有效,主要看其是否能准确地测量所要测量的东西。效度是评价工具最重要的必备条件,一个缺乏效度的评价工具是没有什么使用价值的。同时,效度又是一个相对概念,任何一种评价工具只是对一定的目的来说才是有效的。如智力测验,用来测量学生智力是有效的,但用来测量学生体力则是无效的。因此,不能笼统地说某种测验有没有效,而应当说它对测量什么有没有效。测验的效度有多种类型,主要有内容效度、构想效度和预测效度。根据不同的需要,一个测验可以采用一种或几种效度。

1. 内容效度

所谓"测验的内容效度",是指它从需要测验的教材中提取样本的适当程度。内容效度的高低,取决于测验题目的代表性,要看选出的题目能否包含所测量内容范围的主要方面,并使各方面题目比例适当。

2. 构想效度

所谓"测验的构想效度",是指一个测验能够测量理论上的构想或内在心理特性的程度。例如,某智力测验测得的结果,如果与该测验所依据的智力理论关于智力的一些假设相符,那么这个智力测验就具有构想效度。构想效度对心理测量来说意义重大,但对于成绩测验来说则无关紧要。

3. 预测效度

所谓"测验的预测效度",是指一个测验能够预测学生将来某种特定行为或表现的程度。预测得越准,效度就越高。例如,用入学考试预测学生入学后的学习成绩,用职业测验预测工作能力等。

(二)信度

信度是表明评价工具质量的又一重要指标,主要指测验结果的前后一致性程度。例如,如果一个学生多次参加某种测验都得到相近的分数,那么就可以认为该测验稳定可靠,信度是较高的。

前面提到的效度是对测量的准确性程度的估计,而信度则是对测量的一致性或可靠性程度的估计。研究表明,效度和信度是交迭的,即有时一个测量工具对于某一个目的具有一定的信度,但并不一定是有效的;而一个测量工具如果对于某一个目的是有效的,那么它一定是可信的。这正如拿一把米尺去量身高是有效的,也是可信的;如果拿它测量体重,尽管每次量得的结果是一致的,即其信度是较高的,但效度却几乎没有。根据影响信度的不同因素,可以把信度分为以下几类,信度指标通常用相关系数表示。

1. 再测信度

用同一种测验在不同时间里两次测验同一组学生,然后统计两次测试成绩的相关,求得的相关系数即为再测信度系数。信度系数的最大值为1,表示再测信度最高;最小值为0,表示再测信度最低。再测信度高,说明测验成绩稳定;反之,则测验不稳定,需修订。

2. 分半信度

将一个测验分为等质量的两半,求这对半分的两半测验所得分数的一致性程度,即为分半信度。分半信度是反映测验内在一致性的一个重要指标。求分半信度的基本方法是用一种测验对学生进行测试,在计算分数时把试题分为等质量的两半(通常以试题的奇数为一组,偶数为一组),分别计算总分,再以统计相关求得分半试卷成绩的相关系数,便为分半信度系数。

3. 评分者信度

把相同的测验结果提供给不同的评分者打分,若不同评分者给的分数大致相同,说明该测验有较高的信度。客观性测验评分标准客观、准确,评分者信度一般较高;非客观性测验要想提高信度,就应当尽可能使评分标准达到客观、准确。

(三)难度

难度指测验的难易程度。在教学测量中,通常用答对或通过测验的人数比例作为难度值。

$$难度值(P) = \frac{答对人数(R)}{被试总人数(N)} \times 100\%$$

P 值越大,难度越低;P 值越小,难度越高。一般来说,难度值平均在 0.5 最佳;难度值过高或过低,都会降低测验的信度。当然,在实际的评价过程中,测验的难度水平多高才合适,也还要取决于测验的目的。如果教师要对学生的知识准备状况进行一次诊断性测验,为了真实、准确地了解学生的知识掌握情况,测验难度大一点也是正常的。

(四)区分度

区分度有时也称鉴别力,主要指测验对于不同水平的被试加以区分的能力。它反映着测验与被试实际水平的相符合程度,如果在某道题上得分高就意味着学生的实际水平高,得分低就意味着实际水平低,那么该测验就有较高的区分度。区分度与难度紧密相关,测验过难或过易,会造成被试都通不过或都通过的结果,这样的测验也就无鉴别力可言了。

二、测验题目的类型与编制

测验是教学评价的主要手段,对整个教学活动具有激励、调控等再组织作用。在我国中小学实际教学过程中,教师自编教学测验题是一项十分普遍而重要的工作。从一定意义上说,设计和编制教学测验题是教师一项基本的技能,也是反映教师教学水平的标志之一。测验的类型很多,但通常依据试题的客观性程度,将测验分为客观式测验和论文式测验。

(一)客观式测验

测验的试题可以客观地记分,即评分不受评卷者的主观因素影响,无论是人工评分还是计算机评分,所得结果都是相同的,这样的测验称为客观式测验。客观式测验的试题形式很多,主要有:再认式,如选择题、是非(正误)题、配对题、排序题等;回忆式,但答案很简单,只写一两个字或一两句话,如填空题、简答题和改错题等。客观式测验的优点是测量题目编制容易标准化,试题覆盖面大,评分客观、准确、省时、省力;缺点是不能很好地考核学生的文字表达能力、创造能力和组织材料的能力,也有可能给受试者以猜测的机会。下面分别对客观式测验的几种常用题目类型与编制做一介绍:

1. 正误题

又叫是非题或判断题,它的基本形式是对一个命题的正确与否做出判断,只

提供正确和错误两种答案,没有模棱两可或中间答案。题例:

放在箱子里的卫生球变小或消失了,这是一种扩散现象。(　　)

编制正误题时应注意:(1)每题只应包含一个重要的概念,表达应明确,避免两个以上概念同时出现在同一题中而造成题目含义不清或半对半错;(2)避免在题目中提供答案的暗示或线索,也避免使用具有暗示性的特殊词;(3)正题与误题的题数大致相等,并且要随机排列,以防学生猜测;(4)每题必须肯定正确或肯定错误,不能模棱两可;(5)论点要简明扼要,各题的句子结构也应相似;(6)不要照搬教科书上的词句,避免反面陈述或双重否定的词句。

正误题的优点是编题容易,在有限的时间内能回答较多的问题,评分客观;不足是猜中的可能性有50%,可靠性差,缺乏教育诊断的作用。因而近年来,逐渐出现选择题取而代之的趋势。

2. 选择题

一般由一个题干(常常是一个问句或不完全的陈述句)和三个以上的选项(通常是数字、符号、字词短语或简单句)组成,类型有单选题、双选题和多选题。其中,单选题要求选项中必须有一个正确答案或最佳答案,其余的带有迷惑性的错误或似是而非的答案也称诱答;双选题要求选项中只能有两个正确答案或最佳答案;多选题要求选项中有两个以上的正确答案或最佳答案。答题时要求学生根据题意选择其中最正确、最合适的答案或剔除错误的答案。题例:

鸦片战争后首先侵略台湾的是(　　)

①荷兰　②法国　③美国　④日本

选择题的明显优点是:(1)适用范围广,能较好地考核各个层次的教学目标,适用于文字、数字和图形等不同性质的材料,有利于考核学生的记忆、分析、鉴别、推理和应用知识的能力;(2)经济有效,在单位时间内可以施测很多项目,能保证取样的广泛性,保证测验的有效性;(3)有多项答案备选,可减少学生猜测的机会;(4)可通过改变选项中错误答案的迷惑性来调整题目的难度,并从中诊断学生的不同错误,了解他们的学习困难,以利于及时补救;(5)评分客观,阅卷方便。选择题的不足是:设计难度较大,尤其是几个备选答案不容易设计好;另外,由于答案是固定的,测不出学生的创造力和组织材料的能力。

设计选择题时应注意:(1)根据测验的目的和内容来选择最适当的题型;(2)题干要围绕一个中心,并能构成一个特定的问题;(3)各选项在形式上应协调一致,如或者都是地名,或者都是数字,文字结构也应大致相同;(4)正确答案的位置排列应随机;(5)各个诱答应有基本相同的迷惑作用。

3. 配对题

该题型提供若干个题意和答案,要求学生将每个题意配上他们认为正确的答案。配对题一般由三部分组成,即解答试题的指导语、问题(题意)、配对选项。它的结构常包括两栏或三栏,要求学生将第一栏中的项目同第二栏、第三栏中的适当项目相互匹配。这种题最好有四个以上的配对:可以是完全配对,即问题数与选项数相等;也可以是不完全配对,即问题数与选项数不等,以避免凭猜测作答。

配对题可同时考核许多相关事物和知识的内在联系。例如,在许多学科学习中,都要求学生能够把名词与定义相联系,地名与地理位置相联系,人名与事件或作者与著作相联系,概念、方法与它们的用途相联系等,要考核学生对这样一些平行关系知识的掌握程度,配对题是一种非常有效的试题。为此,设计配对题应注意:(1)指导语应清晰、明确;(2)各栏项目的性质应相同,如一栏都是时间,另一栏都是事件等;(3)配对项目的数量要适当,以4—10项为宜;(4)有特殊配对要求时应加以说明,如选项可被选两次,问题数与选项数不等。

4. 填空题与简答题

这两种题型均属"补缺型"试题,它们通常都只要求一个词、一句话、一个数字或一个符号就能作答。其中,填空题是略去一些关键词或数字的留有空白的不完全句子;简答题是一个简单的问句。题例:

中华人民共和国成立于(　　)年。

一年有哪几个季节?

填空题和简答题编写容易,特别适合于考核学生对术语、事实、方法、原理和程序等实际知识的记忆和理解,学生凭猜测作答的机会也比较少。编写这两类试题时应注意:(1)提出的问题要明确,并有确切的回答范围;(2)填空题的省略部分应是关键词;(3)每题的空白不宜过多,以免影响句子的完整性,干扰学生的判断;(4)试题中不要露出答案线索;(5)填写的正确答案只能有一个,如还有其他可能正确的答案,则要给予特殊规定。

(二)论文式测验

论文式测验即传统的问答式测验,学生可以根据测验提出的问题自由作答,不受格式的限制。它包括论述题、问答题、说明题和作文题等基本形式。

论文式测验的优点是试题编写容易,被试可以充分发挥自己的见解,可以有效测量学生的转述、组织、表达、应用和分析综合等多方面能力;缺点是试题覆盖面小,取样缺乏代表性,答卷、阅卷费时费力,评分难以标准化和客观化,尤其评分主观误差大是论文式测验受到批评的最主要的原因。例如,美国教育家斯太克曾做过一项著名的实验,他把同一语文试卷分别请142位本科毕业的中学教师评阅,结果对这份卷子的给分有35种,从50分到98分不等。[①]

[①] 转引自李秉德《教学论》,人民教育出版社1991年版,第349页。

尽管论文式测验有明显的缺陷,但由于它同时又有着客观式测验不具备的优点,所以在实际评价过程中还不能简单排斥或取消这类测验,而应在不断改进试题及提高命题质量的基础上,将论文式测验与客观式测验很好地结合起来,取长补短,共同使用。为了有效提高这类测验的命题质量,国外的有关研究提出了论文式试题的十条评价标准,并规定如果一道试题从这十条标准中获得七条以上"肯定"的评价,就可以认为是优良的试题,否则应加以修改或重新拟定。这十条标准是:(1)该问题是不是这一科目的重要部分;(2)问题着重的细节是否与该学科的主要事实、观念理论有密切联系;(3)该问题是否着眼于评论或对关系的探讨;(4)该问题能否引起学生的兴趣而激发其思考;(5)该问题难易程度是否符合学生的水平;(6)该问题是否要求学生用自己的语言来表达思想;(7)该问题是否能促使学生依照已有的知识背景尽量发挥;(8)该问题是否允许学生有独特见解;(9)该问题是否要求学生从各种不同来源所得到的事实中加以整理和组织;(10)该问题是否有明确而适当的范围,使学生在限定的时间内充分表达出来。[1]

以上所述是编制、设计客观式测验和论文式测验的一般性要求与技术,如何编出一份好的测验,在很大程度上还要取决于教师对教学实际情况的把握与对学生学习特点的了解。离开了教学实际,是难以编出真正有效的评价工具的。

三、测验成绩的分析与解释

测验学生学业成绩的主要目的,在于客观了解学生学习的基本状况,及时调整或改进教学策略,提高教学效率。要达到这一目的,必须认真统计分析和解释测验的结果。

教学测验的结果,一般都以分数的形式加以报道。评分的类型,一般分为绝对评分和相对评分两类。其中,绝对评分的方法有两种:一种是常用的百分制,另一种是五级记分制。相对评分方法也有两种,即标准分数和等级分数,主要根据考生互相比较的结果,也就是考生在某个群体中所处的相对位置确定分数。我国中小学在日常教学测验中主要采取绝对评分的方式打分,即根据学生对测验所要求的全部知识掌握的程度给出分数,全答对了就给满分,全错了给零分,部分答对了酌情给分。

在具体统计、分析和解释教学测验结果时,以下几个概念是最常用的,必须加以了解和掌握。

(一)算术平均数

算术平均数是教学测验结果统计中应用最广泛的一种量数,代表着分数的集

---

[1] 转引自吴也显《教学论新编》,教育科学出版社1991年版,第434—435页。

中趋势。它的计算方法是将各个变量相加求和后再除以变量个数,其计算公式如下:

$$M = \frac{x_1 + x_2 + x_3 + \cdots\cdots + x_n}{N}$$

求算术平均数时,由于每个原始分数都加入了计算,因而每个原始分数的值对平均数都有影响。另外,如果一组数据中出现极端数据,则求得的平均数就很难代表这组数据的平均水平。例如,六名学生的考试成绩分别是 100 分、95 分、75 分、60 分、23 分、20 分,平均成绩为 62 分,这个平均成绩就很难反映这六名学生的平均水平。由此看来,算术平均数虽然反映了一组数据的集中趋势,但不能反映该组数据的其他特征,如数据的离散程度。因此,除算术平均数外,还必须进一步了解另一个统计量数——标准差。

(二)标准差

标准差是描述一组数据的变异情况或每个数据彼此离散程度的统计量,也是一切推论统计方法的基础。标准差的计算方法为:

$$S = \sqrt{\frac{\sum X^2}{N}}$$

这里,S 代表标准差,$\sum$ 表示"把……相加",X 代表分数和平均数之间的差,即 $X = X - M$。例如,假设一组分数为 12、9、7、16、4、17、2,其平均分:

$$M = \frac{12 + 9 + 7 + 16 + 4 + 17 + 2}{7}$$

$$= 9.57$$

其标准差为:

$$S = \sqrt{\frac{\sum X^2}{N}}$$

$$= \sqrt{\frac{(12-9.57)^2 + (9-9.57)^2 + (7-9.57)^2 + \cdots + (2-9.57)^2}{7}}$$

$$= 5.31$$

标准差是最重要的差异量数。它反映了一组分数的分布特征,即数据大部分在平均数左右,还是相差甚远?各数据距离平均数的平均偏差究竟有多大?应该说标准差越大,说明数据距离平均数的平均偏差越大,数据的分布也越分散;标准差越小,数据距离平均数的平均偏差则越小,数据的分布也就越集中;标准差为零,说明数据全部等于平均数。

(三)标准分数

标准分数也称 Z 分数,它是以标准差为单位来衡量某一分数与平均分之差的,是反映个人在团体中相对位置以及对不同学科的测验结果进行比较的最好统计量。标准分数由原始分数转化而来,其转化公式如下:

$$Z = \frac{X - \bar{X}}{S}$$

当 Z 值为零(正好在平均数的位置)时,说明成绩一般;Z 为正值,表明成绩高于一般;Z 为负值,则成绩低于一般。

Z 分数的优越性是有很强的可比性,这种分数不仅对同一科目的两次考试的得分可以比较,而且对不同科目的考试得分也可进行比较。例如,一个学生第一次数学考试得 75 分,第二次数学考试得 60 分,这两个原始分数不宜比较。因为两次考试的题目不同,全体平均分数、标准差也不同。如果将它们转化为 Z 分数,就可以比较出两个成绩的差异。又如,一个学生语文成绩 80 分,数学成绩 70 分,这两个原始分数也不宜直接比较,因为它们并未反映出该学生在这两个学科的整体中处于什么位置。如果将它们转换成 Z 分数,比较就有了共同的逻辑基础。

当然,Z 分数也有缺点,主要问题是有负值,使用起来不方便,因此一般习惯使用 T 分数。T 分数是 Z 分数的变形,其计算公式如下:

$$T = 10Z + 50$$

T 分数以 50 为普通,50 以上越高者越好,50 以下则越低越劣。表 7-3 是通过 T 分数对甲、乙两学生数、理、化三科成绩的比较,尽管两名学生的总分、平均分都相同,但通过 T 分数的比较,仍可看出二者成绩上的差异。

表 7-3 甲、乙两学生数理化三科成绩比较

考试科目	学生 甲	学生 乙	X(平均数)	S(标准差)	T 分数 甲	T 分数 乙
数学	57	73	65	4	30	70
物理	76	86	74	6	53	70
化学	96	70	71	12	71	49
总分数	229	229			154	189
平均分数	76.3	76.3			51	63

(资料来源:皮连生《学与教的心理学》,华东师范大学出版社,1997 年,第 347 页)

> 教师要研究教学中遇到的问题,学生要研究学习中遇到的问题。在教育教学过程中,发现问题—提出问题—解决问题,既是教育研究的一种基本范式,又是需要教师和学生掌握的教育科学研究方法论。你想了解并掌握它们吗?

第八章 教育研究与校本教研

经过漫长的历史演变,学校由古代发展到现代,教育教学任务越来越艰巨,问题越来越复杂,不仅大学和教育科研机构学者要研究教育教学中的问题,而且中小学教师也要研究这些问题。因此,无论是在职的中小学教师,还是将要在中小学当教师,不能仍是传统的"教书匠",而要学习有关教育教学研究的理论与方法,特别要掌握校本研究的基本理论和方法。这是现代"研究型教师"必备的条件与素质,也是我国新一轮基础教育课程改革对中小学教师提出的基本要求之一。

第一节 教育研究概述

教育研究是一个既古老又新式的话题。自18世纪以来,自然科学特别是实验科学的发展为教育研究提供了方法论的基础,尤其是实验科学的思维方式对教育科学研究方法论的发展有着深刻的影响,具体表现在:自然科学通过对哲学方法论产生作用来促进教育研究方法论的发展,生物学和医学发展打开了心理学大门为教育研究方法论提供了学科理论基础,实验方法作为这一时期的科学方法论为教育研究方法论的发展指出了新的方向。这就使教育研究成为一种真正意义上的科学研究。

一、什么是教育研究

(一)教育研究的含义

研究从根本来讲是一种活动或一个过程。教育研究是以教育问题为对象,运用科学的方法,遵循一定的研究程序,搜集、整理和分析有关资料,以发现和总结教育规律的过程。教育研究同所有的科学研究一样,由三个基本要素组成,即客观事实、科学理论和方法技术。

从广义上来讲,对教育现象和问题的任何研究都可以看作是教育研究,因此每一位教育理论工作者和教育实践工作者,都不同程度、不同侧重地从事着教育研究工作;狭义上的教育研究则是指事先有计划地、有组织地对教育问题进行的探索和研究活动。

(二)教育研究的特征

教育研究的主要特征有:一是教育研究的目的在于探索教育规律,以解决重要的教育理论和实践问题为导向。因此,要求研究者能从复杂的教育现象中发现和总结出有价值的规律,找出对现实问题具有指导意义的策略。二是教育研究要有科学的研究设计,准确系统的观察记录和分析,并做好资料收集。这是因为,教育研究是以事实为依据,在可靠的资料基础上进行分析、得出结论的过程,所以需要研究者在研究过程中采用科学的方法和客观的态度收集和整理资料。三是教育研究是运用一定科学方法、遵循一定科学研究程序的认识活动。所以,在研究过程中选题、方案设计、收集资料、阐述结果等都需要科学的方法,否则研究只会陷于盲目和无序中。四是教育研究应具有创造性。所谓"创造性",是教育研究最重要的特点,研究人员要善于从错综复杂的教育现象中发现问题,提出需要解决的问题,并进行创造性的思考和探索;而简单地重复或机械地模仿,不是真正意义上的教育研究,也没有理论价值和实际价值。

二、教师要成为研究者

长期以来,提起"研究"二字,人们已经习惯地认为,这是专业研究人员或大学教师的事情,中小学教师的任务只是上课教书,与教育研究无关。中小学教师思想里也很容易产生搞研究是高不可攀的观念,或者是可有可无、甚至是不务正业的观念。但是,从20世纪80年代以来,教师作为研究者成为了一种国际思潮兴起,被许多国家认可。在我国,近几年来教师作为研究者的理念也逐渐深入人心,被广大教师所认可。

(一)教师成为研究者有利于教育改革

近30年以来,新的教育思想、教育手段和教育理论不断地冲击着我国教师的教育教学生活。实践表明,教师是教育改革成败的关键。教育改革要取得成功就要求教师能够以"研究者的角色"主动积极地参与教育教学改革,而不是像过去那样一味被动地接受和实施。任何忽视教师的改革最终都是失败的。教师必须摆脱"教书匠"的角色,成为一个研究者,才能积极主动学习新思想、新课程和新方法。

(二)教师成为研究者能促进自身专业化发展

与律师、医生等职业相比,教师职业没有凸显出自己的专业化程度。很多人认为教师职业具有可替代性,似乎人人皆可为师,人人皆易成师。这也意味着教师仍未成为专业化的职业。1966年联合国教科文组织发表了《关于教师地位的建议》,明确指出,教师职业是一种专业。从此,世界上许多国家都开始以教师专业化的理念来培养教师,普遍认为要使教师职业不可替代,具有自身的专业标准,教师成为真正的教育教学的行家,必须通过研究获得不断成长。

(三)教师成为研究者有利于教育理论与实践的结合

长期以来,教育理论研究与学校教育实践之间存在严重的脱节,很多专家学者辛苦搞出来的研究却不能得到一线教师的认可,教师认为专家学者闭门造车的理论研究往往空洞、脱离现实,不能指导自己的教学实践。这就形成了教育理论与实践发展的鸿沟。而一线教师从事教育教学研究,不仅有利于教育教学实践中的实际问题得到解决,也将能够有力地推动教育教学理论与实践的结合,并最终促进学生的成长和发展。因为教师和专家学者相比,有着天然的研究优势:教师工作于真实的教育教学情境中,最了解教学的困难、问题与需求,最能够从教育教学现场中获得第一手资料。这些优势都是专家学者不具有的。就像课程专家斯腾豪斯所说:"教师是教室的负责人,而从实验主义者的角度来看,教室正好是检验教育理论的理想的实验室,对那些钟情于自然观察的研究者而言,教师是当之无愧的有效的实际观察者。无论从何种角度来理解教育研究,都不得不承认教师充满了丰富的研究机会。"值得注意的是,教师的教育研究与教育专业研究者有所不同:专业研究者主要从事理论研究,追求科学知识的新发现和科学理论体系的构建,对研究人员的理论素养要求较高。而中小学教师的教育研究,在教学目的方面,主要是解决教育教学的实际问题,应用性是其研究的目的特征;在研究内容方面,多为教育教学中的实际问题,实践性是研究内容的主要特征;在研究方法方面,更多的是采用行动研究的方法。

三、教育研究的基本方法

教育研究方法本身有一个历史发展的过程,从最早的以直觉观察为主的方法,一直到现在多种方法共存,教育研究方法已经成为一门学科。进行教育教学研究,需要了解和掌握最基本的研究方法。

(一)观察法

观察法是人类认识事物最古老、用得最多的一种方法。它是研究者借助自己的感官和辅助工具,有目的、有计划地对客观事物进行系统、连续的观察,并做出准确、具体和详细的记录,获得事实资料的一种科学研究方法。它和日常观察不同:日常观察带有随意性、零散性和偶然性。如教师每天上课时都在观察哪个学生态度是否认真、注意力是否集中等,这种观察没有从目的、形式、程序、步骤等方面做出周密的计划。而教育研究的观察法则是经过周密安排,有目的性、计划性、系统性和可重复性的特点。从不同的角度分析,观察法可分为不同的类型:

1. 自然观察和实验观察

根据观察情境的设置是否有人为的因素,观察法可以分为自然观察和实验观察。自然观察是指对观察环境不加改变和控制的状态下进行观察;实验观察则是观察者对观察环境预先进行精心设计与布置,在观察过程中对影响被观察者行为的一个或多个因素进行控制,并观察这种控制对行为表现的影响。在实验观察中,研究者可以人为地创造一些条件,但对被观察者来说,还是处于自然状态,研究者对其行为反应不做任何的控制。

2. 直接观察和间接观察

根据观察者是否借助仪器设备,可以分为直接观察和间接观察。直接观察是指观察者不借助仪器,凭借自身感觉器官获取事实资料的方法。它具有直观、生动、具体、方便、灵活的优点,但受人的感官器官的有限性制约,被观察的现象往往不能被完整地保存记录下来,观察者难以将过去重现。间接观察指观察者利用一定的科学仪器或其他技术手段对观察对象进行考察,具有准确、范围广、可重复性等优点,获取的信息更准确和客观。

3. 结构式观察和非结构式观察

根据观察内容是否有统一的设计、一定的结构的观察项目和要求,可以分为结构式观察和非结构式观察。结构式观察指有明确的观察目标、对象和范围,并且有详细的观察计划、步骤和合理设计,并在实际观察活动中严格按照设计的步骤进行的可控制观察。非结构式观察是在没有预先划定范围和记分标准情况下进行的观察,只对观察对象的行为表现和当时的情境做多方面的描述和记录。这种方法,一般在研究的初期进行,主要是了解情况,为下一步做详细计划打基础。

4. 参与式观察和非参与式观察

按照观察者是否直接参与所研究的活动,观察法可以分为参与观察与非参与观察(或称局外观察)。参与观察指研究者亲身投入到所需要观察的教育活动和教育情景中去,作为其中的一员进行观察,其观察的内容与结果比较细致具体和深入。非参与观察是观察者不直接参与被观察者的活动,而完全以局外人或旁观者的身份观察。这样得出的结论往往比较客观,但难以像参与观察那样细致入微。

(二)调查研究法

调查研究法是在教育理论指导下,通过运用观察、列表、问卷、访谈、个案研究以及测验等科学方式,搜集所需要的资料,从而形成科学认识的一种方法。这种研究法,依据调查目的分为常规调查、比较调查、原因调查等;依据调查的性质分为事实调查和意见调查;依据调查的范围又分为综合调查和专题调查;依据调查的对象又可以分为全面调查和抽样调查。下面主要介绍根据研究方式不同划分的访谈法和问卷法。

1. 访谈调查法

访谈是一种研究性访谈,是研究者通过口头谈话的方式从被研究者那里收集第一手资料的一种研究方法,是社会科学研究中一个十分有用的研究方法。访谈与日常谈话有很大区别:访谈是有特定目的和规则的研究性访谈,日常谈话没有明显的目的。陈向明认为访谈有以下功能:了解受访者的所思所想,包括他们的价值观念、情感和行为规范;了解受访者过去的生活经历以及他们耳闻目睹的有关事件,并且获悉他们对这些事件的意义解释;对研究的现象获得一个比较广阔、整体性的视野,从多重角度的过程对事件的过程进行比较深入、细致的描述;为研究提供指导,事先了解哪些问题可以进一步追问,哪些问题是敏感性问题;帮助研究者与被研究者建立人际关系,使双方的关系由彼此陌生变成相互熟悉、相互信任;使受访者感到更加有力量,因为自己的声音被别人听到了,自己的故事被公开了,因此有可能影响到自身文化的解释和构建。

依不同的分类标准,访谈结构、访谈的正式程度、接触方式、受访者的人数以及访谈的次数等有不同的分类方式,就研究者对访谈结构的控制程度而言,可以分为封闭型、开放型、半开放型。这三种类型也被称为结构型、无结构型和半结构型。其中,在封闭型访谈中,研究者对访谈的走向和步骤起主导作用,事先准备好了一个详细的访谈提纲,做好了所提问题、提问的顺序以及记录方式;开放型访谈没有固定的访谈问题,研究者鼓励受访者用自己的语言表达自己的看法,访谈形式灵活;在半开放型访谈中,研究者事先只准备一个粗略的访谈提纲,在整个访谈中有一定的控制作用,同时也允许受访者积极参与。这三种方式可视具体情况选择使用。

2. 问卷调查法

问卷调查法是根据需要精心设计一系列问题,编成标准化问卷,然后发给调查对象,根据回收的答案进行统计分析,得出结论的方法。问卷调查方便实用,多采取匿名的方式,所得结论比较客观,同时便于整理归类和统计处理。但也有一些缺陷,主要表现为:如果调查者不配合,就会影响结论的准确性。问卷对设计要求非常高,如果在设计上出现问题就难以补救。

依据呈现方式不同,问卷分为开放式问卷和封闭式问卷,也可以称为结构问卷和无结构问卷。开放式问卷不提供具体答案,由被调查者自由回答。例如,"在数学学习中,你最感兴趣的问题是什么?"这种问卷由于被调查者可以自由发挥,因此获得的资料就比较详细。但开放式问卷对被调查者的知识水平、语言表达能力、道德素质都有较高的要求,并且所得材料复杂,难以分析处理。封闭式问卷则在提出问题的同时,提供若干答案,以备选择。被调查者在短时间内就可以完成,并且便于研究者统计结果。

(三)实验研究法
1. 实验研究法的含义

所谓"实验研究法",就是研究者根据一定的目的和计划,合理控制、创设一定条件,对被试施加教育影响,然后观测被试的变化和教育效果,从而验证假设,推断所施加的教育影响同教育效果之间是否存在因果联系的研究方法。

2. 实验研究的基本特点

(1)揭示教育现象与教育行为之间的因果关系。实验研究注重论证教育现象中变量之间的因果关系。因为教育现象中的因果关系非常复杂,这就需要用专门设计的实验,观察其因果关系。

(2)实验研究之前,有需要验证的假设。实验研究之前,研究者可以推测变量之间的关系,但在未证实之前,只能成为实验研究所要验证的假设。

(3)研究者可以根据需要控制变量。在实验研究中,研究者可以主动地控制变量,而不是消极等待研究现象的发生;可以人为地干预、控制现象发生的条件和进程,从而得到自己所要得到的结果。

(4)实验研究具有可重复性。实验研究有很强的计划和步骤,实验可以在不同的时间和地点再现。

3. 实验研究的一般程序

(1)实验的准备阶段。在实验的准备阶段需要做的工作主要有:选择具有研究价值和可行性的实验课题、科学的实验假设,选择实验模式和实验对象,制订实验方案等。

(2)实验的实施阶段。就是研究者操作自变量、控制无关变量、观察因变量变化的过程。

(3)实验的总结阶段。在这一阶段,研究者主要是要整理大量的原始资料和数据,去粗取精,去伪存真,统计分析实验结果,撰写实验报告。

(四)行动研究法
1. 行动研究的定义

行动研究缘于美国寇勒等人在1933年至1945年期间,探讨一个关于改善印第安人与非印第安人关系的方案。他们认为,研究的结果必须能为实践者服务,研究者应该鼓励实践者参与研究,让"局外人"参与了这个研究过程,并与他的同事合作。之后的社会心理学家勒温与其学生研究了不同人种之间的人际关系,他们当时与犹太人和黑人合作进行研究,这些实践者以研究者的姿态参与到研究中来,积极对自己的境遇反思。勒温把这种实践者在行动中为解决自身问题而参与进行的研究,称为行动研究。

行动研究的思想和方法被引用到教育领域则是在20世纪50年代,前哥伦比亚大学师范学院院长考瑞在1953年出版的《改进学校实践的行动研究》一书中,第一次系统地将行动研究的定义运用到教育中来。教育行动研究是教育工作者或学校的一线教师,针对自己在教育领域、学科教学和班级管理的过程中遇到的种种问题,在专业教育研究者的指导下对问题进行科学的定位、诊断,制订解决的计划及具体的实施步骤,以达到解决实际问题的目的,从而提高研究者自身的教育水平,改善教学质量的行动。

2. 行动研究的特点

(1)教师是研究者。斯腾豪斯在20世纪70年代提出教师是研究者,而行动研究一直被视为一线教师教育科学研究的定位,是最适合一线教师的研究方法。在行动研究过程中,一线教师始终参与问题的发现、方案的制订、解决问题的策略以及最后的执行。教师不在是一个局外的"教书匠",而是以研究者的身份进入教学现场。

(2)以提高行动质量、解决实际问题为首要目标。行动研究关注的不是学科中高深的理论问题,而是中小学教师日常遇到的实践问题;教师利用相关教育理论,对所遇到的问题进行深入分析、反思,从而改进自己的教育教学行为,最终提升自己的教学和研究水平。

(3)以行动过程与研究过程的结合为主要表现形式。长期以来,由于社会分工的影响,教育科学研究逐渐成为一群特定的人从事的特定的活动,导致专业研究者和实际工作者的距离越来越远,甚至脱节。行动研究要求专业研究者走出"闭门造车",深入教学现场,与实际工作者一起研究实践问题,为研究者和实践者共同参与研究工作提供了一个平台。

3. 行动研究的步骤

目前,行动研究一般分为四环节步骤和六环节步骤:四环节步骤是指计划—行动—考察—反思等四个循环阶段;六环节步骤主要是指预诊—初步研究—拟定总体计划—制订具体计划—行动—总结评价。下面主要介绍行动研究的六环节步骤:

(1)预诊。这一阶段的任务是发现问题,并根据实际情况做出初步诊断,形成行动的最初设想。

(2)初步研究。这一阶段研究人员在查找有关理论、占有充分资料的基础上,对问题进行讨论和研究。

（3）拟定总体计划。在收集资料初步研究的基础上，形成一个系统化的计划。

（4）制订具体计划。这是实现总体计划的具体措施，以实际问题解决的需要为目的。

（5）行动。这个阶段是整个研究工作成败的关键，其特点是边执行、边评价、边反思、边修改，并注意收集每一步行动的反馈信息。

（6）总结评价。这是对整个研究工作的总结和评价。对研究中获得的数据、资料进行科学处理，除得到研究所需要的结论之外，还应对有关问题做出解释和评价。

第二节　以校为本的教学研究

校本教研是第八次基础教育课程改革中的热点问题。教育部基础教育司朱慕菊认为，校本教研是将教学研究的重心下移到学校，以课程实施过程中教师所面对的各种具体问题为对象，以教师为研究的主体，理论和专业人员共同参与的研究活动。这种研究强调理论指导下的实践性研究，既注重解决实际问题，又注重经验的总结、理论的提升、规律的探索和教师的专业发展。

一、校本教研的基本理念和要素

（一）校本教学研究的基本理念

1. 学校是校本教研的主阵地

以校为本的教学研究强调学校是教学研究的主阵地，学校是真正发生教育的地方，是教育的主体。发展教育、改革教育最终都是通过发展学校来实现；反过来，只有学校的教育能力、内在品质的提高，发展教育最终才能落到实处。离开学校的真实教学问题所进行的教学研究往往空洞、苍白无力。很长一段时间内，因为对教学研究认识的偏差，很多中小学教师总是认为研究是理论工作者的事情，与自己没有关系，导致教师逐渐成为"教书匠"。而校本教研意味着教学研究的重心下放到了学校，学校不是一个被动的接受上级政策的工具性存在，而是一个教育活动的主体性存在。教师也就成为其中最有活力的因素。

学校是校本教研的主阵地意味着，校本教研是在学校中，基于学校，为了学校。所谓"在学校中"，是指校本教研在学校中进行，植根于学校课堂、学校生活，贯穿于学校运作的整个过程，旨在研究和解决学校内部的具体实际教学问题；所谓"基于学校"，是指校本教研依靠学校内部各种力量的合力，靠主体力量校长和教师的智慧；所谓"为了学校"，是指校本教研最终都会促进学校的发展，使学校具备研究的职能和能力，逐渐形成自己的特色，不断地自我发展、自我提升。

2. 教师是校本教研的主体

强调教师是校本教研的主体，意味着教学研究不只是专家教授的权利，也应该成为所有教师的分内之事;教师不能仅仅教书,而应该成为一个研究者。"教而不研则浅,研而不教则空",教师每天直面最真实的教育情境,立足于教育的第一现场,对教育最有发言权。教师成为校本教研的主体,首先要求教师应有研究意识,教师每天都会遇到各种各样的问题,如果没有研究意识,那么很多问题也就很容易被忽视了。其次,教师应该具备相应的研究能力,需要提高理论修养,从理论的高度上审视问题。

3. 解决教学的实际问题是校本教研的核心

华南师范大学刘良华在其《校本教学研究》一书中谈到什么是校本教学研究时认为,所谓的校本教学研究,就是教师为了改进自己的教学,在自己的教学中发现某个教学的问题,并在自己的教学过程中以追踪或汲取他人经验的方式解决问题,可以称之为"为了教学""在教学中""通过教学"。"为了教学",指校本教学研究的主要目的不在于验证某个教学理论,而在于"改进"、解决教学中的实际问题,提升教学工作的效率,实现教学的内在价值;"在教学中",指校本教学研究主要是研究教学之内的问题而不是让教师研究教学之外的问题,是研究自己教室发生的教学问题而不是研究别人的问题,是研究现实的教学问题而不是研究某种教学理论假设;"通过教学",指校本教学研究就在日常教学的过程中由教师本人亲自解决问题,而不是让教师将自己的日常教学工作放在一边,到另外的地方专门去做研究,也不是让教师放弃解决问题的责任而完全由别人来帮助解决问题。可见,校本教研不是让教师另立门户,而是让教师直面自己身边最真实的教学问题。

实践性是校本教研的最大特点,中小学教师的研究跟专业的研究人员不一样:专业研究人员重研究中所取得的科研成果,而一线教师的研究则重在解决实际问题,通过解决实际问题,提升教学水平、提高教学质量,并最终促进教师自身专业化发展。所以,解决真实的教学实际问题,首先要求教师应立足于教学实践,教师的课堂不仅是一个教学的场所,更是一个研究的地方,所以应扎根于真实的课堂教学,能从看似平常的日常教学工作中发现问题、思考问题,并最终解决问题。其次,解决真实的教学实际问题,要求教师能够有敏锐的洞察力、观察力,发现教学问题。有些教师往往会对经常碰到的问题认为是习以为常的,从而导致对很多有意义的教学问题熟视无睹。教师如何才能发现真实的教学问题?一方面应通过学习相关教学理论,能站在一定的理性高度上把握问题;另一方面是勤于反思,应坚持写教学后记,回味种种细节,并加以剖析。

(二)以校为本的教学研究的基本要素

教师的个人自我反思、教师集体的同伴互助、专业研究人员的专业引领是校本教研的三个核心要素,构成了开展校本教学研究的三个基本力量。

1. 自我反思

自我反思是反省、思考、探索和解决教育教学过程中各个方面的问题,是校本教学研究中的一个最基本要素,也是开展校本教研的基础和前提。校本教研只有转化为教师的自我意识和自觉自愿的行为,才能保证教学研究落到实处。因为任何理念的实施都首先要经过教师的认可和内化,才能付诸实践。教师的自我反思按照教学的进程,一般分为教学前、教学中和教学后三个阶段:教学前的反思具有前瞻性,教学中的反思具有监控性,教学后的反思具有批判性。三个阶段的反思构成一个完整的反思进程。在反思中,教师不应盲从某种观点和权威,采取盲目的行动,而应带着虚心的态度和高度的责任感,充分调动和运用自己潜在的智慧,自觉地省察自己的信念和行为。通过反思,教师逐渐成为反思型的实践者,成为教学研究的主体,通过自己的教学实践,不断更新教学观念,改善教学行为,提高教学质量。

2. 同伴互助

校本教研强调教学不仅仅是一种个人化的工作方式,更需要教师之间团结合作,通过合作互相学习,分享经验,共同成长。教师个人的自我反思是有限的,而同事之间通过合作可以减少教师自我反思的有限性,有助于教师自我反思走向深化。学校应该创设积极的合作文化,使教师之间的合作逐步成为一种氛围。教师之间相互合作与帮助的主要形式有:(1)对话。教师之间通过谈话互相交流教学信息,增加信息量;通过经验总结会,把自己成功的或失败的体会感想与其他教师交流;通过专题讨论会,教师之间围绕一个主题畅所欲言,使不同的思想发生碰撞。(2)协作。每个教师都发挥各自所长,为完成共同的教学任务尽一份力。(3)帮助。学校里教学经验丰富的教师应指导新教师,使其尽快适应专业角色。

3. 专业引领

校本教研的主体是教师,并不意味着教师是唯一的研究力量,还需要专业人员的引领。专业人员主要包括教研人员、科研人员和大学教师等,他们往往具有系统扎实的教育理论素养。专业引领实质上就是理论对实践的指导,是理论与实践之间的对话。专家可以通过学术专题报告、讲座、教学现场指导以及专业座谈等方式提升教师的理论素养和实践智慧。专业人员在指导一线教师时,必须深入到一线中,带着深切的实践关怀,与教师合作开展研究,在合作中互相取长补短。专家在专业引领的过程中,要注意不应将自己所说的让教师信奉为唯一的真理。很多教师反映,专家在指导时,每个专家说的都不一样,各说各的道理,这样一来让教师自己变得更困惑了。教学理论对教学实践有指导作用,多一个教学理论只是为实践多了一份选择,而教师在一定程度上有选择教育理论的智慧和权利。

二、校本教学研究的过程

校本教学研究既然是一种研究,那么问题便是研究的起点;有了要研究的问题,之后就要进行有目的的教学设计;教学设计是一张设计蓝图,有了蓝图才能在实践中实施行动;行动结束后要及时总结和反思。为此,校本教研应遵循"教学问题—教学设计—教学行动—教学总结"的研究过程。

(一)教学问题

研究总是从问题开始的,教学研究要以教学问题为研究起点。在新一轮基础课程改革中,要求教师更新教育理念,转变教学行为;从理念到行为的转变是一个漫长和复杂的过程。教师根据自己的理解在课堂中体现新理念时,总会遇到各种问题,这些问题能否进入教师研究的视角,成为其研究的问题,关键在于是否具有问题意识和探索精神。如果教师将这些问题总看作是司空见惯的,那么就不可能有研究的问题。也就是说,在教学研究中要求教师有很强的问题意识,如果问题意识弱,就很容易满足于用日常经验来解决出现的问题。校本教学研究中的问题都是发生在教师自己课堂中的问题,发生在自己教室里真实的问题,教师应处处留心,认真思考如何把这些问题转化为有价值的课题。

(二)教学设计

教学设计对每个教师并不陌生,备课、写教案都是一种设计。但这里的教学设计是指解决所遇到的问题的一种设想、策划,是针对要解决的问题提出的方案,是接下来一系列在课堂教学设计中寻找和确定解决该问题的思路和方法。它往往不是一节、两节课的教学设计,而是体现了对教学问题的持续关注。

(三)教学行动

行动是指将已经设计好的方案运用到教学实践中,教师进入真实的课堂情境,在与学生的互动对话中灵活地调整教学内容和教案。行动具有验证性,对教学设计研究问题之前的假设,是否科学有效,是否能解决问题,是需要实践来检验的。行动也具有探索性,行动不是按部就班的机械活动,而是在积极地寻找解决问题达到目的的最佳途径;教师在行动时,以事先的设计为本,但不拘泥于设计,根据实际情况对计划灵活地做出调整和更改。

(四)教学总结

总结首先要把课堂上观察到的各种与教学问题有关的现象进行回顾、归纳和整理,对特别重要的细节要详细描述,争取形成教育故事或教学案例。在整理资料的基础上,对行动的过程与结果要做出反思,从而获得新的认识和思考,并且修改原有方案,并付诸实施,进行更深入的探索研究。

以上的教学问题—教学设计—教学行动—教学总结四个环节是循环往复、螺旋上升的过程;在实际教学研究中,这四个环节的顺序不是一成不变的,而是根据需要可以灵活安排的,最终是要达到解决问题、提高质量的目的。

三、校本教学研究的主要形式

校本教研的主要形式:一是开展校本教学研究的主要形式;二是校本教学研究成果的表达形式。

(一)开展校本教学研究的主要形式

1. 集体备课

校本教学研究的基本要素之一是同伴互助,集体备课就体现了这一要素。集体备课中,来自不同教研组、不同学科或不同年龄、不同专业发展阶段的教师,通过集思广益、扬长避短、信息交流达到共同提高、发挥整体智慧才能的目的;集体备课应当是由教师根据自己教育教学中的实际问题而发起,不是为了应付检查而走的形式;教师备课组成员可以尽量扩大教师来源范围,实现不同学科教师的对话,不同年龄教师的互动;在备课中应充分调动教师个体在集体中参与的积极性;备课组组长要做好宏观调控工作,发挥备课组每一个成员的力量;在备课过程中,要防止教师搭班现象的发生,即教师总是依赖其他教师,没有自我的思考和认识;教师应加强个人反思,形成自己独特的见解,在备课组中提出自己的意见和想法,并耐心地倾听别人的意见,使每个人都有所提高。

2. 定向研讨

定向研讨一般按照五个环节来进行:(1)集体听课。要求听课教师带着问题来听课。(2)分组讨论。要求教师根据听课情况展开讨论,交流感悟,探讨需要改进的地方。(3)会议交流。每个小组派出代表在会议上发言。(4)专家分析。专家在对课堂分析的同时,要进行理论的总结和升华。(5)总结评估。对课堂以及各小组讨论情况做出总结。定向研讨的重点是探讨教师"教什么"和"怎么教",在定向研讨中应首先明确研讨的重点问题,每一次研讨都应该围绕一个主题。

3. 案例教学

案例教学是以一个个具体的教学案例为载体的。教学案例应有这样一些特征:案例要具有很强的故事性;案例要含有教育两难问题;案例要蕴含深刻的教育学或教育心理学等学科的理论、原则和原理;案例要具有新颖性,讲究时效性;案例的背景要清晰。在案例教学中,应做好三点:一是教师要学会撰写案例;二是教师要学会使用案例;三是让教师积极参与案例探讨。

除了上述三个形式之外,校本教学研究形式还有说课、听课、评课、公开课、反思教学、沙龙会谈等,在校本教研中都可以灵活应用。

(二)校本教学研究成果的表达形式

在校本教学研究中,教师是研究的主体,进行研究的表达形式可以多种多样,不必拘泥于专业研究人员研究的条条框框。教师可以通过教育日志、教育叙事、教育反思、教育案例、教学课例来表达自己的研究成果。

1. 教育日志

教育日志是教师对教育生活事件的定期记录,在把真实的教育场景转化为文字的过程中梳理着教学实践中的关键问题。日志不是仅仅罗列教育事件,而是通过这些事件让教师更多地了解自己的思想和行为。日志都是教师所观察到的、感受到的、反思的内容,出自教师的真情实感。日志一般包括时间、地点、人物、事件。

在教育日志中,可以有描述性记录和解释性记录。描述性记录包括对教育事件的描述、个人肖像的叙述、时间、地点、情景、任务言行等,尤其对一些细节问题要深描。解释性记录包含感受、思索、推测、预感、假设等。一般在撰写过程中,时间描述和事件的解释要结合起来;同时还要注意及时撰写,这样撰写回忆起来的内容才能详细;在写之前,尽量不要和任何人讨论,以免干扰自己本来的记忆;最好能够依照事件发生的顺序来写;书写要持续,要经常写,不能"三天打鱼,两天晒网";内容可以围绕某个主题,有重点地进行写作。

2. 教育案例

近年来,教育案例得到越来越多的一线教师的认可。一般认为教育案例具有这样几个特点:(1)教育案例是事件,是对一个实际情境的描述;(2)教育案例是含有问题或疑难情境在内的事件,事件只是案例形成的基本条件,能够称之为案例的事件必须包含有问题或疑问在内;(3)教育案例是典型性事件,即具有一定的代表性;(4)教育案例是真实发生的事件。

概括而言,教育案例是含有教育问题或疑难情境在内的真实发生在教育现场中的典型事件。教育案例的写作没有一个统一的格式,一般来讲,它总会包含以下几个方面的内容:(1)标题。教育案例要借助标题来反映事件的基本内容。(2)背景。一般先要描述一下事件的大致场景和背景。(3)问题。这部分内容主要介绍问题是什么,如何发生的,发生的原因有哪些。(4)问题的解决。介绍问题解决的过程和步骤。(5)反思。问题解决的程度如何,还有哪些不足,有哪些体会、启示等。

3. 教学课例

教学课例与教育案例是两个容易混淆的概念。郑金洲认为,两者的主要区别在于:教育案例自始至终都是围绕特定的问题展开的,以问题的发现、分析、解决、反思为基本线索;而教学课例展现的是某节课或某些课的教学实际场景,也包含着问题,但问题可能是多元的,没有明确的问题指向,并且实际情境的叙述、师生对话的描述等常是列举式的,没有像案例那样经过细致加工。另外,两者在文体结构上也有区别:教育案例的表达形式一般为背景 + 问题 + 问题解决 + 反思讨论,而教学课例的表达形式一般表现为教学设计+教学实录+教学反思。在实际写作中,教学课例还有许多变式,如教学设计总体思路+教学情境细致描述+专题教学反思,教学设计说明+提炼后的教学场景+总体教学反思等。从以下案例可以了解教学课例的一般写法:

【教学设计】

尊重生命,体现人性,构建充满生命活力的课堂,这是新一轮课程改革大力倡导的教学理念。新课程标准指出,教学是不断生成的。在课堂教学中,师生互动,生生互动,在生命体的相互碰撞中不断生成新的教学资源、教学内容、教学程序,乃至新的教学目标。而要做到这一点,教师必须能够从外界众多的信息源中,发现自己所需要的、有价值的问题,具备捕捉信息的能力是非常重要的。那么,教师怎样以开放的视野和灵活的思维,捕捉到需要的信息,以推进课堂实现教学目标呢?《与时间赛跑》的教学就是力图做到这点的。

【教学情境】

师:今天老师想给大家推荐一篇散文——《与时间赛跑》。这是台湾的著名作家林清玄写的。有人说,他的散文总是发出淡淡的清香,像一杯茶。现在,一杯散发着清香的茶就放在大家面前,让我们用心去读课文,用你们喜欢的方法,去品味其中的味道。

(学生静静地读书)

师:你品出了什么味道?还可以说说你是从哪些事情、哪些语句中体味出来的?

生:林清玄告诉我们要珍惜时间。

师:你能很快地读出最精髓的东西,我真佩服你。

生:我知道了时间一去不复返。

生:我读了以后,心情总在变化,有时难受,有时开心。

师:你说你的心情产生了变化?看来,你是用自己的心在品味的。其他同学能不能像她一样,用心地品读,看看能不能成为林清玄的知音,心情跟着发生变化。

(学生又一次静静地读书)

【教学反思】

　　我在设计这节课时,力求从关注生命的高度,把课堂教学看成是变化的、动态的、生成的、师生共同成长的生命历程。预设时用了板块式的弹性方案:第一块,"你品出了什么?"主要引导学生关注并体会作者的心情变化;第二块,"你还有不明白的?"主要指导重难点句段的学习;第三块,"你有什么收获?"主要侧重于理解文章内含着的道理。并将根据教与学中的实际需求,随时做出富有创意的调整,允许与预设不一致甚至相矛盾的意外情况的发生。

　　而在实际的课堂中,因为依据学生学习中的实际情况,对文本进行重组、整合,对教学进行及时调整,整个教学进程可能不算完美,但生机勃勃、鲜活多彩。特别在"捕捉教学信息"方面,颇有收获。如学习伊始,老师让学生用喜欢的方式用心去读课文,交流自己品味的种种滋味。学生有的说明白了要珍惜时间的道理,有的说知道了人可以跑赢时间,有的说心里有时难受有时高兴……这些生成信息既在意料之中,又在意料之外。学生的种种生成因素都是课堂教学中的动态资源,如果引导学生逐个品味的话,势必影响这节课预期的深度和广度。而且,这些信息本身存在着重要与次要、有用与无用之分,这就需要通过比较、判断、鉴别,选择出有价值的信息作为教学资源。因为,预设时第一块是主要引导学生关注并体会作者的心情变化,这时,当然就捕捉到了一个学生讲的关于"心情"这一信息,以"用心地品读,看看能不能成为林清玄的知音,心情跟着发生哪些变化"这一问题来推进教学,让学生再读课文,然后围绕这个问题去探究。由于选准了活动的切入点,学生们在课堂上能全身心地投入活动之中,那一句句发自肺腑的语言,令人动容。一般来说,只要教师认真钻研教材,把"精心预设"看作是课程实施的一个起点,一定会水到渠成地自然生成一些有用的资源。

　　(资料来源:郑金洲《教师如何做研究》,华东师范大学出版社,2005年,第231页)

四、校本教学研究的管理

　　本次新课程改革的另一个突出特点是课程实行国家、地方、学校三级管理。这意味着课程权力下放,学校也成为课程管理的主体。学校逐渐从外控式管理走向内控式管理,真正实现校本管理。

校本教学研究的管理从内容上看,包括计划、组织、队伍、课题、制度和档案等方面的管理;从过程来看,包括计划、实施、检查和总结等基本程序。在校本教学研究的管理上,在学校层面应建立和加强以校为本的教学研究制度,即以制度化的方式保障教师能够顺利开展各项研究。目前,以学校为本的教学研究还缺乏制度上的规范,学校开展的一些教学研究活动在一定程度上偏离了以学校为本,教师为研究而研究、为功利而研究的现象仍然普遍存在。

从目前实际来看,校本教学研究制度应建立自下而上与自上而下相结合的教学研究体制。教学研究的机制类型主要有两种:一种是通过自上而下的方式,即采用上级行政推动的方式开展教研工作;二是通过自下而上的方式,即以基层学校为核心开展教研工作。自上而下的教学研究的优势是解决普遍性的教学问题,但对教学自身遇到的具体问题往往关注不够。过去这种形式的研究在中小学中占了重要的位置。两种教学研究体制各有利弊,互相补充。在自下而上的教学研究制度中,校长是第一负责人,是校本教学研究的身体力行者;校长首先要对教学研究有正确的认识,有什么样的校长就有什么样的学校,好学校与差学校的差距有时候往往体现在校长的管理思想和管理能力上;校长应该完善学校各级正式教研组织,建立导向机制、激励机制和保障机制,积极反思传统教学研究机制的不足,整合学校内部教研的力量,着力提高教师的研究能力和科研素质,培养一批科研型教师队伍,为校本教研发展奠定人才基础,努力让学校形成研究氛围,把学校变成真正的学习型的组织。

第三节 教学课题研究

问题是客观事物之间的矛盾在人们头脑中的反映,科学研究是一个不断发现问题、提出问题、解决问题的过程。但并非所有的问题都能成为教育科研课题,往往是针对教育领域中有意义的问题,有明确研究范围、研究目的、研究任务的论题,才能作为教育科研课题。其中,教学课题研究是教育科研的一项重要内容,是学校教师或管理人员就教学过程中有意义的问题专门开展的研究。

一、课题的选择

(一)课题的类型

教育科研课题产生于教育实践问题之中。依据教育实践中需要解决的问题性质不同,教育科研课题大体划分为三种类型:

1. 基础性研究课题

这类课题探讨的是教育基本规律的理论性课题。例如,教育教学原理、课程的本质、课程的哲学基础等。这类课题是理论工作者常选的课题。

2. 应用性研究课题

这类课题主要是考虑如何将基础理论研究的成果与实际相结合，解决实践问题；同时又使基础教育理论研究得到深化和发展。

3. 实践性研究课题

教师或教育管理人员把自己的教育教学活动作为研究对象，持续不断地对教育教学过程、教学行为和管理行为进行反思，从而提升自己的教育教学水平；研究的问题往往产生于实际的教育教学情境中，研究的进程也是根据实际情况不断修正和反思的。它要求教师或教育管理人员具有反思意识，深刻反思所遇见的问题，并最终解决实际问题，带有很强的实践指向。

（二）课题的来源

中小学教师的课题应与教育教学实践紧密结合，解决实际问题。其课题来源除了自上而下的分派之外，可以从以下几个途径选题：

1. 从教育教学工作中面临的突出问题选题

教师每天在教学中都会遇到教学问题，主要表现在教师上课前的教学设计与实际效果或多或少地都会有一些差距，教师往往会反思这些差距，并力求在下一节课中进行调整；如果有些问题反复得不到解决，就会构成教学中的难点问题。在新课程改革中，有很多新理念、新做法，如新课程注重探究式学习，如何进行探究、探究如何深入等问题，教师通过一两次课的摸索，一般是不会得出答案的，需要带着这些问题，以研究者的视角在实践中不断摸索、反复论证才能达到目的。

2. 从总结教育教学实践过程的典型经验中选题

教师在长期的教育教学实践中总会积累一些宝贵的经验，从这些经验中可以提炼出大量的研究课题。例如，山东烟台市在"九五"期间进行的小学语文"双轨"教学的实验与研究，就是在认真总结龙口市实验小学"大量阅读，快速作文"经验的基础上，经过加工提炼升华为课题的。

3. 从学校或学科发展中选题

教师的个人成长与学校的发展是紧密联系的。特别是学校发展中的一些重大问题，教师都应积极参与，认真思考，从中选出有价值的问题深入探究。学科是教师专业发展的阵地，掌握本学科最基本的知识与该学科的前沿问题是教师必备的素养之一；在对自己所在学科进行横向与纵向的发展对比中，教师可以借助在本学科领域内多年的经验优势选题。

4. 在阅读和交流中选题

随着教育改革的发展和深入，社会对教师的素养要求越来越高，教师普遍有工作危机感，很多教师通过大量的阅读来满足教学和专业成长的需要。教师阅读的过程同时也是思考的过程，通过阅读，对某一个问题的了解就会更加深入；同时结合自己的教学经验体会,就会很容易发现问题,这些问题就可以作为课题研究选题的来源。另外,在校本教学研究中,教师的工作方式从封闭走向了开放,学校为教师提供了交流合作的平台。在交流中,不同思想的相互碰撞,往往会使教师产生思想的火花,形成问题,并有可能转化为研究课题。

(三)一个好的研究课题具有的特点

1. 选题必须有价值

课题有的强调应用价值,有的强调理论或学术价值,有的二者兼之;课题的形成都是从教育实践中选择那些最有意义的教育问题作为研究对象。20世纪80年代以来,我国中小学开展了大量的教育教学改革研究,许多教师开始纷纷关注课题、热衷课题。但还有相当多的教师认为,搞课题就是写文章,常常用剪刀加糨糊的方式拼凑文章。这种为文章而文章、为课题而课题的研究忽视了研究课题首先应有的价值性。

2. 选题有科学性

选题的科学性主要指研究问题必须有事实根据或理论依据,以事实为准绳,遵循客观规律,遵循科学的原则,有利于选择有研究价值的问题,确保选题的方向正确。选题的科学性表现在:首先,要有一定的事实依据,研究的课题不是空穴来风,主要是来自教育教学实践;其次,要以教育科学基本原理为依据,即要有理论基础,没有一定的科学理论做支撑,课题的起点必然低,盲目性大。

3. 选题具体明确

选定的课题要具体明确,大而空、笼统模糊、针对性不强的课题很难转化为可操作的步骤,而且研究就如老虎吃天,无处下手。一般来说,小题大做,会得出具体明确、比较深入的研究成果。

4. 选题可行性

选题的可行性是研究者顺利地进行这一课题研究应具备的基本条件,主要包括客观条件和主观条件。客观条件指与课题相关的资料、设备、时间、经费、技术、人力等方面的条件;同时也包括进行课题研究科学上的可能性,即应选择具备研究可能性的问题。主观条件指研究者本人原有的知识、能力、基础、专长等。研究者要正确评估自己的实力,过高或者过低的估计对课题研究都是不利的。

5. 选题创新性

创新是科学研究的灵魂。没有创新,一味地重复他人已经解决过的问题,只能是鹦鹉学舌。具有创新的问题应该是别人试图解决而尚未解决或者是没有解决好的问题,它需要研究者有敏锐的洞察力和创造力,善于从习以为常的现象中发现并提出有价值的问题。创新性课题并不意味着研究的所有问题都是新的,对一个问题从不同侧面、不同视角或用不同方法进行研究,都属于创新。在做课题之前,研究者要广泛深入地查阅文献资料,搞清楚研究课题在当前国内外已经达到的水平和已经取得的成果,争取在原有的基础上创新。

二、课题方案的设计

课题研究方案设计主要包括:课题名称的表述,课题研究的目的和意义,课题研究的背景、现状和依据,课题研究的指导思想和原则,课题研究的范围,课题研究的实施,课题研究的组织和管理,研究成果及其表现形式等。

(一)课题名称的表述

课题名称的表述要准确、明白、具体、符合科学规范。一般来说,在题目中要体现出研究的对象、研究的内容、研究的目标和研究的方式方法等。

(二)课题研究的目的和意义

课题研究的目的是指通过研究要解决什么问题,目的要明确且具有可行性。研究的意义可以从理论意义、实践意义、历史意义和现实意义等方面进行阐述。

(三)课题研究的背景、现状和依据

课题研究的背景是指该课题根据什么,为什么选择该课题。课题研究的现状是指在选好课题之后,还要进行文献检索,了解此项课题在国内外研究的进展、现状,有哪些可取之处,有哪些不足。课题研究的依据,包括政策依据、法律依据、教育科学理论依据、实践依据等。

(四)课题研究的指导思想和原则

在设计课题研究方案时,应明确研究工作所需要的比较具体的指导思想和应当遵循的能正确指导本课题的原则。

(五)课题研究的范围

课题研究的范围,主要包括研究内容和研究目标和研究对象三部分。研究内容是指对教育研究中各种变量进行考察、探讨、调查、实验,以揭示其本质特征,达到对教育现象的本质和规律的认识。研究内容的陈述要简明扼要。研究目标是研究者根据课题要求想达到的某种期望的结果。研究对象的阐述要具体明白。

(六)课题研究的实施

课题研究的实施,主要包括研究方法、研究实施步骤两个部分。通常采用的研究方法有实验研究法、调查法、观察法、个案法和行动研究法等。研究步骤,即:确定研究实施过程和时间规划,对研究的具体阶段做出设计,并且对研究的每个步骤、每个阶段的工作任务和要求都要有明确的说明。

(七)课题研究的组织和管理

课题研究的组织和管理是课题研究工作顺利完成的保证措施,主要包括:课题研究小组的人员组成及其分工职责,保证课题研究工作顺利完成的基本条件与

措施,课题研究所需经费等。

(八)研究成果及其表现形式

研究成果包括阶段性成果和终结性成果,即研究的过程和研究的结果以什么形式来表现。中小学教育科研成果的表现形式一般有研究报告(实验报告、调查报告)和科研论文两种形式。除此之外,研究成果还包括专著、教材、手册、音像资料和电脑软件等。

三、课题研究实施过程

课题研究实施的过程包括四个主要环节:一是获得事实材料;二是整理事实材料;三是分析处理事实材料;四是得出研究结论。

(一)获得事实资料

事实资料有两种类型:一类是通过文献检索得到的资料,另一类是通过问卷调查、访谈、实验、观察、学生作业等方式获得的数据资料。文献检索是教育研究中特别关键的一步。通过文献检索得到的文献资料能全面正确地掌握所要研究问题的情况,避免重复性劳动,提高科学研究的效益。文献根据加工程度不同,分为三个等级:一次文献,二次文献,三次文献。一次文献包括专著、论文、调查报告、档案材料等以作者本人的实践为依据而创作的原始文献,是直接记录事件经过、研究成果、新知识、新技术的文献,具有创造性,有直接的借鉴和参考价值。二次文献是对原始文献加工整理,使之系统、条理化的文献,包括题录、书目、索引、提要和文摘等,是对一次文献的认识。三次文献,是在利用二次文献基础上对某一范围内的一次文献进行广泛深入的分析研究之后,综合浓缩而成的参考性文献,包括专题述评、年度百科大全。

文献检索的基本方法有顺查法、逆查法、引文查找法、综合查找法等。顺查法以检索课题研究的发生时间为检索起点,按事件发生、发展顺序、由旧到新的顺序查找。逆查法与顺查法正好相反,它是由新到旧的顺序查找。这种方法多用于新文献的搜集、新课题的研究。因为,这种课题只需要了解最近一个时期内的论文,不需要太关注历史渊源。引文查找法是以已掌握的文献中所列的引用文献、附录的参考文献作为线索,查找有关主题的文献,这种获取文献资料的方法方便、迅速、集中。综合查找法指将各种方法结合使用以达到检索目的。正确地使用文献资料的方法应达到四个要求,即准、全、深、快。

(二)整理事实资料

整理事实资料是指把收集到的文献资料和采集到的数据材料及时加工整理,一般要经过核对、分类、选定等步骤,使获得的资料整齐有序,便于下一步研究工作的顺利进行。

(三)分析处理事实资料

事实资料整理好以后,此时研究者需要对这些资料分析和研究,从占有的资料中获取带有规律的东西,对占有的资料去粗取精、去伪存真、由此及彼、由表及里地深入思考和技术加工。资料如不经过分析处理,那只能成为一堆杂乱无章的材料堆积,不能说明任何问题。事实上,对资料的分析处理贯穿着研究的全过程。在分析和处理事实资料时,要用定性分析和定量分析相结合的方法。定性分析是以反映事物质的规定性的描述性资料而不是以量的资料为研究对象。这些资料通常表现为书面文字,而不是数据形式。如通过参与观察和深入访谈得来的资料。定性分析一般是用逻辑方法分析搜集的资料,包括比较、归类、类比、抽象、概括、分析、综合、归纳、推理、想象和假设等方式,通过这些方式抽象概括出概念和原理。定量分析赋予研究对象一种纯形式化的符号以反映事物的特征,分析的对象是具有数量关系的资料,方法主要是数学分析的方法,涉及一些统计学的知识,常用统计描述、统计推断、统计分析等统计分析方法。对大量的可能是杂乱无章的数据进行算术或逻辑运算,抽取并推导出对某些特定问题具有价值、有意义的数据,经过解释并赋予一定的意义,便成为课题研究的重要结论。

(四)得出研究结论

这一阶段的主要任务是把文献资料分析研究和数据资料处理的结果,本着客观、科学、严谨的态度,用概括性较强的语言简练地表述出来。研究结论有两个基本特点:一是概括性,即研究结论是在对事实资料深入研究基础上提炼出来的;二是证明性,即研究结论必须有科学的依据和推断。

四、课题的鉴定与结题

课题鉴定与结题是研究过程的一个重要环节,是对整个课题研究的工作总结。课题的鉴定与结题对教育科研工作的深化和发展起导向和推动作用,能够进一步完善课题研究成果,进一步提高课题研究成果的质量与研究者的水平。

(一)成果鉴定的指标内容

1. 基础研究成果的鉴定指标内容

(1)创造性。创造新内容,提出新思想,是科学研究的根本目的。有无创造性,创造性大小,是理论性成果鉴定的首要条件。创造性有全新创造和部分创新之分,各有不同的指标。

有全新的内容或创见,其指标:一是提出新的理论、观点、概念,论证成理;二是对已有理论做出新的解释、论证,使原有理论深化;三是探索出事物的新规律或变未知为已知,深化了认识;四是对学术界争鸣的问题发现了新的资料,提出了新的见解,使问题有所突破,并得到学术界的认可;五是纠正了原有理论、概念、原理的错误;六是为本学科、边缘学科开辟了新的研究方向,或提出了有研究价值的新问题,并进行了首次科学论证;八是填补了某项科学空白,具有国内、国际意义。

有某些新内容或新意,属于部分创造性,其指标:一是对已有知识进行了充实和条理化、系统化;二是对已知原理、观点进行了某种合理的改变或补充;三是对事物之间的关系进行了较深入的分析,初步说明了事物的本质,得出某些新结论;四是资料、观点不新,但论述角度不同,论证方法是新的,给人以新意。

(2)学术价值。教育教学研究成果特别是基础研究成果必须有学术价值,否则就没有理论意义。学术价值主要表现在:一是对学科建设或学科分支建设有一定的贡献;二是对学科、学科分支的发展产生一定的影响;三是对应用研究有重要的理论指导和推动作用;四是理论紧密联系实际,指导实际。

(3)社会反响。主要是反映成果的创造性,理论或学术价值对国家宏观决策和管理产生一定影响,或有一定的经济效益或社会效益。主要表现在:一是对国家或地区、部门决策和管理产生了较大作用和影响;二是对人们的思想文化、伦理观念、价值观念、行为方式的改变具有一定的价值,产生一定的影响;三是本单位的问题进行实事求是的评论;四是省内、国内学术界同行反应强烈;五是专家给出具体肯定的意见;六是报刊转载、评论、争鸣、引用等。

(4)逻辑性。具体表现为:一是文字通顺、准确、精练;二是方法科学先进,论证充分;四是结构严谨、逻辑性强,推理清楚;五是资料较系统全面,方案科学,适用性强。

2. 应用研究成果的鉴定指标内容

以研究成果的应用价值作为鉴定的主要指标,其内容一般有:

(1)成果的实用价值。具体表现为:一是成果对国家、部门和地区决策产生重大积极的影响;二是成果对国家、部门和地区决策产生一定的影响;三是成果所提政策建议方案符合实际情况。

(2)成果对教育过程和教学的影响。具体表现为:一是研究成果对当前教育改革的现实有针对性,实践急需;二是研究成果是从教育实践中总结和提炼出来的,经验证后,获得稳定的成效;三是研究成果有推广与应用的可能性,形成一套可操作的方法。

(3)成果的现实意义。具体表现为:一是理论上的新颖性,有新观点、新假说等;二是实践方面的新颖性,有新规划、新方法、新建议等;三是在已有的理论和实践的基础之上提出了新观点。

(二)成果鉴定形式

目前的教育科研成果鉴定多采取专家评议方式。根据成果的重要性和经费等具体情况,有会议鉴定和通讯鉴定两种形式可供选择。鉴定组成员一般由7—9

人组成,鉴定委员会或鉴定小组以专家为主体。鉴定专家精通本学科业务,具有高级职称和荣誉称号,属同行中的权威人士。除专家之外,还应有相关的学科规划成员和业务水平相当高的教育行政领导参与。

1. 会议鉴定

即以会议的方式对成果进行鉴定与评估。在会议鉴定一个月前,课题组应向主管部门提出口头或书面鉴定申请,并同时或随后呈递成果主件、附件及研究工作总结报告等材料。鉴定会议之前半个月,最少也要在一周之前,负责组织鉴定的部门就要将鉴定材料分别呈送给参加鉴定的成员,并敦促他们提前审阅材料,做好会议鉴定准备。会议鉴定的一般程序是:(1)有关领导和鉴定委员会主任或鉴定组长讲话,指明鉴定意义,提出鉴定要求;(2)课题负责人汇报研究工作过程和研究成果;(3)课题组解答鉴定组成员的质疑;(4)考察现场或进行现场调查,或查阅有关资料;(5)鉴定成员参照鉴定标准和评估指标体系评分或准备意见;(6)全体鉴定成员即席讨论评议,或付诸表决通过鉴定意见;(7)课题组负责人认可鉴定意见并表示态度;(8)填写鉴定表格,鉴定委员会主任或鉴定组长签字生效。

2. 通讯鉴定

通讯鉴定和会议鉴定要求相同。不同的是鉴定成员要以通信的方式先将鉴定评估意见寄给主任或组长,主任或组长汇总后再征求各成员意见或付诸表决。这种鉴定形式,多认为是一种省时省经费的良好鉴定形式。最大的好处是各成员能有足够的时间审读成果材料,充分准备鉴定意见,而又能较好地避免人际关系的影响。

无论是会议鉴定还是通讯鉴定,都应本着科学态度,坚持实事求是、公平合理的原则进行,以便对成果提出客观、公正、全面、中肯的鉴定意见。

(三)成果鉴定的基本程序

1. 鉴定前的准备

鉴定前的准备直接关系到成果鉴定的成败,这些准备工作包括:

(1)分析结题条件。结题是课题研究的一项终结性工作。结题前要对课题的研究情况予以详细周密的审查,客观分析是否具备结题条件。其内容主要包括以下几方面:一是课题研究的目的是否完全达到;二是课题研究各阶段、各方面的工作、活动是否全落实;三是课题研究的质量、水平如何,是否达到预期目标;四是课题研究的各项资料是否齐全。在全面分析以上条件的基础上对课题研究做出综合性判断。

(2)整理研究材料。结题工作往往从整理材料开始,其基本要求是真实、可靠、全面。整理材料的主要方法有三种:a. 鉴别。课题研究的材料纷繁复杂,因此必须对所有的材料进行鉴定区别,筛选出不可靠或不必要的材料。b. 分类。对研究材料予以归纳、整理、分类。首先要区分研究参考材料与结题材料。研究参考材料是在研究过程中收集的与课题研究相关的材料,它们大都是他人现成的间接材料。结题材料是课题研究活动的结果及有关材料,大体可分四类:一是成果材料,包括主、附件,主要有研究报告、论文等文字材料,以及软盘、图表等非文字成果;二是原始材料,即在研究过程中通过观察、调查等方式采集的所有与本课题研究相关的有保存价值的材料;三是课题工作材料,主要有课题立项申报书、批复文件、项目合同书、实施计划、方案、工作小结或阶段总结等;四是有关成果效益与影响的材料,主要是针对一些实验性课题而言,应包括一些社会客观反映或与课题研究效益有关的材料。c.编目。对各种研究材料经鉴别、分类后,填写材料类别、编号、名称、来源,编写目录,便于查阅。

(3)撰写研究报告。就是对研究过程所取得的成果进行全面的分析、整理和表述,形成具有理论价值或应用价值的观察报告、调查报告、实验报告或论著等。撰写研究报告也是一门学问,需要认真学习和钻研。

(4)做好课题工作总结。就是对从课题立项到成果形成的研究情况、工作、活动进行全面的回顾、分析和概括,以正确的教育科学理论为指导,对材料、事实等做客观的分析、综合,从感性认识上升到一定的理论高度。

(5)做好经费结算。有经费资助的课题在结题前必须进行经费结算。课题经费来源一般包括主管部门拨款、单位资助、课题组自筹三个方面,要统一清理,分别结算。要根据科研经费管理制度,检查经费支出是否符合管理原则,支出是否合理、有效,开支手续是否遵循常规,单据是否齐全,收支是否相符,如有结余或超支如何处理。经费使用情况检查、结算后,应填写收支清单,附上单据。

2. 申请鉴定

研究者在对课题研究进行回顾和总结,完成结题报告后,并不意味着研究工作的自行了结,必须经主管部门和单位认定。由于科研成果具有学术性,涉及多学科的理论、原理和方法,成果鉴定和评价要聘请专家进行。因此,课题组的研究报告及其他形式的成果等要根据课题来源、级别、内容等因素,向有关方面申请鉴定。申请鉴定的方法是:

(1)准备科研材料,包括结题报告、研究报告(或实验报告),以及与课题研究有关的其他材料,在预定鉴定时间一个月前送交有关部门或有关人员。

(2)写好申请报告,领取、填好申请书。申请报告要简明扼要。

(3)向本单位和省、市、区科研管理部门汇报科研情况。主管部门和单位要及时受理课题组的申请。校级课题向本校提出申请,学校要根据科研成果评价的标准和方法,科学严格地进行评审。课题没通过验收者,须补充研究方能结题。课题鉴定验收后,课题组应针对专家评议和建议做必要的修改、补充,使研究更加完善。

> 教师的天职是教书育人,育人的基本途径是学校德育与班级管理。作为一名教师,您该如何通过育人活动使学生具备高尚的品德与做人的智慧呢?您打算如何带领一个班级去创造美好的集体生活呢?要做好学生人生的导师,您很有必要学习掌握对学生进行德育与管理的知识和方法。

第九章 学校德育与班级管理

教师的天职是教书育人,教书要通过学校教学工作来完成,育人则主要通过学校德育与班级管理工作来实现。道德教育是学校教育的基础工程,是学校教会学生做人、处事和生活的关键一环;班集体是学生学会参与社会生活和公共生活的重要舞台,班级管理是学校育人实践的枢纽环节。在学校德育与班级活动中,学生能够成长为个性健全、人格健康、积极向上的人,德育方式与班级管理艺术的掌握是教师胜任教育工作的专业需要。在学校中,德育与班级管理工作是学生迈向全面、充分、自由、和谐发展的重要途径。

第一节 学生品德和学校德育

学校德育的直接目的是培养学生良好的品德,学生品德的构成及其形成规律是学校德育工作开展的依据。从学生品德的构成及其形成规律出发,科学地组织与安排学校各项德育活动与班级管理活动,创建有效的德育实践,是教师做好德育工作的基本策略。

一、学生品德的含义与构成

学校德育是一项以造就人的优良品德为目的的育人工程,所以了解学生品德的内涵及其构成要素是探讨学校德育工作的第一步。品德不同于道德,二者之间存在着鲜明的差异,使学生在社会道德的指引下形成良好品德是学校德育工作的主要目的。

(一)品德和道德

品德与道德是两个内涵迥异的概念,对之做出对比和分析是准确地理解学校德育目的与工作内容的认识起点。实际上,对品德的探讨始于社会对道德的需要,人类对道德生活的追求与向往引发了人的品德培育的问题。品德的诞生是人类社会生活道德化的必然产物,而要准确理解"品德"这一概念,必须从对人类"道德"现象的思考入手。

所谓"道德",是指在一定社会中人们共同生活时所应遵循的思想准则和行为规范。一般而言,道德往往代表着社会所宣扬的正面价值取向,它对人的行为善恶、是非、美丑及其正当性、合理性发挥着判断尺度的功能,舆论、传统和内心信念是人类道德发挥作用的基本手段。其中,道德观念是人后天在一定的生产关系、社会关系与人际关系中形成的。在这个过程中,家庭、学校与社会三位一体、有机配合、形成合力是人的美德形成的外部条件。总之,道德是一种社会现象,产生和发展于人类群体生活的需要中;不同的社会在不同的历史时期会形成不同的道德内容和标准,因而成为人类共同生活秩序必要的守护者与维系者。

品德,即"道德品质"的简称,是指个体依据一定的社会道德准则规范自己的行为时在其身心上体现出来的对社会、对他人、对周围事物的稳定心理特征或价值倾向。品德是个体现象,是社会道德规范在个体身心上的内化、再现和延伸。品德经常与"美德"一起作为比较语,成为人们用以判断一个人的品行和品性的重要观念依据。与"美德"相比,"品德"是一个中性词语,是人人皆可具备的心理特征与价值倾向,而优良的品德就是美德。培育学生优良的美德,提升他们的品德修养水准,是学校德育活动存在的目的所在。

可见,道德与品德之间具有明显的区别:其一,道德是一种社会现象,是靠社会的舆论氛围、传统文化和内心信念维系的社会规范;而品德则是一种个体现象,是社会道德规范内化为个人思想行为的素质,是社会化的道德在个人身上的具体存在形式,个人对社会道德的认识、情感与认可度直接决定着社会道德在个人身上的表现程度。其二,道德作为社会发展的客观要求,是不依人的意志为转移的;而品德则是个体内在素养与秉性的一种体现,是个体人自觉、主动地按照社会道德要求去行动、思考的产物。正因为如此,在教育活动中人们更加关注社会道德在学生个体身上的内化以及学生品德结构的形成问题,尤其探究人的品德结构及其形成过程对于深入理解学校德育过程具有重要意义。

(二)学生品德

不同于一般人的品德,学生的品德具有较强的可塑性、可变性和发展性,因此,学生的品德在学校中具有较大的发展空间与潜能,德育在学校具有强大教育功能与实施价值。特别在基础教育阶段,中小学生的品德正处在迅速形成期,如何用正确的价值观引导他们品德的建构方向,用科学的德育内容与方法来加速这一过程,就构成了学校德育的重大课题。学校德育为导引、导向和导正学生的品行发展方向而存在,为专业化地加速学生的品德形成过程而变革,对学生品德形成方向和过程进行有效干预是社会赋予学校德育的一项艰巨使命与重要职责。

从学生品德的形成来看,它是社会道德影响或要求与学生主动建构的协同作用过程。在特定条件下,每个学生的品德发展都会在认知、情感、意志、行动上体现出一定的水平,并与社会环境要求相平衡,这种品德发展水平是学生在社会、家庭与学校生活中逐渐形成的。当学生进入一种新的社会环境中,尤其是一种代表先进社会道德要求的教育环境之后,他们已有的品德发展水平与外界社会道德要求之间的平衡状态就会被打破,而参与道德学习、提升品德修养的内在动机被激发,其品德发展过程随之启动,一种新的品德发展状态与水平就会在学生身上形成。可见,学生品德的形成和发展是在外界社会环境、教育氛围要求与学生已有的品德发展水平之间的矛盾中实现的。无论是外界道德教育要求的提出,还是学生自觉提高品德修养的要求,都可能成为学生品德发展的诱因,学校德育的目的之一就是要引发这种矛盾,促使学生自觉地提升自身的品德修养水平。

(三)学生品德的构成要素

品德是由哪些要素构成的?其内在结构如何呢?这是学者们讨论已久的话题。认知主义者认为,人的品德形成取决于道德知识的掌握、道德动机的形成和发展,故道德认识是品德形成的唯一决定要素,道德知识教育是促进人品德形成的有力手段。行为主义者则认为,人的品德是其道德行为方式的总和,是人们各种行为习惯的最终产物,行为训练、环境营建、社会文化和榜样强化等都是学生品德教育的重要手段。另外,苏联学者提出的道德需要"动机圈"理论值得关注。该理论认为,需要是人的行动产生和发展的根本动力,道德需要是人的品德结构的核心构成要素,故培养和激发人的道德需要,引起人的道德动机,是品德教育的重要环节。

上述品德结构理论,对品德结构认识来说都具有一定的奠基意义。在这些品德构成理论的基础上,一系列的品德构成理论呼之欲出,如"四要素论""五要素论"陆续产生,尤其是"五要素论"渐渐为学者所共识,成为当代教育工作者认识品德结构的主要理论。该理论认为,人的品德是由道德认识、道德情感、道德意志、道德信念、道德行为构成的一个有机体,人的品德发展也是知、情、意、信、行协调平衡发展的结果。

1. 道德认识

道德认识是指人们对社会道德关系、道德行为规范及其意义的理解和认识,具体包括人对道德概念、道德原则、道德观点等的了解或掌握程度,以及人们利用这些道德观念去分析道德情境、判断人的道德行为对错,进行有关道德现象的是非善恶评价等。人的道德认识是在社会和教育的影响下,在个体积极的道德实践活动中逐步形成和发展起来的;这种认识不同于一般的学科知识认识,而是一种与人的情感体验、生活经验密切相关的人生知识认识。

2. 道德情感

道德情感是人在道德实践活动中形成的,是与人的道德需要相联系、相伴而生的情感体验,也是人按照自己的道德需要来评判他人的道德言行的产物。这些道德情感包括人们对良好道德行为和现象的积极肯定,如赞赏、崇敬、心安、荣誉感、责任感与自尊感等,以及人们对不良道德行为和现象的消极否定,如憎恨、厌恶、愤慨、郁闷、不安感与失落感等。一种道德情感的形成能够对人的道德认识、道德行为产生影响,会促使人自觉抵制不良的道德行为,而欢迎优良的道德行为,并保持良好的德行,避免过失、不当的道德行为的产生。

3. 道德意志

道德意志是人们在自觉执行道德义务的过程中产生的,是一种直接与克服所遇到的道德困难和障碍相关联的意志品质。它是人理智地面对道德生活中的动机冲突并采取相应行动的表现,体现为人的道德行为的坚持性、自觉性、果断性和自制力。在道德实践中,对符合道德规范的动机,道德意志会促使人自觉地、坚决果断地付诸行动;而对不符合规范的动机,道德意志会促使人自觉地、果断地加以抵制,表现为坚强的道德自制力。

4. 道德信念

道德信念是指人们在对社会道德规范认识和了解的基础上,通过自身的道德情感驱动而表现的对履行某种社会道德义务产生的强烈责任感与使命感,是人们深信某种道德认识的准确性并持续坚守某种道德信仰的价值表现。尤其人们对某种道德理想、道德原则与道德规范在内心的确信、深信和坚信,是道德信念的直接表现。当人们的道德认识建立在牢固坚实的基础上,并具备了强烈的道德情感、坚强的道德意志时,坚定的道德信念就会形成。可以说,道德信念是人的道德认识、道德信念的最高表现形式,是道德认识、道德情感和道德意志三者的"结晶体",是社会道德在人的身上高度内化、品德初步形成的标志。

5. 道德行为

道德行为是人在一定的道德意识、道德情感、道德信念支配下所采取的具有道德意义的行动。它是实现道德需要、道德动机的手段,是人的道德认识、道德情感和意志的外在化表现,稳定的道德行为方式和道德行为习惯的形成是人的道德行为产生的标志。其中,道德行为方式是人通过训练或实践而掌握的一系列道德行为技能,道德行为习惯则是一种稳定、持续、自动化的道德行为方式;合理的道德行为方式与稳定的道德行为习惯在个人身上的产生,标志着人的品德已形成。

人的品德结构就是由上述五种要素构成的,它们在相互作用、相互影响、相互促进中推动着人的良好品德的形成与发展。当然,知、情、意、信、行在品德结构中所发挥的作用有所差异。其中,道德认识是人的品德形成的基础,是道德情感和道德意识产生的认识起点,并对道德行为发挥着自觉调节功能;道德情感是人的品德的推动力,它能对人的积极道德行为产生强化作用,而对人的消极道德行为则产生抑制作用;道德意志和道德信念是人的道德认识向道德行为转化的过渡环节,是人的道德行为具有持续一贯性的内因;道德行为是品德形成的最重要标志,它既是道德认识、道德情感、道德信念和道德意志的外在具体表现,又可以巩固、深化人的道德认识,加深、丰富人的道德情感,强化人的道德信念与道德意志。总之,只有"五要素"共同作用、相互协作、整体推进,才可能在人身上最终形成良好的道德品德。

二、学校德育的意义

作为一种独特的教育形态,学校德育是以导引和加速学生品德形成过程为己任的,它在学生品德发展中发挥着独一无二的功能。认清学校德育的内涵,了解学校德育的一般过程,是有效地开展德育工作的主观条件。

(一)学校德育的内涵

什么是德育?对于这个问题一般有两种回答:一种是广义的理解,一种是狭义的理解,两种理解方式之间略有差异。

从广义上讲,德育是教育工作者对新生一代开展的思想教育、政治教育和道德教育的总称,是社会组织为了促使新生一代顺利适应社会环境、融入当下社会生活而开展的以价值观念(包括人生观、世界观)、道德规范、思想方式的形成主要内容的教育活动形态。

从狭义上讲,德育是"道德教育"的简称,是指教育者借助一定的教育手段、教育方法和教育途径对受教育者的道德素养进行培养的教育活动。道德是人的基本精神生活内容之一,是人在处理人际关系、处事接物待人中体现出来的一种价值倾向。其中,"善"是人的道德水平的核心评价尺度。使人向善,教人行善,并以善良的心态与行为方式对待他人,是道德教育的根本追求。

在现代社会,德育有多样化的形态。从理论形态上来看,德育有意识形态性的德育与非意识形态性的德育、形式化德育与非形式化德育之分;从社会空间上来看,德育有家庭德育、学校德育、社会德育之分;从实践形态上来看,德育有生活型德育、交往型德育、活动型德育、网络型德育之分……在学校教育场景中,通常提及的是狭义的德育概念,也就是学校德育,它是广义德育的重要组成部分和中坚性力量。学校德育的优劣不仅直接影响着家庭德育的效果,而且制约着社会的健康发展与文明水平。

学校德育与其他德育形态不同，具有三个明显特点：

(1) 学校德育是一种自觉的德育。学校德育是在国家、社会和家庭的关注下开展的，是由德育工作者——教师具体负责、组织实施的，从而决定了这种德育活动形态具有自觉性、主动性、有意识性的特点。所以，学校管理者与教师一起以一种高度负责任的态度来规划学校德育工作，开展学校德育活动，以达到理想的德育效果，是学校德育的明显特征。

(2) 学校德育是一种专业化的德育。学校德育是在一定的德育理论指导下展开的，一切德育工作与活动的开展都是建基于学习者的品德成长规律之上的，这就决定了学校能够保证德育工作的较高效能。在学校德育中，学校的倡导与引导、学生自我价值观的自主建构，二者相互配合、相互适应、相互促进是德育效能显现的基本条件，而且整个德育过程的设计、安排、实施、控制基本上都是由教师来完成的。正是由于有专业的教师、专业的理论、专业的方式做保证，学校德育对新生一代品德成长所产生的作用才是任何一种德育形态所难以替代的。

(3) 学校德育是一种引导学生去创建美好生活的德育。学校德育的目标是指向理想的社会生活形态的，是与现实的社会生活、家庭生活之间具有一定张力的德育，是直接指向学生品性完善这一目的的。引导学生致力于创建公正的社会与追求幸福的生活，是学校德育的又一鲜明特征。当学生在接受学校德育之后回到现实社会中，可能会感到学校德育要求与社会现实之间有一种反差，甚至这种德育要求会影响他们对社会生活的适应。但不用担忧，这是一种正常的反应。当社会发展到一定水平以及学生的品德认识和情感等发展到一定的程度，这种反差就会自然缩小，学校德育与社会德育的要求会日渐走向同一化。

总之，学校德育是在学校这一特定生活空间中，在专业德育工作者与成长中的学生之间展开，以促使学生品德形成、道德修养提高与积极价值观形成根本目的的特殊教育活动形态。

(二) 学校德育在学生品德形成中的作用

学校德育在学生品德形成中发挥着三大功能，即启动功能、导向功能与推动功能，它们的存在和发挥体现着学校德育对学生发展所具有的特殊意义与强大效能。

1. 学校德育能够激起学生品德修养的动力

在学生品德的形成中，一切外因即社会环境的要求、家长的教导等只起诱导、催生和辅助作用，而内因即学生的品德发展要求、品德修养自觉等才是学生品德发展的根本力量。因此，外来道德要求能否激起学生品德修养的动力，对于学生品德的形成与发展发挥着重要意义。作为一种专业化的教育形态，学校德育能够运用科学的方法、选择合理的内容、借助有效的渠道来刺激学生的品德发展要求，激励学生的品德修养动机，从学生内心深处激起他们改变自身道德面貌与品德修养水准的强烈要求，激起他们参与各种德育实践活动的强烈动机。这种动机一旦形成，学生品德修养提升的目标就很容易达成。

2. 学校德育能够引领学生品德形成的方向

学生品德的形成是在两大重要因素的影响下实现的：其一，教育者所提供的德育内容，其二，教育者所指引的品德发展方向。在学生品德形成中，后者对其影响更大：一方面，没有正确价值导向的品德修养活动最终只会把学生引向歧途，这种品德修养活动无异于给学生提供了一种"精神毒品"；另一方面，学生只有在正确价值观念的指导下，其品德修养活动才可能走上一条利人利己、利国利民的正确轨道上，他们的人生意义才可能得到保证。学校德育正是通过对学生正确价值观念的引导来参与学生正确人生观、世界观与价值观的形成。对学生发展而言，这种"引导"就好似一座灯塔，指引着学生品德修养的全过程，确保整个修养活动沿着一条向善、求美的轨道行进。

3. 学校德育能够加速学生品德修养的进程

学生品德的形成一般来说有两条道路：一条是学生在日常生活中自然形成的道路，另一条是学生在教育环境中自觉修养的道路。与前一条道路相比，学生品德在形成中会遭遇一些波折，甚至会出现一些倒退现象，直接影响他们的品德形成与发展的进程与速度。这些情况的产生是与学生缺乏专业的指导直接相关的。在学校德育活动中，教师能够教给学生科学的品德修养方法，帮他们选择正确的人生道路，给他们提供必要的品德修养建议，从而使学生的品德修养过程减少挫折、降低品德修养成本，达到事倍功半的品德修养效能，缩短学生品德成熟的时间周期。

（三）学校德育的一般过程

学校德育过程是指学校通过围绕以德育中心开展一系列教育活动促使学生品德形成的过程。学校德育不同于一般的知识传授过程，它具有自身的特殊性：知识可以通过大脑理解、认知结构同化的过程来完成，而在道德学习中道德认识的习得只是"万里长征走完了第一步"，学生品德的最终形成还需要一系列的教育工作的持续跟进与坚持。德育过程是知、情、意、信、行有机结合、同步推进的过程，无论是"知性"德育、体验德育，还是情境德育、养成德育，只是德育的一些重要方面，都构不成全面的德育。而学校德育则是一个全面的过程，具有自身的特点与规律，集中体现在以下四个方面：

1. 整体性：学校德育是知、情、意、信、行统一发展的过程

通过这一过程能够培养学生良好的思想品德，促使他们对道德的认识、情感、

意志、信念和行为等因素整体推进,所以任何一方面的单打独进都不足以完成或达成学生品德形成的目的。因此,坚持学生的知、情、意、信、行诸因素统一培养以及整体推进的德育要求,是提升学校德育工作效能的首要关注点。

首先,道德认识的形成与提高是学校德育工作的一般入手点。人的品德形成离不开相应的道德认识,一定品德的形成总是要以一定的道德认识为必要条件的。学校只有在引导学生认识事物、行为的是非、善恶、美丑、公私、荣辱的基础上才能培养学生正确、合理的道德观,从而催生学生积极、健康、向上的道德情感、道德信念和道德行为的养成。

其次,道德情感是激活学生道德信念、强化学生道德意志、激发学生道德行为的动力因素。道德情感是人们在认识道德现象、参与道德实践、进行道德判断中伴生的内心体验,正是这种体验才使人感到了道德的价值和需要,产生了行道德之理、做道德之人的动机。

第三,道德意志和道德信念是学生战胜道德困境、坚持道德举止、强化道德秉性的依托,它们有助于学生坚持道德认识、深化道德情感、调节道德行为、坚守道德情操,是学生品德培养的枢纽环节。

第四,道德行为是人的内在的道德认识、情感、意志和信念的综合表现与具体外显,也是学生的品德最终形成的关键标志。道德行为的习惯化、稳定化、合理化是学生道德成熟的表现,是他们道德认识、情感、意志和信念的外显载体。

总体来看,学校德育的任务是全面提高学生的道德认识、道德情感、道德意志、道德信念、道德行为方式和习惯,也就是所谓"晓之以理,动之以情,持之以恒,导之以行,全面提高"。在整个德育过程中,"知"是基础,"情"是条件,"意"是中介,"信"是关键,"行"是标志,五者缺一不可。所以,在这一过程中,教师只有坚持对学生的五个品德维度齐头并进、全面兼顾、整体培养的原则,他们的品德才可能如期形成;否则,单一关注学生某一方面的道德品性,如道德认识或道德情感或道德行为,都不利于学生良好品德的最终形成。

2. 主体性:学生自我在学校德育过程中处于主体地位

客观地讲,学生思想品德的形成和发展是主客体相互作用的结果,是主体道德认知图式的内化与外化双向建构的过程。学生要对一定的社会思想、社会道德进行认同、筛选和接纳,将接纳的社会思想或社会道德纳入本人的思想品德结构之中,转变成为自己的观点、信念和价值观,以此支配、控制、调节自身的思想、情感和行为,逐步成为一种稳定的品德构成状态。所以,在学校德育过程中,学生品德的形成是其主要任务,相对而言,德育工作者、教师在这个过程中则处于辅助地位,他们向学生提出的道德要求能否达到预期的效果,主要取决于学生对这些道德要求、道德规范的认可、接收与内化。

从学生对道德规范的内化过程来看,一般要经历四个阶段:感知道德形象之后形成道德表象→理解道德概念→产生思想道德认同→形成道德信念。从学生对道德信念的外化过程来看,是把已经内化了的思想观点、道德信念自觉地转化为自己的道德行为,大致包括三个阶段:道德行为方式的掌握→道德意志的增强→道德习惯的养成。

无论是道德的内化过程还是外化过程,最终都要解决德育过程中存在的三组矛盾:(1)学校德育影响与社会影响之间的矛盾;(2)德育目标要求与学生品德发展实际状况之间的矛盾;(3)学生的道德认知、道德理想与道德实践之间的矛盾。在这些矛盾中,学校德育目标要求与学生的品德发展实际状况间的矛盾是学校德育过程中的主要矛盾,该矛盾的解决主要依靠学生的意志努力与主动参与德育活动。如果没有学生积极地自我参与、主动实践,那么学校德育就难以与学生的心灵发生互动和关联,也就毫无效果可言。因此,培养学生对德育活动的兴趣,鼓励他们积极参与丰富多彩的德育活动,激发他们道德提升的自觉要求,激励他们进行自我教育,是学校德育工作的主要任务。换言之,教师尽管不能代替学生去理解道德规范、体验道德情景、参与德育活动,但他可以通过说理引导、情景创设、动机激励来调动学生自我教育、道德学习的主动性和积极性,并在这个过程中让学生的道德主体性发挥到最优化、最大化的水平,最终实质性地提高学校德育活动的效能。一句话,学校德育是教师积极引导与学生自主建构过程的统一。

就上述而言,在学校德育中强调学生的主观能动性并不否认教师的主导作用,也不否认道德教育活动的重要性。

3. 反复性:学生品德的形成是一个长期与曲折的过程

俗话说,"十年树木,百年树人。"学校德育过程具有长期性特点,是一个长期教育、逐步积累的持续过程。一方面,无论是道德认识的掌握、道德情感的培养和道德意志的锤炼,还是道德行为的形成,都绝非一朝一夕之功,需要日常的点滴积累,需要一段长期的培养教育、陶冶训练的过程;另一方面,人们对美好品德的追求总是不断提高、追求完善的过程,任何人的品德都难以达到尽善尽美的境界,必须长期坚持不懈、持之以恒地进行培养与提高才有可能。所以,学生品德形成的长期性不仅源自美德的培养是一个终身修炼的过程,还源自它的形成是一个不断反复、螺旋式的逐步提高过程,学校德育过程具有反复性和曲折性。这种反复性与曲折性表现在两个方面:

一方面,青少年学生正处于成长时期,他们的思想不够成熟,情感不稳定,生活经验还不够丰富,这就决定了他们对美好品德的接收与认可会出现这样或那样的反复和波动。面对善的、美的道德现象,青少年一开始会处于好奇而趋近它,但时间不长可能会朝向其他事物,甚至是恶的、丑的道德现象,其原因就在于他们还没有形成坚定的道德意志与道德信念。所以,高尚、纯洁的道德意志与道德信念总是需要学生在反复的道德认识、道德实践中才能树立起来。

另一方面,当代日趋复杂、多元化的道德文化、道德环境加剧了学生内在的品德矛盾与冲突。在道德实践领域,正确思想与错误思想、先进道德与落后道德的长期共存、相互斗争,增加了青少年选择正确价值观念的难度与挑战性,抑制着他们美德的顺利形成。在这种情况下,学校德育的成效绝非一两次道德教育活动所能为之,只有开展序列化、多样化的德育实践活动才可能促使学生积极的价值观和良好的品德日益定型。

为此,学校德育工作必须反复抓、抓反复,努力做到常抓不懈、持续用力;否则,学校德育活动的开展可能前功尽弃,或者收效甚微。

4. 多端性:学校德育具有多起点性

所谓"多端性",是指学校德育过程可以从知、情、意、信、行中的任何一个环节开始。例如,既能以"道德认识"的提高入手开始对学生品德的培养,从而构成了"晓之以理,动之以情,导之以行,持之以恒"的一般德育活动过程,也能以"道德情感"激发开始对学生品德的培养,这就构成了"动之以情,晓之以理,导之以行"的另一种德育过程,还能以"道德行为习惯"培养入手开始对学生品德的培养,这就构成了学校德育的习惯养成模式。学校德育过程这种多端性的原因是:

首先,学生在品德方面的知、情、意、信、行具有相对独立性和相互渗透作用,这就为学校德育的多种开端提供了可能性。在实践中,有效德育正是利用对学生某一道德维度的专门培养来带动他们其他道德维度发展的。

其次,学生品德认识、情感、意志、信念和行为各个方面的发展在方向和水平上经常处于不平衡的状态,受教育者身上每一完整品德的形成都需要教育者在德育过程中依据这种不平衡发展的特点,利用和凭借学生的优势品德因素带动其他品德因素的境遇策略,最终达到对学生的品德修养整体提高的目的。在学校德育过程中,各种不同开端并行不悖、相得益彰、同步提高和相互带动,是积极促进学生良好品德形成的重要思路。

第二节 学校德育的目标、原则和内容

从古至今,德育在我国学校中是首要工作,"德育为首,教学为先"已经成为教育工作者耳熟能详的一个响亮口号。为此,有效地推进和实施学校德育,既需要有明确的活动目标设定以及科学工作原则的提出,又需要遵循合乎学生品德成长规律与社会要求的德育内容;否则,学校德育工作问题就会凸显出来,实效性就会受到影响。

一、学校德育的目标

德育目标既是学校德育工作的出发点,又是学校所有德育工作的归宿点。在实践中,如果德育目标的规定过于抽象、笼统,就难以发挥其对德育工作的导向功能;如果德育目标规定过于细致、具体,就容易把德育工作限制得过死,导致德育活动缺乏活力。为了使德育目标顺利运转,需要一种层次化、阶段化和体系化的德育目标系统,这就是德育目标体系。科学的中小学德育目标体系一般具有统一性、层次性、阶段性和结构性的特征。

(一)总目标与分目标

在我国的德育目标表述中,一般有总目标与分目标两种表达形式。总目标又被称为"教育体系中的德育目标",它是由党和国家给德育工作提出的宏观要求。如在1988年召开的中小学德育工作会议上,国家教委颁布了《中共中央关于改革和加强中小学德育工作的通知》,其中规定:"中小学德育工作的基本任务是,把全体学生培养成为爱国的具有社会公德、文明行为习惯的遵纪守法的好公民。在这个基础上引导他们逐步确立科学的人生观、世界观,并不断提高社会主义思想觉悟,使他们中的优秀分子将来能够成长为坚定的共产主义者。"又如,在1998年教育部颁布的《中小学德育工作规程》中指出,"中小学德育工作的基本任务是,培养学生成为热爱社会主义祖国、具有社会公德、文明行为习惯、遵纪守法的公民。在这个基础上,引导他们逐步树立正确的世界观、人生观、价值观,不断提高社会主义思想觉悟,并为使他们中的优秀分子将来能够成为坚定的共产主义者奠定基础。"这就是我国德育的总目标。分目标是对总目标的具体化,是在教育目的指导下学校依据学段总目标的要求,并结合学校的实际情况制订的各学段、各年级的具体德育目标,故又被称为"操作化的具体德育目标"。如在上述《通知》中,国家为小学、中学、大学的德育工作又设定了更为细致的德育目标。在德育目标体系中,总目标是德育工作的目的和灵魂,而分目标则具有具体性、可操作性和易考核性的优点,更为明晰而准确,易为广大中小学德育工作者所接受。①

(二)现实目标与潜在目标

德育工作的现实目标是指当前德育工作要实现的预期结果,而潜在目标则是指一定时期的德育工作在将来要实现的预期结果。由于这种预期性目标是当前德育工作的着眼点,是隐藏在当下德育工作之中的,故称之为潜在目标。如《中小学德育工作规程》中对学校德育目标就是按照这两种目标类型表述的,我们可以将其中的德育目标分为两个:一个是适用于中小学所有学生的普遍目标,即"培

---

① 程建平:《德育目标论》,载《中学政治教学参考》2002年第3期。

养学生成为热爱社会主义祖国、具有社会公德、文明行为习惯、遵守纪律的公民"，这就是德育工作的现实目标；另一个是在实现基本德育目标的基础上，为学生在道德、精神及社会政治上的进一步发展奠定基础，即"在这个基础上，引导他们逐步树立正确的世界观、人生观、价值观，不断提高社会主义思想觉悟，并为他们中的优秀分子将来能够成为坚定的共产主义者奠定基础。"这就是德育工作的潜在目标。

（三）三个层次的德育目标

对我国德育目标进行分析，可以从中概括出三个层次的德育目标：一是处理人与自然关系问题的德育目标，如热爱大自然、保护生态环境等；二是处理人与社会关系问题的德育目标，如在集体中团结、谦让、互助、合作，关心、爱护和尊重他人，对他人热情有礼貌；三是处理人与自己关系问题的德育目标，如诚实、正直、谦虚、宽厚、有同情心、认真负责、自尊自爱、积极进取、勤学好问、刻苦努力、专心踏实和认真学习等。这就构成了一个以个人品德为起点，以个体处理同自然和社会关系的品德为外围的"同心圆"式德育目标体系。①

（四）三个学段的德育目标

从不同学段来看，德育目标可分为小学段的德育目标、中学段的德育目标和大学段的德育目标。不同学段学生的年龄特征不同，其德育目标也有所不同。如小学段的德育目标主要是：教育帮助小学生初步培养起爱祖国、爱人民、爱劳动、爱科学、爱社会主义的情感；树立基本的是非观念、法律意识和集体意识；初步养成孝敬父母、团结同学、讲究卫生、勤俭节约、遵守纪律、文明礼貌的良好行为习惯等。中学段的德育目标主要是：教育帮助中学生初步形成为建设中国特色社会主义而努力学习的理想，树立民族自尊心、自信心、自豪感；逐步形成公民意识、法律意识、科学意识等。大学段的德育目标主要是：教育引导大学生确立在中国共产党领导下走中国特色社会主义道路、实现中华民族伟大复兴的共同理想和坚定信念，牢固树立爱国主义思想和全心全意为人民服务思想，自觉遵守法律法规等。2005年教育部颁发的《关于整体规划大中小学德育体系的意见》对协调三个学段的德育目标提出了原则性要求：坚持把邓小平理论和"三个代表"重要思想作为根本指针，始终坚持学校德育的正确方向；坚持把培养有理想、有道德、有文化、有纪律的"四有"公民作为根本目标，努力培育社会主义事业的合格建设者和可靠接班人；坚持把帮助青少年学生树立正确的世界观、人生观、价值观作为根本任务，不断促进他们形成正确的思想道德观念；坚持把课堂教学和社会实践作为根本途径，不断提高学校德育的实效；坚持

---

①罗越媚：《我国中小学德育目标和内容的比较思考》，载《教学与管理》2008年第6期。

把有效衔接、分层实施、循序渐进、整体推进作为根本要求,始终保持学校德育的生机与活力;坚持把学校、家庭、社会共同参与、相互配合作为根本举措,切实增强德育工作的合力。

总之,德育目标是中小学德育工作的核心部分,德育内容的确定、德育途径方法的选择、学生品德的评定以及德育工作的领导和管理,都是为了致力于德育目标的实现。上述德育目标纵横交错、立体交叉,构成了一种网络式的结构,这就是我国中小学的德育目标体系。

二、学校德育的原则

德育原则是教师在进行学校德育工作时必须遵循的基本要求,它既是学校德育规律的反映,又是大量学校德育工作经验的概括提炼。明确学校德育活动的具体原则,提高德育工作的效能性与科学性,是教师开展德育工作的客观要求。在当前学校德育工作中,教师应遵循以下几条基本原则:

(一)价值导向性原则

学校德育的鲜明特征是用一种积极、进取、正向的价值观引导学生品德的建构,坚持正确的方向是确保学校德育工作科学推进的前提。所以,以正确的价值观引导学生坚持用社会认同的基本价值观对待生活中的道德问题与道德现象,努力实现道德的三重价值取向——服务人类社会、服务学生个体、服务现实生活之间的和谐统一,是学校德育工作基本的价值导向。

要确保学校德育工作的正确价值导向,教师需要在实践中注意以下三个方面:

(1)坚持用人类基本的价值共识来教育学生。"己所不欲,勿施于人。"在人类社会中存在着一些普适伦理,它们对于不同文化境遇中的人而言具有共通性和普适性。教师要引导学生掌握这些价值共识,将之作为自己生活的价值指针。人类认同的普适价值观是多样化的,如节俭、尊重、责任、公正、诚信、宽容、仁爱和关心等,这些价值观念应该成为学生应对现实道德问题的基本价值尺度。

(2)兼顾社会公德、个人美德和家庭美德,帮助学生逐步获得不同目标、不同层次、不同领域的品德修养。学生不仅生活在学校环境和公众社会中,还生活在家庭中,生活在个人的精神世界中。教师不仅要教导学生树立心系社会、关怀民族的高远道德理想,具备起码的社会良知与民族责任感与使命感,还要引导他们尊老敬长、孝敬父母、热爱家庭,教导他们学会自尊、自立、自强,努力塑造卓异、优秀、坚毅的道德人格。

(3)将伟大的道德理想、正确的价值指向与平实的生活结合起来。要把道德的理想性和现实性结合起来,把基本价值选择与日常实际生活结合起来,努力做到言行一致、心口一致,这是将学校德育落到实处的必然选择。

(二)正面性教育原则

在学校德育工作中,教师既要善于依靠、发扬学生自身的积极因素,调动学生自我教育的积极性,又要善于克服学校德育中的消极因素,尽可能消除一些不利于学生道德成长的环境与事例的影响,以达到长善救失的目的。

在学校德育中,任何一个学生身上、任何一种德育环境中都既有积极的因素,又有消极的因素,这两种因素相互制约、相互博弈、相互转化,共同催生着学生品德的形成。教师只有善于对其进行正面引导、说服教育,并引导学生自觉克服各种负面道德因素的影响,将其消极影响降低到最小的程度,学生的良好品德才可能健康成长。

在学校德育工作中,教师可以从以下三个方面自觉践行这一原则:

(1)坚持正面教育为主的德育原则,以科学的理论、正确的道理、先进的榜样教育学生,扩大积极道德舆论的影响力和覆盖面,让学生始终处在积极道德教育氛围的包围之中。在德育方法上,要强调以表扬鼓励为主、批评否定为辅的原则,确保学生道德学习的热情持续增长。

(2)坚持说理为主、事实为据,提高正面教育的感染力与说服力。在德育中,教师要摆事实、讲道理,以理服人,启发学生内在的道德自觉。在进行说理教育时,教师要尽量做到事例真实生动、道理科学深刻,努力做到情理交融、情理并进。

(3)建立健全学校规章制度,尽可能消除学校中的不良道德事件、现象和影响,减少负面德育因素的滋生,净化学校的德育环境。

(三)严格要求与尊重学生相结合原则

所谓"严格要求与尊重学生相结合原则",是指在学校德育过程中,教师既要尊重、信任和热爱学生,又要从"爱"的立场出发,对学生提出严格、持续、合理的道德行为要求,把"严"和"爱"有机地结合起来,促使学生把合理的道德要求转化为自己的自觉道德行为,以确保学校德育工作平稳推进。

著名教育家马卡连柯曾指出:"要尽量多地要求一个人,也要尽可能地尊重一个人。"在学校德育工作中,对学生的尊重关爱与对学生的严格要求是辩证统一的关系:爱与尊重是严的基础,严是爱与尊重的体现;失去严格要求的爱与尊重,就可能导致对学生的放任自流和溺爱;而缺乏尊重信任的严格要求,又可能蜕变为教师对学生的刁难和苛求。只有把两者紧密、有机地结合起来,学校德育工作才能取得最理想的教育效果。

学校德育工作要体现这一原则,应从以下两方面入手:

(1)教师要有强烈的事业心和责任感。在教育工作中,教师要修养自己的职业操守,从内心深处尊重和热爱学生,实心实意地关心、热爱和呵护每一位学生,建立和谐、融洽、亲切的师生关系。这是教师对学生严格要求的情感基础与价值起点。只有具备了这种职业情怀,教师才会对包括学困生和优秀生在内的所有学生充满爱心,才会把教育的温暖和关怀送达到每一位学生的心灵深处。

(2)教师要根据学校的培养目标与德育目标,对学生提出严格的道德要求和制度规范,认真开展各项学生管理活动。一方面,教师要从学生的年龄特征和品德发展状况出发,向他们提出合理、明确、适度、有序和长期的道德要求,确保他们通过自身的努力达到自己的道德理想;另一方面,教师对学生的严格要求应以不伤害学生的自尊心为前提,要以有利于学生发展为条件,尤其是要注意严格要求的方式方法,不能用简单粗暴的体罚来对待学生。

(四)合力最大化原则

学生品德的成长是在各种教育因素的影响下完成的,任何单一的教育力量对学生品德的影响都是有限的。在学校德育工作中,教师应主动协调各方面的教育力量,如来自家庭、学校和社会等方面的力量,努力统一认识、方向和步调,形成最大化的德育合力,发挥学校德育的整体功能,促使学生良好品德的顺利发育与形成。

在学校德育工作中坚持和落实这一德育原则,要做好以下三个方面的工作:

(1)统一校内德育力量,充分发挥教师集体的作用。学校中的各类教育人员、工作人员均具有对学生进行道德教育的责任和任务,学校领导要自觉对此加以整合,努力形成分工合作、要求一致、向心力强的德育集体。

(2)主动争取家长与社会的配合,协调好学校教育与家庭教育、社会教育的关系,逐步完善以学校为中心"三位一体"的德育工作网络。学校要通过家长委员会、社区教育工作委员会等组织的建设自觉协调各种德育力量,优化学生道德的成长环境,提高德育工作的整体效能。

(3)确保学校德育工作的经常性、制度化和连贯性。学校要按照主题化、序列化、常规化的思路持续地开展学校德育工作,确保学校德育影响的连续性和系统性,使学生品德的培养获得稳定的德育工作制度的保障。

(五)知行统一原则

学生品德的发展是知、情、意、信、行等五因素同步推进、相互促进、整体提升的过程,将学生内在的道德认识、情感、意志、信念与外在化的道德行为关联起来,将道德认识与道德行动统一起来,是学校德育富有感染力和效能性的客观要求。学校德育要坚持知行统一的教育原则,在德育过程中既要重视对学生进行系统的道德理论、观念的传授,又要重视组织学生参与必要的社会活动,带领他们将道德认识和信念付诸实践,努力将提高道德认识与养成道德行为习惯结合起来,做到言行一致、表里如一。

在德育工作中,教师应从以下四个方面践行这一德育原则:

(1)加强对学生的道德观念和理论教育,帮助他们学会用科学的道德理论、道德规范与道德思维武装自己的头脑,提高道德认识,做理性的道德实践者。

(2)引导学生参加各种社会实践活动,促使他们在社会具体的活动中加深道德认识,增强情感体验,养成良好的行为习惯,将心中的道德观念和认识转化为生动感人的道德行动。

(3)教师要率先垂范、以身作则、言行一致,做知行统一的道德楷模,为学生的品德修养提供鲜活生动的德育教材。

(4)教师要坚持用知行统一的道德标准评价学生的道德行为,坚持用动机与效果、认识与行动、思维与表现相统一的准绳评价学生的品德发展状况。

三、学校德育内容

学校德育内容也是德育要在中小学生身上培养具体价值观念的体现,下面将以分学段的形式说明我国学校德育的大致内容。

(一)小学段德育内容

我国对小学段德育内容的规定主要体现在教育部颁布的《小学德育纲要》(1993)和《关于整体规划大中小学德育体系的意见》中,这些内容是:

(1)热爱祖国的教育;
(2)热爱中国共产党的教育;
(3)热爱人民的教育;
(4)热爱集体的教育;
(5)热爱劳动、艰苦奋斗的教育;
(6)努力学习、热爱科学的教育;
(7)文明礼貌、遵守纪律的教育;
(8)良好的意志、品格教育;
(9)民主与法制观念的启蒙教育;
(10)辩证唯物主义观点的启蒙教育。

(二)初中段德育内容

我国对初中段德育内容的规定主要体现在教育部颁布的《中学德育纲要》和《关于整体规划大中小学德育体系的意见》之中,这些内容是:

(1)初步的马克思主义常识教育,包括初步的社会发展规律的教育,中国社会主义建设常识的教育等;

(2)爱国主义教育和国际主义教育,包括国家观念的教育,热爱祖国河山、文化、人民以及悠久历史和优良传统文化的教育,社会主义建设伟大成就的教育,尊

重兄弟民族与加强民族团结的教育,热爱和平以及同各国人民友好交往的教育等;

(3)理想教育,包括社会主义"共同理想"的教育,为实现我国社会主义现代化而学习的学习目的的教育等;

(4)道德教育,包括《中学生日常行为规范》的教育和训练,社会主义人道主义的教育,公民道德和社会公德的教育,热爱集体、维护集体利益的教育,初步的职业道德的教育等;

(5)劳动教育,包括热爱劳动和勤劳致富的教育,尊重劳动人民的教育,勤劳俭朴和珍惜劳动成果的教育等;

(6)社会主义民主、法制与纪律教育,包括公民的基本权利和义务的教育,初步的民主和法制观念的教育,宪法和刑法等法律知识的教育,自由和纪律关系的教育,《中学生守则》的教育等;

(7)身心卫生与个性发展教育,包括青春期心理卫生和性道德教育,男女同学真诚友谊交往的教育,良好意志品格和审美情趣培养的教育,升学与就业的指导等。

(三)高中段德育内容

我国对高中段德育内容的规定主要体现在《中学德育纲要》(1995)中,其中规定高中阶段德育内容主要有:

(1)马克思主义常识教育,包括初步的科学人生观和世界观的教育,经济常识与政治常识的教育等;

(2)爱国主义教育,包括为祖国富强、人民富裕贡献青春的教育,正确认识中华民族思想文化优良传统、抵制资本主义腐朽思想影响的教育,遵守民族政策、维护民族团结和祖国统一的教育等;

(3)国际主义教育,包括我国独立自主的和平外交政策及热爱和平的教育,发展各国人民之间友好合作的教育,献身人类进步事业的教育等;

(4)理想教育,包括进一步的社会主义"共同理想"的教育,立志成才的教育等;

(5)道德教育,包括社会主义社会人际关系的教育,现代文明生活方式与交往礼仪的教育,个人利益、集体利益和国家利益相结合的社会主义集体主义观念的教育,职业道德的教育,提倡共产主义精神的教育等;

(6)劳动教育,包括进一步加强劳动教育与社会实践的指导,社会主义劳动态度与提高劳动生产效率的教育,艰苦奋斗和勤俭节约的教育等;

(7)民主、法制与纪律教育,包括社会主义民主政治的教育,进一步的法制与纪律的教育等;

(8)身心卫生与个性发展教育,包括继续进行青春期的教育和心理健康的教育,加强对学生心理保健方面的指导,加强学生良好意志性格的教育等。

第三节 学校德育的模式和方法

学校德育的有关理论、原则只是为思考德育问题提供了一种思路和方向,在实践中如何落实德育目标与任务才是最考验教师教育智慧的重要问题。在学校德育实践中,掌握一定的德育模式和方法是教师顺利开展德育工作的基本条件之一,也是不断提升德育效能的实践要求。

一、学校德育的基本模式

所谓"德育模式",是指德育工作者从一定德育理论出发,以某类德育活动形态为原型,在对相关的德育实践策略、思路和方法等进行整合、加工、组织的基础上形成的一种德育活动范式或操作样式。目前,对德育模式的研究和探索相当活跃,其中西方的三种经典德育模式——认知性道德发展模式、道德体谅模式、价值澄清模式先后被介绍到国内来,引领着我国未来德育实践的变革与走向。

(一)认知性道德发展模式

认知性道德发展模式(The Cognitive Moral Development Model)是美国当代著名道德教育家和心理学家劳伦斯·科尔伯格与瑞士心理学家皮亚杰等人创立的一种德育模式。该模式是以发展学生道德认知为德育目标,以培养学生的道德判断与道德推理能力为取向,并在大量实验和反复验证的基础上形成的一种较为完备的德育模式。

认知性道德发展模式的理论依据是科尔伯格创立的道德认知发展理论。该理论认为,人的道德发展的核心是道德思维能力,尤其是人的道德推理能力和道德判断能力的发展状况能够代表着一个人的道德发展水平,所以道德思维的成熟是人的道德成熟的标志。道德认知学派还认为,人的道德发展是有阶段性的。科尔伯格在道德两难问题实验研究的基础上提出了人的道德发展的"三水平六阶段"理论。其中,"公正"代表着人的道德发展的最高阶段,道德教育的最高目标是教会学生用"公正精神"处置生活中的道德冲突问题。同时,在认知性道德发展模式中,科尔伯格还创造了两种具有代表意义的德育方法——道德两难问题法和公正团体法,前者主要侧重于发展学生的道德推理能力,后者则侧重于培养学生的道德价值观。

1.道德两难问题法

这一方法又被称为新苏格拉底法或道德两难法,其一般思路是:给学生呈现一个道德两难问题,以此来引发他们的道德认知结构失调,启动学生的道德判断和道德推理活动,促使其道德认识与道德态度发生转变。在研究中,科尔伯格采取的一个经典道德两难问题是"海因茨偷药救妻的故事"。

海因茨偷药救妻的故事

欧洲有个妇女患了癌症,生命垂危。医生认为只有一种药能救她,就是本城一个药剂师最近发明的镭。制造这种药要花很多钱,药剂师索价要高过成本十倍。他花了200元制造镭,而这点药他竟索价2000元。病妇的丈夫海因茨到处向熟人借钱,一共才借得1000元,只够药费的一半。海因茨不得已,只好告诉药剂师,他的妻子快要死了,请求药剂师便宜一点卖给他,或者允许他赊欠。但药剂师说:"不成,我发明此药就是为了赚钱。"海因茨走投无路竟撬开商店的门,为妻子偷来了药。

2. 公正团体法

这是1969年科尔伯格对以色列集体农庄的一所中学进行研究性访问之后提出的一种道德教育方法,其主要目的是利用集体教育的形式培养学生遵守道德规则的能力和习惯。科尔伯格发现,学生在集体生活中共同交往,通过对规则的实践和讨论就可能使每个集体成员遵守社会道德规则。采用该方法的一般思路是:建立公正的生活共同体,完善各种管理组织;营造民主的道德氛围,鼓励学生民主参与各项决策;发展学生集体意识,推行他们自主管理和民主自治;发展学生道德判断能力,形成他们为集体负责的意识。阅读以下材料可以更了解这一德育方法具体实施的过程:

公正团体法的教育实验研究始于1974年。这一年,科尔伯格在剑桥中学内设立了一所名为"Cluster School"的实验学校。该校主要遵循以下几条管理原则:第一,学校采用直接的民主管理方式,所有重大问题都要经过每周一次的团体碰头会讨论和决策,在会上每个成员(教师和学生)都有一票;第二,设许多由师生和家长共同参加的委员会;第三,各成员之间达成一种社会契约以规定每个人的责任与权利;第四,学生和教师的基本权利是相同的,包括自由发表意见、尊重他人、禁止身体和言语上的伤害等。按照这些原则建立的团体,实际上是一个充满民主道德气氛、由大家共同管理的场所。它要求每个成员形成集体协作、共同负责的精神,建立一套有益于团体发展和学生生活的集体行为规范。实验结果表明,学生的道德水平有了明显的提高,他们的道德判断能力平均每年提高四分之一阶段。学生通过民主参与,培养了责任感,实现了道德责任。一些儿童的不良行为也得到了矫治,成为集体活动的积极参与者。这种方法强调,学校环境尤其是师生互动对学生道德品质的影响。公正团体法也使教师的角色发生了改变,教师不再只是苏格拉底式的道德发展的促进者,而是道德社会化的促进者。

(资料来源:《公正团体法对班级管理的启示》,http://blog.sina.com.cn/s/blog_56b5fd89010001tq.html,2006/02/08)

(二)道德体谅模式

道德体谅模式(The Consideration Model)是20世纪70年代初期在欧美流行的一种德育模式,其代表人物是英国学者彼得·麦克菲尔等人。这是一种以培养学生体谅(consideration)他人的品质为核心,通过对具体的道德情景讨论为途径,以构建和谐的道德关系为重点的德育模式,其实质是重视道德体验。麦克菲尔等人认为,学校德育不应该片面强调道德知识与道德规范的传授,而应该把道德情感、环境育德、道德示范等德育手段加以充分利用,努力提高道德教育的实际效能。他们的主要理论和做法是:

1. 学校德育的基本职责是满足学生与人友好相处的需要

1967年至1971年间,麦克菲尔等人在大量调研的基础上发现,青少年学生迫切期望在人际关系中信守坦率、互惠和关心等道德原则。在调查中,学生认为"好的事情"主要集中在以下几个方面:[①]

* 在某些情况下成人允许儿童有"合理"的自由,并且鼓励儿童自主选择
* 成人能够对儿童的困难给予帮助,但不能对儿童包办一切
* 成人能倾听儿童的呼声,能从儿童的角度来理解儿童
* 成人向儿童提出某些要求时,能提供良好的榜样
* 成人要有幽默感,宽宏大量,不过于严肃和正规
* 成人能够表现出一定的预见性,不一定准确也可以

这一调研结果表明:与他人友好相处、关爱他人、被人关爱是人类的基本需要,学校德育应该义不容辞地担负起这项职责。"人类的基本需要是与他人友好

[①]袁桂林:《当代西方道德教育理论》,福建教育出版社2005年版,第272—273页。

相处,爱或被爱,帮助人们去满足这种需要是德育的首要职责。"①学校德育的任务不是对道德知识规范喋喋不休地讲述,而是要通过德育活动的开展满足学生的这些道德要求。

2. 学校德育的核心是培养学生学会关心和体谅他人

关心与体谅是现代人必备的道德品质,也是其他道德品性形成的基础。从一定意义上讲,这种品德不是教师直接教来的,而是在引导学生关心和体谅人的人际觉知中,在营造相互关心与相互体谅的课堂气氛中,在教师关心和体谅人的表率行为中逐渐形成的。②麦克菲尔也指出,道德成熟是一种有创造性的关心。③学校德育的目的是培养人具备成熟的社会判断力,学会创造性地去关心和体谅他人。正如诺丁斯所言,在学校德育中,我们要让学生学会关心,学会关心自己,关心身边最亲近的人,关心与自己有各种关系的人,关心与自己没有关系的人,关心动物、植物和自然环境,关心人类制造出来的物品,关心知识和学问等。

3. 教师的表率和环境的陶冶是道德教育的重要手段

麦克菲尔在调查中发现,孩子对那些善解人意、具有幽默感、自信正直、以身作则的成人非常欢迎,希望这些成人能够为他们的成长提供帮助,帮助他们走向道德的成熟。在此研究基础上,麦克菲尔断定:人的道德行为和态度是富有感染力的,受教育者的道德是在接受这种感染中形成的,并非是直接地教授可以学会的。因此,成人特别是教师的表率作用对其道德的成长具有关键意义。教师能否率先垂范地关心和体谅人,是教会学生学会关心的焦点。在日常生活中,通过观察身边"重要人物"怎样待人接物,可以学到一些价值观;通过接触具有关心体谅品质的人,可以获得有益的东西。学生从教师所做中学到的东西比从教师所教所说中学到的东西还要多。所以,教师要在关心和体谅人上起到道德表率的作用,教师引导学生学会关心和体谅的最好方法是自己要学会关心和体谅人。据此,麦克菲尔认为,榜样是最具有感染力的,也是一种重要的德育手段,营造关心和体谅人的道德环境,是使德育富有成效的重要策略。

体谅德育模式的具体实施程式集中体现在麦克菲尔等人开展的"生命线"课程实践之中,可参见以下资料:

---

①冯增俊:《道德教育的体谅模式述评》,载《教育研究与实验》1992年第2期。
②黄向阳:《德育原理》,华东师范大学出版社2000年版,第39页。
③P. Mcphail, J. Ungoed Thomas and H. Chapman, *Moral Education in Secondary School*, Longman Group Limited, 1972, p. 216.

> **"生命线"课程的实践**
>
> 麦克菲尔根据学生记述的"好事"和"坏事",提炼出许多典型的人际——社会情境问题,并在此基础上编制出《生命线》(Life Line)丛书以及《学会关心》(Learning to Care)的教师参考书。在《生命线》中,一方面,麦克菲尔注重发展学生的道德判断力,鼓励观察和理解言语信号中所表现的需要、兴趣和情感,提高学生估计和预测行为后果的能力;另一方面,更加关心如何把影响人们决定的事实、思想、技巧、经验汇集融合,达到一种整体性作用,使道德决定与最充分的知识相结合,使知识和理论发挥应有的指导力量。麦克菲尔指出,这部分教材和教学策略有如下要求:教材具有情境性,这些情境来自青少年对自己亲身经历的描述;情境的叙述简明扼要,使学生可能根据各自的切身经历补充情境的细节,从而调动学生参与的积极性;问题一般涉及如何做而不涉及理论性问题;列出的事情是没有固定结局的,教师和学生可以按自己的想法进行下去。
>
> 《生命线》丛书是体谅模式实践的核心,它分为三个部分:
>
> 第一部分:《设身处地》,包括"敏感性""后果""观点"三个单元,所有情境都是围绕人们在家庭、学校或邻里中发生的各种人际问题设计的。
>
> 第二部分:《证明规则》,包括"规则与个体""你期望什么?""你认为我是谁?""为了谁的利益?""我为什么该?"五个单元,情境涉及比较复杂的群体利益冲突及权威问题。
>
> 第三部分:《你会怎么办?》,包括《生日》《禁闭》《逮捕》《街景》《悲剧》《盖尔住院》六本小册子,向学生展示以历史事实或者现实为基础的道德困境。
>
> (资料来源:张洪高《关心德育模式与体谅德育模式之比较》,《基础教育参考》2003年第11期)

(三)价值澄清模式

价值澄清模式(The Values Clarification Model)的产生是与20世纪60年代在美国出现的价值澄清学派密切相关的。该学派以美国纽约大学教授路易斯·拉思斯、悉尼·西蒙等人为代表,其主要德育观体现在1966年出版的由路易斯·拉思斯、梅里尔·哈明和悉尼·西蒙三人合著的《价值与教学》一书中。这一时期,美国正处在价值观趋于多元化的特殊时代。随着多样化价值观的出现,价值冲突现象与日俱增。为此，许多美国公民期待在多样化的价值观下保持自己独特的价值立场和选择价值观的自由，这就直接催生了价值澄清学派的产生。价值澄清模式是该学派在德育实践领域内的再现和延伸，它是一种尊重学生自由选择自己价值观的权利，以培养学生对价值观的反省能力、选择能力为重点的德育模式。

价值澄清模式提出了一系列具体、明晰、程式化的操作方式，这在《价值与教学》一书中叙述得尤为清晰。该模式把价值澄清的过程分为了三个阶段七个步骤，以此确立了道德教育的基本构架。①

阶段一：选择

（1）自由地选择。只有在自由选择中，才能根据自己的价值观行事，被迫的选择是无法使这种价值整合到他的价值体系中的。

（2）从各种可能的选择中选择。提供多种可能让学生选择，有利于学生对选择的分析思考。

（3）对结果深思熟虑地选择。即对各种选择都做出理性的因果分析、反复权衡利弊后的选择，在这些过程中，个人在意志、情感以及社会责任等方面都受到考验。

阶段二：珍视

（4）珍视与爱护。珍惜自己的选择，并为自己能有这种理性选择而自豪充溢，看作是自己内在能力的表现与自己生活的一部分。

（5）确认。即以充分的理由再次肯定这种选择，并乐意公开与别人分享而不会因这种选择而感到羞愧。

阶段三：行动

（6）根据选择行动。即鼓励学生把信奉的价值观付诸行动，指导行动，使行动反映出所选择的价值取向。

（7）反复行动。即鼓励学生反复坚定地把价值观付诸行动，使之成为某种生活方式或行为模式。

在具体实施过程中，拉斯思等人提出了两条有效的德育策略：

---

① 金一鸣：《教育原理》，安徽教育出版社1995年版，第368页。

1. 澄清反应

这是进行价值澄清时所采取的一种常用德育策略,其具体做法是:教师针对学生所说的话或所做的事做出相应的反应,以此来鼓励学生进行特别的思考;教师与某个学生进行非正式的对话,或让全班学生在课堂讨论中做出口头上的澄清反应,帮助学生明确自己所拥有的价值观。①在该策略中,所采取的主要形式是师生间的一对一的道德对话和道德讨论。在使用这一策略时,教师要注意以下两点:

一是教师在提问或让学生回答问题时要多用激励性语言,鼓励学生多思考,尽可能地避免道德说教和批评,避免简单机械的肯定或否定式的回答;二是讨论时间不宜过长,只要能启发学生触及有关价值问题的思考就要适可而止,把更多的时间留给学生自己去思考,以便于培养学生的道德评价能力。参考以下对话例子更容易理解该对话策略:②

> 学生:我相信人人生而平等。
> 教师:你说这话是什么意思?
> 学生:我想我的意思是,所有人是一样出色的,不应该有人凌驾于他人之上。
> 教师:你的观点是否表明,在我们这个世界甚至在这所学校和这个城市里必须进行某些变革?
> 学生:噢,是许多变革。要不要我列举一些变革?
> 教师:不,我们得回到拼写课上了,但是我刚才一直在想你是否会为其中的某些变革而努力,并且实实在在地竭力使之成为现实。
>
> (资料来源:路易斯·拉思斯著、谭松贤译《价值与教学》,浙江教育出版社,2003年,第53页)

2. 价值单方法

价值单方法(values sheets),是指专门针对那些不善于交谈或对有些问题难以启齿的人而采取的一种价值澄清手段。其一般做法是:由教师设计或编制出一套价值表,并在每个项目上列出一个讨论话题;然后陈述事实,给出问题和备选答案供学生选择;接着让学生自由选择,并给出选择的理由。具体操作过程可参考以下案例:

---

①路易斯·拉思斯:《价值与教学》,浙江教育出版社2003年版,第1页。
②张典兵:《价值澄清理论对我国学校德育的启示》,载《基础教育研究》2007年第6期。

> **违法行为**

说明：写出下列问题的答案。稍后，你们将有机会与小组同学一道讨论这些答案。如果你们决定不这样做的话，不必泄露自己的答案。

10月27日，纽约州新罗谢尔——当红灯变成绿灯，新英格兰高速公路的某一自动收费亭显示出"谢谢你"时，它并非总是"言为心声"。至少当驾车旅行的人故意欺骗机器或将铝制垫圈、外国硬币塞入机器时，它就不是由衷致谢。

经过为期两周的整治通行费作弊者的运动之后，纽约州警方今天报道说，他们已逮捕了151名作弊者。市法院对初犯者每人罚款25美元，屡犯者每人罚款250美元。

据托马斯·F.达尔比副州长报道，这些违法者包括1名牧师、1位医生、1位牙科医生、1名原子物理学家，以及几位律师和为数众多的工程师、广告商和推销员等。

副州长说，这些违法者所不知道的是，这种新型的单向玻璃使他们没有发现收费亭内正密切注意着他们的州警察。他们更不知道每一位违法者的汽车牌照及塞入机器内的东西已被记录下来。

(1) 在什么情况下，你会努力逃避付费扬长而去？请在下面的回答中，勾出最为可能的选择。

——只有当我确信我不会被抓住时。

——如果我认为我有很好的机会不会被抓住。

——从不，不管情况怎样。

——只有当我极其需要这笔钱时，如为家人购买食品。

——写出其他任何更适合于你的选择。

(2) 在这151名被逮捕的人中，只有1名牧师、医生、牙科医生和原子物理学家。另外，有几位律师、工程师、广告商和推销员。你认为，这是否表明从事第一组职业的人比从事第二组职业的人更为诚实？

(3) 你认为这种行为是否严重？你认为这些人在其他更严重的方面可能会不诚实吗？请加以评论。

(4) 让我们回到问题(1)，在你可能选择的回答旁打钩：在什么情况下，你会将电话亭里的人错找给你的10块钱占为己有？

(5) 如果有的话，你如何解释问题(1)的回答和问题(4)的回答之间的差别？

(6) 你是否清楚自己对违法行为的感想？请讨论。

(资料来源：路易斯·拉思斯斯著，谭松贤译《价值与教学》，浙江教育出版社，2003年，第95—96页)

二、学校德育常用的方法

德育方法是指在德育活动中将师生关联起来,促使他们之间发生道德信息、道德情感、道德精神、道德行为的沟通和互动,最终实现师生道德共同发展的各种德育方式及其综合体。现代学校德育中常见的四种德育方法是说服、示范、讨论和角色扮演。学校这四种德育方法,将此应用到最合适的德育场景与活动中去,是现代德育实践对学校德育工作者提出的一项基本要求。

(一)道德说服法

说服是德育中最常用的一种基本方法。所谓"道德说服法",是指教师从学生已有的道德认识水平和个性特点出发,借助语言向学生提供事实、阐明道理,引发其内在道德认识的冲突与矛盾,促使其放弃已有的不正确的价值观念和道德态度,接受新价值观念、形成新道德态度的方法。在实践中,要提高道德说服的效果,需要一系列必需条件的支撑。其中,客观道德理据、形成道德学习者的道德认知冲突与选用科学的对话方式是三个基本条件。

1. 要给学生提供客观信服的道德理由

说服的目的是使学生心悦诚服,它需要"动之以情,晓之以理,喻之以实",道德事实、生活道理、道德规范构成了道德说服的材料和依据。说服的德育方法要求教师灵活驾驭客观事实与道理来激起学生的道德认知冲突,促使其价值观念发生转变。

2. 要全面考虑道德说服的必要条件

说服的目的是让学生心服口服、心悦诚服。要实现这一目的,必须从说服的发生开始;而说服的发生是需要具备必要条件的,也是以下三种条件在同一时空、同一事情上偶合的结果。

首先是内在条件。在德育中,学生的道德认识水平、认知方式、个性特征和道德需要等都是说服发生的内在条件。要说服学生,教师就要在尊重学生道德认识水平、认知方式的基础上,充分考虑学生的个性特征,引起并满足学生的道德需要与价值追求。

其次是外在条件。说服的发生还需要一系列外在条件的支撑,这些外在条件包括:教师的善意、情感的投入、教育情境与心理氛围的创设、周围同学的支持、教师行为示范的配合等。

最后是时机。"说"不择场合、不择时机、不注意火候,是道德说服失败的重要原因。一般而言,说服的最佳时机是"如果某个学生自己原有的计划或打算在某种环境中受到挫折而不能实现"①时,这是道理、规范潜入学生心灵的绝好时机。

3. 要选用灵活的说服方式

说服需要讲求方式,有效的方式能够提高说服的效力。在德育中说服的主要方式有两种:一种是诱导,另一种是对话。前者是以教师启迪为主的方式,后者是以师生双向交流为主的方式。哈贝马斯指出对话的三个条件是:真实、正确、真诚。说服的最终目的是让学生"服",而学生会不会"服","服"的程度如何,取决于教师"说"的方式。

说服的技巧案例

学生作弊被教师抓住是常有的事情,我们应该怎样去处理呢?一般情况下,被抓获的学生开始都很不服气,有的甚至理直气壮,认为以前或现在的某某也作弊没有被抓,而自己作弊却被抓住了。我想,若要直接去回答学生的这些问题,很可能会纠缠不清,既不利于教育学生,也不利于维护教师的形象(教师也总有看不到的地方)。上次月考就遇到了这种情况,我没有急于处理,而是让学生慢慢平静下来之后,才开始与学生谈话。我避实就虚,用平和的口气问:"别人作弊算不算错?"答:"当然算错!"又问:"该不该抓呢?"答:"当然该抓!"再问:"那么你作弊是不是就不算错,不该抓啊?"答:"这……"这时学生已经不是那么振振有词了,我及时抓住学生的心理,简单直入地说:"我明白你的意思,你是觉得同样是作弊,抓你没有抓他,这不公平,是吗?"学生点点头,脸上的气色缓和多了。于是,我又用略带遗憾又诚恳的口气说:"老师一向认为你是一个明白事理的学生,平时挺上进的,怎么今天(特意强调'今天'两个字)不向全班那么多学生看齐,却偏跟一个作弊的学生比,这是不是把自己看得太低了?"接着,我又直接地问:"你知道什么是小偷吗?"这名学生莫名其妙地看着我点点头。"就是偷拿(我有意用'拿'字,尊重学生的自尊心)别人的东西。"我又问:"你今天不是拿了别人的知识吗?"这个学生开始显得手足无措了,我趁热打铁,说道:"谁都会犯错误,我也一样,但犯错误并不可怕,可怕的是知错不认错,知错不改错。不知道你是否知道有位名人说过的话:'知错能改比不犯错误更受人尊重'。"结果,这个学生心悦诚服地认了错。

(资料来源:《说服的技巧》,http://blog.sina.com.cn/s/blog_49131e0c0100abp2.html)

---

①保莉:《班主任要讲究说服学生的艺术》,载《北京教育》1999年第5期。

(二)道德示范法

道德示范是指教师以其在日常生活中表现出来的卓异道德行为、高尚人格形象、处置道德事件的优雅方式等为学生做表率、做榜样,促使自己的道德形象向学生心灵深处渗透和迁移,最终引发学生道德转变的一种德育方法。在德育中,教师不仅要用说服的方式进行"言教",更要以"身教"的方式无声地影响学生道德人格的全面形成。在学生心目中,教师是人类道德理想的人格化代表,是民族优秀道德精神与道德追求的物质载体,教师的道德形象是对学生进行道德教育的生动素材。为人师表、以身作则、道德示范和以德服人,是教师对学生进行道德教育的重要方法。教师要提高道德示范的效能,应从以下三个方面着手:

1. 引导学生区分榜样示范与偶像示范

教师对学生的道德示范是一种榜样示范,而非偶像示范。榜样总是有选择性的,只有教师身上的那些优秀品行才可能成为学生模仿的榜样和道德示范的内容。榜样的形成总是理性选择的结果,榜样示范的力量来自其所承载的高尚道德精神。而偶像示范则不同,人对偶像的模仿是一种"直接性模仿"、"全盘性接受"和"沉湎式依恋"[1]。在这种模仿中,学生迷失了自我,导致"低自我信念"的发生,其道德判断力钝化,道德思维机械化。所以,偶像示范不可能使学生成长为一个"有道德的人"。因此,有无道德理性和道德判断力的参与是区分两种示范类型的标尺。要提高道德示范的效能,教师必须及时唤醒学生的道德理性,促使其冷静地对待教师的道德示范。

2. 通过实施道德"印象管理"为学生创造一种完美的道德人格形象

"当个体出现在他人面前时,他总有许多试图控制后者所接受的情景印象的动机。每个人的行为都会给人以某种印象,因而每个人都有意或无意地在用某些技巧控制自己给人的印象……即'印象管理'"[2]。在日常教育生活中,教师应注意检点省察自己的言行,及时调整自己的行事方式,尤其是对自己身上的细节性道德行为进行有意雕饰,久而久之,其道德人格形象就会日趋完美,其感召力和影响力随之与日俱增,对学生产生的道德示范效应就会日趋明显。

3. 从多个维度入手提高教师道德示范对学生的辐射力

道德示范的有效性可以被分解为五项指标:一是认知度,即学生对示范德行的认知程度;二是理解度,即学生对示范者及其行为所内蕴精神内容的理解程度;三是认同度,即学生对教师示范行为中所内含精神内容的正确性、崇高性

---

[1] 戴锐:《榜样教育的有效性与科学化》,载《教育研究》2002 年第 8 期。
[2] 戈夫曼:《日常生活中的自我呈现》,浙江人民出版社 1989 年版,第 14 页。

的理解程度;四是情感共鸣度,即学生对在情感上受感染并愿意向其学习的精神倾向程度;五是践行度,即学生在自己的行为中对示范行为所内含的精神内容的体现程度。[①] 从这五个方面出发,不断提高学生对教师道德示范的认知和认同程度,为道德示范效应的充分彰显创造条件,是教师提高其道德示范效果的直接着手点。

> **榜样的选择案例**
>
> 小时候,语文课上总能学到一些讲述伟人生平、故事的课文,雷锋就是其中之一。末了,老师们都不忘加上一句:同学们都要以他为榜样,好好学习,天天向上。课堂上的革命教育,使大多数80后童年的偶像都很丰富,不是英勇就义的烈士就是吃苦耐劳的红军。爱看武侠小说的同学,就会狂热迷恋着小说中行侠仗义的侠客们。那时,我们还懵懂,大家会把各自的榜样进行对比,用现在的话来说就是"拼榜样"。"我的榜样是毛主席,全中国都是归他管,厉害吧。""我的榜样是地球超人,统治全世界,比你的还厉害。"在孩子心中,榜样是用来炫耀的"工具"。
>
> 那天打开电视,看到了中国女乒运动员丁宁在夺得第51届多特蒙德世乒赛冠军后接受采访的画面,感触颇深。记者问道,作为一名90后运动员,你的榜样人物是谁?丁宁回答:"宁姐(张怡宁)。""那你觉得她值得你学习的最重要的品质是什么?"丁宁回答:"平时的一点一滴。我们平时常在一起,她的为人处世对我来说,是种言传身教……她成为奥运冠军,完成大满贯后,还能做到全身心投入到训练和比赛中,没有太多的自我原谅。因为竞技体育就是这样,如果你自我原谅,就不会有进步,不进则退……"丁宁的这段话真实而诚恳。她的榜样虽是一位享誉世界的奥运冠军,但是她从榜样身上看到的并不是外在的"光环",而是她最细微、最普通的"光点"。正是这些"光点",让丁宁走向成熟,收获成功。
>
> 这让我想起一句英国谚语:好的榜样是看得见的哲理。
> (资料来源:李冉《榜样的选择》,http://www.yxdaily.com/wh/wxyc/1240029.shtml,2012/10/11)

(三)道德讨论法

道德讨论是指在教师指导下,学生通过对德育事件和道德现象发表看法、开

[①] 戴锐:《榜样教育的有效性与科学化》,载《教育研究》2002年第8期。

展辩论、各抒己见、寻求共识,促使他们的道德认识、道德态度与道德思维能力获得发展的一种德育方法。要提高道德讨论活动的效果,教师需要掌握一些组织讨论的艺术。道德讨论的德育效能取决于对讨论活动的组织方式,科学、合理的组织方式能够充分发挥道德讨论的优势,抑制其缺陷,产生良好的讨论效果。采用道德讨论法,应该从以下五个环节进行:

1. 组建好讨论小组

小组是道德讨论的基本单位,其规模数量、学生构成是决定讨论效果的一个关键因素。高效的讨论小组在数量上一般应以6—8人为宜,小组成员的搭配要坚持异质原则,即将具有不同道德经历、道德体验、道德背景的学生组织到一个小组中来,以充分发挥与发掘小组内部成员之间的互育功能。

2. 设计好讨论主题

提高讨论活动德育效能的关键是慎选讨论主题。讨论主题可以是一个道德故事、道德现象,也可以是一个道德专题、道德规范。在选择讨论主题时应坚持四个原则:一是重实际,即符合学生的道德发展水平和生活实际;二是有价值,即让学生感觉具有挑战性和讨论价值;三是真实性,即讨论问题最好是真实的、师生亲身经历过的道德现象或事件,如公交车上该不该让座,学生该不该考试作弊等问题;四是梯度合适,即在问题的难度设计上要坚持"高一梯度"的原则,给予某一学段学生讨论的两难故事所需要的思维方式需高于他们原有水平一个阶段。

3. 要把全体学生组织到讨论中来

讨论的效率取决于全体学生参与的广度和深度。在讨论中,教师应该发扬民主,鼓励各层次的学生参与发言,不断拓宽或转换讨论的视角,给每个学生创造发言的机会。学生参与的广度是提高讨论质量的保证,诸多学生在观点争鸣、思想互构、观念杂交中会诱生出新思想和新认识。

4. 坚持循循善诱的诱导艺术

讨论中,教师要紧密联系讨论主题或内容来引导学生的话头。在遇到道德困惑时,教师要引导学生解放思想、另辟蹊径、大胆思考,从而为攻克道德难题、走出讨论困境提供解决问题的思路和出路。

5. 创造民主、热烈、和谐的讨论氛围

在讨论中,教师应该力图创建一种宽松、民主、热烈的讨论氛围,让学生敢于发表自己的道德见解,表达自己的道德观点,以确保道德结论的得出具有广泛的讨论基础。为此,对于每个学生在讨论中的发言,教师都应该抱以欣赏的态度,给予激励性的评价,使学生的课堂发言活跃起来。

道德讨论法的组织策略案例

教师行为是道德讨论法的第三要素。教师应具备少儿道德发展的理论知识，并根据少儿道德发展阶段性特点，启发学生在班组讨论中积极思考，主动交流辩论，探索自己认为正确的答案。教师还应鼓励学生在讨论中考虑他人的观点或意见，协调分歧。道德两难问题可能有中间道路，学生喜欢选择折中方案，教师应尽力防止这种倾向，具体策略是：

1. 准备。首先，要培育良好的德育氛围，积极引导学生接触社会，观察社会，密切联系社会实际思考问题，丰富他们的人生阅历和生活体验，提高他们的实践能力和思想认识。只有把学生放到真实可感的社会生活中去接受教育，才能使其真切地感受到什么是美，什么是丑，什么该做，什么不该做，什么要追求，什么应唾弃。一次深切体验后所受到的教育，远胜于书本中的说教。其次，对两难问题讨论过程中学生可能做出的反应要有充分的思想准备。讨论的过程也是教师学习提高的过程，这就要求教师认真备课，做到周密、娴熟，达到"万物皆备于我"的程度，只有这样才能取得良好的讨论效果。

2. 引导。采用朴实的生活故事情节或生动的语言等，引导学生对道德两难问题进行讨论，讨论分开始阶段和深入阶段：在开始阶段，教师要确保学生理解自己所提出的问题，帮助学生比较其中包含的道德成分，引导他们说出判断的依据，鼓励学生之间相互启发；在讨论深入阶段，主要是引导阶段相邻的学生就各自观点进行辩论，使较低阶段的学生认识到自己推理的失当，并逐渐趋向高阶段的推理。讨论时，教师必须加强引导，以保证讨论围绕中心议题，要鼓励和启发学生的求知欲，增强参与意识；学生讨论"钻牛角尖"时，教师要帮助理清思路。

3. 转换。一旦完成对某个道德两难问题的讨论之后，即可转到别的问题上去。

（资料来源：《道德讨论法在中学德育中的实践与探索》，http://www.eduzhai.net/article/227/fanwen_41019.html，2012/10/11）

（四）角色扮演法

在德育中，角色扮演是通过让学生在某一涉及价值争论的道德问题情境或虚拟道德事件中扮演一定的角色，并按照该角色的要求思考道德问题，进行道德判断，做出道德行为，使之亲身体验其他人在同一道德情境中的道德存在状态，以此来丰富学生的道德体验，改变他们道德态度的一种方法。在德育实践中，要增进角色扮演的德育效能,应按照合理的程序来组织扮演实践,以取得良好的教育收效。学生的角色扮演实践可以按照表 9-1 所列环节来设计:

表 9-1 角色扮演的一般程序

步骤	活动形式	设计意图
进入问题情境	播放电影或电视,选取小说情节,讲解真实故事等	理解问题情境,激发扮演兴趣
"演员"遴选	根据需要分配角色	准备
准备表演框架	学生"演员"小组集体磋商,筹划表演内容,准备道具	增强扮演的仿真化
训练学生"观众"	对"观众"学生进行培训	营造表演氛围
表演问题情节	"演员"合作表演,"观众"观看,教师从旁鼓励	使扮演逼真、继续
讨论表演内容	对扮演情况进行讨论和评价	形成角色认知,加深对道德问题情景理解

(资料来源:蔡敏《"角色扮演式教学"的原理与评价》,《教育科学》2004 年第 6 期)

角色扮演法案例

下面是一个角色扮演法的教学实例,课题为"沟通的意义",在课堂中取得了较好的效果,使得学生深深理解到他人与自己思考问题存在的差异,以及与他人之间进行沟通、互相理解、换位思考的重要性。步骤如下:

1. 教师讲解"理解"的定义,让学生思考并讨论"在人际交往中,如果缺乏理解或者理解偏差可能会造成什么后果?"并对学生讨论的结果进行总结。

2. 话剧表演情况:

情景一:学生甲沮丧地走着。碰到学生乙,上前诉苦:"我最近好烦恼,我的数学考试又不及格了,被老师训了一顿,又被老爸打了一顿,而且……"乙东张西望的,一副毫不感兴趣的样子。

情景二:甲更加烦恼。这时候他碰到了正在做作业的丙。甲上前诉苦:"……"丙一副不耐烦的神情:"别烦我,没有看到我在忙着吗?别打搅我了。走开走开!"

情景三：甲更加烦恼痛苦，这时候他又碰到了丁。甲上前诉苦："我……"丙说："数学作业不会做吗？是你没有听课吧？"甲解释道："不是，是我的……"丁插嘴："考试偷看作弊被老师抓到了，还是你老爸不让你玩游戏了？……"甲插不上嘴，更加苦恼。

3.教师让甲同学谈谈自己在找乙、丙、丁三个同学倾诉苦恼后的心情感受，让那三个同学也分享自己的感受，并让其他同学讨论这三种倾听方式错在哪里。

教师指出要做到理解别人，首先要学会倾听：(1)抱着谦虚的态度听；(2)仔细地听，不要三心二意；(3)捕捉对方话语中的含义；(4)不要轻易插嘴；(5)给予适当的回应。

教师让学生讨论刚才的话剧中做得不好的地方，并让同桌两个同学，一位当倾诉者，另一位当倾听者，练习做一个合格的听众。

(资料来源：《"推己及人"的德育方法——角色扮演法》，http://blog.sina.com.cn/s/blog_4b2179a90100079o.html，2007/01/10)

第四节　学校班级管理和德育工作

班集体是学生成长的摇篮，更是学生实现全面、自主和个性发展的舞台，科学的班级管理理念与方式能够助推青少年学生的成长和发展，做好班级组织建设与班务管理工作是教师的一项基本功，也是学校德育的一项重要任务。

一、班级组织在学生成长中的作用

班级组织是基于班级授课制的需要与学生培养目标，按照一定的组织规范建立起来的班集体，也是一个以共同学习活动与多向度人际交往为基本特征的社会心理共同体或学校基层行政管理组织。维系班级组织存在和发展的要素，既有班级的管理者与被管理者，又需要有维持这一管理秩序的纪律、舆论、风气和心理契约等。在学校中，班集体不是一般意义上的一个人群集合体，而是校内行政部门依据一定的编班原则，把几十个年龄、学龄、知识水平大致相当的学生编在一起而组成的正式群体，这就决定了班级组织具有以下三个明显特征：

(1)学生亚文化是维系班级组织存在与发展的物质要素。学生亚文化的共同特征是：单纯、亲密、易于沟通协作，容易建立起深厚的情谊，对新事物具有强烈的认知兴趣与好奇心。这种文化的存在使班级成为一个较稳固的精神共同体。

(2)班级组织是以教学为中心的共同活动体系，共同学习活动是构筑这一组织的一块基石。在班级组织中，服务于学习活动的展开，以学习活动为人际交往的主题,学习目的至上,是班级组织的根本特点。

(3)班级组织是一个复杂的人际交往系统。在班级中,学生个体间的交往、学生个体与班集体间的沟通、学生与教师之间的交流等,都使班级组织成为一个复杂的人际交往综合体,成为实现学校德育工作的必需凭借。

正是如此,班级组织是学生个性培育、知识获得、道德形成的媒介与舞台,是学生身心健康成长与社会化发展的重要依托。

首先,班级组织是学生个性与社会性发展的平台。人的发展是个性与社会性的同步形成过程,也是个性化与社会化发展的过程。其中,个性使一个人与他人区分开来,社会性使一个人变得社会化,学会了与他人打交道,顺利融入这个社会。班级组织正是这样的一个组织:班级由各种性格各异的学生构成,学生之间的相互交往必然会发生。在班级交往中不仅使每个学生的个性呈现出来,还为每个学生学会如何与人交往,如何按照共同体的规则与制度行事,如何理解其他同学提供了相互学习的平台。在班级组织中,每个学生都在展示自我个性与融入社会组织中获得了锻炼与提高,它成为每个班级成员施展个性、融入社会的重要媒介,成为每个学生成长的家园。

其次,班级组织是学生开展学习活动的重要环境。学生的天职是学习,学习总是在不同环境中发生的,而班级组织正是学生顺利开展学习活动的条件。在班集体中,学生之间可以质疑问难,相互学习,合作探究,相互帮助,一起进步。"独学而无友,则孤陋而寡闻",班级组织为学生向同伴学习,为自主学习,为创建高效学习提供了条件,它是教师对学生开展教学活动的直接对象和依托,也是教师对个别学生开展教育活动的重要媒介与辅助。所以,班级组织是学生学习的乐园。

最后,班级组织是学生品德修养的依托。学生的品德总是在社会环境中发生的,社会环境的要求、他人的示范与社会规范的存在等都是学生品德修养活动的起点。班级组织就是这样的一个"小社会""小环境"。在班级活动中,每个学生都学会了如何去做人,如何去处事,如何去生活,如何去待人。在集体交往中,他们学会了宽容,学会了诚信,学会了责任,学会了关怀,学会了维持正义等。由此可见,班级组织是培育学生美德,成就学生道德追求,铸就道德人格,形成卓异品德的助推器。

二、班级管理的任务和内容

班主任是班集体的组织者、教育者和领导者,是班级管理任务的直接承担者。明确班级管理的主要任务,了解班级管理的基本内容,是班主任顺利开展班级管理工作的客观要求。

(一)班级管理的任务

1. 对学生进行思想品德教育

中小学阶段是一个人世界观和思想品德形成、发展的重要时期,也是最容易产生思想困惑的时期。班级组织的一个重要职能就是做好学生的思想教育与日常管理工作。班主任如果职业能力强,能认真开展思想教育工作,将会产生长期的效果,甚至深深地影响学生的一生;否则,班主任不会用正确的思想和方法教育、引导学生,或者干脆放任自流,学生就可能被不健康的思想腐蚀,甚至走上邪路或人生歧途。所以,班主任必须重视对学生进行思想品德教育。

2. 全面提高学生学习质量

学习是学生的主要任务。学生到学校来,就是为了通过对现代科学文化知识的学习,为以后进一步提高打下基础。学校教育的基本途径是教学,学校的教育工作必须促进学生全面发展,而这又是通过发展学生智力和提高能力的途径来实现的。班级管理的重要职能就是组织好学生学习,班主任应该面向全班每一个学生,全面提高他们的学习质量,使学生牢固掌握并能灵活运用科学文化知识。但是,在传授知识和技能的过程中,并不意味着机械地把知识和技能从教师的头脑搬移到学生的头脑中去,班主任要以提高学生科学文化素质为出发点,正确地引导他们学习,发展学生的智力和能力。

3. 提高学生身心健康水平

学生的身心健康是进行德育、智育、美育和劳动教育的物质基础与必要条件。身心健康包括身体健康和心理健康两个相辅相成的方面。健壮的体魄为心理健康提供了生理保证;反过来,健全的心理又能增进身体的健康发展。只有身体和心理都健康的人,才称得上是真正健康的人。中小学是促进学生身心健康发展的重要时期,班级的职能要求班主任积极促进学生的身心健康发展。为达到这一目的,班主任要根据学生身体发育的特点与学校的客观条件,有计划地开展丰富多彩的文体活动,从而全面增强学生的身体素质,提高学生的基本能力以及对外部自然环境的适应能力。学生身心健康的标准是,具有良好的生活适应能力与积极向上的生活态度,以及对自我能力和心情表现出正确的认识。其重点是:具有诚实守信的人格、开拓进取的个性、坚定健全的意志、勇敢无畏的精神、乐观稳定的情绪,达到心理的协调,建立和谐协作的人际关系,具备敏捷的行为适应和反应能力等。

4. 促进学生个性全面发展

教育既促进人的社会化,又促进人的个性化,这两个看似相反的任务,恰恰体现了教育功能的辩证统一关系。人们经常谈论人的全面发展问题,而人的全面发展的首要意义是人的个性的和谐张扬与充分发展,即在满足社会对人的共性要求基础上的个性在更高层次上的发展。学生的兴趣、性格、气质、能力和特长各不相同,他们的生活环境、成长途径、追求目标也因人而异。中小学班级的职能是发展人的共性与个性,班主任要做到使学生从各自的特点出发成长和发展,抓住各种最佳教育时机,辅之以正确及时的培养和引导,对学生个性发展进行培植与指导,这对他们今后个性的进一步发展具有深远的影响。

(二)班级管理的主要内容

在日常管理活动中,班级管理工作的内容是多样化的,概括起来主要包括五项内容,即纪律管理、学习管理、班干部管理、卫生管理和安全教育,其中每项都有具体而丰富的内容。

1. 纪律管理

学生纪律管理是保证班级正常秩序的关键,是班级日常管理的基本内容,主要包括:带领学生学习《中(小)学生日常行为规范》、《中(小)学生守则》和班规等规章制度,尤其是要引导学生讨论与学习班规,使之成为每位学生共同认可并坚持遵循的共同规范,以实现学生的自律与自管。

2. 学习管理

学习活动管理与学习目的和态度的教育是班级日常管理的重中之重,也是班级管理活动的聚力点之一。在学习管理方面,班主任的主要任务是协助其他任课老师开展好日常教学工作,包括:了解学生完成作业情况,发现问题及时予以督促;了解学生上课听讲、纪律状况,必要时协助任课教师对违纪学生进行教育,以保证课堂教学活动有序高效地进行;进行学习目的教育,帮助学生端正学习态度;开展学习方法、学习经验方面的交流会,指导学生提高学习成绩与班级教学质量;协调各任课教师,摸清偏科生、学困生和学优生情况,协助任课教师开展课后辅导,提高班级学生的各科合格率、优秀率、转差率与平均分等。

3. 班干部管理

在平时,教师要重视对学生班干部的管理与教育,必要时开展轮流值日值周制度,通过值日班长和值周班长的实践锻炼来提高学生的自律能力,做到魏书生所言的"人人有事做,事事有人做"的管理要求,充分发挥每个学生参与班级管理的主动性与积极性。同时,班主任要加强对主要班干部的管理培训与工作方法指导,培养他们的服务意识、责任意识和创新意识,有效提高班干部的整体素质与管理水平。

4. 卫生管理

保持教室内外的清洁、整洁和卫生,既有利于学生的身体健康,又有利于学生在干净整洁的环境中体会到身心的愉悦感,还有利于锻炼学生的动手能力,增强他们热爱劳动的意识与情感。在卫生管理方面,班主任要健全值日制度,及时分派值日生,落实卫生责任制,确保班级卫生管理工作井井有条;还应建立卫生检查与评比制度,开展个人卫生、小组卫生情况评比,在检查与评比中提高班级卫生工作水平。

5. 心理健康教育

教师要及时了解学生中存在的心理异常行为,尤其要了解那些特殊儿童,如父母离异孩子、不良家庭子女、单亲家庭子女和外来学生存在的心理问题,及时对他们做好心理健康教育,排除心理障碍,并通过深入细致的工作帮助这些孩子解决心理问题,引导他们以积极的心态适应环境,面对复杂的生活,培养他们应对挫折与打击的心理素质,确保他们心理健康成长。

6. 安全教育

安全是班级日常管理的一件大事,班主任必须时时警惕,确保学生在校期间的人身与财物安全。在早读或午会时间,要注意及时检查学生中存在的不安全事故隐患,做到及时发现、及时排解、及时上报;在日常管理中,要强化学生的自我保护意识,经常开展人身安全、交通规则等方面的教育,强调学生按照宿舍、课堂、学校的各项管理规定行事,形成一个安全、有序的学习和生活环境。班主任还要通过各种形式如集中开会、个别谈心、举行座谈会、召开班会、主题团会、观看影片等多种活动,对学生进行安全教育,使他们了解安全知识,提高自我保护的意识与能力。尤其在寄宿制学校,班主任更要有安全警惕意识,发现安全隐患要及时排除,杜绝一切不安全事故的发生。

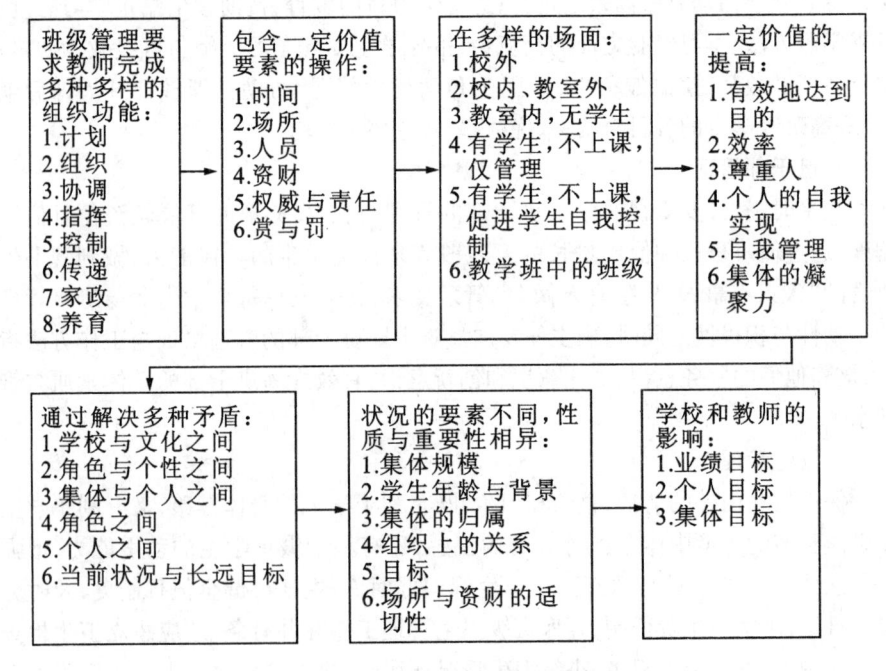

班级管理要求教师完成多种多样的组织功能： 1.计划 2.组织 3.协调 4.指挥 5.控制 6.传递 7.家政 8.养育	包含一定价值要素的操作： 1.时间 2.场所 3.人员 4.资财 5.权威与责任 6.赏与罚	在多样的场面： 1.校外 2.校内、教室外 3.教室内,无学生 4.有学生,不上课,仅管理 5.有学生,不上课,促进学生自我控制 6.教学班中的班级	一定价值的提高： 1.有效地达到目的 2.效率 3.尊重人 4.个人的自我实现 5.自我管理 6.集体的凝聚力
通过解决多种矛盾： 1.学校与文化之间 2.角色与个性之间 3.集体与个人之间 4.角色之间 5.个人之间 6.当前状况与长远目标	状况的要素不同,性质与重要性相异： 1.集体规模 2.学生年龄与背景 3.集体的归属 4.组织上的关系 5.目标 6.场所与资财的适切性	学校和教师的影响： 1.业绩目标 2.个人目标 3.集体目标	

图 9-1　班级管理的概念模型

三、班集体建设的原则和方法

良好班集体的培育与建设是班主任的主要任务,通过班集体建设教育好每一个班级成员是班级管理工作的策略之一。

(一)班集体建设的原则

在班级管理实践中,班主任必须遵循一些普遍性的班级建设原则,以确保班集体建设出成效、出业绩,努力把班集体建设成为一个富有活力、齐心协力与上下一心的小团体。

1. 抓大局原则

在班集体建设中,班主任要善于抓大局、管大事,确保整个班集体向着班级管理的整体目标不断迈进,力争在大是大非、班风主流上体现班主任的主导功能,切忌在小事上斤斤计较、不着正题,以免影响班集体的团结与效能提升。在具体管理活动中,班主任要抓的"大事"就是学生的学习质量、品德发展动向和班级的主要活动等。只有在这些大事上掌好舵、顾大体,做到通观全局、引领主流,整个班集体就会有序运转,不至于造成根本性的管理失误。

2. 系统性原则

在抓大事、顾大体的同时,班主任在班级管理中还应全面考虑班级工作的各个环节与要素,努力做到统筹兼顾、整体考虑,确保班级管理活动的整体效能走向最优化。班级管理工作的内容是丰富的,班主任既要管学生的学习又要管学生的生活,既要管人又要管事,既要与任课教师沟通又要安排班级的日常事务。在这些工作中,班主任一定要从工作全局出发,从班级管理的主要任务与阶段性目标出发,做好整体安排、科学计划与系统设计,以免发生顾此失彼的现象。

3. 主导性原则

班主任既是班集体建设的组织者,又是班级管理工作的指导者,所以能否在班集体建设中发挥出主导作用至关重要。要体现对班务管理工作的主导者角色,班主任在班级建设中必须适当树立班主任的威信,做到"言既出,行必果",努力在学生心目中提升自己的人格魅力或非权力性影响力。与此同时,班主任还要善于利用学校赋予的行政管理权力,在班级管理中的关键性问题上大胆决策、采纳卓见,促使班级管理工作顺利开展。

4. 学生为本性原则

学生是班级管理的主人,是班级的主要建设者,以学生为本是班集体建设工作的重要原则。在班级管理中,班主任能否尊重学生的主体性,充分发挥他们的主动性、创造性和积极性,是班集体建设工作富有活力与生机的现实选择。因此,班主任要想方设法让学生以主人翁的态度主动积极地参与到班集体建设中来,为他们的智慧与创意的发挥提供机会，创造参与管理实践的平台，使之成为名副其实的班级主人。

5. 民主性原则

班集体是学生的集合体和共同体，班级事务的管理与决策理应体现学生的民意；否则，班级管理的一切决策就可能在学生身上失效，成为形同虚设的"摆设品"。尤其是在班规制定、集体工作安排、班级重大决策做出等方面，班主任只有借助于班内民主的形式、制度和流程充分收集全班学生的意见、看法、观点等，让每一项决策都能够最大化地反映每一个同学的观点、立场和智慧，班集体建设工作才可能走上群策群力的轨道上来。同时，班主任应该有这样一种思想意识：没有班级成员意见参与的决策是没有执行效力的，民主的班级管理决策是提升班级管理执行力的必须条件，班级民主管理是从小培养学生民主意识与民主行为的最佳场所。

（二）班集体建设的方法

建成一个向心力强、富有朝气的班集体是班级管理的中心任务，班集体的培育和建设是中小学班级管理工作的内核与主线。班集体建设主要涉及两个方面的活动：一个是班级管理组织建设，另一个是班级管理制度规范建设，二者共同构成了班集体建设的主要工作内容。相对而言，前一项工作的目的是建立班集体的组织指挥系统，其核心环节是遴选班干部，组建一个指挥有力、率先垂范、勇为人先的班干部队伍或班委会；后一项工作的目的是要建立起班级管理的制度和规则，以确保班级有序化、规范化运转，实现对班级的制度管理。班主任应对这两项工作有足够的重视，并掌握一些行之有效的方法予以实施。

1. 班级组织建设的方法

班集体的指挥系统是班委会，这是整个班级行动的决策机构。班主任的管理思路与举措必须经由这个指挥系统的讨论、评议和确认之后才能付诸实践，所以善于组建并利用好这一班级管理指挥系统是班主任管理智慧的体现。在中小学中，班级管理组织的实体形式一般有两个：一个是班委会，一个是团支部或少先队。它们分别构成了班级的日常事务管理机构和思想政治教育机构。在班委会组织中，班长是核心人物，他的管理思想、处事方式、个性特点直接决定着整个班级的管理效能；其次是学习委员、劳动委员、文体委员、生活委员等，他们是班长日常管理工作的重要协助者。在团支部或少先队中，支部书记或中队长是核心人物，他是团结全班同学、决定班级舆论的关键人物，其所做所为某种意义上对整个班级来说具有示范功能；再次是组织委员与宣传委员等，是班集体德育活动的重要策划者与组织者。班级管理组织建设的目的是建立一支精干有力、富于活力、具有朝气、团结一致、精力旺盛的班级指挥系统。要达到这一目的，教师在班集体

建设方法上应把握好以下三点:

(1)慎选班干部。

选好班干部是班级管理工作有条不紊地推进的关键,事关班级管理工作的大局。从魏书生的管班经验来看,抓大放小、分级负责是有效班级管理活动的科学思路。班主任工作的主要任务是选好班干部、管好班干部、用好班干部,而各级班干部的任务则是管好同学、做好分内事。因此,选好班干部是班级管理工作中的头等大事,班干部管理工作是班主任的主要工作。要选好班干部,教师应注意两点:一个是深入了解、果断决策,一个是适当考虑民意,体现民主管理。比较合理的班干部遴选方式是:班主任提名+投票选举。教师在接管班级后,要对整个班级有比较完整的认识与了解,同时应尽可能地观察一段时间之后提出班干部候选人。在确定班干部候选人时,教师一定要克服"学习好就能当好班干部""不守纪律的调皮学生不能够胜任班干部"的不正确思维,而应该坚持"学习良好是基本条件,热心工作是关键条件,管理能力是核心条件"等原则,全力把那些有工作能力,能够对全班同学学习、生活产生示范功能的学生遴选到班干部的岗位上来,切实提高班干部队伍的整体素质。在提出班干部人选后,教师还应选择适当的时机召开班级大会,利用一种比较正式、严格的选拔程序最终选定班干部。召开选举会议的好处有两个:一个是能够考察普通同学的民意,表达他们对班干部人选的意见,履行其民主管班权利;另一个是班干部选拔的过程本身就是一次重要的集体教育、道德教育活动,组织好这种活动能够给学生产生积极的导向作用,促使其认识到班集体的存在,意识到班级管理的服务实质,进而自觉地配合班干部的管理工作。同时,要尽可能让更多的学生都有机会当班干部或参与班级管理,从中受到锻炼,得到发展和进步。

(2)组建好班委会。

有了优秀的班干部还不一定能够形成一个有力、有效的管理班子,只有结构合理、有机搭配才能形成一个良好的班干部集体。因此,在班干部选定之后,班主任要及时召开新任班委委员与团支部委员或少先队委员会议,讨论各自的管理分工问题,以形成相互配合、相互制衡、用人之长、补己之短的班级领导团队——班委会。一般而言,班长与团支部书记或中队长需要具有两种性格的人来担任,前者需要具有泼辣大方、敢作敢为、顾全大局的性格,后者则需要具有谨慎细致、办事稳妥的性格。只有相互配合,一个有力、有效的管理团队才能够顺利组建。

(3)加强班干部教育工作。

班干部队伍组建完成后,教师一定要及时开展管理教育,提示每个班干部尽职尽责、富于创意地开展好各项工作,确保整个管理活动井井有条地进行。对班干部教育的主要内容是:职责教育、工作艺术指导、工作能力培训等,通过这些教育,班干部就可能更加清楚自己的角色与任务,把各项管理工作做好;在教育形式上,教师可以通过开展管理经验交流,学习优秀班干部的管理案例,对优秀班干部开展表彰,向学生传授一些实用的管理经验等,加强班干部的教育工作。

2. 班级制度建设的方法

在班级管理中,制度规范建设是班集体建设的重要环节,它要求教师必须掌握相关的管理方法。俗话说,"没有规矩,不成方圆。"良好、完善、健全的班级制度是班集体有序运转的保障,是班级管理工作的主要依据,也是班级成员必须遵循的重要规范,更是班集体存在和发展的有形依托。其中,建设班规、改进班规、强化班规的重要性,是班级管理制度建设的根本途径。所谓"班规",是指在班级集体生活中师生共同确认的并自觉遵循的规章制度的总体,是班集体成员在集体生活中的共同行为准则。

在班规班纪建设中,教师要促使良好班规的形成,应该注意以下三个环节:

(1)按照民主的程序制定班规。

班规的价值在于全班同学主动认可它、遵循它,所以班级成员认可是班规具有效力的基本条件。在班级管理工作中,可以通过一定的民主程序形成班规是推进班级制度管理的有效方式。在班规形成中,班主任可以先行一步与班干部一起讨论,形成班规草案,然后在提请全班同学讨论、审议。在必要的时候,要对班规中大家有争议的条款进行全班同学表决;对于那些学生不能接受的做法,班主任要做好耐心的解释工作;对于那些涉及个别同学利益的条款,班主任应提前做好沟通工作,征求他们的意见。在整个班规制订过程中,教师最好要坚持边评议边修订、边实行边补充的策略,促使整个班规在实践中不断完成,成为班级管理的准绳。

(2)不断强化班规的权威性。

在日常管理中,班主任要经常组织学生学习班规,对照班规开展自省活动,促使他们把班规落实到自己的行为中。同时,在班级生活中肯定会有违反班规现象的发生,教师一旦发现要及时按照相应条款对学生进行批评教育或训诫。尤其是遇到那些挑衅班纪班规的人和事时,教师一定要坚持依规办事,在班规面前人人平等,确保班规对学生班集体生活的控制力。总之,利用各种方式提高班纪班规在班级成员心目中的重要地位,是充分发挥班规的管理功能、确保班规建设工作顺利推进的重要条件。

(3)通过树立典型使班规管理生动化。

班规是一系列条款的堆砌,久而久之会让学生感到乏味、厌烦。此时,班主任就应该善于利用树立典型人物的方式将班规管理生动化。如在平时管理中,教师可以开展每周"遵守班规先进个人"评选活动,开展"模范执行班规小组"评比活动,及时将班级中遵守班规、按照班规办事的先进个人、典型事件公之于众,大力宣传;对不遵守班规的人和事要进行严肃批评,限期改正。通过这些方式,班规管理就会融入学生的日常生活中去,成为他们行为处事的准则。

3. 班风建设的方法

所谓"班风",是一个班级的整体精神面貌与独特精神气质,是经过长期、细致的教育和严格的训练之后在班集体中形成的一种共性行为方式与舆论氛围的总体。良好的班风是班级成员成长、发展的动力与压力系统,也是班级成员健康发展的软环境。它能够调动一个群体为共同的班级管理目标而不断奋斗,以一种无形的力量教育班集体中的每一个成员,将班级的所有成员凝聚起来,形成一种文明有序、勤奋进取、相互关爱的精神氛围。好班风就好似人体的免疫系统,能将那些不良的行为方式和思想倾向隔离在班集体之外,为班集体的健康发育提供一种良性、积极、和谐的学习环境。要培育出良好的班风,班主任需要掌握以下几项策略:

(1) 率先垂范,提供示范。

班主任是任课教师中与班级成员接触机会最多、频率最高、关系最为密切的教师,而且对学生认识、思想、道德和人格的影响最大。因此,班主任的日常言行在每个学生心目中发挥着重要的示范与表率功能。这就要求,作为班主任必须用高尚的言行、文雅的举止、纯洁的品行为学生做出示范和榜样,这样才可为整个班集体树立一个"标杆",提供一种"典范",班集体的主流风气进而由此被定调。

(2) 鼓励正面行为。

在班集体中,正面行为是良好班风形成的素材,鼓励正面行为是班主任控制班风形成方向的抓手。在日常管理中,班主任要善于利用奖惩和评价来肯定、激励班级中出现的正面行为,使之成为全班学习的对象,成为整个班级主流价值观建设的物质依托。弘扬正气,抑制歪风,把班级成员的不良习气扼杀在萌芽状态,是班风建设的基本思路。使每一位班级成员身上的正面行为都得到肯定与鼓励,让正面行为主宰班风形成的方向,是建设良好班风的重要策略。也只有在正面行为面前,那些不良的行为方式才可能被有效扼制,班风才可能得到及时净化,正向价值观也才会入主班风的主流。

(3) 引导班级舆论走向。

班级舆论是班级成员中流行的主流意见、言论或评价方式,代表着班集体的"共同声音"。班级舆论的形成是两个相辅相成的过程共同作用的结果:一个是来源于班级成员的自发言论,另一个是来源于班集体领导者的有目的引导。班级舆论是所有班级成员民心、民意的反映,是班集体建设必须依靠的重要信息。在班集体建设中,班主任要以主动的姿态参与班级舆论的形成过程:一方面,要善于倾

289

听舆论,把握全班学生的主流思想动向;另一方面,要主动工作,利用各种方式来引领班级舆论的形成方向。例如,在班级大是大非面前,班主任要做出明确的价值判断,对不良做法与言行决不留情,对正确的观点与做法要大力赞扬。只有这样,班级舆论才可能向着有利于整个集体的方向发展。

四、班级活动的策划和组织

班级活动的策划与组织是班级管理的重要组成部分,尤其是班委会议的指导、班会的策划、学生活动的组织等,都是确保班级管理活动有序推进的重要手段。

(一)班委会议的指导

班委会是班干部组成的班级自主管理组织,也是班主任对全班学生进行有效管理的媒介。班主任借助班委会这一机构,能够把各项管理计划与手段顺利传达到学生中,进而实现对学生集体的有效管理。班委会中的每个成员毕竟都不是专业的管理者,他们的管理思路与管理行为常常会显得不成熟或不可行,甚至有点幼稚。在这种情况下,班主任要利用班委会工作指导这一环节来培养每个班干部的管理意识与管理能力。班主任对班委会工作指导的一个重要环节就是指导班委会议的开展。只有在班主任的科学指导下,班委会议的开展才能做到规范、有序和有效,进而增强班委会对班级管理的效力。

要指导好班委会的工作会议,班主任可以从以下四方面入手:

1. 指导会议议题的选择

在召开班委会议之前必须要有一个明确的主题,这一主题的选择直接决定着班委会议的成败。一般情况下,班主任应指导班委会从以下三个方面选择主题:一是当前班级建设中面临的重大问题,尤其是那些必须要班委会做出回应与干预的事情;二是班委会面临的阶段性重点工作,围绕这些工作来选择主题是确保班委会对班级的管理抓大局、顾大体的需要;三是班级发展中面临的重大方向问题,对这些问题的讨论能够强化班委会成员对自身使命与责任的认识。

2. 指导班委会议程序的设计

班委会议的程序如何,不仅关系着能否在会议中遵循民主原则与科学步骤,而且直接决定着班级管理的整体效能。在一般情况下,班主任应该引导班委会成员按照有序、规范、民主的原则来设计会议议程,以确保班委会议能够成为集思广益、收集智慧的重要渠道。班委会议的一般程序是:班长提出议题→委员共同商讨→征询班主任意见→达成会议决议。在这一程序中,每个班委委员应该按照有理有据的要求参与讨论,对其他委员建议或意见的否定要有科学的理据支持,反对人云亦云,让整个班委会议沦为"一言堂"或陷入"独断专行"的陷阱。

3. 指导班委会形成科学的决议

在大多数情况下,班主任应该参与班委会的讨论,影响决议的形成过程,借此来提高班委会的决策水平与工作能力。在工作中,班主任要提醒各委员身上肩负的责任,鼓励他们联系实际进行讨论,引导他们从班级全局工作需要出发形成立场,不断提高决议的科学化水平与可行性程度。在决议形成中,班主任尤其要关注每个委员对讨论议题的认识程度,要尽可能引导他们打破各自的认识局限,从提高班级管理工作效能角度来思考如何做出科学决策,以免把班委会决策与个人恩怨结合起来,影响班级管理工作的大局。

(二)班会的策划

组织班会是班主任工作的一项重要内容,是一项综合性较强的班集体建设工作,做好这项工作对于学生的全面、自主与个性发育具有重要意义。每个班会都有一个主题,故"班会"也常常被称为"主题班会",它是指班集体同学围绕一个教育主题,在班主任指导下,全班同学积极参加,通过学生自己组织、自己主持、自己开展进行的一种集体教育活动。主题班会是班主任教育工作的有力手段,具有多项教育功能:其一,在主题班会中班主任可以针对班级中存在的问题,选择相应主题开展活动,发动全班学生开展与此相关的自我教育活动,其目标明确、问题集中、形式新颖、受人欢迎,能够及时有效地对学生进行处事、做人方面的指导与教育,进而对学生产生多方面的教育功能;其二,主题班会常常会采取多种形式,如讲演、报告、竞赛、舞蹈、戏剧、歌唱、文艺活动等,能够激起学生的参与热情,激发学生的想象力与创造力,适应中小学生心理发展的特点和需要,从而起到活跃班级气氛,鼓励学生表现,促使学生个性发展的功能;其三,主题班会的开展能够把全班每个成员都吸引和组织到集体活动中来,使每个学生体会到自己作为班集体主人的地位,从而大大增强了班集体的凝聚力、吸引力与向心力,成为全班同学的精神家园与心灵归宿;其四,主题班会的开展能丰富学生的集体生活,促进学生聪明才智、个性、爱好兴趣的培育和发展,有利于发掘学生的多方面潜能与才艺,进一步加强对学生的全面教育和个性化培养,促使其成长为具有一定特长的专门人才。

在主题班会的开展中,班主任要注意抓好以下几方面的工作:

1. 力求班会内容与形式多样化

主题班会的内容应该是丰富多彩的,以此来吸引众多同学踊跃参与。这些内容有:一是学习指导,针对学生学习上的困难、学习动力不足、学习方法不当、学习信息不足等开展主题班会,以此服务于学生学习活动的开展;二是思想教育,这也是主题班会的常见主题,可以配合学生纪律教育、美德培养、生活习惯形成等开展相关主题班会,以此实现对学生思想道德素养进行全面培养与提升的目的;三是生活指导,可以针对学生日常生活中存在的一些问题,如互送礼物、不感恩父母等开展相关主题班会,及时对学生的价值观、人生观进行引导;四是审美娱乐,可以通过开展一些审美娱乐活动、游戏活动对学生进行审美教育、协作教育,培养他们的审美素养与多方面兴趣。

主题班会的形式应该是多种多样的,这样才能激起全班学生的参与热情与兴趣。在中小学班会中,可以采取这些形式来组织:一是讨论式,即通过漫谈、座谈、同学讨论、集体会议等形式就某个共同主题、话题、问题开展辩论、议论、交流,这种组织主题班会的形式较为常见;二是才艺式,即借助于演唱、讲故事、朗诵等多种形式促使学生表达他们的才艺,以此实现对学生进行思想品德教育、才艺培养、活跃生活的目的;三是郊游式,即通过参观、访问、瞻仰纪念馆等形式对学生进行爱国主义、集体主义、社会主义、艰苦奋斗等方面的教育;四是报告式,即通过召开各种形式与主题的报告会向学生介绍英雄、模范和劳模等的光辉事迹,进行革命传统教育与理想教育。

2. 选好班会的主题

一次班会一般只能有一个主题,以此来强化教育效果,聚焦教育活动。选好主题是组织好班会的前提,班主任应根据学校教育目标、班级集体建设的需要和学生中发生的一些特殊问题来确定教育主题,增强主题班会对学生的吸引力、感染力和教育力。选择班会主题时,要坚持以下几个原则:

(1)针对性原则。

班会主题的选择必须从本班实际情况和学生实际需要出发,尤其要结合学生的思想与学习情况有的放矢地选择,以达到预期的教育效果。因此,班会主题的选择一定要符合青少年学生的心理需要、生活特点,尽可能引起学生的兴趣,激发他们的兴奋点,能引起他们的热烈讨论。例如,对于初一、高一学生,班会主题应该以帮助学生适应新的学校生活为主题;初三、高三学生的班会主题应该以复习应考、毕业升学和就业等为主题;而对于初二、高二学生而言,应该以学习信心、生活习惯等方面的内容为依据来选择主题。

(2)价值性原则。

班会主题的选择应该有价值,能够对学生的学习、生活产生实际帮助。在选择主题时既要重视娱乐性和趣味性,又要注重知识性与意义性;既要关注时代性和新鲜性,又要关注效能性与效果性,确保班会的组织对学生的学习、生活提供帮助和教育。

(3)集中性原则。

主题集中能够保证教育的深度,聚合各种教育力量于一点,达到集中攻克教育难题的目的。一次班会最好突出一个主题,集中解决一个问题,大力歌颂一种精神,注重培养一种品德,避免杂乱无章,冲淡主题,影响教育效果。否则,会使中学生无所适从,难以收到良好的教育效果。

3. 精心设计班会的进程

在准备主题班会过程中,班主任可以按照以下程序依次推进:

(1)构思阶段。

在选定班会主题之后,班主任要围绕主题思想,精心构思,尽力突出主题,从内容安排、环境布置、时间顺序、会址选择、设施配备等方面进行周密计划,全面细致地筹划班会的全过程。

(2)准备阶段。

班主任要在构思与设计完成之后,积极围绕主题,做好全面准备工作,发动班级全体成员参加,进而安排好工作进程,如确定主持人、选好发言人、绘制相关评价图表、写好发言讲稿等。应该说,对班会的准备越充分、越细致,就越能收到预期的效果,提高班会的品位,突出主题班会的教育意义。为此,班主任要提前做好两项准备,即精神准备和物质准备。在精神准备方面,要调动班干部和每个学生的参与积极性,使每个学生都能自觉投入到各项准备工作中;在物质准备方面,要把主题班会所用的东西及时准备齐全,如会场布置用的鲜花、图片、墙报、画像和设备等,尽可能做到不漏万一,井井有条。

(3)形式选择。

班主任要和学生一起围绕班会主题,选择活泼多样的活动形式,提高学生的参与度;还可以根据学生的特点和班级不同的情况,采用各具特色的活动方式,使一切形式的选择服务于班会主题的表现与预期目标的实现。在组织准备时,要根据班会主题内容,考虑班级学生的条件、活动时间以及成本大小来选择活动形式,如主题报告会、讲演比赛、座谈会、辩论会、野外活动、社会调查成果汇报、文艺表演、技术操作和实物交流等都是可以选择的活动形式。

(4)人选安排。

在班会设计中,班主任要注意充分发挥学生干部在筹备、组织和主持主题班会中的作用,让学生当主人、老师做参谋,学生能做的事情,尽量让学生自己去做,不要搞包办代替。

4. 有条不紊地召开班会

召开班会是主题班会组织步骤的中心环节,班主任要注意引导,幕后计划安排,确保整个过程有序推进。

(1)严格按照议程召开班会。

在召开班会过程中,班主任要引导学生按照预定程序推进,力求使整个过程既严肃认真又生动活泼,既热烈紧凑又和谐愉快,让全班学生在班会上都能感受到一种影响力和教育熏陶。在进行中,如若程序需要调整,一定要认真考虑,尽量不要随意改动。

(2)幕后协助主持人开好班会。

主持人可以是班长、班委或其他人,他们是班会的总领和主管,班主任应在幕后给他们出点子、想办法,及时处理偶发事件和问题,以保证班会顺利进行。

(3)注重气氛调节。

在班会召开过程中,一定要讲究气氛,鼓励同学们大胆发言、主动参与、畅所欲言、尽情表现、充分展示,不断把班会推向高潮。当出现冷场时,班主任要提醒主持人善于调动同学的感情和积极性,对学生的表现、表演要多表扬、多肯定、多鼓励,以防抑制他们的参与热情。

(4)会后要做好班会小结。

班会完毕之后,班主任要对班会组织情况做出恰当的评价,肯定成绩,指出不足,升华主题,提出下一步改进建议。同时,还要注意给部分同学提供发言机会,让他们表达参与班会以后的体验与感受,加深他们对班会的印象,强化班会组织的效果。

主题班会设计方案——亲情教育案例节选[①]

班会目的:

1. 使学生了解亲情,感悟亲情,理解亲情,学会感恩。

2. 丰富学生的生活和情感体验,激发他们的亲情意识,由己及人,培养他们对亲人与他人的积极情感,进而对祖国和人民的健康感情。

活动准备:

1. 准备节目,收集相关的文章、歌曲等,主持人准备串联词。

2. 制作相关课件。

3. 营造班会氛围,如装饰教室、张贴对联等。

4. 邀请学生家长参加班会。

活动过程:

第一篇 创设情境,走进亲情

1. 配乐散文:《奇迹的名字叫父亲》。

2. 听后随感。

[①] 限于篇幅,略有删减。

3. 情景剧:《握住母亲的脚》。

第二篇 咀嚼往事,感情新情

(主持人首先讲述自己与母亲的故事,感染和带动其他学生采撷生活中美丽感人的生活细节,去感悟亲情)

第三篇 反思自我,再悟亲情

1. 小品《唠叨妈妈》。

2. 反思自己的思想和行为,进一步感受亲情,提高对亲情的认识深度。

第四篇 歌颂亲情,回报亲情

1. 舞蹈:《烛光里的妈妈》。

2. 用自己的方式表达对亲人的感激与热爱。

3. 和着音乐共同唱主题曲《懂你》。

(在歌曲进行中,主持人做总结,班会结束)

(资料来源:《主题班会设计方案——亲情教育》,http://www.diyifanwen.com/jiaoan/zhongxuezhutibanhuijiaoan/154333076315433379135351.htm,2012/10/13)

(三)学生集体活动的组织

在班级管理中,组织班集体活动是班主任抓班集体建设的又一内容。组织好班集体活动,不仅可以加深同学之间相互理解,增强相互间的友谊,还可以培养整个班级的集体荣誉感,加强班集体的内部凝聚力与向心力,对全班同学产生较强的教育力。

在组织班集体活动中,班主任应该注意以下几个环节:

1. 充分准备,重视动员

班集体活动首先是一种"集体"活动,所有班级成员都踊跃参与才能够增强集体活动的趣味,发挥集体教育的功能,体现集体活动的意义。在集体活动中,同学之间可以共同参与、相互启发、相互交流、融为一体,从而创造出一种融洽、愉悦、欢喜的集体活动场景,产生一种个体活动所难以比拟的教育氛围。因此,动员全体同学全员参与,强调集体统一行动的重要意义,确保集体活动顺利开展,是班集体活动顺利展开的前提。

2. 充分调动学生思维,尊重集体意愿

在班集体中开展什么活动、如何开展,是一个慎重的话题。自然,全体学生都感兴趣的活动一定能够得到同学们的积极响应,进而提高班集体活动的质量与效果。在这一问题上,班主任可采取的最好做法是:充分调动每个学生的思维,鼓励他们提出自己的想法和创意,在集体讨论的基础上确定活动的主题与内容。显然,这一做法最受青少年学生欢迎。同时,作为班主任,教师还要从各方面征集每个学生的活动意愿,在聚焦大家意愿的基础上做出民主决策,以最大化地尊重每位同学的意愿,激发他们的参与热情。

3. 为学生的特长与个性展现提供舞台

班集体活动实际上是学生的"第二课堂",是培育学生个性与特长的主阵地。所以,班集体活动的组织必须充分考虑到这一现实要求,尽可能设计综合性强、丰富多彩、富于变化的教育内容,为学生个性与特长的实现创造条件。一般情况下,班主任应适当地在班集体活动中插入文艺才能展示、个人特长展示和讲演故事等环节,为学生各类特长与个性的表现创造条件。有了这些环节,班集体活动不仅发挥着弥补课堂教学活动的不足,而且还可以丰富班集体活动的形式与内容,培养学生对班集体的积极感情。

4. 充分发挥班干部的作用

班集体活动应避免班主任"一言堂",回避教师唱主角的情形,尽可能地发挥班集体的自我管理与自我教育功能。因此,在组织班集体活动时,班主任应让班干部来全面策划班集体活动,给予他们较大的自主权,以此锻炼他们的组织能力,提高他们的管理水平,为实现班集体自治提供条件。在班集体活动中,班主任应退居幕后,要在活动的关键环节发挥作用,至于一般组织事宜完全可以交由班委会去实施,切忌越俎代庖。

5. 倾听学生的意见,提高班集体活动的质量

在班集体活动进行中,班主任要时刻注意倾听学生的意见,捕捉他们对班集体活动的体验,将之作为班集体活动改进的方向与内容。一般情况下,学生参加班集体活动的自然感受最能反映班集体活动组织的水平与效果,也能够体现他们对班集体活动的期待。在活动中,班主任要善于从各个方面探查每个学生言行中流露出来的真实感受,从他们的情感变化中找到班集体活动改进的思路。

五、班级管理中的德育工作

班级管理是学校德育工作的重要环节,在班级管理中具有丰富的德育资源有待于教师去挖掘与利用。

(一)班级是开展德育活动的主要场所

班集体是青少年学生组成的人群集合体与心灵共同体,也是青年学生道德、智慧与人格成长的家园;依托班集体、围绕班集体、服务班集体是班级管理的宗旨,是各项班集体活动的基本要求。班级不同于一般人群集合体,在班级中所有

同学心心相通、朝夕相处、共同生活，班级为他们道德的成长和成熟提供了各项便利与条件，所以在班级中开展道德教育工作具有诸多优势。

首先，班级是学生道德发生的地方，更是其道德得到全面培育的教育场所。在班级中，学生不仅要学会与教师和同学打交道，还要学会参与各种交际活动、公共事务，学会如何正确地理解他人、尊重他人、对待他人；而德育的主要任务是教学生学会做人处事，这项任务能够在班级生活中得到最有效的实现。

其次，班级是锻炼学生价值判断能力与生活体验能力的重要平台，也是各种道德问题汇集的主要场所。通过班集体的各项活动，学生之间的情感纠葛与认知差异，在追求同一集体荣誉中带来的博弈，在看待日常琐事上的价值差异等，都在考验着学生的道德智慧，催生着学生价值判断力的形成，深化着学生对道德生活的体验。在班集体生活中走向道德成熟，是学校德育的主要方式之一。

（二）班级管理的主题是德育管理

班级管理承担着多项任务，如学习管理、生活管理、事务管理、学风管理、行政管理等，但这些管理的主要目的不仅是为了维持班集体日常的活动秩序，而是要在班级管理中提升学生道德发展的能力与水平。对学生的思想品德进行全面培育，是班级管理工作的实质与主题，也是学生德育工作的主要任务。从教育的角度来看，任何缺失道德教育的班级管理活动都是苍白的，只对学生进行一般性的事务管理的班级管理工作也是脆弱的，任何偏离了德育内容的班级管理更是无意义的。就班级管理与德育管理之间的关系而言，班级管理是德育管理的表面现象，是德育管理的"外包装"；而德育管理是班级管理的本质，也是学校德育的核心，整个班级管理活动都应围绕着德育管理这一主题而开展起来。例如，在遴选班干部时，班主任组织这项工作的意义不仅仅在于为班级选出了一个好的班委会，还培养了每个学生的民主管理意识、对集体负责的美德、参与集体生活的能力、公平正义的操守等；班级开展集体活动的目的也绝非仅限于娱乐和展示个人才能，还要面向全体学生培育其集体意识、独立生活能力、待人处事能力，以及对集体的荣誉感和责任感、对同学的尊重与理解精神等。总之，通过班级管理活动的每一个环节培养学生的各种美德是班级管理的根本要求。

（三）班级管理是落实学校德育目标和任务的主要途径

学校德育的主要目标是培养学生正确的价值观、人生观、世界观、做人处世的生活智慧以及热爱集体、热爱民族、热爱社会的公共美德等。这些德育目标的实现离开了班级的集体活动就无法进行。通过班级管理实践，班主任不仅可以培育出一个和谐、温馨、进取的班集体，积极构建出一个富有活力、参与度高、朝气蓬勃的班级组织，而且还可以培育学生参与集体生活的意识与能力，进而在班集体生活中顺利达成上述德育目标。学生在学校的生活主要包括两个方面，即个人生活与集体生活。其中，个人生活主要涉及对待自我、对待学习、对待家庭的问题，集体生活主要涉及对待集体事务、对待他人的问题。在学校中，学生的个人生活要受到集体生活，尤其是班级生活的影响，故学生在学校的大部分生活都是以班级生活为主体的集体生活。班级管理活动通过对学生集体生活的影响来帮助他们学会如何正确、友好地与同学相处、和人交往，与他人共同生活，从而在集体生活中培育学生的各种生活美德与处世智慧。所以说，班级管理是学校各项德育工作的交汇点与集结点，是实现学校德育工作不容忽视的一个重要环节，也是学校中时刻在进行的一项实实在在的具体德育工作，它能够将各种笼统、抽象的德育目标与任务通过班级管理工作这一环节转变为具体生动、条理清晰的德育工作，赋予其鲜活、生动的形式。一句话，班级管理就是落实学校各项德育目标与任务的枢纽环节，也是学校德育工作走向实在化、做出实际效果必须依靠的重要抓手。

> 你想快乐地生活,就要熟悉你的生活环境;你想有意义地工作,就要了解你的工作环境;你想当一名好教师,并由此成为一个领导者或管理者,就要熟知高效能学校组织的特征和发展框架,掌握学校管理的基本理论与技能。你知道吗?学校的领导与管理具有特殊的意义!

第十章　学校组织与学校管理

学校组织是一个有机系统,它不仅需要管理,而且要有高效能的管理,才能使其高效率地运行,进一步提高教育教学效果。所以,学习有关学校组织、组织效能、领导与团队、策略管理、质量管理、资源管理等理论,在现在或未来的学校管理实践中,依据你对这些理论的理解,能够发展自己的学校教育教学管理技巧,不断展示自己成为有效管理者的素质,改进管理对象的学习和工作效果。

第一节　高效能学校组织的特征和发展框架

学校组织是学校教育活动运作的基本框架,高效能学校组织是提高学校办学效益和教育质量的基本保证。组织理论对学校组织及其效能问题做了许多研究,对探讨和设计高效能的学校组织提供了多方面的参考。

一、组织的特征和类型

什么是组织?仁者见仁,智者见智,有各种不同的看法。但学者们公认,组织有以下特点:组织有其成员;组织有其目的,促使成员应用某种技术来从事一项或多项核心工作;组织要争取和保存资源;组织有其结构,以确保活动顺利进行,达到组织目的,并使资源得以善用;组织有其独特的文化,包括规范、价值观和期望,这些都会塑造和影响个人行为,以及在特定情况下帮助成员做出判断。

英国学者伯恩斯和斯托克提出了组织的机械论和有机论两种不同观点:

机械论建基于仔细的分工、常规化的工作、划一的程序和绝对的一致性之上。在机械论看来,组织是构建而成的,其结构可以修正和改变,但没有自己的生命;构建这类组织所采用的是机械效能原则,所以不能因应变环境而做出改变,应变的责任只能由管理者承担;管理者对待自己的下属队伍就像操作者对待机器一般;面对新环境的新需求时就会重新设计和构建组织;只强调组织中与"结构"和"目的"有关的元素,并依照这些元素来判断组织效能。

有机论的观点则相反,认为组织是由人组成,人参与的过程至为重要,而不只是完成任务。因此,组织可以自行通过每一天的运作来适应环境和成长发展,而不是凭借管理者刻意的修正和改变来适应环境。在有机论看来,组织的管理者是以成员的身份(而非操纵者)在组织里工作;强调成员的重要性,重视成员的积极性和创造性;认为过程和结果的效能同样重要;视组织为一个社群;有机组织更能适应多变和动荡的环境。①

二、关于高效能学校组织的研究

(一) 高效能学校组织构架和效能研究

我国中小学有公立学校和非公立学校两种②,现行的组织虽然规模和形式有所不同,但构架大致相似。公立学校的组织构架如下:

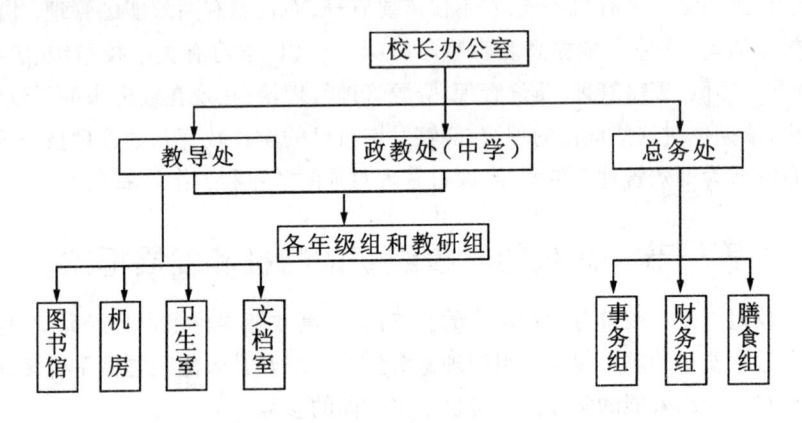

图 10-1 我国公立中小学组织结构

这里要说明的是,有些规模比较小的中学和大部分小学不设政教处,学生的德育工作由教导处统筹管理;有些学校为了加强教育科研工作和学生心理辅导工作,设立了教育科研管理部和心理辅导室;有些学校为了改善办学条件,设有校办工厂;有些民办学校有其特殊的构架形式,如在校长办公室之上设有校董事会,董事会为学校的最高权力机构,对学校的重大问题进行决策,然后由校长执行,其组

---

① David Hanna, "Understanding how organizations function," *Designing Organizations for High Performance*, Addison Wesley Publishing Company Inc., pp.8–31.
② "两个组织框架模型",引自吴志宏等主编《新编教育管理学》,华东师范大学出版社 2000 年版,第 109—110 页。

织架构如下：

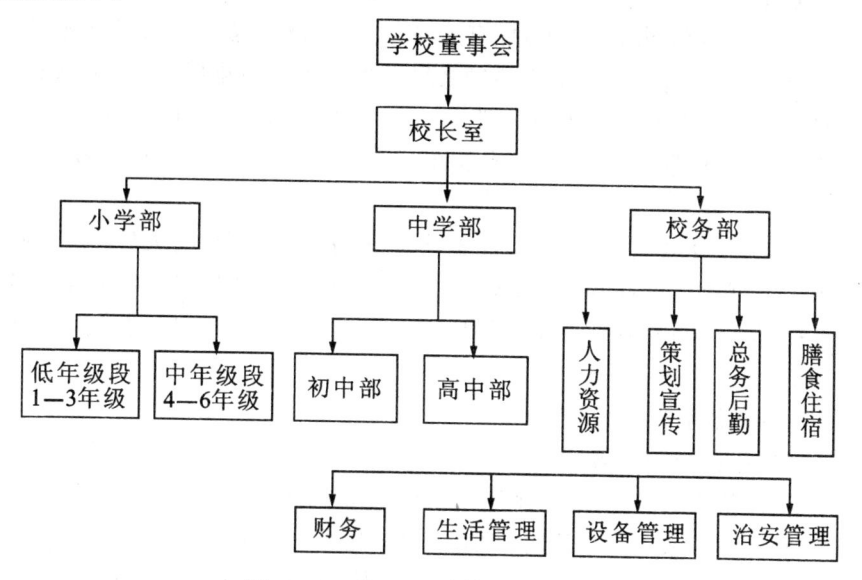

图 10-2 我国私立中小学组织结构

有关学校组织的效能问题，学者们做了许多研究，其中英国早期学者拉特等人(1979)和莫蒂摩尔(1991)的研究成果对了解这一问题有许多启示。[①]

拉特等人通过对许多学校效能状况和特征的研究，提出了一些要达到高效能水平的内在因素。这些因素包括：学校能兼顾学习能力较强和学业成绩稍逊的学生；奖罚制度强调奖赏而非惩罚，对学生多做表扬和嘉许；有良好的工作环境，积极回应学生的需要，并且好好保护和粉饰校园；给学生造就许多承担责任的机会，并让他们参与学校运作；善用作业来订下清晰的目标，以及营造一种风气，使学生对自己的能力有信心；教师有充足的时间参与管理工作，也愿意处理学生的问题，从而在行为上给学生树立榜样；教师做好教学和学生管理工作，如他们会认真备课，不会在众目睽睽下惩罚学生，把注意力集中在学生值得嘉奖的行为上，并且能够迅速处理滋扰行为；既有快速果断的决策，也有有效的决策参与过程，让全体教师感觉到他们的观点得到充分考虑。

拉特等人更多地研究了与学校效能有关的因素，尤其是技术层面的因素，但其对学校效能与社会效果的关系以及影响社会效果的因素考虑不足。

另一个英国早期学者莫蒂摩尔，他秉承了拉特等人的研究传统，对小学效能

[①] Scott R. W., *Organizations: Rational, National and Open Systems*, 3rd edn, Upper Saddle River, NJ: Prentice Hall, Inc., Ch. 13.

及其环境做了系统研究,被英国学术界称为有史以来对小学环境所做的最详细的研究。这项研究辨识出 12 项与效能有关的因素。这就是:校长对员工的领导英明果断;副校长的参与;教师的参与;教师之间相处的和谐;编排得宜的课程表;激发思考的教学;以工作为中心的环境;课堂内集中教授有限的重点内容;师生之间有最大的沟通;完整保存工作资料;家长积极参与学生管理和教育;积极向上的校风。

莫蒂摩尔关于效能研究的优点在于:探讨了一些更广泛的有关学生发生的效果问题,避免了把注意力集中在基本技能上的狭隘做法;既探讨影响学校整体效果的因素,也顾及与教师的课堂实践相关的因素,并展示了这些因素与学生发展的关系。

(二)高效能学校组织构架研究

英国学者博尔曼(1991)与迪尔(1991)认为,不同的组织管理维度可以视为"架构",每个架构阐明组织活动的不同元素。但一个具体框架并不能给我们完整的组织画面。博尔曼与迪尔从四个角度阐述了组织的架构:

(1)结构架构。这种架构把组织的结构及其目标、工作和内容联系起来,认为组织的结构应取决于做了什么工作,以及在哪里进行这些工作。

(2)人力资源架构。这种架构把组织及其工作队伍联系起来。

(3)政治架构。这种架构承认个人和组织目标存在着差异和竞争的事实,并检视个人在组织里实现自己的目标的方法。政治架构重点研究人与人之间存在的权力关系,以及驱使人们行动的基础。

(4)象征框架。这种架构探讨人们是基于哪些假设、规范和价值观来判断某个活动是恰当的。这些元素塑造出组织的特征。

三、高效能学校组织的实践

有关高效能学校组织构架的研究如何在实践中实施,涉及组织结构和组织权力两个问题。关于组织结构的实践模式有层级模式、同事共享权力模式和"模棱两可"模式三种观点。

(一)层级模式

层级模式在实践操作上采纳了理性的管理概念(认为组织属理性系统)和融合文化的观点。其基本思路是:[1]

---

[1] 布赖恩·菲德勒:《组织构架与组织效能》,见黄婉仪等译《组织效能与教育改进》,香港公开大学出版社 2001 年版,第 85—107 页。

(1)假定组织目标和实现组织目标的行动之间存在着清晰的逻辑关系,因此相信组织是理性的。

(2)清晰而明确地说明并区分责任和职责,形成一支高度专门化的工作队伍。

(3)决策权主要由组织的最高层领导者掌握,正因为如此,所有专业部门都能融洽相处、忠诚合作。

(4)(组织)中央会制订清晰的程序规则,促使专业人员遵守。

(5)为了传递和实施这些规则,员工层级模式便建立起来。在层级模式中,较高职位人士的主要职责是监督下属的工作,所以典型的层级模式呈金字塔状。

(6)明确界定层级模式中不同层级人士应有的责任。

(7)个人只需要因其"职位"而负上责任,并且向另一"职位"负责,而不是向某一个人负责。

(8)在涉及不同专业人士的层级模式中,组织结构有利于他们进行纵向沟通,而不是专业人士之间一般会进行的直接的横向沟通。

从理性上看,层级模式操作便利,运作高效,便于满足问责要求(对组织外的某一方负责)。但欠缺灵活性,对转变反应迟钝。如果员工对管理者所行使的权力和影响的法理性持怀疑态度,会出现阳奉阴违的情况,员工被动顺从,欠缺热忱、自发性和投入感。

(二)同事共享权力模式

同事共享权力模式认为,权力及决策过程必须由组织内部分或全体成员共享和参与。它包括"有限"和"全体"两种同事共享权力模式,前者指领导层与少数高层管理者共享权力,而后者指组织内所有成员在决策上都享有同等权力。同事共享权力模式基本上采纳了理性的管理概念和融合文化的观点,但与层级模式不同,它对组织的看法倾向有机论的观点。同事共享权力模式的主要有如下几个具体特点:

(1)雇员是独立自主的个体,只需要极少的指引和引导;

(2)个人是以其专业技能和知识,而不是以其职位来影响他人;

(3)雇员是独立自主的,所以他们只需要遵守最小量的现存规则;

(4)强调共识和承担;

(5)决策权下放到个体身上;

(6)决策是通过理性的讨论做出的。①

可以说,同事共享权力的组织是理性的组织。真正的同事共享权力制度是自

---

① Bush T., *Theories of Educational Management*, 2nd edn, London: Paul Chapman Publishing Ltd, Ch. 4.

然产生的,组织成员可以自愿选择是否参与。而自愿参与的基础是:拥有源自专长的权威,拥有一套共同的价值观和共识。但实际中,往往形成"人为的同事共享权力制度"。其特点是:得到行政系统支持,而不是自发地出现;有强迫的成分,而不是自由选择的;以实践为本,而不是把注意力集中于制定政策上,特点是设定固定的时间和地点进行会议,而不是进行即兴而非正式的讨论;实行时有预期的目标和结果。这势必产生一些与同事共享权力模式假设之间的矛盾,从而在一定程度上影响了真正的同事共享权力模式功能的实现。因此,如何使同事共享权力文化从他们所做的事中自然萌生出来,是摆在学校领导者面前的一个难题。

(三)"模棱两可"模式

与层级模式和同事共享权力模式不同,"模棱两可"模式更加重视组织中,尤其是教育组织不协调、不一致的一面,因而强调成员或部门间的合作与协调。其基本观点如下:

(1)教育组织是非理性的。因为实施 X 活动以得到 Y 的结果只不过是人们的信念而已;

(2)学校内各部门的活动是难以协调一致;

(3)教育目标具有争议性,难以达成共识;

(4)不是所有教职员在任何情况下都愿意参与决策过程;

(5)解决问题的理性模式在实践中是不存在的;

(6)目标具有相对性,达到目标的途径和方法也具有不确定性。

有关实践模式的三种观点从理论上讲都有优点与不足,具体选用哪一种模式与特定的教育环境有关。对于学校组织来说,问题的关键不在于采用哪一种模式,而在于尽力融合各种模式的优点于自己的实践中。

学校组织架构的实践除了组织结构外,还涉及微观政治和权力问题。组织中存在着融合文化、分化文化和模棱两可文化。这些文化价值差异使组织中权力及其影响的法理性变得更加复杂。组织无论是在目标、决策、争取权力资源,还是在利益、行动和人际关系等方面,都存在着个人、小组与组织间的不协调甚至冲突。微观政治和权力结构的实质就是通过恰当的沟通,如谈判、协商等人际行为,透过表面的不协调,去寻找隐藏在组织背后的强大的统一文化,使个人、小组与组织间能协调一致,从而达到组织的目的,提高组织效能。

第二节 学校组织改进

学校作为一个子系统处在社会这样一个大系统中,与社会环境发生着密切的互动关系。学校组织与社会环境的互动促使学校组织不断发展变化,以便与环境保持某种程度的平衡。但是,这种力图保持平衡的发展变化不是自然而然进行的,需要管理者有意地研究环境,预测未来可能发生的变化,制订可行方案,有力地推进学校组织稳定发展。

一、学校组织效能与教育改进

(一)教育组织转变的两种形态

教育组织转变依据转变的动力源不同,分为由教育机构内部引起的转变和由外界策动尤其是由政府立法所推动的转变两种类型。

由教育机构内部引起的转变,一般遵循着"自下而上"的线路进行,转变的程度通常是渐进和小规模的。这种转变具有主动性高、适切性强的优点。但因动力源来自教育内部的小范围,转变的目标可能较为狭窄,影响力小,创新不足。

由外界策动尤其是由政府立法所做出的转变,一般遵循着"自上而下"的线路进行。这种转变能迅速为所有学校带来大规模的创新性的改变。但这种转变的适切性比较低,难于考虑个别教育组织的特殊情况,如需要优先处理的事项、价值观和文化。因此,经常遭到教师的抵触而使教育改革流于形式。

近年比较流行的"以校为本"管理和转变模式,也称为"校本管理"。其实质是提倡"自下而上"的转变形式,谋求扩充和增强学校自我发展的能力。但校本管理并不排斥寻求外界的建议与支援。

(二)学校组织文化对转变的影响

由于学校组织文化具有规范和诠释学校教育与管理行为的作用,客观上对学校改革发展具有较大影响。有学者将学校组织文化的价值体系概括为"社群型"价值观和"社会型"价值观两种极端形态。

"社群型"价值观崇尚的观念有协作、认同、感情、校风、表扬、奖励等,而"社会型"价值观认同的概念则是法律、制度等。显然,"社群型"和"社会型"组织形态是两个极端的模式。所以,在学校组织变革发展实践中,应在两者之间取得平衡,而不应走向任何一个极端。虽然在操作上主要倾向于哪一种与具体学校教育组织的具体环境有关,但致力于加强社群观念、让学生与教职员建立共同的价值观和订立共同的目的,并促进教职员之间的协作关系,是大部分学校的成功经验。

学校组织文化除了存在两种极端价值观差异外,还有文化形态的差异,学者们也把学校组织文化形态分为个人主义文化和协作文化两种。

个人主义文化背景下学校的特征是:(1)教职员工缺乏共识;(2)无法了解他人的情况;(3)低责任感;(4)遇到困难感到孤立无助;(5)遇到挫折往往把责任归咎于环境。

协作文化背景下学校的特征是:(1)教职员工有高度共识;(2)相互之间能掌

握情况;(3)高责任感;(4)团结协作;(5)能适应转变的环境。

很明显,个人主义文化背景下的学校往往停滞不前,而协作文化背景有利于学校根据环境的要求不断改革发展。所以,协作文化形态是学校整体发展所必需的,领导者真正要做的大事是培植协作文化气氛。那么,如何培植协作文化,还需要注意四个问题:第一,培植新的文化往往伴随着对传统文化的改造,而文化又是通过间接的形式体现出来的,了解和干预文化的准确性和正确性常常会有偏差。所以,尝试影响文化是一件冒险而没有把握的事情。第二,改造传统文化,培植新文化并不是简单或机械式的工作,而是一项复杂而缓慢的活动。第三,培植和管理文化时会出现道德上的两难困局,如自由与操控的矛盾,管理者要注意在两者之间取得平衡。第四,由于外在环境急剧变化且不可预计,尝试营造单一文化并非明智之举。

(三)组织内外环境对转变的影响

组织内外环境是制约转变管理的重要因素之一。处于不同环境下的低效能学校采取改进的措施可能有差异。一般来说,处于不利地区的学校,需要订立新的规范,以改变社会对学生表现和成绩低劣的看法。因而,应将注意力集中在短期成就上,重视学生在学业上的优异表现,并对优秀的学生加以奖励,以期得到社会认同。而处于条件优越地区的学校,学生和家长普遍认同学校的规范,所以认同短期成就和建立学生、学校的共同价值观并不是学校优先考虑的事情。

一般情况下,低效能学校的病态特征有:(1)缺乏改进工作的基本能力;(2)教师把自己的缺点投射在学生身上(把学校的失败归咎于学生);(3)对现行实践方式以外的政策和策略缺乏认识;(4)害怕向外界寻求协助和意见;(5)教职员之间、教职员与学生之间的人际关系出现问题。祛除这些病态的方法是:在长期策略上,学校需要付出长期的努力来协助教职员工学习规划的新方法、管理和教学的新技能等。在短期策略上,比较可取的方法是集中在一个具体的可达到的目标上,如提高学生的上课率或某一方面的技能,而不是尝试提高学生的成就,成就可能是整个改进工作中最后才能处理的问题。

二、学校教育转变的有效管理

(一)管理转变的过程和涉及的因素

要有效地实现管理转变,管理者必须清晰地了解管理转变的过程和涉及的因素,以及这些因素间的相互关系,必须处理教职员工的个别意见及组织文化,使之相互配合,并订立一个清晰的共同目的,使目的、行动和结果联系起来。另外,管理者在某种程度上还要把外在转变的要求与内在需优先考虑的事项加以整合。

管理转变一般有六个循环往复的阶段,如图10-3所示:

描绘将来 → 描述现在 → 识别差距 → 处理由现在过渡到将来的问题 → 评鉴和监察转变 → 诊断探索

图 10-3　管理转变的过程

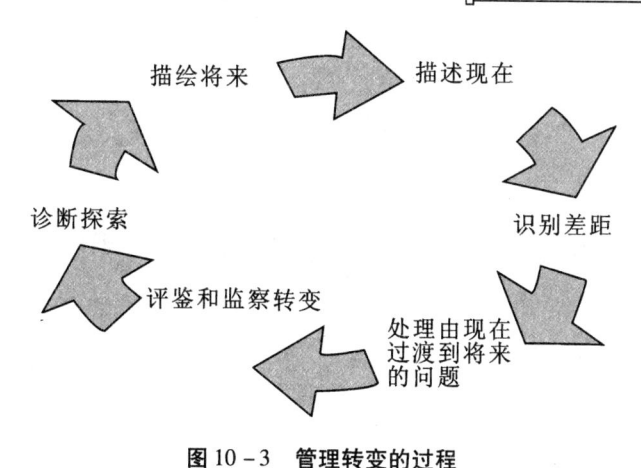

一般情况下,管理转变涉及以下因素:(1)个人方面:态度、价值观、抱负。(2)文化方面:小组的态度、价值观、抱负、关系。(3)目的方面:愿景、意图、策略计划。(4)转变的行动方面:计划、实施、评价、转变的阶段。(5)结果方面:学生成效、组织文化和架构的转变、不断的发展。(6)环境方面:立法、视学、大众的意见、地区的意见、竞争。

(二)管理转变应树立的正确观念

(1)转变是复杂、长期和非线性的过程,并不是一次性的简单事情。

(2)深入而持久的变革涉及人们在态度、价值观和信念上的转变,因此与组织文化的转变有关。

(3)转变是不稳定的,通常会对当中的人和小组构成威胁,因此常常会引起冲突。

(4)实施规划转变需要在整体上协调,以维持个人、小组和机构的平衡状态,既不能停滞不前,又不能"创新过度"。

(5)管理转变需要不同的人同时处理多方面的转变,这些转变产生互动,并且相互影响,但未必能相互配合。这里就存在一个管理者横向协调的问题。

(6)有效的转变管理并不是逐步处理个别的革新项目。反之,转变管理涉及发展一种"转变的文化",当中把持续的发展和学习视为常规;这种常规不仅对学生,而且对教职员和整个机构也适用。因此,所有教育机构为了在不断转变的环境中生存,为了适应环境以达到成功,都需要成为"学习型的机构"。

(7)管理转变常常涉及不确定和模棱两可的事情,因此理性模型是不足以帮助认识和实现管理转变的。

其实,模棱两可的模式对理解现代机构中转变的复杂性最为有效,原因如下:第一,学校和学院具有"非理性"的特征;第二,机构内外环境急剧变化;第三,外在需求不可预计；第四，所有机构都要应付多种互相影响的转变；第五，在没有预计的情况下应付突如其来的事情。因此，管理转变必须采取有系统的方法，但要富有弹性，并具有适应能力。管理者须视转变为一个替有关人士发掘和厘清事物的过程，而不是实践预先拟定好的蓝本。

第三节　学校管理中的领导与团队

领导和团队是提高学校管理效能的重要基础，二者之间具有互补作用。领导更多的强调责任分工和命令与服从的上下级关系，而团队则强调协调、合作和同甘共苦。领导更能维持基本的组织效率和组织纪律，而团队则在发挥员工的内在潜力和提高工作效能方面发挥重要作用。领导和团队的互补，使学校管理效率和效能都维持在比较高的水平上。

一、学校领导与管理

（一）什么是领导与管理

对于"领导"的理解，目前还没有一个确定的看法，有人从角色的角度去界定，有人从过程的视角来表述。一般来说，有技术理性和制度两种观点。[1]

技术理性观点把领导的主要工作局限于利用正规架构去实现各层级订立的目标。从这个角度出发，有人把"领导"定义为：个人运用其魅力和权威去控制其他人的行为或活动，而无需顾及他人的合理看法与需要。这种领导形式只会维持现状，难求变化。在一个崇尚个性与创造的多元化社会，技术理性观关于领导的理解有失偏颇。

制度观点视领导职责为切合社会的需要，因而关乎如何在转变中的社会和文化内，对这些转变做出集体回应而又符合制度常规。因此，领导角色理应无处不在，组织内有抱负的参与者全都应该参与塑造组织特质的过程。制度观点对于领导的理解，建立在这样一个假设之上：所有人都可以有自己的特质，并具备领导的潜能。根据制度观点，领导职责是一个文化现象，并不是镶嵌在特定的角色上，而是存在于组织内参与者之间的关系中，领导者可借助这个关系，从他人身上取得自己欠缺的知识和专长。

教育管理实践具有建设性的观点是，领导是在机构内不同层级要担负的工作，是一个过程；在这个过程中，不同员工应因不同的环境、情况和时间，对领导工作做出不同程度的贡献；领导不应只是与职位或年资挂钩，组织里不同阶层的人

---

[1] 罗德尼·小川、史蒂文·博瑟迪:《领导是一种组织素质》，见黄婉仪等译《教育管理：领导与团队》，香港公开大学出版社2001年版，第13—136页。

都能够,而且也应该担当领导角色,行使主动权,发挥影响力;领导是指拥有影响他人的能力,同时亦受到他人影响,目的是带领人们朝着理想的方向前进的过程,它是一种双向互动的行为。

关于"领导"与"管理"的关系众说纷纭,一般认为,有效领导包含了管理,而有效管理也包含了领导。它们之间的区别在于:有效领导与启发性、使命感、转化、指引、探索、策略和"做正确的事"等方面有关,而有效管理则与制订和执行计划、交易、方法、系统、完成工作、在策略的层面上与他人有效地合作和"处事正确"等方面有关。

无论是领导还是管理,都涉及参与问题,组织内的员工具有广泛的"参与"权。但是,在问责制下,领导者或任何一个在机构中获授予行使领导权力的人,经常要面对一个两难局面,那就是一方面要衡量让其他人享有多少自由,另一方面又要决定自己应保留多少控制权力。毕竟,领导者是最后要对能否达到某个目标或完成某件工作负上责任的人。

事实上,人们并不经常愿意参与,而参与并不一定是有效的,结果亦不一定是理想的。因此,如何使员工有效参与,便成了领导者行使领导职能的基础。研究发现,要达到有效参与的目标,成员必须对有关问题感兴趣,并拥有专长。否则,他们便会觉得参与是一项毫无意义的活动。如果员工拥有专长,但对有关事项没有兴趣,便会抗拒花时间在那些与他们无关的事务上;如果员工有兴趣,但没有专长,情况则更难处理,原因是组织领导者若事先咨询员工,其后却把他们的意见置之不理,员工便会认为机构实行"人为的同事共享权力制度"而产生抵触。因此,有效领导需要做出适当的判断,决定怎样、何时和让何人参与机构的决策。

(二)学校领导的类型

学校领导的类型可以分为交易型和转化型两种。[①] 交易型领导的特征是:着眼于员工的基本需求,并以外在的奖赏来提高工作动机和作为管理的基础;领导者以交易的心态与员工建立关系,目的是使员工表现出顺从、努力、增加生产力、忠诚等领导需要的品质,以换取经济、政治或心理上的预期奖赏;领导者会因员工的需求,把职责和工作分配给他们,以达到理想的效果。交易型领导可能是有效率、有成效的,但与转化型领导相比较,其成果非常有限。

转化型领导的特征是:强调从愿景的角度去提高员工的工作动机;领导者有方向感、有能力使人敞开思想和投入感情;领导者与员工都了解对方的目的。总

[①] 赫德里·比尔等:《领导的几个维度》,见黄婉仪等译《教育管理:领导与团队》,香港公开大学出版社2001年版,第37—61页。

之,转化型领导的实质是,担当领导角色的人通过高超的领导技巧,把自己代表小组或组织的意愿转化为员工的意愿,使其以"主人翁"的身份自己"领导"自己,从而为组织效能的提高做出贡献。

值得注意的是,转化型领导在实践中会遇到放权与控制的矛盾和让员工如何有效参与的问题。而在具体管理实践中,转化型领导和交易型领导往往不能单独运用;因为交易型的领导行为可能为转化型领导与学校管理效果之间建立了必不可少的联系。

(三)现代学校管理理念中领导应担当的工作

无论是选择转化型领导,还是选择转化型领导与交易型领导的互补,都是为了最大限度地提高学校效能。而学校效能又涉及领导者的行为和教师、学生的成就,以及与学校环境之间的互动。所以,为了提高学校效能,学校管理必须提供充分的领导资源,并把重点放在建立良好的人际关系上,而领导是成功做到这一点的关键条件。

同时,学校领导者不应只是执行日常的管理工作,更重要的是愈来愈需要采取主动,不断地转变认识、转变管理。为此必须做好以下几个方面的工作:(1)鼓励员工参与;(2)提高员工的工作动机;(3)营造积极的气氛;(4)建立团队的愿景;(5)发展优质的教育课程;(6)提供理想的教学环境;(7)做好评价工作;(8)分析和了解效果与承担后果;(9)充分利用资源。

二、高效能领导应该重视的三项工作

(一)动机与领导效能

无论是领导者还是员工,其工作动机是决定个人效能,进而影响组织效能的关键因素。高效能领导者的作用非常重要,因为只有他们才会有足够的敏感度去了解他人的需要,并在机构的种种限制下尝试满足这些需要。

关于动机问题,有学者做了许多研究,提出了一些理论,概括起来可分为内容理论和过程理论两种。前者主要有马斯洛的需要层次论、麦葛格的"X 理论"和"Y 理论"、贺斯伯的双因素理论;后者主要有动机期望论、平等论、目标论和动机高水平表现周期模型。领导者应认真学习和运用这些理论,从以下几个方面提高员工工作动机:[1]

(1)如果领导者真的要改善员工的表现和工作态度,必须积极而妥善地管理提高员工动机的过程;

---

[1] 克琳·里奇斯:《教育与动机》,见黄婉仪等译《教育管理:领导与团队》,香港公开大学出版社 2001 年版,第 145—167 页。

(2)为了改善自己在提高他人工作动机方面的表现,领导者需要经历一个自我检视的过程;

(3)要重视对员工需要及其差异进行诊断;

(4)注意运用奖励手段,哪怕是小小的奖励来调动员工工作积极性;

(5)领导者应给员工分派较具挑战性和多样化的任务,以迎合他们自我满足的需要,并清楚说明对他们有什么期望;

(6)要注意改善整体工作环境的素质,包括团队的工作气氛和动力;

(7)应采用合作的方式,按照员工的意愿,尽量让他们参与提高机构效能的各个过程。

(二)压力与领导效能

压力有正面压力(使人产生动力)和负面压力(使人产生忧虑)之分,其间只有一线之隔。每个人都有推动力,但不一定朝着正确的方向迈进。[①] 在学校中,不称职的领导者往往使员工产生负面压力。因此,领导工作的首要任务是,识别导致动机降低,甚至令人心力交瘁的压力来源,并找出解决这个问题所需的技巧。具体来讲,要注意从以下几方面降低员工的压力:

(1)在组织架构方面:检视机构的组织方法(如沟通模式、职责分配)和工作小组的组织方式是否合理。最理想的组织是组成团结的团队。

(2)在组织文化方面:探讨员工在思想、行动和感受方面有多少共同的地方,以及他们的积极、快乐程度,而不是看负面的事情。团队在这里扮演非常重要的角色。在一个以人为本的组织里,要营造一种全体成员能分享快乐、分担压力的文化,领导的角色相当重要。在这样的文化中,人际间的冲突能透过协商解决。

(3)在个人方面:领导者必须乐于聆听员工的意见,并负责辅导工作,以舒缓员工的个人压力。领导者应鼓励员工用新的方式去思考自己的工作。

(三)冲突化解与领导效能

冲突包括个人内在的心理冲突、个人之间的冲突、个人与群组之间的冲突、群组与群组之间的冲突四种形式。冲突未能化解是产生工作压力的一个原因;但正如"压力"一样,冲突的结果不一定是负面的。领导者应掌握冲突的正负面影响和缓解冲突的方法。

冲突的正面结果有:增加社群和个人的力量,增加社群的凝聚力,揭露隐藏的问题,提高员工厘清目标的动机。

[①] 梅甘·克劳福德:《教育机构的压力管理》,见黄婉仪等译《教育管理:领导与团队》,香港公开大学出版社2001年版,第168—179页。

冲突的负面后果有：敌对双方减少沟通，形成攻击和敌对的行为，个人被迫服从群组的要求。

处理冲突的重点是协商。借助协商过程，人们尝试化解某种特定情况下的分歧，并采取相应的行动。化解冲突的具体步骤有：首先，营造一种相互信任与尊重的气氛；其次，疏通沟通渠道；第三，采取调解手段。其中，调解是一种基本的方法。

调解的方法多种多样，主要有强迫达成共识、利用外交手段、"少数服从多数"的投票方法、妥协等。其中妥协法是最常用的一种，可让群组各取所需。在所有的协商中，积极和富有创意的领导起着十分重要的作用。

三、团队和团队协作

（一）什么是团队

所谓"团队"，就是由具有共同目的并且具有在共识基础之上为实现该目的能做出一致努力的人组成的集合体。团队与小组不同，小组只是聚集或集合在一起的一群人，他们与其他群体的人有一些不同的特征，但他们不一定要有一个已界定的共同特征。可以说，团队是小组发展的高级形态。团队与组织也有差别，团队强调合作与协作，而组织则强调分工，有明显的架构。[1]

常说的团队精神指的就是协作精神。换句话说，就是指一组人在共同观点、共同目的、经商议而订立程序、共同承担责任、密切合作、公开讨论解决分歧等基础之上一同工作。

团队的种类很多，一般有：由行政管理人员组成的高层管理团队；由学科或辅导课程的管理者组成的中层管理团队；由学科部门、分阶段的小组或行政部门中的员工组成的员工团队；由不同部门的代表所组成的常设小组的跨学科团队；由为达到短期目标临时组成的科研项目团队等。

组织团队需完成以下工作：分配工作；管理和支配工作；解决问题和做出决策；处理资料；收集资料和意见；试验和纠正政策；协调和联系；让成员有更多承担和参与；协商和化解冲突；对过去的事进行检讨和查究。

（二）团队的优缺点

团队的组织方式就是把不同人的技能结合起来，以便更有效地发挥他们的个人专长。个体集合起来所取得的成就，远远超过个体单独地在环境中工作所获取

---

[1] 莱斯·贝尔：《教职员团队及其管理》，见黄婉仪等译《教育管理：领导与团队》，香港公开大学出版社 2001 年版，第 193—211 页。

的成就。换句话说,团队就是促使个体之间产生一种协同作用。所以,与科层组织相比,团队工作方式有其明显的优点:

(1)集合各人的专业知识可以解决各种复杂的问题;

(2)可以运用各式各样的知识技能和经验来审视问题;

(3)员工有机会参与决策,因而在解决问题的过程中会得到更大的满足感;

(4)那些涉及多个部门或职能范围的问题更易解决,潜在的冲突可以更迅速地识别出来;

(5)一般而言,团队做出的决策较个别人士所做的素质较佳,因此由团队建议的行动方案较易得到认同并得以进行;

(6)团队的灵活性大、适应性强,不需要依着现行的规则和架构来召集会议,他们可自行决定规则和架构。

但是,团队不是万能的,它也有缺点:若管理不当,个别成员花了大量精力于团队活动上,却得到很少的回报,那么最终会影响士气;若团队中的成员合作技巧欠佳,那么他们往往会惯性地表现出竞争、退缩、缺乏信任、不坦率等行为,纠缠于资源争夺和权力斗争之中。

(三)团队的形成

团队的形成是一个连续的过程,在这个过程中,一个松散的小组会演变成一个成熟的团队。英国学者特克曼(1965)描述了团队形成的五个阶段,概括如下:

第一阶段:焦虑期。需要依赖领导者制订及确立目标。在这个阶段,人们会尝试找出行为的规范,测试什么是可接受的行为,以及应建立什么规范。这个阶段的重点是吸纳,包括谁进谁出、谁设定团队的风气、谁做带领者、谁做跟随者。在这个阶段,成员的感受不会受到重视,聆听的技巧欠佳,只会把注意力集中在建立团队的层级模式上。

第二阶段:动荡期或磨合期。这个阶段团队的特点是抗拒依赖。这个阶段通常占去整个团队寿命的五分之三的时间。当中可能会有一些试验,也会有冲突出现,这是因为成员公开地或暗地里从事破坏活动来挑战领导者。团队内会出现两极化的意见,而队员会对工作产生抗拒的情绪,变得消极懈怠,甚至完全忘记其职责所在,或在背后组织起来谈论领导者。

第三阶段:规范期。在这一阶段,促使成员合作的规范会建立起来,而成员的独立性也会逐步建立。领导者会退居次要地位,而成员则被视为完成工作任务的资源。各成员开始喜欢其他人及其工作,这是由于之前的冲突得以解决;他们能够互相扶持,而完成任务的决心愈见坚定;他们会按照已确立的基本原则,建立有条不紊的工作方式,并商定工作程序。

第四阶段:协作实践期。这是一个相互依赖的阶段。这时,团队要执行当初组成时所要做的工作,其中的(领导)角色按职能分配,但具有弹性。各成员以一个单位的形式来工作,又能同时顾及工作和其他人。权力和影响力由那些拥有特定专长的成员来分享,而领导者只是参与其中的一员。在这个阶段,成员能发表不同的意见,并取得妥协,这样可汇集巨大的力量来解决很多问题。如果成员表现得不合作,团队会用对抗和排斥的方法来应付。成员间有一种亲密的感觉,并对团队的基本原则加以思考、协商和检讨。

第五阶段:完结或惜别期。成员离开团队,他们会把注意力集中在讨论过去的共同经验或团队协作的方法上,成员会不愿意见到工作完成后解散团队。

值得注意的是,在某些情况下,以上阶段是有顺序的,但另一些情况则不然。有些团队没有经历五个阶段;有些可以说根本没有发展,只是在各个阶段之间徘徊,这是由于有新成员加入或有成员离开团队,影响了团队的动力所致。

团队的形成相当程度上还受制于团队的管理方式,不同的管理方式影响到团队的进程。如贝尔的系统化方法认为,团队管理工作主要是制订目标和程序,协调成员间的关系,对活动进行检讨和监察。但这种方法忽略了高效能团队领导者应注意团队发展的心理过程。所以,按照这种方法发展团队往往是现象的和表面化的。

阿代尔的"以行动为中心的领导"模型建基于这样的信念:若要团队有积极的反应,它的工作任务必须明确清晰,而团队的反应以及能否完成任务,与团队和其成员的需要是相关的。因此,领导者的功能是界定和完成工作任务,建立和统筹团队,并同时满足团队中个别成员的需要。该模型的优点是意识到了团队心理的存在,其缺点是对团队发展的阶段认识不足。

团队的形成也受制于能否及时化解团队冲突。在团队领导过程中常常会出现有关忠诚的两难困局,即高层管理成员应该忠诚于校长,还是应该忠诚于他们领导的团队?贝尔提出,违反有关信任的行为规范会导致这种冲突。[1] 因此,团队领导者需要知道如何分清专业和个人的界线,避免冲突发生。做法是建立和维持成员间的信任,及时阐明和分享共同的价值观和目标,就程序进行协商,取得共同的立场,以及尽可能保持开放的沟通。

(四)团队领导角色和素质

每个人在团队中都担当某个特定的角色。贝尔宾推论出团队角色有九种,即

---

[1] 莱斯·贝尔:《教职员团队及其管理》,见黄婉仪等译《教育管理:领导与团队》,香港公开大学出版社2001年版,第193—211页。

"执行者""统筹者""塑造者""创新者""资源探索者""监察评鉴者""团队工作者""完成者""专家",并对这些角色的特征进行分析,认为这些角色的相互关系是决定团队效能的重要因素。

透过对团队领导角色的分析,实际中,没有一个人能拥有所有的优点,但团队可以。虽然从团队的具体环境和工作出发,每种特征都有其优点和缺点,但是如果团队里以某几种角色居多,或没有某几种角色,团队成功的可能性无疑会受到影响。因为各种角色有不同的特性,不同的角色可以发挥不同的作用。有些角色是主动性的,如"塑造者";而有些角色是被动性的,如"团队工作者""改革者";有些角色比较外向,如"统筹者""塑造者""创新者""资源探索者";有些角色则比较内向,如"执行者""监察评鉴者""团队工作者""完成者"。要完成工作,团队需要有主动的成员,但若要用某种特定方法来完成工作,团队便需要被动的成员。①

团队领导角色理论的启示是:每一种团队角色都能履行领导职责,但团队的效能取决于个别角色扮演者如何发挥其个人特征。领导者之所以成为领导者,并不是领导者本身的地位、资源权力、专长、知识或经验使然,而是由于他能善用其个人技能和人际技能。

要发挥团队成员各自的优势角色,团队领导应具有领导素质。特克曼认为,团队领导应具备以下重要素质:(1)应具备高层次的人际技能;(2)应具备良好的心理水平,在情绪上表现成熟,充满信心、耐力和幽默感,而且还要明白情境因素的重要性;(3)应具备策略管理技能,这是因为,领导者需要时刻掌握团队运作的环境,以及如何影响其团队的寿命;(4)应有高度的自我省察能力,随着团队渐趋成熟,领导作风也要变得成熟,并且要切实照顾那些刚建立信心的团队成员。

第四节 学校策略、质量和资源管理

策略、质量和资源是学校管理中非常重要的具体内容,直接影响到学校的管理效能。策略规划明晰了学校的发展方向和要达到的远景,质量控制和保证机制是达到这一远景的无数个小脚步,而资源管理为踏稳每一个小脚步提供了适量的能源。学校只有做好策略、质量和资源管理工作,才能保证各项工作稳定持续发展。

---

① 麦克·华莱士、瓦莱瑞·霍尔:《团队的动态》,见黄婉仪等译《教育管理:领导与团队》,香港公开大学出版社2001年版,第212—235页。

一、策略管理

(一)什么是策略管理

策略管理指的是有效控制决定策略的过程,以便做出正确策略。与此有关的概念还有策略规划、策略发展、策略思维、发展规划、发展计划、专题计划、行动计划、学校的边界、边界的跨越、边界的可穿透度、边界跨越者、环境领导者等。

由于组织发展与环境息息相关,策略管理要特别重视处理组织与外在环境的关系。环境可分为特定环境和一般环境。特定环境包含各种对组织有即时和直接影响的元素,如"家长"就是学校特定环境的一个元素,这些元素不断与组织产生互动。一般环境包括那些对组织有间接影响但无须每天处理的元素,如传媒、社区等。因此,学校领导者需要绘制一幅"环境地图",适时主动处理环境的问题,而不应只是被动地做出回应。从一定意义上说,合格的校长或策划者应是一名棋艺大师。

(二)策略形成过程

在管理实践中,关于策略的形成与制订存在着不同的解释,每种解释各有利弊。传统上,人们主要从理性和直觉两个角度分析策略是如何形成的。理性分析者认为,策略的形成建基于对组织、环境因素及其关系变化的准确了解和预测上,倾向于周详的规划和计划。直觉分析者认为,成功的策略因时制宜,并不是经过精心计算或计划的;策略的形成是凭直觉的。[1]

其实,单纯从理性或直觉的角度去理解策略形成都是不可取的,因为在任何组织的发展过程中,既存在理性的因素,也存在一些非理性的直觉因素。

贝利和约翰逊对策略形成做了不同解释。他们超越了理性和直觉的简单二元划分法,提出了策略发展的六个不同的分析角度:

1. 规划分析角度

从规划分析角度看,策略制订是一个有意图的过程,即采用有逻辑、有理性,且强调价值取向的思路,制订组织及其环境的决策。这个分析角度意味着,只要采用适切而有系统的分析技巧,就能做出正确的决定。

2. 逻辑渐进式分析角度

从逻辑渐进式分析角度看,策略是在组织与多变的环境相互配合、持续分析、评估和渐进修正基础之上形成的。所以,从逻辑渐进式分析角度来看,通过合乎逻辑和次序分明的规划机制而制订的管理策略并不切合实际。由于组织及其运作环境极为复杂,管理者往往无法基于未来可能出现的情况来考虑所有可供选择

---

[1] 安迪·贝利、格里·约翰逊:《策略是如何在组织发展出来的》,见陈奎等译《教育管理:策略、质量与资源》,香港公开大学出版社2001年版,第293—310页。

的方案,也无法根据一些预先确立的非常明晰的目标来评鉴。因此,形成策略的办法就是把各种选择方案做一比较,衡量哪一个会带来最好的结果,而且可以实施。这种制订策略的过程,林达布洛姆称之为"持续地做有限的比较"。

3. 政治分析角度

从政治分析角度看,组织是政治的实体,决策时的依据常常受到一些享有权力的内部和外界利益团体的影响。而各个利益团体所关注的事项不尽相同,由此产生冲突。于是,只有通过谈判、协商或制定法令才能消除分歧。所以,组织的目标、目的、策略等的制订过程都衍生于这个政治过程,而不是借助纯技术分析、中立评估制订的。

4. 文化分析角度

从文化分析角度来看,不同组织虽然面对相同环境,但会做出不同反应,这是组织文化在起作用。组织文化是组织成员共同持有的深层的基本假设和信念。这些假设和信念在员工实践中不知不觉地发生作用,表现为员工对组织及其环境的一些"理所当然"的基本想法。由于家庭、组织都具有教育功能,组织文化具有遗传性。组织选择的策略不仅源自它对环境做出精确和有计划的反应,还受到组织各成员和利害关系者共同的态度、价值观的影响。所以,组织的策略是依据文化范式发展来的,并且受制于组织文化。

5. 愿景分析角度

从愿景分析角度来看,组织依循的策略源自一个愿景,这个愿景代表组织未来的理想状况。策略的形成过程就是对组织愿景进行清晰阐释和有效传递,得到广大组织成员的认同和协助,这需要组织做大量而有效的工作。

6. 自然淘汰分析角度

从自然淘汰分析角度看,组织取得成功缘于策略、结构与环境之间互相配合,而这种互相配合的关系需要一个过程才能建立起来。这个过程不是理性和刻意选择的,而是与物竞天择的情况类似,依据自然淘汰的法则进行。

每个分析角度都或多或少描述了策略决策过程的某些层面。但由于策略形成相当复杂,单独从任何一个角度分析都不足以解释所有机构在不同情况和不同时间的复杂策略决策过程。实际上,各种策略形成观点并不是互相排斥的,策略形成是不同观点表述过程结合的结果。

(三)策略管理实践

如何实践有关策略管理的理论,涉及策略规划过程、管理者的素质和市场推广手段三个方面。

综合上述规划的、逻辑渐进式的、愿景的、文化的、政治的和自然淘汰的分析角度,学校策略规划过程一般包括以下几个阶段:成立策略规划小组;建立组织价值观和愿景；分析利害关系者；对组织内外部的优势、弱点、契机、威胁等因素进行审视和检讨；发布使命宣言；分析差距并确定缓急先后次序；制订学校发展计划和行动计划；监察和评鉴；实施规划。

但要注意的是，这个规划模型实质上是规划模式与逻辑渐进主义模式的结合体；不应把策略规划过程看成是一个简单的、有固定次序的线性模型，学校有时也需要根据自己的现实情况修订不同阶段的次序，甚至可能需要回到较早前的阶段；学校也不一定每年都要重复所有阶段；监察和评鉴不仅仅是一个阶段，实际上可能贯串于整个规划过程。

策略实施过程也涉及管理风格、组织文化、组织生命周期等因素。不同的组织即使是在相同的策略规划框架下实施策略管理，由于其管理风格不同，策略计划的推行特征会存在很大差异。组织的管理风格可概括为人本主义、实用主义和管理主义三种。在人本主义管理风格下，学校认同个人的学习和成长对组织的成功有价值，管理层在整个规划过程中采取开放的态度，并鼓励员工积极参与。实用主义管理风格同样要求鼓励员工参与决策过程，但只是期望员工在管理议程中有特定的行动，参与的目的是要激发和利用个人的创造力，为学校整体服务。在管理主义风格下，学校高层管理者会按他们对学院优先项目的想法，就规划过程进行构想、指引和观察。在规划过程中，学校并没有寻求或采纳员工的意见，只是把策略规划工作集中在高层管理者身上；其间也要为员工创造条件，但其目的是让他们能配合学校的优先项目。

市场推广手段是学校整个策略管理的一部分，特别是在教育日趋市场化的社会环境下，领导者更应予以重视。市场推广不等于推销和宣传，是指在竞争激烈的市场中考虑顾客的需求，并做出回应；同时，也应该向更多的利害关系者推销自己。

完整的市场推广包括产品、地点、价格、宣传、人物、过程、证明等元素。产品是指向市场提供的服务，包括产品系列、产品利益、产品周期和产品质量；价格表明了顾客要获得有关货品或服务所需付出的资源，包括成本和定价；地点涵盖了机构所在位置与易于获取服务的程度，包含服务提供者的位置以及所服务的设备，这对服务的供应和是否易于获取服务造成很大影响；宣传的任务是把服务的好处告知潜在顾客，包括选用何种沟通方式和宣传工具；人物指的是会参与推销、提供服务、接触服务对象的员工，其中涉及对相关人员进行培训和制定行为守则等；过程包括组织用以管理市场推广工作的运作系统；证明指如何获得证据证明顾客所得到的服务切合他们的需要。

运用市场推广手段，建立市场推广策略还应注意一系列问题：第一，市场推广并不限于简报、广告和销售，也包括沟通和游说，这是推广和公关的重要部分。此外,还要拥有聆听和回应的素质。有效的聆听可以全面找出家长和学生的喜好和期望。第二,在进行市场推广时要把握好"市场定位"的原则。第三,资料搜集和策略发展的方法有两种,即较有系统的方法和凭直觉的非正式方法。在运用时一定要把这两种方法结合起来,单靠一种特别是凭直觉的方法会产生许多弊端。第四,审视环境。这里有排他性和包容性两种取向。排他性主要依据市场进行导向,目标是要吸引更多或不同类型的学生;但它只是针对某个特定的市场层面。包容性主要依据学校社区进行导向,目标是要确保学校能切合所有家长和学生的需要。

二、质量管理

(一) 什么质量管理

"质量"一词最初来自于企业界,是指企业生产的产品和提供的服务所具有的能满足顾客的需求的特性。质量管理涉及质量控制、质量保证、质量管理系统三个概念。[①]

质量控制可视为一个以回馈为基础的系统,即通过搜集意见来改正错误,而意见可来自教职员、学生以至学校以外的顾客,如家长和用人单位。质量控制是被动的,易于造成浪费。质量控制有内部质量控制和外部质量控制之分,前者包括每年的部门检讨和学生课业评估,后者则包括公开考试以及正规的视学检查。

质量保证是通过制订一些防止出现问题和错误的程序去检视课程的目标、内容、资源分配和预计的效果,确保课程能充分满足学习者的需要。质量保证是主动的,侧重于前瞻,而不是事后回应。它较符合质量成本原则,能尽最大可能避免不必要的浪费。

质量管理系统包括质量控制和质量保证两个机制,并与机构的使命和策略联系起来。质量管理涉及一系列复杂的活动,包括市场分析、策略规划、课程发展、资源分配,以及学生学习经验的监察和检讨等。质量管理系统旨在确保质量,保证程序得以落实,而且所有教职员都能够明白和应用这些程序。

由于质量的原始定义定位在满足顾客的需要上,具有相对意义,而质量管理又涉及一个复杂价值取向问题。因此,在确立质量概念时,须明了以下问题:

(1) 对质量的看法首先受制于人们的教育本质观。由于人们的教育观念存在很大差异,因此何谓教育质量以及怎样评估质量并没有一致的看法。

(2) 教育顾客及利害关系者的需求常常互有冲突,这就使质量目标的界定更

[①] 彼得·卡登斯:《教育质量的监察》,见陈奎等译《教育管理:策略、质量与资源》,香港公开大学出版社2001年版,第19—36页。

为困难,最需解决的是公平问题。

(3)要对教育质量做全面准确评价是非常困难的,因为关于学生质量的有些方面是不易观察和量化的。在实际中,学校常常会把重点放在较易评量,但限制很大、流于粗疏的表现指标上,如测验和考试等。导致质量评估主要反映了"量"的问题。

(4)教育有其特殊性,其对象也是活的人而非死的物。因此,不能简单地套用市场观念和机制。

(5)关于质量取向和测量方法应与时俱进。从重视知识积累到重视技能培养,反映了教育质量观的转变。

质量管理一般是由四个循环往复、互有关联且彼此重叠的阶段构成,这就是评鉴、检讨或再思考、规划、实施。(见图10-4)实际的管理活动可以从任何一个环节开始,这要视具体情况而定。

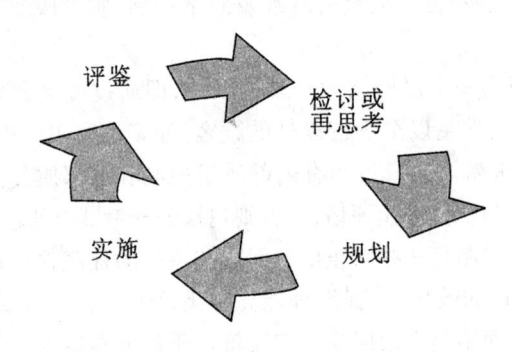

图 10-4 质量管理过程

质量管理也是一个渐进的过程,一般要经历这样一个由低级到高级的发展阶段:检查→质量控制→质量保证→全面质量管理。质量管理的每一个阶段都有其特征和功能。

(二)质量管理模式及其功能

尽管学者们对推广质量管理模式提出了一些批评,可能流于过分形式化和科层化,但它还是为有效提高教育质量提供了一个依据。具体说,有助于以有系统的方式检讨和改善当前的教育实践情况;能够从学生的角度审视实践中的各个过程;有利于所有教职员完全掌握学校的政策和程序;能促使管理采取综合而全面的取向,把那些通常做个别处理的事务联系起来,如把组织的整体价值观和策略与员工发展和学习者的需要联系起来;促使学校采取前瞻的态度,提前精心设计一个学习环境,防止问题出现,而不是在问题产生后才补救;促使员工用发展的眼光看待质量,质量在相当程度上不是一个点,而是一个不断努力追求的持续过程。

但是,采用质量管理模式不是一个简单的实施过程,需要注意一些问题:如何改变组织文化,好让学校能顺利推行持续的质量改进;如何改善微观政治环境,以解决大型的复杂的组织中出现的问题,还需正视并致力于解决在采用和建立质量管理模式时容易出现的问题(缺乏时间、沟通不足、组织基本架构不配合、员工不清楚应有的主动性和责任、缺乏管理层支持、缺乏专业知识、员工觉得"创新只是为转变而转变"、过分着重科层的程序);如何从学生处获取有关服务质量的看法;如何避免官僚现象,如建立了一些臃肿的系统和繁琐的程序,只着眼那些已设定表现指标的活动,忽略了其他事项。质量模式大致上属规范性的,忽略了组织的冲突和模棱两可的一面,没有顾及建立共享文化要面对的困难,而这样的一种文化对组织全面推行质量管理模式是不可缺少的;究竟质量管理是为了改进还是问责,两者之间会出现紧张关系。

质量管理模式主要有两大功能:一是问责性——质量的"证明";二是检讨和发展——质量的"改进"。后者是质量管理模式的本质功能。因为以满足学习者的需要来看待质量,就不能为了满足问责而去作为。问责不是目的,而是促使工作改进的工具。因此,只有从"改进"的角度去认识和运用质量管理模式,学校教育教学质量才会有实质性的改善。

问责包括公众问责、专业问责、合作伙伴问责和消费者问责。其中,专业问责是最重要的模式,它更有利于调动专业人员的主动性、独立性和责任心,对质量的"改进"最直接。因此,教育组织必须建立自己的一套质量保证方法,并以改进为目标,而不是依照外界的质量要求去行事,因为这些要求可能会流于偏颇。

(三)课程管理分析

由于教学是学校的中心工作,其质量如何,直接关涉整个学校效能高低。教学中,最关键的是课程,所以课程管理就成为质量管理的核心。

课程管理的主要工作是"协调",包括协调课程的规划、实施和评价三个过程;同时,确保"预期"的课程(即计划的)、"提供"的课程(即教师在课堂上使用和教授的)、"接收"的课程(即学生真正经历的)三大课程元素协调一致。①

要保证协调,必须适时对课程进行系统改革。"课改"的动力有两种:一是由校内规划的课程变革,其特点是通常把重点放在渐进的发展工作上;二是由外界策动的课程变革,其特点是需要组织做出大规模的结构转变。事实上,在当今复杂多变的环境中,学校的课程变革往往是由以上两种因素同时引发的。

---

① 内维尔·维斯特:《课程发展、政策实施与质量监督的分析框架》,见陈垄等译《教育管理:策略、质量与资源》,香港公开大学出版社2001年版,第118—145页。

课程转变有三种实践取向:一是权力——强制取向。这是一个直接、法定与权威的取向。沟通是单向的,信息只会由"转变发起人"向"实务人员"传达。二是规范——再教育取向。这种取向针对实务人员群体的态度、准则和意见,通常使用小组工作方式,并着重双向的人际沟通。三是理性——实证取向。这种取向建基于专业知识上,针对实务人员的理性和智慧。书籍演讲或广告是经常使用的媒介,而沟通大多是单向的。

三种实践取向各有利弊,在课程转变实践中应持哪一种取向要视具体情况而定。另外,课程变革是一个过程,课程转变的三种取向可能会同时出现在这个同一过程的不同阶段。按照本尼斯的说法,变革会逐渐从权力——强制型转变为理性——实证型,进而为规范——再教育型。不过,要是这项变革起初并不受欢迎,那就需要经过较长时间历程才能为人接受,并把变革视为组织规范和信念的一部分。

如何认识课程转变,有三种分析角度:一是科技的分析角度。这种分析角度假设世界是理性的,转变是线性的,且权威人士是转变的必然原动者。从这个分析角度出发,课程转变政策都依循的理性逻辑是:"如果采取 A,必然得到 B"。与该角度对应的课程转变实践取向往往是理性——实证取向。二是政治的分析角度。政治的分析角度强调教育变革难免涉及冲突(包括价值冲突)。因此,课程变革应注意微观政治层面。从这一角度看课程变革,高层管理者通常会尝试采用不同的策略,博取各个小组和重要人物支持他们的建议。与该角度对应的课程转变实践取向常常是权力——强制取向。三是文化的分析角度。文化的分析角度探讨的是引进创新所涉及的社会环境。从这个分析角度来看课程转变,文化对学校和课堂能产生影响,包括组织文化对个别教师及其处事方式的影响。因此,课程转变应重点考虑组织的文化层面。与该角度对应的课程转变实践取向往往是规范——再教育取向。

三种分析角度可透视转变过程的不同层面,因此每种角度都非常重要。但三种分析角度无一能够全面而如实地描述转变的过程。在特定时间考察某个特定问题时,可能侧重某一个角度而忽略另一个。但长远来说,需要从整体省视这三种分析角度,才能了解所有参与转变过程的人所处的实际情况。换言之,需要整合这三种分析角度。

(四)课程的规划和实施

课程的规划与实施是课程转变的两个核心环节。在规划和实施课程时,应致力于洞悉规划的课程、提供的课程和接收的课程三者之间的内在联系,力求缩短三类课程的距离。为此,在制订课程政策时,应清楚说明从"应然"到"实然"的步骤;决策的重心应放在行动以及实际的结果上。

规划和实施的方法主要有系统的规划方法。这种方法可以把组织的整体价值观、学习者的经验和实行的课程联系起来。但组织中也存在着模棱两可现象和一些非理性因素,试图在组织中应用纯理性模型来进行变革和发展,就会出现"组织病态"。因此,需要把有系统的规划方法与"软性"方法结合起来。

虽然很难评价三种课程转变实践取向的好坏,但采用一种协作式的取向来规划和实施一个通用的课程政策还是有好处的。因此,在规划和实施课程转变时,应尽力做到让所有人共同控制实施的过程(由上而下的模式是不可取的);不同层级之间能互相合作,建立良好关系;个人和学校获得赋予的权力。

在规划和实施课程转变时,应充分重视监察的作用。监察程序是一个保证质量的方法。同时,应重视对员工的激励和持续培训,建立起课改的外部支援系统。

(五)课程评鉴

与课程实施唇齿相依的课程转变的另一个环节是课程评鉴。课程评鉴涉及决定教育服务的价值、教育的作用及质量观等因素,而这些正是改善教育服务的基础。因此,必须重视并正确把握课程评鉴这一环节。

价值观和信念是课程评鉴的深层依据。进行课程评鉴时,要依据自己对教育目的所持的价值观和信念做出判断。在课程变革中所听到的不同观点,通常都同样适用于评鉴,但每一个观点决定了对评价过程的性质、目标和监管采取的取向大相径庭。因此,在进行课程评鉴时,优先要解决观念问题。

由于课程是指学生在学校里所接受的一切经验的总和,课程评鉴的范围应该是相当广泛的。它不但包括知识性内容(预期的课程、提供的课程和接收的课程),还应包括影响学生发展的各个过程。

课程评鉴的形式有校外评鉴和学校自主评鉴两种。校外评鉴有视学、家长、地方教育局顾问和其他学校教师等对学校成就的一般观感。其中,视学是最显著和普遍的一种。学校自主评鉴是在学校本地化管理(即校本管理)和"专业主义"大潮下较受重视的一种课程评鉴形式,它对学校自主持续改进有重要意义。课程研究学者、学校教学管理者将会在这个过程中扮演主要领导的角色。

这里需要强调的是,每一种评鉴形式都具有问责和改进两种功能。在采纳任一评鉴形式时,都应注意全面发挥评鉴的整体功能,不能厚此薄彼。如视学这一校外评鉴形式,尽管学校的公开目标是通过视学而得到改进,由于很多学校对视学采取一种"汇报式"的态度以及视学机构对学校提供的支援欠充分等原因,视学往往流于向公众问责而不是为了改进。其实,校外视学在客观上还是有好处的,如教师不论是为视学检查做准备,还是在检查后实施行动计划,都要进行专业反思;而学校也得为接受视学检查而准备各种资料,使以后的管理规范化。这两点对学校内部评鉴过程、个人和组织的发展都会大有好处。

日常监察是课程评价的常用方法,也是一项协作和共享的活动,有助于教师的专业发展,并不是加在教师身上的枷锁。通过日常的监察工作,可以了解到课程的政策和计划是否已成功转化,成为课堂中提供的和接收的课程。监察策略包括小组教学、同侪观课、同事间就指定的重点一起进行自我评鉴、学生跟进工作、抽样检查学生的习作,以及与学生讨论他们的学习情况。

参与式评鉴是整合个人和学校发展需要的有效策略。课程的检讨和发展是评价程序的核心。如果要使课程检讨和发展成为学校运作过程的一个重要环节,那么检讨和发展必须在那所学校建立起稳固的基础,而不单单是学校运作过程的另一个行政程序,或者是对个别事件"只此一次"的回应。参与式评鉴是整合个人和学校发展,使学校顺利开展自我评价并取得成效的有力工具。

参与式评鉴可采取的活动形式有:一是开放课堂,让教师随意互相观摩,而教师日后可以就这些活动进行讨论;二是为教师举行工作坊,主要探讨在课堂上组织学习活动的实务问题;三是两位教师一组,大家做彼此的"诤友",互相观课,然后把相关的问题带到员工讨论会上讨论。

当然,要开展参与式的学校自我评价,就必须先有一个参与式的管理模式。如果要顺利开展学校自我评价并取得成效,这些评价必须有员工参与,并以他们的需要为大前提,而不是单向地要他们接纳这些评价形式。

三、财务和资源管理

资源管理是策略管理的重要元素,财务管理又是资源管理的重要内容,它们都与教育组织的目标、宗旨和产出息息相关。因此,财务与资源管理是策略与质量之间的纽带。对学校管理者来说,虽然并非每个人都参与财政预算,但每个人都参与一定范围的资源分配,如对时间、人员、物质设施、部分资金等的分配和利用。也就是说,每个人都直接或间接地与资源管理有关系。[①] 所以,学校管理者应该了解组织的预算及其管理如何影响自己的工作,以便有效地管理本部门的预算。

(一)学校资源分配的几种模式

学校资源分配一般有集权、分权、混合三种模型。在集权系统中,决策只会由一个单位做出,有两种运作形式:一种是校长是拥有全部权力的独裁者,负责做出全部决策;另一种是全部决策由员工组成的委员会集体讨论做出。在分权式模型

---

① 罗莎琳德·莱瓦切奇:《教育机构的资源管理:开放系统模式》,见陈垄等译《教育管理:策略、质量与资源》,香港公开大学出版社2001年版,第201—216页。

中,财务决策由掌管财政预算的个别教师做出。在混合模型中,学校可能根据方程式把一般开支安排的职责授予员工,而同时在学校一级保留一些资源以应付全局或突发性的事件。

三种资源分配模式各有长短,具体采用哪一种,要视具体情况而定。要为某个特定的环境选取最好的模式,必须评估这种模式对效率和效能的影响,并要考虑到学校的规模、高层和中层管理者的能力,以及组织的文化、领导风格和发展需要等因素。总体来说,没有一个系统可以在任何情况下都能达到"物有所值"这个目标,每所学校都需要在集权系统和分权系统这条连续线上找到平衡点,并同时兼顾控制、一致、弹性和机动等方面的因素。

(二)资源管理的理性模式

资源管理的理性模式有别于传统的渐进式预算模式。根据传统模式,每年的预算案只是把上一年度的支出略为调整,而教育组织的财务会计也只能与教育的方针松散地结合起来。理性模式是从一个规范的角度审视资源管理,它能通过妥善运用资源达到教育目标,即能把资源管理与组织目标充分结合,从而提高组织效能。理性模式的一般程序是:

(1)根据组织现实的情况,商定组织的宗旨、目标及处事的缓急先后次序;

(2)根据这些宗旨和目标来评鉴不同的行动方案;

(3)在那些合乎宗旨和目标的行动方案当中,挑选出最能配合组织缓急先后次序的方案;

(4)实施——将所选的计划付诸实践;

(5)评鉴——根据计划实施的结果量度距离目标还有多远。

根据理性管理模式在实践中处理组织的目标与手段(资源)的"紧密"程度不同,可以把理性管理模式划分为两种:一种是"紧密"型理性模式,其特征是:目的清晰,毫不含糊,全体员工都知悉并认同;职位层级清晰分明,每个职位都有清晰的职责说明,展示了汇报与问责之间的明确关系;广泛地推行中央集权模式,这样获委派任务的员工,便可以在清晰的指引下做决定,而员工的自主权和酌情权便会相对较小;预算决策与较广泛的规划决策应有清晰的联系;有严谨的程序去评估可供选择的计划,以确定计划是否合乎机构的目的;不同阶层的员工能够较有效而全面地以由上而下或由下而上的方式沟通。另一种是"松散"型理性模式,其特征是:员工普遍认为管理工作是由全体员工分担的;宗旨和目标都是建基于一些概括的原则和共同的价值观之上;尽量基于协商和共识去做出决策;有系统地就预算做出决策,但亦要容许一定的弹性,让计划可以在中期做出修改;计划经过广泛与公开的讨论和评鉴。

在管理实践中具体采用哪一种,要考虑众多的因素,如领导风格、学校文化、人际互动关系、组织对外在环境的实际回应形式等。

从理论上看,理性模式有许多优点:第一,致力于资源管理与组织目标的联系,能很好地把资源管理与组织效能整合起来。理性模式确立了学校的目标,并把这些目标传达下去,作为员工、学生和社区建立共同价值观的依据。第二,理性模式为组织资源管理定下一个明确的框架。组织沿着这个框架进行资源管理,既可以减少模糊不清的情况,也有利于保持组织规划的连贯性。第三,可以最大限度地避免由于各种压力团体的影响而导致的组织整体成长受阻问题。

但理性模式也有许多局限性:第一,如果所提供的服务属无形的和具有争议性的,组织的宗旨和目标难以界定。第二,组织目标具有很强的领导者个人主观色彩,要使员工都能认同,存在很大困难。组织必须有一种融合的文化,才能使员工对组织目标及其背后的价值观建立共有的想法。但持微观政治观点者认为,组织中的每一个利益小组均有各自的目标,因而会与其他的利益小组竞争以获取组织的资源和权力。第三,运用理性管理模式必须搜集充足的资料,并进行合理的诠释,这是既费时又费力的工作。另外,人类的智能必然是有限的,所以理解大量的资料亦存在困难。

(三)学校财务管理中的预算

在学校组织中,预算工作涉及制订和实施关于如何运用财务资源的决策,借此取得实质资源,如教职员、课本、设备和物资、水电和维修保养等。如果组织的预算涉及基本建设费用,实质资源还包括设施和校舍等。预算是一个涉及组织资金的流入和流出的架构,所有相关的决策都会在这架构之下进行规划、实施、记录和报告。每项预算都有一个特定的时期,通常是按财政年度制订的。

组织的预算有三大功能:(1)规划功能。预算是一个重要的工具,用以决定组织将来要做的事情,以及它如何为需要的资源提供资金。(2)财务控制功能。财务控制涉及记录、监察和调整收入和支出的过程,确保预算得以诚信、有效率和有效能地处理。在整个财政年度中,组织应定期编制财务报告。掌管预算者应对前后出现的差异提高警觉,看是否需要采取行动;必须检查记录是否准确无误,并寻求出现差距的原因。如果解释令人满意就无需进一步的行动;否则,就需进行资金调配。负责日常财务控制的人应接受财务记录和报告等方面的专门训练,或得到具备这方面专业资格证的人员的协助。(3)问责和管理功能。除了财务控制用途外,财务记录也可确保金钱能花在预期的目标上。通过审计,可以确保财务是否有诚信,并能检查组织是否设立了适当的制度去防止欺骗和浪费。

财务预算的三项功能与预算周期的四个主要阶段有关:第一阶段,获取资金。这是进行预算首先要考虑的事情。一个组织所得的收入,取决于其向任务环境输出的资讯及产出。换句话说,组织的收入观注把投入转化为产出的流程,以及任务环境是否满意产出。在这种情况下,组织的所有活动都会影响其收入。如果组织收入要观注学生人数,而组织之间又要争取学生,这种影响尤为显著。第二阶段,分配资金。这是预算的规划或准备阶段,前面探讨如何把预算过程与教育目标联系起来,所涉及的主要就是这个阶段。第三阶段,实施。在财政年度开始的时候,为该年度所拟定的预算计划成为来年预算中预期的收入和支出。随后,实际的收入和支出会逐渐显露出来,这些数字会与预期的做比较,用作监察和确定预算。在实施过程中记录的财务数据会用作审计和预算评鉴。第四阶段,评鉴。这一阶段包括回顾过往一年的收入和支出,并评定资源是否有效能、有效率和公平地使用。

> 法制社会,不仅要求公民守法,而且要懂法,并运用法律武器维护自己的权利。当你的受教育权受到损害时,你会运用适当的教育法律和程序捍卫自己的权利吗? 当你成长为一校之长后,你能依法治校吗?

第十一章 依法治校与教育法律救济

学校是享有一定权利并承担一定义务的社会组织,既是实施教育教学活动最重要的场所,又是教育法调整的重要对象。健全、完善的教育法律是保证教育教学活动以及教育管理活动顺利开展的基础,是整个教育教学改革向纵深方向发展的关键性环节,也是真正形成依法治教、依法治校的良好社会氛围的必要条件。在学校教育过程中,教师和学生是其存在的最基本要素,也被称为教育过程中的"两极"。要实现学校依法治校,就应当清楚学校、教师、学生的权利与义务。

第一节 教育法律原理

什么是教育法？如何正确理解和把握教育法的特点、功能以及教育法的体系等,是学习和研究教育法的前提,也是全面了解教育法律原理的基础。

一、教育法概述

要实现依法治校,分析学校中存在的各种法律问题,就必须从学习和掌握教育法开始。

(一)教育法的含义

通常意义上来说,法是由国家制定和认可的并以国家强制力保证其实施的行为规范的总和,即法律是一种行为规范,是由国家制定和认可的,并以国家强制力保障的行为规则。所以,广义上所说的法律概念就等于这里的法,而狭义的法律是指拥有立法权的国家权力机关依照立法程序制定和颁布的规范性文件。[1] 与此相应而言,教育法就是由国家制定和认可的并以国家强制力保证实施的有关教育

---

[1]《简明社会科学词典》,上海辞书出版社1984年版,第677页。

活动的行为规范的总和。教育法的目的在于依法治教和对教育领域中各种应由教育法来调整的社会关系做出法律调整,从而保证和维护教育教学活动和谐有序地运行。

(二)教育法的特点

教育法的特点是指教育法作为一种社会规范不同于其他社会规范的特性,以及作为一种法律与其他社会规范和法律相比,其自身具有的独特的特点。遵循这一原则,我们认为,教育法的特点主要表现为以下几个方面:

1. 教育法的规定具有公定力

教育法所规定的事项,是表达国家对于教育的要求和意志的。为此,该事项具有公认而确定的效力,即公定力。这是因为,教育法更多的是具有行政法所特有的一面,教育行政关系是一种纵向型的,以命令与服从为基本内容,以隶属性为基本特征的法律关系,当事人之间的法律地位是不对等的,不论这种关系的对方意见如何,只要国家机关依法下达了指示或命令,这种法律关系就形成了,关系的相对方就必须履行作为或不作为的行为,任何个人都无权否定教育法律法规的法定效力。

2. 教育法的规定具有强制性

教育法既然是国家的意志,所以它规定的事项,与其他法律一样具有不同程度的强制性,不允许任何人违反或变更。教育法是由强大的国家强力部门做后盾来实现的,义务人违反了教育法规定的义务时,国家机关可以依法强制行政和追求责任。同时,教育法规定的这种强制性与民法、刑法有所不同,教育法的强制规定一般都是规定事前的作为或如何作为、不作为,通过反复宣传,教育人们怎样做;事后的制裁,仅是实现教育法所规定事项的一种手段,而不是教育法规定的本质。因此,其适用范围和强度与其他法律法规相比有很大的不同。

3. 教育法具有多变性

教育法的多变性主要是由于教育立法主体的多元性所致。一方面,立法的主体不仅有最高权力机关、地方权力机关,而且有最高行政机关及其所属部委以及地方行政机关,特别是政府部门发布的行政法规和规章变动较为频繁。因为行政法规和规章是为行政机关实施法律、执行职权与适应实际需要所制定的,并可自行修订,无须经过立法机关,所以修改的频率较高,表现为多变性。另一方面,在我国,立法机关、行政机关、司法机关三者不是相互独立、相互制衡的,因此行政部门既是立法者,又是执行者;同时,随着立法权限的下放,行政权力极度扩张,呈现出教育立法行政化的特点,教育行政部门有很大的立法权限,教育法的多变性就在所难免。

4. 在教育法之上没有统一的法典

教育法在形式上是由分散于宪法、法律和法规等为数众多的法律文件中的规范组成的,没有统一的法典,没有一以贯之的完整的系统,也没有共同性的或一般性的规定。教育法的这一特点与其他法律如民法、刑法等有根本的不同。民法、刑法都具有统一的法典,分别适用于民事活动和刑法事项。这是因为教育法调整的范围庞杂广泛,教育教学事项繁琐多变,与教育有关的法规甚多且修改频繁等,使得法律很难对教育问题做出综合统一的规定,不可能制定一部完整统一的教育法典;而且,民法、行政法等法律中都有许多调整教育法律关系的内容、条款。

二、教育法律规范

一般而言,一部具体的教育法律文件如《教育法》《教师法》等,总是由法律名称、立法依据和目的、法律概念、法律原则、法律规范、法律技术规定(如授权解释规定、实施日期、制定机关、发布机关、废止项目)等部分组成;而教育法律规范是教育法律文件的核心内容和主体,执行教育法律实际上就是执行教育法律规范。

(一)教育法律规范的含义

教育法律规范是构成教育法的基本单位,因此要研究教育法就需从解剖教育法律规范入手。所谓"规"就是规则,"范"就是模子,规范就人们行为的规则;而教育法律规范是由国家制定或认可的、由国家强制力保证实施的一般行为规则。对这一定义的理解,可以从以下几个方面来把握:

(1)教育法律规范是体现国家政权意志,由国家制定、认可并以国家强制力实施的一种行为规则。它在国家教育领域及教育教学活动规范体系中,是具有最高地位和效力的一种社会规范。

(2)教育法律规范是规定教育教学活动中教育关系参加者权利和义务的行为规则,是旨在建立与维护教育领域的秩序和发展的特定行为准则。它与其他规范,如道德、宗教等行为规范相比,在形式和分类上具有其明确性。

(3)教育法律规范在其适用对象和适用范围上具有普遍性。在适用对象上,它不是为具体的人或特定的人提供行为标准,而是为一般的人、抽象的人提供行为标准;在适用范围上,教育法在其政权管辖的范围内具有约束力,令行禁止,具有统一性,只要法尚未失效,就能反复适用,而且不止适用一次或若干次。

(二)教育法律规范的结构

教育法律规范是由三个具有特定逻辑结构的要素构成的,即假定、处理和奖惩。

所谓"假定",是指法律规范适用的条件和范围。只有合乎特定条件,出现特定情况,才能使用特定法律规范。例如,我国《义务教育法》第十一条规定:"父母或者其他监护人必须使适龄子女或被监护人按时入学,接受规定年限的义务教育。"适龄儿童的"父母或其他监护人"就是这一法律规范的假定部分。只有儿童的父母或者监护人才有义务使适龄子女或被监护人按时入学,接受国家规定的义务教育。

所谓"处理",是指教育法律规范要求的作为与不作为。它是教育法律规范的基本部分,是教育法律规范的核心内容。具体规定了在符合假定条件下,人们可以做什么,应当做什么,禁止做什么。应该做什么和禁止做什么是从两个方面规定行为主体义务的。如我国《教师法》规定,教师要热爱学生和尊重学生人格,不能体罚或变相体罚学生。可以做什么则表现了行为主体的权利,这些权利不经法律许可,任何组织、个人不能非法剥夺。如教师教育教学权、学生的受教育权和学校的办学自主权等都是法律规定的权利,任何组织、个人侵犯其法定权利都将受到法律的制裁。

所谓"奖惩",是指人们做出或不做出某种法律规范规定的行为时,在法律上引起的后果。法律后果的性质可分为两类:一类是奖励,即国家依据法律对人们的行为有效性加以肯定,对各种合法行为加以保护、赞许;另一类是惩罚,即国家根据法律对人们行为的有效性加以否定,对各种违法行为予以制裁。其中,惩罚是教育法律规范结构中不可缺少的重要组成部分。教育法律规范区别于其他社会规范的典型特征,就在于它的强制性;如果没有强制性,或强制性弱化以及强制性规定含糊不清,将直接影响教育法律规范所规定的权利与义务的实现,进而影响到权利主体的权利实现,并为义务主体逃脱法律义务提供了便利。

假定、处理、奖惩是构成教育法律规范的三个组成要素。其中,假定是前提,处理是核心,奖惩是关键。三要素相互联系,不可缺少。但是,这三要素并不一定同时出现在同一个法律条文中,甚至也不一定出现在同一法律文件中。

(三)教育法律规范的类型

教育法律规范作为构成教育法的基本元素,不仅要按照其法律效力具备特定的表现形式,还要按照其内容、性质、作用形成一定的类型体系,从不同的角度来规范教育行为,以保障教育权利与义务的实现。所以,教育法律规范按照不同的角度有不同的类别。

(1)按照法律规范"处理"部分内容的不同,可将其划分为义务性规范、禁止性规范和授权性规范。

所谓"义务性规范",是要求人们必须做出一定行为及承担做一定行为的义务的法律规范。换句话说,就是指规定必须采取某种行为或承担某种义务的法律规范。例如,我国《教育法》关于学校、教师、学生的义务规定,《义务教育法》关于国家、社会、学校、家庭的义务规定等。

所谓"禁止性规范",是指规定不得采取某种行为的法律规范。例如,《义务教育法》第十六条规定:"任何组织或个人不得侵占、克扣、挪用义务教育经费,不得扰乱教学秩序,不得侵占、破坏学校的场地、房屋和经费。""禁止侮辱教师、殴打教师,禁止体罚学生。"

所谓"授权性规范",是指授权公民或国家机关有权采取某种行为的法律规范。其中,授权于公民的权利可以放弃,但不能非法剥夺。公民是依法享受权利还是放弃权利,是其自主的选择。但是,授予国家机关的权利则必须行使。因为国家机关是为了国家和人民的利益行使职权的,对于法律授予的权利不能放弃;否则,就是玩忽职守,要承担行政责任,情节严重者要承担刑事责任。

(2)按照法律规范的确定性程度,可将其分为确定性规范、委任性规范、准用性规范和非确定性规范。

所谓"确定性规范",是指明确地规定了某一行为规则的内容,而不得援引其他规范来说明的法律规范。在这种规范中,权利与义务规定的具体、明确、肯定,人们必须按照规定予以遵守执行,没有自主选择的余地。

所谓"委任性规范",也叫委托性规范,是指没有直接规定规则的内容,而是规定什么国家机关可以制定该项规则的内容。例如,《义务教育法》第十七条规定:"国务院教育主管部门根据本法制定实施细则,报国务院批准后施行。"

所谓"准用性规范",是指不直接表述规则的内容,而是当所规定的情况出现时,准许引用其他有关条文、规定办理的法律规范。我国《教育法》《教师法》《义务教育法》等法律中罚则部分的规定,大多都采用准用性规范的表述方式。

所谓"非确定性规范",是指规范本身不够明确、具体,不可能预见将来发生的行为,因此无法在法律规范中把这些行为全部列举出来,无法制定确定性规范。如《宪法》第四十六条规定:"国家培养青年、少年、儿童在品德、智力、体质等方面全面发展。"其中,"等方面"就说明"品德、智力、体质"并非青少年、儿童发展的全部,美育、劳动技术教育也应是青少年、儿童全面发展的组成部分。

三、教育法律关系

在教育教学活动与教育管理活动中,必然形成各种教育关系。当用法律规范来调整这些关系时,上述教育关系便成为教育法律关系。

（一）教育法律关系的概念

教育法律关系是教育法律规范在调整人们有关教育活动的行为过程中形成的权利与义务关系。具体来讲，教育法律关系的基本特征为：

1. 教育法律关系是由教育法律规范规定和调整的教育关系

教育法律关系与教育法律规范有着不可分割的联系，而其他社会关系则没有这种必然联系。二者的联系具体表现在两个方面：一是任何一种教育法律关系都是以与这种法律关系相适应的教育法律规范的存在为前提的；如果不存在相应的法律规范，那么这种教育关系就不会具备教育法律关系的性质。二是教育法律关系与教育法律规范的这种必然联系还体现在，法律规范只有在具体的法律关系中才能得以实现，才能发挥其调整教育关系的作用。因为教育法律规范只规定人们的行为模式和相应的法律后果，只有当符合教育法律规范所确定的教育法律关系或教育法律行为出现时，才会引起具体的教育法律关系的产生、变更或消亡。任何教育法律关系一旦依法成立，便会受到相应教育法律规范的确认、保证和调整，任何破坏这种法律关系的行为，都要受到法律的制止并引发相应的法律后果。

2. 教育法律关系是一种权义关系

教育法律关系是国家通过法律规范在调整教育关系过程中形成的权利和义务关系。这种权利的实现与义务的履行是由国家强制力保障的。在教育法律关系中，法律关系的主体依法享有一定权利，也负有一定义务。法律以国家强制力为后盾，保障法律关系主体合法权利的实现与法定义务的履行。任何侵犯他人合法权利和不履行法定义务的行为，都将受到法律的制裁。所以，教育法律关系区别于一般社会关系的特殊性，不仅在于它以法律上的权利和义务为内容，而且还在于这种权利的实现与义务的履行是由国家强制力来保障的。

（二）教育法律关系的类型

教育法是调整教育关系的法律规范的总和。教育关系虽然复杂多样，但就其性质而言可分为两类：一类是纵向性的法律关系，一般称为教育行政法律关系；另一类是横向性的法律关系，一般称为教育民事法律关系。

教育行政法律关系是国家行政机关在教育行政过程中发生的关系。这一关系反映的是国家与其相对人的纵向关系，其实质是国家如何领导、组织和管理教育的活动。教育行政法律关系是以权力服从为基本原则，以领导与被领导的行政管理为主要内容。在这一法律关系中，国家教育行政机关与其相对人的法律地位是不平等的。国家行政机关处于管理的、领导的和主动的法律地位，而其管理的相对人如学校、教师、学生等处于被管理的、被领导的和被动的法律地位。法律关系的形成与变更通常不取决于当事人双方是否达成共同意愿，而取决于具有法定职权的教育行政机关一方的决定,教育行政机关可以不考虑相对人的意愿单方面做出处置决定。教育行政机关一旦做出决定,下达了行政命令,教育行政法律关系就形成了。在这种关系中,行政相对人必须无条件服从,否则可追究其法律责任。

教育民事法律关系是不具有行政隶属关系的学校与行政机关、企事业组织、集体经济组织、社会团体、个人之间在教育活动过程中发生的关系。这类关系是在共同意思表示的基础上建立起来的,是各个平等主体之间在教育教学活动中所引起的,财产所有和流转是这类关系的基本内容。教育法律关系涉及财产、人身、土地、学校环境、人才培养合作、科技成果转让、联办产业、联合办学等方面。其中,有些属于民法调整的范围,有些则具有明显的教育特征,不属于民法的调整范围,也很难用民法规则来确定与衡量。确切地说,这是一类具有教育特征和民事性质的教育法律关系,随着教育民主化的发展,这种平权性的教育法律关系的范围将会逐步扩大。

(三)教育法律关系的产生、变更和消亡

教育法律关系以教育法律规范的存在为前提。但是,教育法律规范只设定了教育法律关系的一般模式,其本身并不能创造教育法律关系,而真正引起教育法律关系的产生、变更与消亡的,是符合教育法律规范设定条件的法律事实。

所谓"法律事实",是以法律规定能够引起法律关系发生、变更和消亡的客观情况。如教师的死亡,它会使教师与学校、学生之间原有的权责关系消亡,进而也引起一系列民事法律关系的消亡或产生;儿童年满6周岁,便引发与家长、监护人、学校、社会、国家一系列法律关系的产生。由此可见,法律规范、法律关系、法律事实三者之间是有密切关系的。法律规范是判定法律事实是否成立的依据;法律事实是引发法律的新发生、变更、消亡的直接原因;法律关系是法律事实导致的结果,也是法律规范作用与社会关系的表现。

四、教育法的制定、实施与监督

为了使教育高效的发展,需要有一套完整的教育法律体系保障其顺利运行。教育法律体系的建构,首先要有教育方面的立法,才能做到有法可依、有法必依;其次,教育立法的目的是为了执法,做到执法必严、违法必究;同时,要使教育法在现实教育领域中有效地实施,还须建立一套严密的教育法监督机制,才能减少"执法犯法"的情况。

(一)教育法的制定

1. 教育法制定的含义

教育法的制定,又称教育立法,有广义与狭义之分。广义的教育立法,是指国

家机关依照其职权范围通过一定程序制定(包括修改或废止)教育法规的活动。其中,一定的国家机关,包括最高国家权力机关、最高国家行政机关及其所属的部委,以及法律规定的一定的地方国家机关。这些机关制定教育规范性文件的活动,均属于教育立法。狭义的教育立法,是专指国家最高权力机关及其常设机关依据法定权限和程序制定教育法律的活动,如制定教育法就是我国国家机关的职权和专有活动之一。按照我国《宪法》规定,全国人民代表大会及其常务委员会行使国家立法权,有权制定宪法、法律;国务院根据宪法和法律行使制定行政法规的职权;省、直辖市、自治区的人民代表大会及其常务委员会,在不同宪法、法律、行政法规相抵触的前提下,行使制定地方性法规的职权;民族自治地方的人民代表大会依照当地民族的、政治的、经济和文化的特点行使制定自治条例和单行条例的职权。

2. 教育法的制定程序

教育法的制定程序,又称立法程序,是指一定的国家机关制定(包括修改、废止)教育法的法定步骤和阶段。一般而言,教育法制定的法定程序可分为四个步骤:

(1)教育法律议案的提出。所谓"法律议案的提出",是指依法享有专门权限的机关或个人向立法机关提出关于制定(包括修改、废止)有关法律的建议或提案。

(2)教育法律草案的审议。所谓"法律草案的审议",是指立法机关对已列入议事日程的法律草案进行审查和讨论。

(3)教育法律的通过。所谓"法律的通过",是指立法机关对法律草案经过审议讨论后表示正式同意,使之成为法律。这一步骤在整个立法程序中具有决定意义。

(4)教育法律的公布。所谓"法律的公布",是指法律的制定机关将通过的法律用一定的形式予以正式公布。

(二)教育法的实施

立法的目的在于实施,在于运用法律来规范人们的行为,调整社会各方面的关系。教育法的制定和颁布是依法治教的前提,而教育法的实施则是依法治教的关键。如果把"教育法的制定以及对其效力的说明称作'应然状态'的话,那么教育法的实际被执行和被遵守可称作'实然状态'。实施教育法,就是使其在教育活动中达到'实然状态'。"①

1. 教育法实施的含义

所谓"教育法的实施",就是通过一定方式在社会生活中具体运用和实现教育法律规范的活动。教育法律实施的过程是教育法律在现实社会生活中的具体运用和实现的过程,也是将教育法中所定的权利与义务关系转化为实现生活中的权利和义务关系。因此,教育法的实施可以有两种方式,即法律的遵守和法律的适用。

2. 教育法的遵守

所谓"教育法的遵守",就是任何组织与个人的活动都按照教育法规定的要求行为。这样,其活动就是合法行为,而不是违法行为。教育法的遵守"从守法形式上分三类:第一,行使教育法规定的合法权利。第二,积极履行教育法所规定的义务。第三,遵守教育法规规定的禁令。从守法的实施过程与方式来考察,包括消极守法和积极守法。'消极守法'指守法主体对法律规范(主要是义务性法律规范)的被动服从以及对合法权利的正当放弃。'积极守法'则指守法主体对法律规范的主动适用以及对社会不法行为或意向的合法抑制或反对。因此,'守法'不仅仅是'不犯法',而且还包括'用法'与'护法'。"②

3. 教育法的适用

所谓"教育法的适用",是教育法实施的一种基本方式。广义的教育法适用,包括国家权力机关、国家行政机关和国家司法机关及其公职人员依照法定权限与程序,将教育法运用于具体的人或组织的专门活动。狭义的教育法适用,则专指国家司法机关依照法定的职权和程序,运用教育法处理各种案件的专门活动,即教育司法。不管是广义的还是狭义的,教育法的适用是指国家机关及其公职人员以国家的名义实施教育法律规范的活动。因此,教育法的适用同一般的国家机关遵守法律、执行法律、运用法律不同,它具有强制性。

(三)教育法的监督

教育法的监督,通常有广义与狭义之分。从广义上讲,它泛指各国家机关、社会组织或公民依法对法律实施情况进行的监督活动。从狭义上讲,它特指国家专门法制监督机关,即人民检察院依照法定权限和程序对法律的执行和遵守情况的监督活动。这里所说的教育法的监督则取其广义含义。

教育法的监督的基本要素,主要有法律监督的主体、法律监督的客体、法律监

---

①褚宏启主编:《教育法制基础》,北京师范大学出版社2002年版,第24页。
②黄崴主编:《教育法学》,广东高等教育出版社2002年版,第287页。

督的内容、法律监督的依据和形式等,也就是谁监督、监督谁、监督什么、为什么监督和怎样监督。在我国目前,不仅有国家机关的教育法律监督,包括权力机关的监督、行政机关的监督、司法机关的监督,而且有社会力量的教育法律监督,包括中国共产党的监督、社会组织的监督、社会舆论的监督、人民群众的监督等。

第二节 学校、教师、学生的权利与义务

学校是实施教育教学活动最重要的场所,是教育法调整的重要对象,也是享有一定权利并承担一定义务的社会组织。在学校教育过程中,教师和学生是其存在的最基本要素,也被称为教育过程中的"两极"。在实施教育教学过程中,学校的产生和设置必须依据一定的条件,学校也有自身的办学自主权,在享有一定权利的同时还应承担相应的义务。作为教育的"两极"——教师和学生,教师是具体实施教学的人,在教学过程中发挥着主导作用,而学生不仅仅是受教育的对象,并且在整个教育教学过程中居于主体地位。二者都有其相应的权利与义务。

一、学校及其权利与义务

从法学的视角看,学校是法律调整的对象,是指经主管机关批准设立和登记注册的教育机构,更是享有一定权利并承担一定义务的社会组织。学校作为专门的教育场所,在教育权的分化中也享有教育学生的基本权利与义务,并成为国家教育法调整的重要对象。

(一)学校的权利

学校作为一种社会组织,在不同的法律关系领域中,其所具有的资格与能力是不同的,因而其所享有的权利也是不同的。当学校以法人的身份参与民事活动时,则享有民法规定的权利并履行相应的义务;当它被作为行政对象,参与到行政管理中时,则享有行政法规定的社会组织应有的权利并履行相应义务。教育法规定的学校权利,是指学校在法律上享有的,为实现其办学宗旨、独立自主地进行教育教学管理、实施教育活动的资格和能力,一般也称办学自主权。办学自主权是学校专有的权利,是教育机构成为教育法律关系主体的前提。

根据我国《教育法》第二十八条的规定,学校享有的办学自主权主要有以下方面:

(1)按照章程自主管理。学校一经批准设立或登记注册,其章程对本机构的活动便具有确定的规范性,那么学校按照自己的章程自主管理机构内部活动的权利即为法律所确认。学校可以根据章程确立的办学宗旨、管理体制及各项重大原则,制订具体的管理规章和发展规划,自主地做出管理决策,并建立和完善自己的

管理系统，组织实施管理活动。教育法规定这一权利，有助于学校自主办学、自我约束。

（2）组织实施教育教学活动。教育教学是学校最基本和最主要的活动，是由众多环节构成的复杂过程，不是可以任意为之的行为；同时，教育教学活动有统一的标准，其结果对社会及个人都会产生确定的影响。因此，全面组织实施教育教学活动必须有法律的确认。学校及其他教育机构根据自己的办学宗旨和任务，依据国家主管部门有关教育计划、课程、专业设置等方面的规定，有权决定与实施自己的教学计划，决定具体课程、专业发展，决定选用何种教材，决定具体课时和教学进度，组织教学评比、教学研究，对学生进行考试、考核等。

（3）招收学生或者其他受教育者。学校是为社会公众提供教育服务的，这种服务必须通过招收学生或者其他受教育者才能实现。学校及其他教育机构根据自己的办学宗旨、培养目标、规格、任务及办学条件和能力，依据国家有关招生法规、规章和政策性规定，有权制定本机构具体的招生办法，发布招生广告，决定招生的具体数量及录取或不录取等。

（4）对受教育者进行学籍管理，实施奖励或处分。学校与受教育者之间的关系，既是教育与受教育的关系，又是管理与被管理的关系。学校对受教育者的管理在一定程度上可以认为是一种教育。但既然是管理，就必然涉及管理者和被管理者之间权利与义务的设定。学校根据主管部门的学籍管理规定，有权针对受教育者的不同层次、类别，制定有关入学与报名注册、考试与成绩、纪律与考勤、休学与复学、转学及退学等管理办法，实施学籍管理活动。同时，学校还有权根据国家有关学生奖励、处分的规定，结合本校的实际，制定具体的奖励与处分办法，并对受教育者实施奖励和处分。

（5）对受教育者颁发相应的学业证书。学业证书是对受教育者学习经历、知识水平、专业技能等的证明，是国家承认的具有法定效力的文件。学校一经批准设立，就具有依法颁发学业证书的权利，对经考核成绩合格的受教育者，按其类别，颁发毕业证书、结业证书等学业证书。

（6）聘任教师及其他职工，实施奖励或者处分。教师是履行教育教学职责的专业人员，对教师的管理是纳入国家的人事管理制度中进行的。但是，国家对教师的管理又是授权学校及其他教育机构实施的。学校有权根据国家有关教师和其他教工管理的法规、规章和主管部门的规定，从本校的办学条件与实际编制情况出发，自主决定聘任、解聘教师和其他职工，有权制定本机构教师及其他人员聘任办法，签订和解除聘任合同，有权对教职员工实施奖励与处分及其他具体管理活动。

(7)管理、使用本单位的设施和经费。学校作为法人,依法享有法人财产权,有管理使用本单位的设施和经费的自主权。这一权利在办学过程中具有重要的意义。学校及其他教育机构对其占有的场地、教室、宿舍、教学设备等设施、办学经费以及其他有关财产,享有财产管理和使用权,必要时可对其所占有的财产进行处置或获得一定收益。但这项权利在行使时须有一定限制,否则会损害公共利益,影响正常教育活动,或造成国有资产流失。学校及其他教育机构用于教学、科研的资产不得随意转移使用目的,不得用于做抵押或为他人担保。

(8)拒绝任何组织和个人对教育教学活动的非法干涉。为了维护学校的正常教育教学秩序,必须有效制止来自任何方面的非法干涉。这种非法干涉在现实生活中形式多样,如强占校舍和场地、侵犯师生的人身安全、随意要求停课、对学校乱摊派等。因此,抵御非法干涉是一项重要权利。学校对来自行政机关、企事业组织、社会团体及个人等任何方面的非法干涉教育教学活动的行为,有权予以拒绝。[①]

(9)法律法规规定的其他权利。

(二)学校的义务

根据我国《教育法》第二十九条的规定,学校必须履行以下六方面的义务:

(1)遵守法律、法规。这是法律对任何社会组织的基本要求。这里所说的法律、法规,包括宪法、全国人民代表大会及其常务委员会制定的法律、国务院制定的行政法规以及省级人民代表大会制定的地方性法规。作为履行义务的主体,学校及其他教育机构,不仅应履行一般意义上的对于社会组织的义务,而且应履行教育法律、法规、规章中为学校确立的特定意义上的义务。

(2)贯彻国家的教育方针,执行国家教育教学标准,保证教育教学质量。现代社会的教育活动是一种高度专门化的活动,是体现社会整体利益和整体意志的社会事业。国家作为社会整体利益和整体意志的代表,必须以法律的形式规定共同遵循的教育方针和教育教学标准。学校在组织实施教育教学活动的过程中,要保证贯彻国家的教育方针和教育标准,努力为社会主义现代化建设培养德、智、体全面发展的各类人才。

(3)维护受教育者、教师及其他职工的合法权益。学校作为社会组织,有责任维护本机构内部成员的合法权益。招收学生或其他受教育者,聘任教师及其他职工,是《教育法》赋予学校的权利;在享有这一权利的同时,要求其履行与之对应的

[①] 劳凯声、郑新蓉等:《规矩与方圆——教育管理与法律》,中国铁道出版社1999年版,第220—222页。

义务。学校不得侵犯受教育者、教师及其他职工的合法权益。而且,当学校以外的其他社会组织和个人侵犯了本校受教育者、教师及其他职工的合法权益时,学校有义务以合法方式积极协助有关单位查处违法行为人,维护本机构成员的合法权益。

(4) 以适当方式为受教育者及其监护人了解受教育者的学业成绩及其他有关情况提供便利。受教育者及其监护人了解受教育者的学业成绩及其相关情况的知情权,是实现公民平等的受教育权与在学业成绩和品行上获得公正评价权利的必要前提之一,因此必须予以法律保护。学校不得拒绝受教育者及其监护人了解学业成绩和相关在校情况等的请求;不仅如此,还应提供便利条件,帮助受教育者及其监护人行使这项权利。

(5) 遵照国家有关规定收取费用并公开收费项目。学校是公益性机构。对公民而言,依法享有受教育权利,同时应按所入学校的不同性质依照有关规定缴纳一定费用;就学校而言,应当按照中央和地方各级政府及其有关部门的收费规定,确定收取学杂费的具体标准,不得巧立名目,乱收费用,甚至把办学当作牟利的工具。同时,收费项目应向社会公开,接受家长和社会各界的监督,维护办学机构的公益性质。

(6) 依法接受监督。为了保证教育事业的社会主义方向,贯彻国家教育方针,执行国家教育标准,学校必须接受权力机关、行政机关、司法机关以及执政党和社会等方面的监督。学校及其他教育机构对于以上各种形式的监督,应当积极予以配合,不得拒绝,更不得妨碍监督检查工作的正常进行。

二、教师及其权利与义务

依据我国《教师法》第三条的规定:"教师是履行教育教学职责的专业人员,承担教书育人,培养社会主义事业建设者和接班人、提高民族素质的使命。"这是我国第一次在法律上确认教师社会地位的专业性和神圣性,并对教师的概念在法律层面进行明确的界定。

教师作为履行教育教学职责的专业人员,有其特定的权利与义务。教师的权利,是指法律所规定的教师依法享有的权益,是国家对教师能够做出或不做出一定行为,以及要求他人应做出或不做出一定行为的许可与保障。教师的义务是依照法律规定教师必须履行的责任,表现为教师必须做出或不做出一定行为。

(一) 教师的权利

依据《教师法》第七条的规定,我国教师依法享有以下权利:

(1) 进行教育教学活动,开展教育教学改革实验。这一权利简称为教育教学权,是教师最基本的权利。教师区别于其他职业的显著特征,就在于教师有权依据教学计划、教学大纲的要求,根据课程内容、学生特点和自己对教学规律的把握,自主地组织课堂教学,组合教学内容,确定进度和教学方式,并对教学的内容、方法进行改革和实验。任何人不得非法剥夺教师的这一基本权利。

(2)从事科学研究,学术交流,参加专业的学术团体,在学术活动中充分发表意见。这一权利简称为科学研究权。教师是专业技术人员,是我国知识分子队伍的重要成员,他们的学术研究是国家科技进步的源泉。因此,教师在其专业领域内,进行科学研究、技术开发,撰写学术论文、著书立说;在学术团体中,自由地表达自己的学术观点,开展学术交流,有利于国家科学事业的发展,也有利于教师更好地从事教育教学活动,提高教学质量。

(3)指导学生的学习和发展,评定学生的品行和学业成绩。这一权利简称为指导与评定权。指导学生学习与发展,就是教师有权根据教育教学的要求和学生身心发展的规律,有针对性地引导学生的学习,促进学生的发展,并对学生的升学与就业予以指引;评定学生的品行和学业成绩,就是教师有权对学生的品德、智力、体质等方面予以客观公正的评价,使学生得到全面发展。由于这一权利的行使,直接关系到学生的身心发展,因此教师在对学生指导与评定的过程中,一定要树立以人为本的观念,将关心爱护与严格要求学生有机结合起来,避免权利的扩张与滥用。

(4)按时获取工资报酬,享受国家规定的福利待遇以及寒暑假期的带薪休假。这一权利简称为物质保障权。工资报酬是指由基础工资、职务工资、课时报酬、奖金、教龄津贴、班主任津贴及其他各种津贴构成的工资性收入,是教师物质保障权的货币形式,直接关系到教师的生活质量与生存状态。按时获取工资报酬,是对拖欠教师工资或不全额发放教师工资的违法行为,国家做出的有针对性的法律规定;福利待遇,是指国家对教师在住房、医疗、退休和寒暑假期的带薪休假等方面所享有社会福利保障。这些是教师从事教育教学活动的物质基础。

(5)对学校教育教学、管理工作、教育行政部门的工作提出意见和建议,通过教职工代表大会与其他形式参与学校的民主管理。这一权利简称为民主管理权。教师是学校的主体,教师参与学校的民主管理通过两种方式:一是可以直接对学校的教育教学、管理工作和教育行政部门的工作提出意见与建议;二是通过教职工代表大会等形式,参与学校的改革发展、教师队伍建设、住房分配政策、教职工的奖惩办法等重大政策的制定与实施。这是宪法所规定的"公民对任何国家机关和国家工作人员,有权提出批评和建议的权利"的具体化规定,有利于调动教师工作的积极性,发挥教师的主人翁作用,也有利于对学校和教育行政部门工作的监督。

(6)参加进修或者其他方式的培训。这一权利简称为进修培训权。这是教师享有的继续教育的权利。当今社会新旧知识的交替周期越来越短,教师在学校里所掌握的有限知识会因科学知识的迅猛发展而陈旧,终身学习成为教育发展的趋势,所以教师只有不断进修提高,才能适应教育教学的要求。因此,作为权利主体,教师在完成教育教学任务的条件下,有权利要求各级政府和学校提供多种形式、多种渠道的进修培训机会,切实保障教师权利的实现。

(二)教师的义务

根据《教师法》第八条的规定,我国教师依法承担、必须承担的法定义务有:

(1)遵守宪法、法律和职业道德,为人师表。这一法条从两个层面规定了教师的义务:一是从法律层面规定了教师必须遵守宪法与国家的法律、法规,做一个守法公民;二是从道德层面对教师行为做了进一步的规范。这两个方面要求教师不仅要守法,而且要在守法的基础上严格遵守教师的职业道德规范。

(2)贯彻国家的教育方针,遵守规章制度,执行学校的教学计划,履行教师聘约,完成教育教学工作任务。一方面,要求每一位教师的教育教学行为必须符合国家教育方针的要求。这是教师行为的基本准则,也是检验教师的教育教学行为合法性的基本标准。另一方面,教育行政部门作为管理主体,学校作为依法自主办学的主体,有权依据法律、法规制定符合本行政区和学校发展的规章制度,重视维护正常教育教学秩序的必要措施。教师只有遵守教育行政部门的规章制度与所在学校的内部规则,才能保障教育教学过程的规范性和有序性。同时,教师要认真履行国家的教学计划、教学大纲和教科书对教学内容的基本要求,履行教师聘任合同中约定的教育教学责任,完成规定的教育教学任务,保证教育教学质量。

(3)对学生进行《宪法》和《教育法》所确定的基本原则的教育、爱国主义和民族团结的教育、法制的教育以及思想品德、文化和科学技术的教育,组织、带领学生参加有益的社会活动。教师作为履行教育教学职责的专业人员,有义务对受教育者进行上述内容的教育,并通过灵活多样的教育形式,促进学生德、智、体等方面全面发展。

(4)爱护关心全体学生,尊重学生人格,促进学生的品德、智力、体质等方面全面发展。教师职业要求教师对学生富有爱心,对学生的前途应负有高度责任感,这是国际社会普遍的共识。因此,我国在制定教师职业规范时,将关心爱护全体学生视为教师的职业道德和法定义务。这一双重规范,目的在于匡正教育教学过程中存在的冷漠、偏私现象,使教师认识到关心爱护学生不仅是道德要求,也是法律规范;任何违反这一规范的行为,既要受到道德谴责,又要受到法律制裁。同时,在教育教学过程中,教师要尊重学生人格,促进学生的品德、智力、体质等方面全面发展。不能因性别、民族、种族、城乡、学习成绩等差异歧视学生,甚至采取简单粗暴的方式侮辱、体罚、变相体罚学生,或泄漏学生隐私;否则,将承担相应的法律责任。

(5)制止有害于学生的行为或者其他侵犯学生合法权益的行为,批评和抵制有害于学生成长的现象。保护学生的合法权益和身心健康是全社会的职责,也是教师义不容辞的责任。在教育教学与教育管理活动中,教师有义务保护学生的安全与健康,对于不利于学生的行为或者其他侵犯学生合法权益的行为有义务予以制止,对于有害于学生成长的现象也有义务批评和抵制。

(6)不断提高思想政治觉悟和教育教学业务水平。教师既是一门专业,又是一门对学生的未来负有高度责任感的职业;教师只有不断地吸取新的知识、更新知识结构,才能应对时代的变化和科学技术的发展,才能肩负起培养下一代的责任。

三、学生及其权利与义务

法律意义上的学生,指的是在依法成立或国家法律认可的学校及其他教育机构按规定条件具有或取得学籍,并在其中接受教育的公民。学生作为法律关系的主体,既是法律关系中权利的享受者,也是义务的承担者。

(一)学生的权利

学生的权利是与其特定的身份和地位相适应的。一般而言,在教育法中讲学生的权利,主要是从学生作为学校中的受教育者这一特定的身份出发的。但是,除了学生作为受教育者应享有的权利外,在学校内还是一名公民和未成年人,当然也享有作为一名公民和未成年人所享有的权利,如人身权、财产权、通信自由权等。

根据《教育法》第四十二条的规定,学生作为受教育者享有下列基本权利:

(1)接受、享用教育的权利,即"参加教育教学计划安排的各种活动,使用教育教学设施、设备、图书资料"。这项权利可简称为"接受、享用教育的权利"。这是保障学生参加学习、接受教育、享有实质性受教育权的前提和基础,也是学生受教育权的具体体现。它规定学生有权"参加教育教学计划安排的各种活动",其前提是要求教育机构的教育教学计划对本机构的学生公开,使学生了解教育计划。学生有权按照教育教学计划的安排参加相应的活动。教学活动的开展离不开物质条件,学生既然有权参加教育教学计划所安排的各种活动,自然享有教育教学活动所必需的使用教育设施、教学设备、图书资料的权利。

(2)获取物质保障的权利,即"按照有关规定获得奖学金、贷学金、助学金"。这项权利可简称为"获取物质保障的权利"或"获取各种学金资助的权利"。它体现了国家政府对为学生提供完成学业的物质保障的重视,也是学生的一项实质性权利。这里所谓的"国家有关规定",主要是指《普通高等学校本、专科学生实行奖学金制度的办法》《普通高等学校研究生奖学金办法》《普通高等学校本、专科学生实行贷款制度的办法》《关于在普通高等学校设立勤工助学基金的通知》《义务教育法》《义务教育法实施细则》等。根据上述有关规定,我国建立了奖学金、贷学金和助学金制度。

(3)获得公正评价与相应证书的权利,即"在学业成绩和品行上获得公正评价,完成规定的学业后获得相应的学业证书、学位证书"。这项权利可简称为"获得公正评价与相应证书的权利"。具体可分为:一是有获得公正评价的权利;二是有获得学业、学位证书的权利。

在学业成绩和品行上获得公正评价是学生的一项基本权利,是教育机构应尽的义务。学业成绩的评价是教育机构对学生在受教育某一阶段(时期)的学习情况、知识结构、能力水平的概括性鉴定。品行评价是教育机构对学生的思想品德和行为表现做出鉴定,包括对学生政治觉悟、道德品质、劳动态度等的评定。学生有权要求获得学业成绩评价与品行评价,而且有权要求评价实事求是,体现公平公正。

从本质上看,学业证书、学位证书是对学生某一阶段受教育时期的学业成绩、学术水平和品行的终结性评定,它对学生的升学、就业和今后的发展具有重要的作用。学生在思想品德等方面合格的前提下,学完或提前学完教育教学计划所规定的全部课程,经考核(考查、考试)及格或修满学分,在该教育阶段结束时均有获得相应学业证书和学位证书的权利。学业证书包括毕业证书、结业证书和肄业证书等,它相应于学生所受教育的区别有不同的类型和等级或规格。学位证书分为学士、硕士和博士学位证书三种。

(4)维护自身权益的权利,即"对学校给予的处分不服向有关部门提出申诉,对学校、教师侵犯其人身权、财产权等合法权益,提出申诉或依法提起诉讼"。这项权利可简称为"维护自身权益的权利"或"申请法律救济的权利"。它是公民申诉权和诉讼权在学生身上的具体体现。诉讼权是公民的一项基本权利,包括民事诉讼权、刑事诉讼权和行政诉讼权。本项规定的学生对学校、教师侵犯其人身权、财产权等合法权益提起诉讼的权利,主要属于民事诉讼的范畴。除诉讼权外,学生还享有申诉权。申诉分为诉讼上的司法申诉和非诉讼上的行政申诉。前者向司法部门提出,后者向主管行政部门提出。本项申诉属于非诉讼上的行政申诉。

(5)法定的其他权利,即"法律、法规规定的其他权利"。这项权利可简称为

"法定的其他权利"。这里所谓的"法律、法规",主要是指有关教育的法律、法规以及依据其他法律、法规制定的有关教育的规章。例如,《未成年人保护法》规定,学校不得使未成年学生在危及人身安全、健康的校舍和其他教育教学设施中参加教育教学活动;换言之,未成年的学生有拒绝在危及人身安全、健康的校舍和其他教育教学设施中参加教育教学活动的权利。《预防未成年人犯罪法》规定:"被父母或者其他监护人遗弃、虐待的未成年人,有权向公安机关、民政部门、共产主义青年团、妇女联合会、未成年人保护组织或者学校……请求保护。"①

(二)学生的义务

学生的义务是指按照《教育法》及其他有关法律、法规的规定,在参加教育活动中必须履行的义务。根据《教育法》第四十三条的规定,学生应当履行的义务主要包括以下四方面的内容:

(1)遵守法律、法规的义务,即"遵守法律、法规的义务"。这里的"法律、法规",是指宪法、法律、行政法规和依据法律、法规制定的规章。遵守法律、法规是公民的一项基本义务,学生作为国家的公民,理应遵纪守法。《宪法》第三十三条规定:"任何公民享有宪法和法律规定的权利,同时必须履行宪法和法律规定的义务。"作为学生,遵守法律、法规还包括遵守有关教育的法律、法规和规章。如我国的《教育法》《义务教育法》《职业教育法》等有关教育的法律及各地立法机构依法制定的大量的地方性教育法规和规章。这些教育法律、法规和规章都涉及了学生的义务,学生必须遵守,应该做到"知法、守法"。

(2)遵规尊师养德修行的义务,即"遵守学生行为规范,尊敬师长,养成良好的思想品德和行为习惯"。这项义务可简称为"遵规尊师养德修行的义务"。这里的学生行为规范特指国家教育行政管理机关制定、颁发的关于学生行为准则的统一规定,包括《小学生日常行为规范》《中学生日常行为规范》《高等学校学生行为准则(试行)》《小学生守则》《中学生守则》《高等学校学生守则》等。这些规章集中体现了国家对不同阶段的学生,即小学生、中学生和高等学校学生政治、思想、品德等方面的基本要求,各级各类学校的学生应当遵守相应的行为规范。

(3)努力完成学业的义务,即"努力学习,完成规定的学习任务"。这项义务可简称为"努力完成学业的义务"。学习科学文化知识,完成规定的学业,以便使自己成为德、智、体等方面全面发展的社会主义事业建设者和接班人,是学生的首要任务,也是学生区别于其他公民的一项主要义务。

---

① 劳凯声主编:《教育法学》,辽宁大学出版社2000年版,第157—164页。

(4)遵守管理制度的义务,即"遵守所在学校或者其他教育机构的管理制度"。这项义务简称为"遵守管理制度的义务",或称"守纪服从管理的义务"。学校及其他教育机构的管理制度,是国家教育管理制度的重要组成部分,是确保学校及其他教育机构教育教学活动正常进行的基本措施,也是国家为实现教育权力而赋予学校及其他教育机构制定的必要纪律。从广义上说,它是国家法律法规的具体化,遵守学校或其他教育机构的管理制度与遵守国家的法律法规在实质上是一致的,学生作为广泛的教育活动主体之一,有义务加以遵守和服从。

第三节 依法治校与教育法律救济

任何一部法律总是通过一定的法律规范规定人们可以做什么(权利),禁止或必须做什么(义务),以及侵犯了权利主体应当享有的权利和不履行法定义务时应该承担的法律后果,来实现法律对社会关系的指引和调整。形成法律的基本构件就是"权利—义务—责任"。因此,在明白了学校、教师、学生所享有的权利和应履行的义务之后,我们更应该清楚教育法律责任问题以及当相对人权利受到侵犯后能够通过何种法律救济途径获得救济。

一、学校的行政权力与法人权利

学校在对教师、学生进行教育教学和教育管理过程中具有行政主体与民事主体双重身份。

(一)学校的行政权力

学校作为法律、法规授权的行政主体,在授权范围内行使国家行政权,即由国家宪法、法律赋予的执行法律,实施行政管理的权力。这一权力的内容主要包括以下几个方面:

(1)对教师的资格认定、职务评定和处分。教师资格认定是学校受教育行政部门的委托,代表政府对在校教师或拟聘教师的教师资格受理、审查和认定;教师职务评定是学校依据法律、法规的授权,根据教育教学、科研工作需要对不同岗位教师任职条件的审查与认定,它是行使国家对教师进行人事管理的重要内容;而对教师的处分是学校作为行政主体对其内部成员的惩戒,属于内部行政行为。

(2)招生与学籍管理。招生权是学校的重要权利之一。招生录取工作涉及未来学校的生源质量与学校的发展,同时也涉及录取考生的受教育权利。在这一过程中,学校作为授权主体与考生之间是行政法律关系,考生如果认为学校实施了侵犯其平等接受教育的权利,可以依法提起行政诉讼。学校对学生学籍管理不能界定为法人对其内部事务的管理,而是学校作为授权组织对学生进行的行政管理,是国家行政权力的延伸。在这一管理过程中,既有内部行政管理,又有外部行政管理。其中,勒令退学、开除学籍就属于外部行政行为。

(3)颁发国家认可学业证书与学位证书。学业证书与学位证书的颁发是国家授权学校实施的行政行为,是国家对教育实施管理的重要内容,也涉及每一学生的受教育权。不仅我国政府规定,学业证书与学位证书必须经过国家认可,才能获准颁布;许多国家也都规定,公立学校提供的证书要经过法律、法规或政府的认可。因此,学业证书与学位证书颁发是法律授权行为。

(二)学校的法人权利

作为从事教育的事业单位法人,学校依据《民法通则》享有的与其他事业法人相同的财产权、人身权、债权和知识产权之外,依据《教育法》《高等教育法》还具有以下民事权利:

(1)按照章程自主管理。在建立现代学校制度的过程中,各级各类学校都应按照一定的程序制定本校的章程。它是学校依法自主管理的基本依据,其功能在于保证学校办学自主权正确而有效的行使,实现学校自主管理及管理的科学化、民主化、规范化和制度化。

(2)组织实施教育教学活动。教育教学是学校最基本也是最主要的活动之一。学校根据自己的办学宗旨和任务,依据国家主管部门有关教育计划、课程、专业设置等方面的规定,有权决定和实施自己的教学计划,决定具体的课程、专业发展、选用何种教材、具体课时和教学进度,组织教学评比与教学研究,对学生进行考试和考核等。

(3)聘任教师。学校有权根据国家有关教师和其他教工管理的法规、规章和主管部门的规定,从本校的办学条件与实际编制情况出发,自主决定聘任、解聘教师和其他职工,有权制定本机构教师及其他人员聘任办法,签订和解除聘任合同。

(4)管理、使用本单位的设施和经费。

(5)拒绝任何组织和个人对教育教学活动的非法干涉。

二、学校行政权力的司法审查

无论是学校作为授权组织行使行政权力,还是作为事业单位法人行使法人权利,权力的控制与权利的制约都是非常必要的。有权力(权利)就必须有制约,不受制约的权力(权利)必然导致权力的滥用或权利的行使对相对方权利的侵害。因此,探讨学校行政权力的控制机制与法人权利的制约机制,是我国教育法制建设中的重大命题。

(一)司法审查的含义

"司法审查是指当事人请求有关法院对行政主体或下级法院对事实或法律适用的裁决是否正确进行审查的活动。"①它包括法院对行政行为和司法行为的审查活动。在我国,司法审查专指人民法院对行政行为的审查活动。司法审查是现代法治国家普遍采取的一项重要法律制度,目的是在行政机关与公民之间建立起一个有效的调整机制,以确保国家权力的正确行使,保障公民的合法权益,并通过法院的审判活动对公民在受到国家行政机关的非法侵犯时予以救济。

(二)对学校进行司法审查的意义

从1998年田永诉北京科技大学案②和1999年刘燕文诉北京大学案③开始,有关学校自主权与司法审查的争论引起社会各方面极大的关注。一方面,学校以办学自主权为由,拒绝法院对其内部事务的干涉;而另一方面,随着社会法律意识、公民法律意识的增强,学校管理相对人强烈要求司法介入,以维护其合法权益。那么,人民法院能否对学校的行政行为进行审查?司法审查是否妨碍学校的学术自由?司法审查与学校自主管理关系如何?这些都是我国教育法制化进程中必须予以回答的问题。

学校具有行政主体资格,因此人民法院可以对学校的办学行为进行司法审查。司法审查引发的另外一个十分敏感的问题,就是人民法院对学校行政行为的司法审查是否会影响学校的学术自由。我们认为,有限的、适度的司法审查,既能实现学校学术研究与学术管理的秩序与规范,又能保障相对人的合法权益。

一般认为,学术自由就是指在本领域内能够独立自主地进行研究、教学的权利。它包括五个方面的含义,即:"不受驾驭、严谨地对知识进行探究及传播;沟通联络的自由;学者的行为可以自我决定,并且对其行为自我负责;防止国家侵害;国家提供财力及机构支援。"④学校作为从事教育教学和科学研究的公益性机构,享有学术研究自主权。因此,人民法院在对学校的行政行为进行审查时,必须考虑其作为学术研究机构的特殊性,使学术自由不受司法干预的影响;同时,也应防止学校以学术自由为由,拒绝司法审查,侵犯相对人的合法权益。

---

① *Black's law Dictionary*,1979年英文第5版,第762页。
② 北京市海淀区人民法院行政判决书(1999)海行初字第104号。
③ 北京市海淀区人民法院行政判决书(1999)海行初字第103号。
④ Willian D. Valente, *Law in the Schools*, Macmillan Publishing Compang, 1987, second edtion, p. 305.

(三)对学校实施司法审查的方式

学校依据《教育法》《高等教育法》等法律、法规的授权或教育行政部门的委托,在教师资格认定、职务评聘、招生录取、学籍管理、学业证书和学位证书颁发等方面拥有一定的垄断性、强制性权力。这种管理权力的行使,对其成员的人身权、财产权、发展权和其他权利将会造成极大的影响。无论是在学校教师资格的认定、教师职务的评聘方面,还是在学校学生学历证书、学位证书的取得方面,这些决定将会影响相对人的一生。因此,为了克服学校管理行为的失范,司法的有限介入是法治社会的必然回应,它可以有效地保障相对人的权利。但是,由于学校在组织与管理上的特殊性,人民法院对其行政行为的司法审查时是非常谨慎的,甚至一些法院以种种理由拒绝对学校的内部事务进行干涉。所以,如何使司法审查与学术自由保持适度的平衡,就显得十分关键。在目前法律、法规对学校行政行为的性质还没有明确规定的条件下,人民法院对学校教育行政行为的司法审查应以程序审查为主,并辅之以有限的实体审查。

所谓"程序性审查",是审查具体行政行为是否依照法定程序进行。依照法律、法规确定的方式和步骤从事具体行政行为是依法正确实施具体行政行为的保障,而违反法定程序必然导致具体行政行为的不合法,从而影响相对人的合法权益。这就要求学校在实施行政行为时,必须遵守正当法律程序。即学校在做出影响相对人权益的行政行为时,应该事先告知相对人,向相对人说明行为理由和根据,听取相对人的陈述、申辩,事后为相对人提供相应的救济途径,以保证所做出的行为公开、公正、公平。

所谓"有限的实体审查",是审查学校行政行为的内容是否合法,审查被诉行政行为所依据的事实是否真实存在,证据是否充分。只有当学校认定事实真实存在,学校的行政行为才具备合法性的基础;否则,其行为必然违法。

人民法院对学校行政行为的程序性审查和有限的实体审查,既能维护学校正常的学术活动以及尊重学校的办学自主权,又能保障其相对人的合法权益。法院对学术性问题的审查,主要审查学校的具体行政行为是否经过了法定程序,即实际所采取的程序是否合法,是否违反了法定的实体条件。法院无权对高校的学术判断进行更改;否则,就妨碍了学校的办学自主权,也侵犯了学校的学术自由权。法院如果认为学校的具体行政行为实体不合法,一般也不能直接做出代替性判决,而应采取撤销原具体行政行为,并责令学校重新做出决定。

三、学生人身伤害事故及其法律责任承担

当前,学校中由于学生人身受到伤害而引起的法律纠纷已成为困扰教育尤其

是基础教育的一个严峻问题,学校事故的不断增多已严重影响了正常的教育教学活动。据统计,全国每天由于各种事故造成的学生死亡人数约40人。因此,有必要对学生伤害事故及其发生后法律责任的归责、受伤害学生的法律救济等一系列问题进行研究和探讨,以期防范学校事故的发生,维护学校与学生的合法权益。

(一)学生人身伤害事故的含义

根据我国教育部2002年颁布的《学生伤害事故处理办法》第二条的规定:学生伤害事故是"在学校实施的教育教学活动或学校组织的校外活动中,以及在学校负有管理责任的校舍、场地、其他教育教学设施、生活设施内发生的,造成在校学生人身损害后果的事故"。从上述概念的内涵出发,可以从以下两方面理解学生伤害事故的含义:

(1)学生伤害事故必须是在学校负有教育管理职责时间和空间范围内发生的伤害事故。这包括两层意思:一是学生在学校负有教育管理职责的校园内外和由学校提供并管理的校舍、场地和设施内的活动中造成的人身损害,属于学生伤害事故;二是在学校管理职责范围之外发生的伤害事故,则不属于学生伤害事故。所以,不能用校园围墙或是否在课堂上等来区分是否属于学生伤害事故范畴,而要从学校负有教育管理的职责来区分。也就是说,从时间上来看,学生伤害事故可能发生在教学上课期间,还可能发生在寒假、暑假期间;从空间上来看,学生伤害事故可能发生在校园内,也可能发生在校园外。

(2)从受伤害主体来看,必须是在校学生。在校学生是指取得国民教育体系内公办或民办的全日制学校学籍的在读学生,一般是指国家或者社会力量举办的全日制的中小学(含特殊教育学校)、各类中等职业学校、高等学校。国民教育体系之外学校的在校学生的伤害则不属于学生伤害事故的范畴。从主观方面看,学生伤害事故的发生大多与当事人的过错有关,它可能因故意引发,也可能因过失引发,还包括没有过错方的意外事件。从结果看,学生伤害事故必然造成了学生的人身损害事实。人身损害是指物理、化学及生物等各种外界因素作用于人体,造成组织、器官结构的一定程度的损伤或者死亡。单纯的精神损害,则不属于学生伤害事故的范畴。

(二)学生人身伤害事故的类型

学生人身伤害事故的范围、种类极其复杂,从不同的视角有不同的类别。

学生人身伤害事故就其产生而言,可以分为两大类:一类是意外事故。这类事故发生的原因不是由于当事人的故意或过失,也不是由于不可抗力。在这类事故中,由于当事人对意外事件的发生并无过错,根据过错责任原则,就不具备法律责任的负责条件。另一类学生伤害事故是过错事故。这类事故通常是指由于一方当事人(学校、教师)的违法行为而导致另一方当事人(学生)人身伤害后果的事件。与意外事故不同,违法行为是这类事故的必要条件。所谓"违法行为",是指国家机关及其工作人员、社会团体、企业事业单位和公民违反法律规定,从而导致社会关系和社会秩序受到破坏的有过错的行为。它表现为违法者已有预计、明知故犯,或者疏忽大意、不履行法定义务,或者超越了法律规定的权利界限,做了法律所禁止的事情,或是没有做法律所要求做的事情。

从责任承担的方式上来看,可分为学校直接责任事故、学校间接责任事故、学校无责任事故三种类型。所谓"学校直接责任事故",是指由于学校的过错造成学生伤害事故及事故的发生与学校的过错行为之间有着直接的因果关系。所谓"学校间接事故",是指事故的直接原因不在学校,而由于其他当事人过错造成学生的人身伤害事故,即事故的发生是由于当事人的过错发生的,学校由于某些过错或管理不力,客观上为事故的发生或伤害程度的加重提供了条件,对此学校视其具体情况承担次要法律责任。所谓"学校无责任事故",是指学校在事故发生过程中没有任何过错,因而也不承担责任的事故。

(三)学生人身伤害事故的责任认定

1. 学生人身伤害事故的归责原则

归责原则就是归责的根据和标准,是行为人致他人伤害后,应根据何种标准化原则确定行为人的侵权责任。它是确定行为人的侵权责任的基本准则,也是制定侵权法的指导思想。

学生人身伤害事故纷繁复杂,侵权纠纷千差万别,大量的案件很难援引现行的具体规定来处理。因此,需要借助于直接体现侵权立法政策和方针的抽象归责原则,正确处理各种侵权纠纷。我国《侵权法》的归责原则是由过错责任原则、过错推定原则、无过错原则和公平原则所组成的体系。

所谓"过错责任原则",是指以过错作为归责的构成要件,同时以过错作为行为人责任范围的重要依据。

所谓"过错推定原则",也称过失推定,是指如果原告能证明其所受到损害是由被告所致,而被告不能证明自己没有过错,则应推定被告有过错并承担民事责任。

所谓"无过错责任原则",又称无过失责任,是指当损害发生后既不考虑加害人的过错,也不考虑受害人过错的依照法定责任形式。其目的是补偿受害人的损失。

所谓"公平责任原则",又称衡平责任,是指当事人双方在对造成损害均无过错的情况下,由人民法院根据公平的观念,在考虑当事人的财产情况及其他情况的基础上,责令加害人对受害人的财产损失给予适当的补偿。

根据《学生伤害事故处理办法》第八条规定:"学生伤害事故的责任,应当根据相关当事人的行为后果之间的因果关系依法确定。因学校、学生或其他当事人的过错造成学生伤害事故,相关当事人应当根据其行为过错程度的比例及其损害后果之间的因果关系承担相应的责任。当事人的行为是损害后果发生的主要原因,应当承担主要责任;当事人的行为是损害后果发生的非主要原因,承担相应的责任。"

从上述规定可以看出,学生伤害事故应根据过错责任原则来确定行为人的侵权责任。根据这一原则,在学校事故处理过程中,应当由受害人就加害人的过错问题举证,即谁主张谁举证。受害人对于损害的发生也有过错的,可以减轻侵害人的民事责任;但受害人的轻微过失,一般并不影响加害人的责任;而加害人的主观过错程度对其赔偿的范围有一定的影响。同时,行为人只对自己的行为过错负责,而不对第三人过错所致的损害负责。

2. 学校侵权责任的构成要件

依据过错责任原则的规定,我们认为学校人身伤害侵权责任的构成,必须具备以下四个条件:

(1)学校的侵权行为造成了损害事实。损害必须是学生在学校的教育教学活动或学校组织的校外活动,以及在学校负有责任的校舍、场地、其他教育教学设施、生活设施内发生的,造成了在校学生的人身伤害事实。这一损害事实可以是人身损害事实,也可以是精神损害事实,还可以是与人身伤害相关的财产损害事实。学校及其教师的行为只有造成上述损害事实,才能构成人身伤害侵权赔偿责任;无损害,则无赔偿。

(2)学校的行为违法。法律要求违法者对自己的违法行为承担法律责任;如果行为没有违法,就不承担责任。学校的违法行为包括作为的违法与不作为的违法。所谓"作为的违法",是指学校实施了法律禁止的行为;所谓"不作为违法",是指学校没有实施法律要求必须进行的行为。无论是作为还是不作为,行为人只在造成侵害后果时才承担侵权责任。

（3）学校行为须与损害事实有因果关系。所谓"因果关系",是指侵害行为和损害事实之间的前因后果的关系,即侵害行为是损害事实出现的原因,而损害事实也正是侵害行为产生的后果。在司法实践中,一般根据侵害行为与损害事实有无因果关系或因果关系的程度,确定有无法律责任或法律责任的大小。

（4）学校主观上有过错。过错就是指学校实施侵害行为时,对该行为的后果所采取的不合法认识,包括故意和过失。所谓"故意",是指学校或其教师及其他工作人员明知自己的行为会产生损害学生的后果,却希望或放任这种后果发生的不合法认识;所谓"过失",是指学校或其教师及其他工作人员对自己行为导致的损害后果,应当预见或者能够预见,但却疏忽大意或自信不会出现而不防治的主观认识。

上述四个条件是有机联系的整体,缺少任何一个要件,都不构成人身侵权责任。

但是,在学生人身伤害事故中,学校并不一定都要承担法律责任。根据我国《民法通则》和《学生伤害事故处理办法》的有关规定,学校可以免除法律责任的情况主要有第三人的过错、不可抗力、意外事件和在学校教育与管理之外发生的学生伤害事故等。

四、教育法律救济

任何一个法治国家的权利救济,其根本思想均在于使权利人完整地享有实体之权利。这对于教师与学生各项权利的保护也是如此。

（一）教育法律救济的定义

法律救济是法律上的专用概念,是指当相对人的权益受到侵害时,相对人可以通过法定程序和途径使受损害的权益获得法律手段补救;教育法律救济是指当教育行政机关或其他国家机关和社会组织在管理过程中侵犯了相对人的权益时,相对人可以通过申诉、行政复议、行政诉讼和调节等方式获得法律上的补救。"有权利就必须有救济","没有救济的权利不是真正的权利"。法律救济对于保障学校、教师、学生的合法权益以及监督政府依法治教,有着重要的现实意义。

教育法律救济具有这样几个特征:首先,权利受到损害是教育法律救济存在的前提;如果权利未受损害,就无所谓救济。其次,教育法律救济具有弥补性,是对受损害的权利的弥补。第三,教育法律救济的根本目的是实现合法权益并保证法定义务履行。法的根本目的在于规范人们的社会行为,保障人民的合法权益。在社会活动中,存在着许多权利纠纷或权利冲突,并伴随着权益受到侵害的现象;

当公民的这些合法权益受到侵害时,只有通过一定方式来恢复受损害的权利或给予补救,这些权利才能真正地实现。

(二)教育法律救济的途径

教育法律救济的途径主要通过三种方式来实现:一是诉讼方式,包括民事诉讼、行政诉讼和刑事诉讼。凡符合上述条件和受案范围的,可以通过诉讼的途径获得法律救济。二是行政方式,包括行政申诉、行政复议、行政赔偿。其中,行政申诉包括教育行政人员的一般申诉、教师申诉、学生申诉等。三是仲裁和调节等方式,主要通过教育组织内部或机构以及其他民间渠道来实施法律救济。例如,教育部颁布的《学生伤害事故处理办法》第十八条、十九条、二十条、二十一条关于学生伤害事故的教育行政调解的规定,就是有效解决此类纠纷的方式。

(三)几种主要的教育法律救济的途径介绍

在教育法律救济中,较为主要的途径是教育申诉制度、教育行政复议、教育行政诉讼等。为了更清楚地说明三者的概念、特点、受理范围、受理程序,通过以下列表的方式予以呈现。

表11-1 教育法律救济途径

类型 \ 名称	教育申诉制度 教师	教育申诉制度 学生	教育行政复议	教育行政诉讼
概念及其特点	教师申诉制度是指教师对学校或其他教育机构及有关政府部门做出的处理不服,或其合法权益受到侵害时,可以向有关教育行政部门或相关其他政府部门提出请求,要求重新处理	学生申诉制度是指学生的权益受到学校或教育行政机关的侵害时,可以依法向主管机关或有关部门申诉理由,请求给予处理的制度	是指教育行政机关或个人在行使教育行政职权时,与作为被管理对象的相对人就已生效的具体行政行为发生争议,根据相对人的申请,由该教育行政机关的上一级教育行政机关,对引起争议的具体行政行为进行复查并做出决定的一种法律制度	是指教育行政相对人——公民、法人或其他组织认为教育行政机关或其他行政机关所实施的具体行政行为侵犯其合法权益,可依法向人民法院起诉,人民法院对被诉行政行为的合法性进行审查,并依法做出裁决,以保证教育行政的公正性、合理性以及行政相对人的合法权益

续表

类型\名称	教育申诉制度 教师	教育申诉制度 学生	教育行政复议	教育行政诉讼
受理范围	1.教师对学校或其他教育机构侵犯其合法权益的可以提出申诉;2.教师对学校或其他教育机构做出的处理不服时可以提出申诉;3.教师认为当地人民政府侵犯其合法权益时可以提出申诉	1.学生对学校给予的处分不服;2.学校或教师违反规定乱收费;3.学校或教师侵犯学生人身权;4.学校或教师对学生的评价不公正;5.学生的其他合法权益受到侵害	1.对教育行政处罚行为不服的;2.对教育行政强制措施行为不服的;3.不作为违法的;4.对教育行政的侵权行为;5.教育行政复议的条件(符合一般性政府的认定和所侵犯的应是教育法保护的法律关系)	1.对行政处罚不服的;2.对行政强制措施不服的;3.对行政机关侵犯法定权限不服的;4.对行政机关拖延或拒不履行其行政职责的;5.行政机关违法要求其管理相对人履行义务;6.行政机关侵犯相对人其他人身权、财产权
受理程序	1.申诉的提出;2.申诉的受理;3.申诉的处理	1.学生申诉的提出;2.学生申诉的受理;3.学生申诉的处理	1.复议申请的提出;2.复议申请的受理;3.复议的审理;4.教育行政复议决定;5.教育行政复议决定的执行	1.教育行政案件的起诉与受理;2.教育行政案件的审理(一审与二审);3.教育行政诉讼中的判决与执行

五、案例分析

[案例1]　　　　　　　学校不得随意开除学生①

初三学生王丹平时特别贪玩,人很聪明但却没有将心思用在学业上,学习成绩十分糟糕。班主任赵老师一直担心王丹将会拉全班的后腿,影响学校的中考升学率。有一次王丹瞒着父母逃学,在一家电子游戏厅玩了一整天。赵老师得知此事后建议学校将王丹开除,主要理由就是王丹这样的差生很可能会影响学校的中考升学率。学校采纳了赵老师的建议,一纸布告将王丹开除学籍。王丹的父母认为学校不得随意开除学生,多次找学校领导要讨个"说法",有关领导却有意避而不见。

---

①《学校不得随意开除学生》,见 http://www.ptfz.gov.cn,2002/09/20。

355

[分析]在本案中,王丹由于自己的贪玩以及玩电子游戏而彻夜不归的行为,成了学校开除他的理由,学校不言自明的目的就是怕影响学校的中考升学率。学校的行为到底是不是合法的呢?我国《义务教育法》规定:"国家、社会、学校和家庭依法保障适龄儿童、少年接受义务教育的权利。"《未成年人保护法》第十三、十四条分别规定:"学校对品行有缺点、学习有困难的学生,应当耐心教育、帮助,不得歧视。""学校应当尊重未成年学生的受教育权,不得随意开除未成年学生。"同时,我国《教育法》第三十九条也规定:"国家、社会、家庭、学校及其他教育机构应当为有违法犯罪行为的未成年人接受教育创造条件。"对于屡教不改的,可以依据相关法律规定送工读学校就读。据此我们认为,学校应当关心、爱护学生;对品行有缺点、学习有困难的学生,应当耐心教育、帮助,不得歧视,不得随意开除未成年学生。对于随意开除学生、侵犯学生受教育权的违法行为,未成年人及其监护人有权要求主管部门进行查处,或者依法向人民法院提起诉讼。

[案例2] **女教师因休产假被解聘**[①]

某中学一名女教师怀孕期间学校为了照顾她,将其在一线的教学工作改为在政教处工作。这名女教师生产并休满3个月产假后来校上班时,校长找其谈话说:"你现在的工作已安排了人,你看你想做什么工作?"这位教师说:"我想教课。"校长说:"好吧,我们研究研究。"最后学校研究的结果是:由于该教师过去的工作岗位已安排了人,让该教师自己找单位。该教师不得已向教育局提出申诉。经教育局有关部门与学校多次协调后,学校勉强留下了这名教师。这名教师的工作经过教育局做工作虽然安排了,但这名教师觉得这件事已经得罪了校长,怕校长给"小鞋穿",因此最后还是调到了另一个单位去工作。

[评析]学校在自己的职权范围内有权与教师就聘任合同问题在双方达成一致的前提下,进行聘任、拒聘、辞聘等,双方的权利与义务在聘任合同中都应有明确的规定,同时还应照顾到特殊群体的特殊权利,如女教师的休产假期等。在该案例中,女教师休产假是其法定的权利,学校并未侵害女教师(女教师生产并休满3个月产假后上班)的这一权利,而且学校在女教师休产假期间,为了填补因女教师休假而致的岗位空缺招来代课教师,来缓解女教师因休产假而带来的空缺岗位,也属于学校职权范围内的权利,是合情合法合理的。然而学校在女教师休产假之后将其解聘,单方面解除聘任合同,却没有法律依据。我国《教师法》第三十七条明确规定:"教师有下列情况之一的,由所在学校、其他教育机构或者教育行

[①]黄崴主编:《教育法学》,广东高等教育出版社2002年版,第171页。

政部门给予行政处分或者解聘:(一)故意不完成教育教学任务给教育教学工作造成损失的;(二)体罚学生,经教育不改的;(三)品行不良、侮辱学生,影响恶劣的。"而在该案例中,女教师并没有做出上述三种行为中的任何一种,因此,学校将女教师解聘并不是公平、合理、合法的。根据国家有关规定,学校有权解聘教师,但学校行使这一权利时必须依照法律的规定,如《劳动法》《合同法》《教师法》等的相关规定,不得侵犯教师的合法权益,同时,在本案中,学校的做法也违反了《妇女权益保障法》的规定。《妇女权益保障法》规定:妇女在经期、孕期、产期、哺乳期受特殊保护。任何单位不得以结婚、怀孕、产假、哺乳为理由,辞退女职工或单方解除劳动合同。以结婚、怀孕、产假、哺乳为由辞退女职工的,由所在单位或者上级机关责令改正,并可根据具体情况,对直接责任人给予行政处分。

参考文献

[1]叶澜.新编教育学教程[M].上海:华东师范大学出版社,2001.

[2]杨建华,陈鹏.现代教育学[M].北京:中国社会科学出版社,2003.

[3]傅道春.教育学[M].北京:高等教育出版社,2005.

[4]中央教育科学研究所.人的发展[M].北京:科学教育出版社,1998.

[5]黄希庭,等.当代大学生心理特点与教育[M].上海:上海教育出版社,2003.

[6]潘懋元.多学科观点的高等教育研究[M].上海:上海教育出版社,2001.

[7]郭祖仪.小学教育心理学[M].北京:高等教育出版社,2000.

[8]许建美.美国的教师专业发展学校[J].比较教育研究,2002(3).

[9]赵昌木.美国教师专业发展学校:理念、实施与问题[J].外国教育研究,2003(10).

[10]张爱珠.美国的教师专业发展学校对我国教师教育行政管理的启示[J].国家教育行政学院学报,2003(6).

[11]郑友训.论教师专业发展学校与新教师的专业成长[J].辽宁教育研究,2003(8).

[12]丁笑梅.学校重构与教师教育改革必须同步:美国教师专业发展学校的经验及启示[J].外国教育研究,2003(5).

[13]叶澜,等.教师角色与教师发展新探[M].北京:教育科学出版社,2001.

[14]李其龙,陈永明.教师教育课程的国际比较[M].北京:教育科学出版,2002.

[15]傅道春.教师的成长与发展[M].北京:教育科学出版社.2001.

[16]周宏.教师新素养[M].北京:中央民族大学出版社,2002.

[17]麦金太尔,奥黑尔.教师角色[M].北京:中国轻工业出版社,2002.

[18]冀文秀,施纪华."双轨制"教师培训模式探究[M].呼和浩特:内蒙古教育出版社,2002.

[19]冯克诚,田晓娜.教师素质基本功全书[M].北京:中国三峡出版社,1997.

[20]圣吉.第五项修炼:学习型组织的艺术与实务[M].上海:上海三联书店,1998.

[21]孙景源.新课程师资培训模式研究[M].济南:山东大学出版社,2004.

[22]朱宁波.中小学教师专业发展的理论与实践[M].长春:吉林人民出版社,2002.

[23]傅道春.新课程中教师行为的变化[M].北京:首都师范大学出版社,2001.

[24]钟启泉.新课程师资培训精要[M].北京:北京大学出版社,2002.

[25]钟启泉.《基础教育课程改革纲要(试行)》解读[M].上海:华东师范大学出版社,2001.

[26]施良方.课程理论:课程的基础、原理与问题[M].北京:教育科学出版社,1996.

[27]王承绪,赵祥麟.西方现代教育论著选[M].北京:人民教育出版社,2001:211-222.

[28]赫钦斯.教育中的冲突[M]//王承绪,等,译.西方现代教育著选.北京:人民教育出版社,2001.

[29]泰勒.课程与教学的基本原理[M].施良方,译.北京:人民教育出版社,1994.

[30]胡森.简明国际教育百科全书:课程[M].江山野,译.北京:教育科学出版社,1991.

[31]廖哲勋,田慧生.课程新论[M].北京:教育科学出版社,2003.

[32]STENHOUSE L , An introduction to Curriculum Research and Development[M]. London: Heineman ,1975:84-85.

[33]SEE ELLIOT. A Curriculum for the Study of Human Affairs: The Contribution of Lawrence Stenhouse [J], Journal of Curriculum Studies, 15(2).

[34]黄甫全.整合课程与课程整合论[J].课程·教材·教法,1996(10).

[35]LEWY A. The International Encyclopedia of Curriculum [M]. Oxford: Pergamon Press. 1991:192.

[36]钟启泉.学校本位的课程开发[J].全国活动课程与活动教学研究通讯(9).

[37]教育部基础教育司.走进新课程:与课程实施者对话[M].北京:北京师范大学出版社,2002:124-130.

[38]钟启泉,崔允漷.新课程的理念与创新:师范生读本[M].北京:高等教育出版社,2003:169-177.

[39]十二所重点师范大学.教育学基础[M].北京:教育科学出版社,2002.

[40]袁振国.当代教育学[M].北京:教育科学出版社,2004.

[41]莫雷.学习心理研究[M].广州:广东人民出版社,2005.

[42]吴立岗.教学的原理模式和活动[M].南宁:广西教育出版社,1998.

[43]瞿葆奎.教育学文集:教学[M].北京:人民教育出版社,1988.

[44]张华.课程与教学论[M].上海:上海教育出版社,2000.

[45]鲍尔,希尔加德.学习论:学习活动的规律探索[M].邵瑞珍,译.上海:上海教育出版社,1987.

[46]张厚粲.大学心理学[M].北京:北京师范大学出版社,2001.

[47]张秀芳.程序教学理论的形成及影响[J].黑龙江教育学院学报,2005.

[48]裴娣娜.现代教学论:第一卷[M].北京:人民教育出版社,2005.

[49]王守恒.教育学新论[M].北京:中国科学技术大学出版社.2005.

[50]高觉敷.西方教育心理学发展史[M].福州:福建教育出版社,2005.

[51]栗洪武,杨建华,陈鹏.现代教育学学习指导[M].北京:中国社会科学出版社,2004.

[52]杨九俊.说课、评课与听课[M].北京:教育科学出版社,2004.

[53]肖文娥.小学教学论[M].北京:高等教育出版社,1997.

[54]李国庆.教育学[M].西安:陕西师范大学出版社,2001.

[55]荣静娴,钱舍.微格教学与微格教研[M].上海:华东师范大学出版社,2000.

[56]孟宪凯.微格教学基本教程[M].北京:北京师范大学出版社,1992.

[57]周宏.教学新模式:教学方法[M]北京:中央民族大学出版社,2002.

[58]乔伊斯.教学模式[M].荆建华,宋富钢,花清亮,译.北京:中国轻工业出版社,2002.

[59]关苏霞.教学论教程[M].修订本.西安:陕西师范大学出版社,1992.

[60]张楚廷.教学论纲[M].北京:高等教育出版社,1999.

[61]钟启泉.现代教学论发展.北京:教育科学出版社,1988.

[62]闫承利.素质教育课堂优化模式[M].北京:教育科学出版社,2000.

[63]王力,刘莹.上好一堂课的22个关键要素:品德与生活[M].北京:光明日报出版社,2006.

[64]王升.教学设计法[M].石家庄:河北人民出版社,2005.

[65]苏霍姆林斯基.给教师的建议[M].北京:教育科学出版社,1981.

[66]冯忠良.学习心理学[M].北京:教育科学出版社,1981.

[67]谭顶良.学习风格论[M].南京:江苏教育出版社,1992.

[68]章志光.小学教育心理学[M].北京:中国人民大学出版社,2001.

[69]王逢贤.学与教的原理[M].北京:高等教育出版社,2000.

[70]袁振国.当代教育学[M].修订版.北京:教育科学出版社,1999.

[71]皮连生.学与教的心理学[M].修订本.上海:华东师范大学出版社,1997.

[72]叶瑞祥.青年学习心理学[M].广州:广东高等教育出版社,1998.

[73]李秉德.教学论[M].北京:人民教育出版社,1991.

[74]吴也显.教学论新编[M].北京:教育科学出版社,1991.

[75]安心.高等教育质量的本质探析[J].高等师范教育研究,1996(5).

[76]刘慧罗.质量管理学[M].西安:西北工业大学出版社,1992.

[77]刘广第.质量管理学[M].北京:清华大学出版社,1996.

[78]徐建敏,管锡基.教师科研有问必答[M].北京:教育科学出版社,2005.

[79]郑金洲.教师如何做研究[M].上海:华东师范大学出版社,2005.

[80]马云鹏,孔凡哲.教育研究方法[M].长春:东北师范大学出版社,2006.

[81]裴娣娜.教育研究方法导论[M].合肥:安徽教育出版社,2006.

[82]饶从满.教师专业发展[M].长春:东北师范大学出版社,2005.

[83]刘良华.校本教学研究[M].成都:四川教育出版社,2003.

[84]余文森.探索以校为本的教学研究[M].上海:华东师范大学出版社,2005.

[85]陈向明.质的研究方法与社会科学研究[M].北京:教育科学出版社,2003.

[86]吴志宏,等.新编教育管理学[M].上海:华东师范大学出版社,2002.

[87]汉纳.开放式的组织系统[M]//黄婉仪,等,译.组织效能与教育改进.香港:香港公开大学出版社,2001:17-30.

[88]布什.同事共享权力模式[M]//黄婉仪,等,译.组织效能与教育改进.香港:香港公开大学出版社,2001:108-127.

[89]斯科特.组织效能[M]//黄婉仪,等,译.组织效能与教育改进.香港:香港公开大学出版社,2001:156-172.

[90]小川,博瑟迪.领导是一种组织素质[M]//黄婉仪,等,译.教育管理:领导与团队.香港:香港公开大学出版社,2001:13-136.

[91]华莱士,霍尔.团队的动态[M]//黄婉仪,等,译.教育管理:领导与团队.香港:香港公开大学出版社,2001:212-235.

[92]卡登斯.教育质量的监察[M]//陈垄,等,译.教育管理:策略、质量与资源.香港:香港公开大学出版社,2001:19-36.

[93]莱瓦切奇.教育机构的资源管理:开放系统模式[M]//陈垄,等,译.教育管理:策略、质量与资源.香港:香港公开大学出版社,2001:201-216.

[94]维德林.学校策略规划的实用技巧[M]//陈垄,等,译.教育管理:策略、质量与资源.香港:香港公开大学出版社,2001:348-373.

[95]劳凯声.教育法学[M].沈阳:辽宁大学出版社,2000.

[96]褚宏启.教育法制基础[M].北京:北京师范大学出版社,2002.

[97]黄崴.教育法学[M].广州:广东高等教育出版社,2002.

[98]祝铭山.学生伤害赔偿纠纷[M].北京:中国法制出版社,2003.

[99]李连宁,孙葆森.学校教育法制基础[M].北京:教育科学出版社,1997.

[100]褚宏启.中小学法律问题分析:理论篇[M].北京:红旗出版社,2003.

[101]劳凯声.中国教育法制评论:第1辑[M].北京:教育科学出版社,2002.

[102]劳凯声,郑新蓉,等.规矩方圆:教育管理与法律[M].北京:中国铁道出版社,1997.

[103]劳凯声.中国教育法制评论:第2辑[M].北京:教育科学出版社,2003.

[104]姚云.与学校对簿公堂[M].南宁:广西师范大学出版社,2003.

[105]劳凯声.教育法论[M].南京:江苏教育出版社,1993.

[106]李晓燕.教师的权利与义务及其实现保障机制研究[M].广州:广东教育出版社,2001.

[107]褚宏启.学校法律问题分析[M].北京:法律出版社,1998.

[108]陈鹏,祁占勇.教育法学的理论与实践[M].北京:中国社会科学出版社,2005.